COLLECTION FOLIO/ESSAIS

Jeanne Favret-Saada

Les mots, la mort, les sorts

Gallimard

Ce livre a été réalisé grâce au Laboratoire d'ethnologie et de sociologie comparatives du Centre national de la recherche scientifique, qui a bien voulu m'accueillir et me laisser libre de m'aventurer dans des chemins qui, peut-être, ne mèneraient nulle part. Qu'il soit ici remercié de sa longue patience.

Sa grande inquiétude était de savoir si réellement il avait assisté à la bataille et dans le cas du oui, s'il pouvait dire s'être battu, lui qui n'avait marché à l'attaque d'aucune batterie ni d'aucune colonne ennemie.

STENDHAL
La Chartreuse de Parme.

Jeanne Favret-Saada est née en Tunisie dans une famille moderniste qui rejetait en principe les traditions magico-religieuses. Après une agrégation de philosophie en Sorbonne, elle est retournée en Afrique du Nord pour y travailler comme ethnographe.

Ses premiers travaux ont porté sur deux insurrections paysannes auxquelles elle avait assisté. De là, elle est passée à l'analyse du système politique précolonial : la régulation du meurtre par l'institution de la vendetta lui a paru être une clé de l'ordre social dans ces petites sociétés sans Etat que sont les tribus arabes.

De retour en France, c'est encore la régulation de la violence et du meurtre dans les sociétés paysannes qu'elle choisit d'étudier à travers la sorcellerie. Elle a vécu et enquêté plusieurs années dans le Bocage de l'Ouest, engagée dans des affaires de sorcellerie dont l'issue redoutée était la mort. « Voilà que l'ethnographe se retrouve sur un champ de bataille, heurtant les cadavres dans la nuit et poursuivie par les appels des blessés... Ce fut une mémorable aventure, dont ma vie entière portera trace. »

Première partie

QU'IL FAUT, AU MOINS, UN SUJET

« *On dit qu'ils sont sauvages, en Afrique; mais plus sauvages que nous, est-ce que vous en connaissez, vous qu'avez tant lu?*

« *Ici, on est tout de suite pris à mort : la mort, on ne connaît que ça, chez nous.* »

Un désorceleur, à l'ethnographe.

CHAPITRE PREMIER

Comment c'est dit

> *On dirait même que la pure lumière
> de la science a besoin, pour resplendir,
> des ténèbres de l'ignorance.*
>   KARL MARX
>   (1856).

Soit une ethnographe : elle a choisi d'enquêter sur la sorcellerie contemporaine dans le Bocage de l'Ouest. Elle a déjà travaillé sur le terrain; elle dispose d'une culture scientifique convenable; elle a publié quelques articles sur la logique du meurtre, de la violence et de l'insurrection dans une tout autre société, tribale. Elle travaille désormais en France pour s'éviter de buter encore sur l'apprentissage de langues difficiles. D'autant que la mise en forme symbolique du meurtre et de l'agression – la façon dont c'est dit dans la culture indigène – lui paraît aussi nécessaire à connaître que le fonctionnement de la machinerie politique.

I. L'IMAGE INVERSÉE DU SAVANT

Préparant son départ sur le terrain, elle examine la « littérature » scientifique et moins scientifique sur la sorcellerie contemporaine en Europe : les écrits des folkloristes et ceux des psychiatres, ceux des occultistes et ceux des journalistes. Elle y trouve ceci :

Des paysans « crédules » et « arriérés », « imperméables à la causalité », expliquent leurs malheurs par la jalousie qui aurait poussé leur voisin à leur jeter un sort; ils s'adressent à un désenvoûteur (lequel est généralement un « charlatan », plus rarement un « naïf »), qui les protège de leur agresseur imaginaire en utilisant des rituels « secrets », « dénués de sens » et « venus d'un autre âge ». L'« isolement » géographique et culturel du Bocage rend partiellement compte de la « survivance » de ces « croyances » à notre époque.

Si la sorcellerie se réduit à cela (et l'on aura beau chercher à s'instruire dans les ouvrages des folkloristes ou dans les comptes rendus de procès relatés par la presse française depuis dix ans, on n'en apprendra pas plus), on se demande pourquoi cela intéresse tellement. A voir l'immense curiosité du public, la fascination qu'exerce le simple énoncé du mot sorcellerie, le succès assuré de toute publication dans ce domaine, on se demande quel sensationnel pourra jamais satisfaire pareille attente.

Soit une ethnographe. Elle a passé plus de trente mois dans le Bocage mayennais à étudier la sorcellerie. Voilà qui paraît « excitant, dangereux, extraordinaire... Racontez-nous des histoires de sorciers », lui demande-t-on sans fin lorsqu'elle revient à la ville. Comme on dirait : racontez-nous des histoires d'ogres, ou de loups, *Le Petit Chaperon rouge*. Terrifiez-nous, mais qu'on sente bien que c'est juste une histoire; ou que ce sont juste des paysans : crédules, arriérés, marginaux. Ou bien encore : confirmez-nous qu'il existe bien *là-bas* des gens qui font vaciller les lois de la causalité et celles de la morale, qui tuent magiquement et ne sont pas punis, mais n'oubliez pas de préciser pour finir qu'ils n'ont pas réellement ce pouvoir, qu'ils le croient seulement parce que ce sont des paysans crédules, arriérés... (voir plus haut).

On comprend que les paysans de l'Ouest ne soient guère pressés de venir occuper cette place d'imbéciles où les rive le discours public – que ce soit dans sa version savante, soutenue par les folkloristes, ou dans sa version populaire et non moins suffisante, que diffusent les media.

Dire, en effet, qu'on étudie les croyances de sorcellerie, c'est s'interdire par avance d'y reconnaître aucune vérité : si c'est une croyance, ce n'est pas vrai. Aussi les folkloristes ne se demandent-ils jamais à propos des paysans : « Qu'est-ce qu'ils cherchent à mettre en forme à l'occasion d'une crise de sorcellerie? » mais seulement « Qu'est-ce qu'ils nous cachent? », se laissant ainsi prendre au leurre du « secret » de guérisseur, ce gadget local dont la description suffit à combler la curiosité du savant : la sorcellerie, ce n'était donc que cette collection de recettes dérisoires (ébouillanter un cœur de bœuf, y planter mille épingles, etc.)? Faut-il être crédule pour lui attribuer des pouvoirs surnaturels!

De même, quand un reporter, héros du discours positiviste, s'en va demander à des paysans s'ils « croient encore » aux sorts pour le bénéfice d'un public présumé incrédule, les jeux sont faits d'avance : on y croit encore, mais dans le Bas-Berry, ou dans le Bocage normand. Il est commode qu'il y ait ainsi un lieu d'imbéciles où serait cantonné tout l'imaginaire. Les paysans ne s'y trompent guère, qui opposent à ces entreprises un mutisme obstiné.

Mais leur silence même sur les affaires de sorcellerie –

et, d'une manière générale, sur tout ce qui touche à la maladie et à la mort – les confirme dans cette place : « leur langue est fruste », « ils sont incapables de symboliser », vous n'en tirerez rien car « ils ne parlent pas », me disaient les élites savantes de la région. Autant dire que ce sont des hommes des bois, puisqu'ils habitent un « bocage »; ou bien plutôt des bêtes : « la médecine, ici, c'est de l'art vétérinaire », affirme ce psychiatre local.

De la sorcellerie, on savait donc seulement que c'était inconnaissable : à cela se réduisait l'état des connaissances sur le sujet quand je suis partie sur le terrain. La première question que je m'y suis posée, rencontrant des paysans qui n'étaient ni crédules ni arriérés, fut alors celle-ci : la sorcellerie, est-ce que c'est inconnaissable, ou est-ce que ceux qui le prétendent ont besoin de n'en rien savoir pour soutenir leur propre cohérence intellectuelle? est-ce qu'un « savant » ou un « moderne » a besoin pour se conforter du mythe d'un paysan crédule et arriéré[1]?

Les sciences sociales se donnent pour objet de rendre compte de la différence culturelle. Mais est-ce le faire que de postuler ainsi un paysan à qui est déniée toute autre réalité que de constituer l'image inversée du savant?

Quand les folkloristes ou les journalistes parlent de la sorcellerie des campagnes, c'est toujours comme si deux théories physiques incompatibles étaient en présence : la prélogique ou la médiévale, celle des paysans qui attribuent à tort leurs malheurs à d'imaginaires sorciers; et la nôtre, celle des gens instruits qui manipulent correctement les relations de causalité. Il est dit ou sous-entendu que le paysan est incapable de le faire, soit par ignorance,

---

1. J'ai publié une première version de ce qui précède dans : Jeanne Favret, « Racontez-nous des histoires de sorciers », in *Le Monde*, 6-7 octobre 1974. A titre d'illustration, on pourra lire à la fin de ce volume (Annexe I, *L'explorateur des Ténèbres, cf.* p. 369), une note que j'avais rédigée à propos d'un reportage télévisé sur la sorcellerie en Berry : « Sorciers et paysans », in *Critique*, avril 1972, n° 299.

soit par arriération. La description qui est donnée à ce propos du paysan (et de son « pays », qui le détermine) est commandée par des règles stylistiques particulières, destinées à produire l'impression qu'il est inapte à saisir les relations de causalité. La sorcellerie est présentée comme une théorie aberrante à laquelle les paysans peuvent s'autoriser d'adhérer parce que c'est la théorie locale. Le travail du folkloriste consiste alors à marquer la différence entre sa propre théorie (laquelle par ailleurs est « vraie ») et celle du paysan, laquelle est seulement une croyance[2].

Qui ne voit la difficulté qu'il y aurait à postuler ainsi l'existence de deux théories physiques incompatibles, correspondant à deux âges de l'humanité ? Faut-il trente mois de travail sur le terrain pour s'autoriser à dire que le paysan n'est pas plus inapte qu'un autre à manier les relations de causalité et pour suggérer l'hypothèse que la sorcellerie ne se réduit pas à une théorie physique, bien qu'elle invoque, en effet, un certain type de causalité[3] ?

2. Arnold Van Gennep introduit ainsi le sujet « Magie et Sorcellerie » de son célèbre *Manuel de folklore français contemporain* (Paris, Picard, 1938, t. IV, p. 557) : « A serrer les faits de près, il faudrait placer ici le folklore français presque entier, puisque les actes et les concepts dits *populaires* [soit, l'objet du folklore] se distinguent précisément des actes et concepts dits *scientifiques* par une *application erronée de la loi de causalité*. L'ampleur de cette *erreur de logique* a varié au cours des âges... » C'est évidemment moi qui souligne ce qui, pour Van Gennep, allait de soi. On trouvera dans l'Annexe II, *Le métier d'ignorant*, l'examen du discours folkloristique concernant la sorcellerie (*cf.* p. 371).

3. En principe, l'anthropologie est une discipline infiniment plus sophistiquée que le folklore. On prendra cependant la mesure de sa naïveté si l'on s'avise de ce qu'il a fallu attendre l'année 1966 pour qu'un chercheur de grande réputation, Edmund Leach, engage son prestige dans la critique de l'assertion – jusque-là parfaitement admise – selon laquelle certains peuples primitifs ignoreraient la relation de cause à effet entre la copulation et la parturition. *Cf.* Edmund Leach, « Virgin Birth », The Henry Myers Lecture 1966, *Proceedings of the Royal Anthropological Institute*, 1967, pp. 39-49.

II. UNE PAROLE QUI INSISTE

J'ai commencé par étudier les représentations du malheur biologique qui s'expriment dans les conversations courantes : la mort, la stérilité, les maladies des bêtes et des gens. Elles sont avant tout marquées par l'opposition entre le malheur ordinaire et son extraordinaire répétition.

Dans le Bocage, comme ailleurs en France, les malheurs ordinaires sont expliqués un par un : une maladie et une seule, la perte d'une bête, une faillite, une mort même n'entraînent pas d'autre commentaire que singulier : « *ce qu'il a, c'est qu'il boit trop* »; « *elle avait un cancer du rein* »; « *ma vache était si vieille* ».

L'attaque de sorcellerie, elle, met en forme le malheur qui se répète et qui atteint au hasard les personnes et les biens d'un ménage ensorcelé; coup sur coup, une génisse qui meurt, l'épouse qui fait une fausse couche, l'enfant qui se couvre de boutons, la voiture qui va au fossé, le beurre qu'on ne peut plus baratter, le pain qui ne lève pas, les oies affolées ou cette fiancée qui dépérit... Chaque matin, le couple s'angoisse : « *Qu'est-ce qui va 'core arriver?* » Et, régulièrement, quelque malheur advient, jamais celui qu'on attendait, jamais celui qu'on pourrait expliquer.

Quand le malheur se présente ainsi en série, le paysan adresse une double demande aux gens de savoir : demande d'interprétation, d'abord; demande thérapeutique, ensuite.

Le médecin et le vétérinaire lui répondent en déniant l'existence d'une série : les maladies, les morts et les pannes ne s'expliquent pas avec les mêmes raisons, ne se soignent pas avec les mêmes remèdes. Dépositaires d'un savoir objectif sur le corps, ils prétendent éliminer sépa-

rément les causes du malheur : désinfectez donc l'étable,
vaccinez vos vaches, adressez votre femme à un gynéco-
logue, donnez un lait moins gras à votre enfant, buvez
moins d'alcool... Mais, quelle que soit l'efficacité du
traitement au coup par coup, elle est incomplète aux
yeux de certains paysans, car elle affecte la cause et non
l'origine de leurs maux. L'origine, c'est toujours la
méchanceté d'un ou plusieurs sorciers, affamés du
malheur d'autrui, dont la parole, le regard et le toucher
ont une vertu surnaturelle.

Face à un ensorcelé, le prêtre se trouve dans une
position plus délicate que le médecin, on s'en doute, car
le mal, le malheur et le surnaturel ont un sens pour lui.
Mais lequel, c'est une question que tant de siècles de
méditation théologique ont singulièrement obscurcie. La
démarcation entre les registres de la nature et de la
surnature relève d'un décret de l'orthodoxie catholique
dont chacun a d'autant moins assimilé les raisons que ce
décret n'annule pas catégoriquement les précédents. Si
bien que le savoir théologique n'est guère plus unifié dans
l'esprit d'un curé de campagne que dans le *corpus*
doctrinal[4].

Devant la multiplicité des récits qui courent dans sa
paroisse, le prêtre a le choix entre trois types d'interprétation mutuellement exclusifs les uns des autres :

Soit il rejette ces malheurs dans l'ordre de la nature,

---

4. Il arrive que le dogme change, mais toujours il s'énonce sous une
forme anhistorique, garantie par la pérennité du souverain pontife : « La
vérité dogmatique consiste à effacer de l'écrit sa trace d'histoire », écrit
Pierre Legendre (*L'Amour du censeur, essai sur l'ordre dogmatique*, Paris,
le Seuil, 1974, p. 90). Une chatte n'y retrouverait pas ses petits, ni un curé
de campagne le codage religieux convenant à la situation dramatique à
laquelle l'ensorcelé vient le confronter. D'autant que le prêtre a affaire
avec le dogme, mais, bien plus concrètement encore, avec l'usage non
théorisé que la hiérarchie ecclésiastique fait d'une institution (ici, celle de
l'exorciste diocésain) dans le moment historique particulier où l'ensorcelé
vient consulter.

leur déniant ainsi toute signification religieuse : ce
faisant, il s'aligne sur l'idéologie médicale et considère les
ensorcelés comme des délirants ou comme des superstitieux.

Soit il admet que ces malheurs renvoient au registre du
surnaturel, mais comme un effet de l'amour divin : ainsi
l'évêque de Séez prêchant la « bonne souffrance » devant
une assemblée de paysans « *peu chanceux* »[5]. Par la
vertu d'un discours à prétention universelle (catholique),
le « *peu chanceux* » devient ainsi le plus chanceux, celui
que Dieu aime entre tous et qui, bien sûr, est une victime,
mais seulement aux yeux du monde. Conversion des
apparences qui, parfois, produit son effet.

Soit le prêtre accède à la demande du paysan et il
interprète ses malheurs comme l'effet des diableries. Un
certain état de la pensée théologique l'y autorise d'ailleurs. Il est alors placé devant une alternative.

Ou bien, comme il le doit, il en réfère à l'exorciste du
diocèse, à l'expert en diableries désigné par la hiérarchie.
Mais dans la France de l'Ouest, le curé sait qu'il a très
peu de chances de convaincre l'expert qui, depuis trente
ans, est précisément délégué à ce poste parce qu'il est
sceptique sur l'intérêt que le diable pourrait porter à des
paysans que l'on dit grossiers : il faut être malin pour
intéresser le Malin. A sa manière, élitiste, de curé de
campagne sorti du rang ou de paysan parvenu, l'exorciste
diocésain choisit donc l'interprétation positiviste. Au
malaise que lui apporte le paysan, il refuse de donner
aucun sens religieux, sinon par référence à la « bonne
souffrance » ou en l'assurant de ses prières. A la manière
du médecin, il rabat la demande de sens qui lui est faite,
en conseillant au malheureux de consulter un psychiatre,
de veiller à mener une vie plus équilibrée, d'appliquer

5. Pour reprendre l'expression de l'un d'eux.

mieux les règles de la méthode expérimentale. Le curé du
bourg sait par avance qu'adresser un ensorcelé à l'exorciste diocésain, c'est le prier d'emmener ses mouches
ailleurs, c'est l'acheminer vers le médecin *via* la hiérarchie ecclésiastique.

Ou bien le curé vient exorciser la ferme et ses habitants
sans en référer à la hiérarchie. Dispensateur plus ou
moins prodigue de bénédictions et de médailles, d'eau et
de sel bénits, il devient alors pour son paroissien un petit
désenvoûteur « *pour le bien* » qui protège des maléfices
sans les renvoyer au sorcier.

« *Si c'est un petit sort, ça y fait* » : la série des
malheurs s'interrompt et tout rentre dans l'ordre. Ça y
fait, mais l'origine du malheur et sa répétition ne sont pas
pour autant symbolisées de façon satisfaisante. Ce que
veut faire reconnaître le paysan, parlant d'ensorcellement
à qui veut bien l'entendre, c'est en effet ceci : *pour que ça
se répète ainsi, il faut bien supposer quelque part un sujet
qui le désire.* – Que la sorcellerie consiste à instituer une
méprise sur la question de savoir qui désire le malheur de
l'ensorcelé, c'est ce que je montrerai plus loin. Notons
simplement ici que le rituel ecclésiastique brouille les
pistes en attribuant le mal à un esprit immatériel catalo-
gué par l'indécise théologie des « faits praeternaturels ».
Car, pour sa victime, le sorcier est un être proche (tel
voisin, par exemple), du désir duquel il peut au moins
espérer s'assurer.

Si « *ça n'y fait pas* », si le curé « *n'est pas fort assez* »
parce que son paroissien est « *pris dur* » par les sorts, la
question de l'ensorcelé persiste : pourquoi cette répétition et pourquoi dans mon foyer? qu'est-ce qui est en jeu
dans cette affaire, ma raison ou ma vie? suis-je fou
comme le médecin veut m'en convaincre, ou bien m'en
veut-on à mort?

Alors seulement est proposée à ce souffrant la possibilité d'interpréter ses maux dans le langage de la sorcelle-rie. Un ami, ou quiconque s'est avisé des progrès du malheur et de l'inefficacité des savoirs institués, pose le diagnostic décisif : « *Y en aurait pas, par hasard, qui te voudraient du mal*[6]*?* » Ce qui revient à dire : tu n'es pas fou, je reconnais en toi les signes de la crise que j'ai vécue jadis et dont tel désenvoûteur m'a sorti.

Le prêtre et le médecin se sont éclipsés depuis long-temps quand le désenvoûteur est requis. Le travail de celui-ci consiste à authentifier la souffrance de son patient, le sentiment qu'il a d'être menacé dans sa chair; puis à repérer, dans un examen très serré, les points où le consultant est vulnérable. Comme si son corps et celui des siens, son domaine et l'ensemble de ses possessions constituaient une même et unique surface criblée de trous par où la violence du sorcier ferait irruption à tout moment. Le désenvoûteur annonce alors clairement à son client le temps qu'il lui reste à vivre s'il s'obstine à demeurer sans défense. Maître de la mort, il en connaît la date et peut la reculer; professionnel de la méchanceté surnaturelle, il propose de rendre coup pour coup à « *celui sur qui on se doute* », le sorcier présumé, dont l'identité définitive n'est établie qu'après des recherches souvent fort longues. Ainsi s'institue ce qu'il faut bien nommer une cure, dont les séances ultérieures seront occupées à repérer les trous qu'il reste à colmater en fonction de ce que révèlent les occurrences de la vie quotidienne[7].

---

6. Ce personnage indispensable, je le désignerai comme l'*annoncia-teur*.

7. De ce qui précède, j'ai donné une première version, qui m'apparaît aujourd'hui confuse et insuffisante, dans Jeanne Favret, « Le malheur biologique et sa répétition », in *Annales E.S.C.*, nº 3-4, mai-août 1971.

III. QUAND LA PAROLE,
C'EST LA GUERRE

J'avais inscrit dans mon projet de recherche que j'entendais étudier les pratiques de sorcellerie dans le Bocage : depuis un siècle, les folkloristes n'ont su que s'en gorger, il serait temps de les comprendre. Sur le terrain, je n'ai pourtant rencontré que du langage. Pendant de longs mois, le seul fait empirique que j'aie pu noter, c'était de la parole.

Je soutiens aujourd'hui qu'une attaque de sorcellerie peut se résumer à ceci : une parole prononcée dans une situation de crise par celui qui sera plus tard désigné comme sorcier est interprétée après coup comme ayant pris effet sur le corps et les biens de celui à qui elle s'adressait, lequel se dénommera de ce fait ensorcelé. Le désenvoûteur prend sur lui cette parole autrefois adressée à son client et la retourne à son émetteur initial, le sorcier. Toujours l'« *anormal* » est dit se mettre en place après qu'une parole a été proférée, qui n'en finira plus d'insister jusqu'à ce que le désenvoûteur vienne faire écran entre l'émetteur et le récepteur. Par ailleurs, les rituels de désenvoûtement, « pratiques » par excellence, sont remarquables par leur pauvreté et par leur caractère contingent : ce rituel ou un autre, peu importe; chacun fait aussi bien l'affaire. Car si le rituel se soutient, c'est seulement d'une parole, et de qui la dit.

Peut-être alors ne me suis-je pas tellement trompée en prétendant étudier des pratiques : en sorcellerie, l'acte, c'est le verbe.

Proposition apparemment élémentaire, mais grosse de conséquences et qui fait apparaître en premier lieu ceci : jusqu'ici, l'exercice du métier d'ethnographe se supportait d'une convention – jamais énoncée, tant elle semblait aller de soi – quant à l'usage de la parole. Pour que l'ethnographie soit possible, il fallait, au moins, que l'enquêteur et l'indigène s'accordent à reconnaître à la parole une fonction d'information.

Etre ethnographe, en effet, c'est d'abord consigner les dires d'informateurs indigènes convenablement choisis. Comment établir cette situation d'information d'où le chercheur tire l'essentiel de son savoir, comment sélectionner ses interlocuteurs, comment les engager dans une relation régulière de travail... les manuels ne se lassent pas d'insister sur ce moment véritablement inaugural du travail sur le terrain [8].

Or la sorcellerie, c'est de la parole, mais une parole qui est pouvoir et non savoir ou information.

Parler, en sorcellerie, ce n'est jamais pour informer. Ou si l'on informe, c'est pour que celui qui doit tuer (le désenvoûteur) sache où faire porter ses coups. Il est littéralement incroyable d'informer un ethnographe, c'est-à-dire quelqu'un qui assure ne vouloir faire aucun usage de ces informations, qui demande naïvement à savoir pour savoir. Car c'est une parole (et seulement une parole) qui noue et dénoue le sort, et quiconque se met en position de la dire est redoutable. Le savoir sur les sorts attire l'argent, accroît la puissance, déclenche la terreur : réalités autrement fascinantes aux yeux de l'interlocuteur que l'innocente accumulation du savoir scientifique, la rédaction d'un ouvrage bien documenté ou l'obtention d'un grade universitaire.

De même, il est impensable qu'on veuille parler pour

8. Le travail de l'anthropologue y est assimilé à l'apprentissage d'un code symbolique inconnu, qu'il faut se faire enseigner par des locuteurs disposant de la plus grande compétence possible. *Cf.* par exemple : Royal Anthropological Institute, *Notes and Queries on Anthropology*, 11e éd., Londres, Routledge and Kegan Paul, 1971; S.F. Nadel, *The Foundations of Social Anthropology*, Londres, Cohen and West, 1951; John Beattie, *Other Cultures*, Londres, Cohen and West, 1964.

parler : l'échange d'une parole qui n'aurait d'autre objet que de prendre acte de ce qu'on est ensemble, de marquer le désir de communiquer, bref, ce que Malinowski nommait la communion phatique, cela se rencontre dans le Bocage comme ailleurs[9]. Mais ici, elle renvoie à une intention proprement politique : la communion phatique, c'est l'expression d'une agressivité-zéro; c'est faire savoir à son interlocuteur qu'on pourrait lui balancer une fusée magique, mais qu'on préfère la retenir provisoirement; c'est lui signifier qu'on n'est pas dans le moment du combat, mais dans celui du cessez-le-feu. Quand on parle de rien, c'est-à-dire de n'importe quoi, de rien qui compte, entre interlocuteurs pour qui la sorcellerie est en jeu, c'est pour souligner la violence de ce dont on ne parle pas. Plus fondamentalement, c'est pour vérifier que le circuit fonctionne, que l'état de guerre est bien institué entre les adversaires[10].

Autant dire qu'il n'y a pas de position neutre de la parole : en sorcellerie, la parole, c'est la guerre. Quiconque en parle est un belligérant et l'ethnographe comme tout le monde. Il n'y a pas de place pour un observateur non engagé.

Lorsque Evans-Pritchard, fondateur de l'ethnographie

9. Sous le nom de « communion phatique », correspondant à l'expérience du « bavardage ordinaire », Malinowski a identifié un type particulier de discours qui ne vise pas à l'information, mais à la communion dans la parole : « Questions sur l'état de santé, remarques sur le temps, affirmation d'un état de choses absolument évident... tous ces propos sont échangés pour établir et maintenir la communication entre les interlocuteurs » (B. Malinowski, « The Problem of Meaning in Primitive Languages », in C. K. Ogden, A. I. Richards, *The Meaning of Meaning*, London, International Library of Psychology, 1923, pp. 296-336. Sur cette question, voir aussi T. Todorov, « Problèmes de l'énonciation », in *Langages*, n° 17, mars 1970, p. 4; E. Benveniste, « L'appareil formel de l'énonciation », *id.*, pp. 17-18; R. Jakobson, *Essais de linguistique générale*, Paris, éd. de Minuit, 1963, p. 217).

10. R. Jakobson (*loc. cit.*) fait remarquer que le prototype de ce genre de discours, c'est l'énoncé : « Allô, vous m'entendez ? »

de la sorcellerie, étudiait les Zandé, il s'exerçait perpétuellement à interpréter les événements de sa vie selon
des schémas persécutifs, consultait les oracles et se sou-
mettait à leurs décisions : « Ce qui m'a aidé à comprendre les sentiments des Azandé ensorcelés, dit-il, c'est
d'avoir partagé, au moins dans quelque mesure, les
mêmes expériences qu'eux [...] Il n'est point de secteur de
leur vie où j'aie mieux réussi à " penser noir " ou, pour
parler plus correctement, " sentir noir ", que dans la
sphère de la sorcellerie. Moi aussi, j'avais pris l'habitude
de réagir aux infortunes dans l'idiome de la sorcellerie et
souvent, il me fut difficile de contrôler cette chute dans la
déraison [11]. » Mais, lisant son livre, on se dit qu'après
tout les Zandé lui avaient assigné une position de prince
sans portefeuille, ce qui n'est pas une mince consolation
si l'on se souvient que, dans cette société, un prince ne
saurait être ensorcelé que par un autre prince – perspective assez rassurante pour un ethnographe cantonné loin
de la cour – et qu'en le privant de portefeuille, les Zandé
dispensaient Evans-Pritchard d'avoir à tenir le rôle, si
important pour l'efficacité de la cure, de garantie symbolique d'un retour à l'ordre.

C'est dire qu'il était exclu que l'ethnographe soit partie
prenante dans une affaire de sorcellerie [12]. Or il se trouve
que la situation est moins confortable dans le Bocage :
parler de sorcellerie, ce n'y est jamais pour savoir, mais
pour pouvoir. Questionner, tout aussi bien. Avant qu'il
n'ait prononcé un mot, l'ethnographe est inscrit dans
un rapport de forces, au même titre que quiconque prétend parler. Qu'il parle, et son interlocuteur cherche
avant tout à identifier sa stratégie, à mesurer sa force, à

11. E.E. Evans-Pritchard, *Witchcraft, Oracles and Magic among the
Azande*, Oxford, Oxford University Press, 1937, trad. franç., *Sorcellerie,
oracles et magie chez les Azandé*, Paris, Gallimard, 1972, p. 135.
12. Il ne signale d'ailleurs qu'un seul incident (*id.*, p. 460) à propos
duquel les Zandé aient pu le dire ensorcelé.

deviner s'il est ami ou ennemi, s'il faut l'acheter ou le détruire. Comme à n'importe quel locuteur, c'est à un *sujet supposé pouvoir* (un sorcier, un désenvoûteur) *ou ne pas pouvoir* (une victime, un ensorcelé) qu'on s'adresse lorsqu'on parle à l'ethnographe.

Dès lors, chercher à savoir, ce ne saurait être – pour moi comme pour quiconque – qu'au nom d'une « *force* » à laquelle je prétends ou dont mon interlocuteur me crédite. Si je n'étais outillée pour l'affronter, nul ne pense que je pourrais m'en tirer sans dommage, éventuellement même y survivre.

« *Etes-vous forte assez?* » me demandait-on régulièrement quand je tentais d'établir une relation d'information – soit, de me faire raconter des histoires de sorciers par qui les avait vécues. Vouloir simplement s'informer est le propre d'un naïf ou d'un hypocrite qu'il est urgent d'intimider. L'effet recherché par qui raconte son expérience est alors la fascination ou la peur : on ne parlerait pas si l'on n'espérait fasciner. Si mon interlocuteur réussit, il déclare que j'ai le « *sang faible* » et me conseille d'enquêter plutôt sur les chansons populaires ou sur les anciennes fêtes du papegai; s'il craint de n'avoir pas réussi, il me demande avec inquiétude comment je supporte d'entendre quotidiennement de semblables discours et il avance des hypothèses : « *vous avez le sang fort* », ou bien « *vous avez quelque chose* » (pour vous protéger); il tente alors d'identifier mes fétiches pour savoir s'ils sont plus ou moins « *forts* » que les siens. Ou encore, il m'identifie à telle désenvoûteuse, mais qui vient de mourir, compliment fourré auquel je ne puis manquer d'être sensible : dire que j'ai les « *mains qui tremblent comme madame Marie* » signifie que, comme elle, je suis « *forte assez* », mais qu'après tout, elle a trouvé son maître en sorcellerie, lequel vient de l'exécuter.

On voit qu'il ne s'agit pas exactement d'une situation classique d'échange d'information, dans laquelle l'ethnographe pourrait espérer se faire communiquer un savoir innocent sur les croyances et les pratiques de sorcellerie. Car qui parvient à les connaître acquiert un pouvoir et subit les effets de ce pouvoir : plus on sait, plus on est menaçant et plus on est menacé magiquement. Tant que j'ai occupé la place ordinaire de l'ethnographe, celle de qui prétend désirer savoir pour savoir, mes interlocuteurs s'intéressaient moins à me communiquer leur savoir qu'à mesurer le mien, à deviner l'usage nécessairement magique que j'entendais en faire, à développer leur « *force* » au détriment de la mienne.

Il m'a donc fallu tirer les conséquences d'une situation si totalement agonistique et reconnaître l'absurdité qu'il y aurait à continuer de revendiquer une neutralité qui n'était admissible, ni même crédible, pour personne. Quand la parole, c'est la guerre totale, il faut bien se résoudre à pratiquer une autre ethnographie[13].

13. On ne s'étonnera pas de ce que la lecture de Clausewitz (*De la guerre*, Paris, éd. de Minuit, 1955) ait pu être une référence constante au début de ce travail : la guerre comme jeu suprêmement sérieux, visant à dicter sa loi à l'adversaire; comme extension d'un duel sur une plus vaste échelle et dans une plus longue durée; comme enchaînement d'actions réciproques dans une situation d'incertitude relative; comme continuation de la politique par d'autres moyens, etc. Il n'était pas toujours commode de décider lequel se parlait dans l'autre, du discours de la guerre ou du discours de la sorcellerie – du moins jusqu'à ce que je réalise le contresens qu'il y aurait à penser la sorcellerie en m'appuyant sur les catégories de la théorie des jeux.

CHAPITRE II

Entre « prise » et reprise

Un précepte de l'anthropologie britannique – le seul, peut-être, au nom de quoi je puisse me dire ethnographe – veut que l'indigène ait toujours raison, qui entraîne l'enquêteur dans des directions imprévues [1]. Que l'ethnographe puisse être ainsi dérouté, que rien de ce qu'il trouve sur le terrain ne corresponde à son attente, que ses hypothèses s'effondrent une à une au contact de la réalité indigène, bien qu'il ait soigneusement préparé son enquête, c'est là le signe qu'il s'agit d'une science empirique et non d'une science-fiction.

Au projet d'étudier les croyances et les pratiques de sorcellerie, ces concepts si problématiques qui hantent la

---

1. Citons, par exemple, Evans-Pritchard : « ... l'anthropologue doit se soumettre à ce qu'il rencontre dans la société qu'il a choisi d'étudier : à son organisation sociale, à ses valeurs et à ses sentiments, etc. J'illustrerai mon propos en prenant exemple de ce qui m'est advenu. Quand je suis arrivé en pays Zandé, la sorcellerie ne m'intéressait pas, mais elle intéressait les Zandé : j'avais donc à me laisser guider par eux. Quand je suis allé chez les Nuer, je ne m'intéressais pas particulièrement au bétail, mais eux, oui; si bien que, bon gré mal gré, j'avais à m'y intéresser aussi. Il me fallait éventuellement acquérir un troupeau personnel pour que l'on m'accepte ou du moins qu'on me tolère » (« Some Reminiscences and Reflections on Fieldwork », in *Journal of the Royal Anthropological Society of Oxford*, vol. IV, nº 1, Hilary 1973, p. 2. La traduction est de moi).

littérature ethnographique, j'ai dû, très vite, substituer
celui de reconnaître la vérité d'un discours : en quoi les
ensorcelés ont-ils raison quand ils se disent souffrants? et
les désenvoûteurs, quand ils affirment « *tout prendre* »
sur leur propre personne? (et les sorciers présumés, qui
sont obstinément muets, ou bien prétendent ne pas croire
aux sorts?) – Qu'est-ce donc qui est en jeu, quand on tient
ce discours-là?

Ces interrogations en engendraient d'autres, plus fondamentales, concernant l'effet de la parole et la raison
même de ce discours : Pourquoi est-ce que de parler ainsi
équivaut à un acte suprêmement efficace, une parole
tuant aussi certainement qu'une balle de fusil? Pourquoi
parle-t-on plutôt que de se battre ou de mourir, pourquoi
est-ce précisément un discours que l'on tient? Enfin,
pourquoi ce discours-là plutôt qu'un autre? Si l'on parle
en termes de sorcellerie, c'est sans doute qu'on ne peut
pas dire la même chose autrement. J'ai donc posé comme
un principe de méthode que le discours de la sorcellerie
et, par exemple, les discours savants évoqués plus haut ne
sauraient être mutuellement convertibles : puisque les
paysans les connaissent et sont en mesure de les manipu-
ler correctement tous deux, il faut bien supposer que la
référence à l'un ou à l'autre n'engage pas le même
rapport de signification.

Ce que j'ai dit de la fonction politique ou agressive de
la parole laisse présager que ce premier pas ne pouvait
manquer d'en entraîner d'autres. L'ensemble de mon
parcours sur ce « terrain » peut se résumer dans la
progressive intelligence d'une seule proposition et de ses
conséquences : *rien n'est dit de la sorcellerie qui ne soit
étroitement commandé par la situation d'énonciation.* Ce
qui importe alors, c'est moins de déchiffrer des énoncés –
ou ce qui est dit – que de comprendre qui parle, et à qui.
Sur le terrain, en effet, l'ethnographe, lui-même engagé

dans ce procès de parole, n'est qu'un parlant parmi d'autres. S'il s'avise ensuite de rédiger un mémoire scientifique sur les sorts, ce ne peut se faire qu'en revenant toujours sur cette situation d'énonciation et sur la manière dont il y a été « *pris* »; faisant, de ce mouvement de va-et-vient entre la « prise » initiale et sa « reprise » théorique, l'objet même de sa réflexion.

Qu'il s'agisse d'y être « repris », et non de s'en « déprendre », c'est ce dont je voudrais introduire ici la nécessité – abandonnant au reste de l'ouvrage la responsabilité de la démontrer. J'entends ainsi marquer sans équivoque la distance qui me sépare de l'anthropologie classique comme de la pensée post-structurale en France, dans leur commun idéal de totale a-topie du sujet théoricien[2].

I. CEUX QUI N'ONT PAS ÉTÉ PRIS,
ILS NE PEUVENT PAS EN PARLER

On se souvient que la sorcellerie n'est pas le seul langage qui ait cours pour rendre compte du malheur et que le Bocage ne peut être envisagé comme un isolat culturel où les catégories de la pensée expérimentale n'auraient jamais pénétré : l'observation la plus superfi-

---

2. Parlant de l'ouvrage collectif intitulé *Politiques de la philosophie : Chatelet, Derrida, Foucault, Lyotard, Serres* (Paris, Grasset, 1976), Bertrand Poirot-Delpech dit excellemment de ses auteurs : « ... tous s'emploient à n'être plus dupes des mots [...] leurs " politiques " – au sens plein du mot – se définissent par des mots de la famille du préfixe " *dé* " : dé-voiler, dé-caper, dé-crypter, dé-pister, dé-construire, bref, dé-penser. Dé-river aussi : ne dé-pendre ni de Dieu, ni de l'Etre, ni de l'Homme, ni d'aucun centre, ni même d'aucun endroit situable. Les comparaisons spatiales utilisées par tous recouvrent le même idéal d'a-topie totale, de nomadisme absolu : parler de nulle part, n'être plus saisissable, rapprochable, récupérable d'aucune manière » (« Maîtres à dé-penser », in *Le Monde*, 30 avril 1976).

cielle montre que chacun, ici, est capable de les réinventer pour son propre compte lorsqu'il s'agit d'expliquer les occurrences de la vie quotidienne ou ce que j'ai nommé le malheur ordinaire. Bref, contrairement à un Zandé qui n'a de choix, en toute circonstance, qu'entre « *witchcraft* » et « *sorcery* » – deux concepts qui, vus du Bocage, diffèrent autant que bonnet blanc et blanc bonnet – le paysan sait pertinemment qu'il existe des explications d'un autre ordre[3]. Il peut déclarer qu'il leur retire toute crédibilité ou qu'elles rendent compte de tout, sauf de son état : il ne peut empêcher qu'elles constituent les théories officielles du malheur. Le prêtre lui assure que Dieu seul ou, plus rarement, un hypothétique « mauvais esprit » peuvent désirer la répétition dans laquelle il se débat; le médecin prétend que cette répétition ne saurait être l'effet que d'une illusion ou de pures coïncidences. Or ces théories officielles sont soutenues par des agents sociaux puissants : l'Ecole, l'Eglise, l'Ordre des médecins. Elles constituent l'ordre social, mais aussi, puisque cet ordre a cours, la « réalité » sociale.

Notons ici qu'un Zandé se disant ensorcelé manifeste qu'il est un être social, qu'il reconnaît le code symbolique de son groupe et sait l'utiliser. Alors qu'un paysan du Bocage se disant ensorcelé marque qu'il fait sécession d'avec les théories officielles du malheur ou que lui

3. Les Zandé du Sud-Soudan, heureusement visités par Evans-Pritchard (*op. cit.*) pendant les années trente, ont fourni à la littérature anthropologique la distinction (depuis lors tenue pour essentielle malgré les ambiguïtés qu'elle recèle) entre *sorcery*, ou magie instrumentale, et *witchcraft*, ou magie opérant sans l'aide d'un support matériel : « Les Zandé croient que certaines personnes sont des *witches*, qui ont le pouvoir de leur nuire parce qu'elles possèdent une qualité particulière. Un *witch* ne procède à aucun rituel, ne profère pas d'incantations, ne possède pas de drogues. Un acte de *witchcraft* est un acte psychique. Les Zandé croient aussi que les *sorcerers* peuvent les rendre malades en pratiquant des rituels magiques avec de mauvaises drogues... » (p. 21).

manque la possibilité d'utiliser *ce* langage (positif ou
religieux) pour signifier *cette* histoire. Dès lors, il se
clôture soigneusement et entre dans l'état de secret.

Les autres l'enferment dans l'opprobre et l'ironie : c'est
un superstitieux, un arriéré, un délirant, disent de lui les
prêtres, les autres villageois et les médecins. Mais l'ensorcelé lui-même redouble la clôture en justifiant leur
attitude par des affirmations telles que : « *Faut êt' pris
pour y croire.* » Car il considère que seul un délirant, un
arriéré ou un superstitieux croit aux sorts par principe et
en parle sans être lui-même passé par une expérience
spécifique. Il dit aussi : « *Pour ceux qui n'ont pas été
pris, ça n'existe pas* », tant la réalité de ses malheurs lui
paraît incroyable pour qui n'a pas été pris dans la
répétition. Il déclare enfin : « *Ceux qui n'ont pas été pris,
ils ne peuvent pas en parler.* » Corrélativement, on ne
peut pas leur en parler, fussent-ils animés de la généreuse
intention de reconnaître la vérité de son discours; car
celui-ci ne peut pas même être proféré devant qui est, par
avance, préservé d'avoir à en soutenir les effets.

Assurément, ces affirmations étaient constituées avant
l'arrivée d'une ethnographe dans le Bocage. Elles m'ont
pourtant posé la question de savoir au nom de quoi je
prétendais parler des sorts avec un ensorcelé ou un
désenvoûteur.

D'autant que l'ensorcelé lui-même, lorsqu'il s'adresse
à une ethnographe, supposée n'adhérer qu'aux théories
officielles du malheur, s'empresse de parler de lui comme
le font habituellement le médecin, l'instituteur et l'ethnographe. Des sorts, il prétend n'avoir qu'une connaissance
indirecte et lointaine, comme des « *superstitions des
arriérés* », ou comme des « *croyances des anciens* »,
qu'il nomme aussi les « *arrières* » : des arrières aux
arriérés, le pas est vite franchi.

Dans un premier moment, où la sorcellerie est donnée

comme croyance de l'autre, toute information est donc nécessairement surchargée ou rendue méconnaissable : ce qui importe à l'indigène, c'est que celui qui l'écoute – soit l'ethnographe, qui nécessairement participe du langage objectiviste – ne puisse le reconnaître dans ce qu'il énonce. Il ne parle de la sorcellerie qu'à la condition de s'en distinguer et, par conséquent, de la présenter comme une construction particulièrement infantile, abracadabrante et ridicule.

Parce que le paysan parle à l'autre, au savant, il s'objective et ne dit rien. De son côté, l'ethnographe n'écoute pas – soit qu'elle cherche des faits empiriques, et il n'y en a pas dans ces récits fantastiques qui puissent satisfaire au critère de plausibilité; soit qu'elle s'en tienne à ce langage et comprenne qu'il n'y a là rien d'autre à entendre que le refus du paysan de parler en son propre nom. De là, la vanité de l'attitude folklorisante dans ce cas particulier : aussi longtemps qu'elle soutient une position d'extériorité, l'ethnographe n'entend que billevesées destinées à la convaincre qu'on est aussi doué qu'elle pour se distancer d'un « objet » nommé sorcellerie.

II. UN NOM ACCOLÉ À UNE PLACE

Le premier point à élucider, quand on fait l'ethnographie des sorts, c'est donc de savoir à qui chaque « informateur » croit s'adresser, puisqu'il tient des discours si radicalement différents selon la place où il situe son interlocuteur. A quelqu'un qui n'y est « *pas pris* », il dira : « *les sorts, ça n'existe pas* »; « *ça n'existe plus* »; « *c'est d'l'ancien* »; « *ça existait, chez nos arrières* »; « *ça existe, mais pas ici : allez donc à Saint-Mars* » (ou à Montjean, ou à Lassay; ailleurs, en tout cas); « *là-bas, ils sont arriérés* »; « *ah! les sorts! j'n'aime point c'te*

connerie-là![4] ». A quelqu'un qui « *y est pris* », on parle
différemment selon qu'on le met en position d'ensorcelé
ou de désenvoûteur. (Au sorcier présumé, on ne parle
pas, mais ce silence est tout un discours, l'affirmation
muette d'une lutte à mort, qui toujours produit quelque
effet.)

Quand un ethnographe travaille sur un terrain exoti-
que, il est, lui aussi, tenu de se situer quelque part. Mais
le bon sens et les manuels lui enseignent les vertus de la
distance et le parti qu'on peut tirer du statut de riche
cannibale[5]. Prétendre, au contraire, qu'on veut entendre
parler de sorcellerie paysanne et y rester étranger, c'est se
condamner à n'entendre que des déclarations objectivis-
tes, à collectionner des historiettes fantastiques et des
recettes de désenvoûtement – soit, à relever des énoncés
que le sujet de l'énonciation désavoue formellement.
Ainsi, depuis cent cinquante ans, l'indigène et le folkloriste se mirent-ils chacun dans le miroir que l'autre lui
tend, sans qu'apparemment le second se soit avisé de ce
que cela comporte d'ironique complicité de la part du
premier[6].

Lorsque je suis partie dans le Bocage, je n'étais assurément pas mieux placée qu'aucun de mes prédécesseurs,
sinon que leurs trouvailles me paraissaient dérisoires au
regard du réel qui est en jeu lors d'une attaque de
sorcellerie. D'avoir, en quelques mois, fait à mon tour la
même cueillette que chacun d'eux me laissait sur ma

4. Tous les noms cités dans cet ouvrage appartiennent au stock des
dénominations locales. Toutefois, par souci de discrétion envers mes
interlocuteurs passés, je les ai régulièrement détournés : il n'en est aucun
qui corresponde à la personne qui m'ait réellement parlé, ni au lieu dans
lequel l'événement évoqué se soit passé.
5. Pour reprendre l'expression de Jean Monod (*Un riche cannibale*,
Paris, U.G.E., 1972, coll. 10-18).
6. On peut dire aussi, et c'est un autre aspect du même problème, que
le paysan marque ainsi son droit éminent à participer du même système
symbolique que le savant.

faim, mais je n'en pouvais tirer aucune directive pour
mener plus avant ma recherche : il eût été tout aussi
dérisoire de tenter de séduire les paysans par de généreu-
ses déclarations d'intentions, puisque aussi bien, lorsqu'il s'agit de sorcellerie, c'est toujours l'autre qui prend
l'initiative de l'interprétation. De même qu'il faut la
parole de l'annonciateur pour qu'un paysan s'autorise à
se dire ensorcelé, de même ce furent mes interlocuteurs
qui me désignèrent ma place (« prise » ou non, ensorcelée ou désenvoûteuse) en interprétant les signes involon-
taires que leur offrait mon discours[7].

Il n'est pas utile de préciser que j'ignorais tout de ce
système de places et que l'essentiel de mon travail a été
de le repérer peu à peu en revenant après coup sur des
épisodes énigmatiques. Pendant plusieurs mois, mes
notes décrivent nombre de situations dans lesquelles mes
interlocuteurs me plaçaient ici ou là (« *pas prise* »,
« *prise* » – ensorcelée, « *prise* » – désenvoûteuse), sans
que j'y voie autre chose sur le moment qu'une situation
classique d'information ethnographique, simplement un
peu difficile parce que je chercherais à savoir quelque
chose de particulièrement secret.

Probablement n'étais-je pas prête encore à soutenir ce
procès de parole de la seule manière concevable pour mes
interlocuteurs : en reconnaissant que d'être mise à ce
poste m'engageait à énoncer personnellement quelque
chose de ce discours, au même titre qu'eux. Assurément,
cette place me pré-existait et elle se soutenait fort bien
d'être occupée par d'autres. Mais à présent, c'était bien
moi qu'on y mettait, c'était bien mon nom qu'on accolait
à cette place, et la singularité de mon existence.

Quoique j'aie vécu toute cette histoire dans une cer-

---

7. Quiconque se dirait ensorcelé de sa propre autorité serait simplement tenu pour fou : avis aux apprentis sorciers qui prétendraient faire
parler les paysans en se contentant de se dire « pris ».

taine confusion, je puis dire aujourd'hui qu'elle s'ordonne autour de quelques situations caractéristiques dans lesquelles mes interlocuteurs m'ont mise en demeure d'avoir à occuper la position qu'ils me désignaient, me signifiant ainsi qu'ils n'avaient que faire de mon écoute parce qu'il ne leur importait pas d'être simplement compris, ou encore, pour utiliser le langage de la théorie de la communication, qu'ils n'avaient nul besoin d'un décodeur. En sorcellerie, recevoir des messages oblige à en émettre et qui soient signés : il était temps que je prenne moi-même la parole.

A titre indicatif, voici quelques exemples de la manière dont j'ai, ainsi, été prise à partie : 1) la première fois que des ensorcelés m'ont raconté leur propre histoire (et non celle d'hypothétiques « *arriérés* »), c'était parce qu'ils m'avaient identifiée comme la désenvoûteuse qui pourrait les tirer d'affaire. 2) Quelques mois plus tard, un paysan interprète ma « *faiblesse* », assume la fonction d'annonciateur de mon état d'ensorcelée et me conduit chez sa désenvoûteuse pour m'y faire « *déprendre* ». 3) Pendant plus de deux ans, je soumets les événements de ma vie personnelle à l'interprétation de cette désenvoûteuse. 4) Divers ensorcelés me demandent de les « *déprendre* ». Bien qu'à ce moment-là je sache parfaitement manier le discours magique, je me sens incapable d'assumer la position de parole qui le soutient et je les conduis à ma thérapeute. 5) Enfin, cette désenvoûteuse, avec qui j'ai noué des relations complexes (je suis à la fois sa cliente, sa courtière et le garant de la vérité de sa parole dans les cures auxquelles elle me fait participer), me charge de lui amener le guérisseur qui mettra fin à ses douleurs corporelles et d'assister celui-ci dans sa tâche[8].

8. Ces situations seront respectivement évoquées dans la troisième partie du présent volume, et dans le second volume, qui sera presque exclusivement consacré à l'analyse de séances de désorcelage.

On peut dire que, dans le cas idéal où j'aurais pu choisir en connaissance de cause, l'alternative était à chaque fois la suivante : ou bien je refusais cet accolement de mon nom à une place et je me retirais du procès de parole, en signalant qu'il y avait erreur sur la personne (*je ne suis pas celle que vous croyez*); ou bien j'acceptais d'occuper la position qu'on me désignait, à moins que je n'en propose une autre que je serais plus en mesure d'assumer (*je ne suis pas à la place que vous croyez*). Dans le premier cas, je quittais le Bocage, où je n'avais désormais plus rien à faire; dans le second, le procès de parole continuait, mais j'avais à m'y mettre en position de sujet de l'énonciation.

On peut trouver dans les confidences des enquêteurs quelques indices de ce que je n'ai pas été la première à me voir proposer une pareille alternative. Certains folkloristes nous disent, par exemple, leur amusement d'avoir été, une fois ou l'autre, sollicités pour faire office de désenvoûteurs. Ce genre d'incidents vaut qu'on s'y arrête. En premier lieu, pour noter ceci : il est hors de question que l'enquêteur soit mis dans la place de l'ensorcelé. Il faudrait pour cela qu'il donne quelques signes de ce qu'il se sait mortel, vulnérable, ou du moins désirant – toutes choses assurément avouables, mais seulement à des proches et dans le secret de la vie privée; non pas à d'incultes cultivateurs, et dans l'exercice d'une profession. Sur le terrain, l'enquêteur se présente donc régulièrement à son partenaire comme non manquant ou, pour reprendre une expression que j'employais plus haut[9], il offre au regard de celui-ci une surface continue, non trouée; tout dans son comportement signifie qu'il est « *fort assez* ». D'autant qu'il ne néglige pas d'utiliser les arguments susceptibles de délier les langues : il se réclame d'une lignée locale de guérisseurs magiques (il affirme, par exemple,

---

9. *Cf.* p. 23.

que sa grand-mère maternelle, dont le souvenir perdure dans la région, lui a « *passé le secret* »); et, dans ses conversations avec les « informateurs », il fait la preuve de ce qu'il connaît nombre de recettes de désenvoûtement, de formules magiques et d'anecdotes fantastiques. Bien qu'il n'en sache rien, l'enquêteur a donc fait exactement ce qu'il fallait pour que ses interlocuteurs le mettent dans la place du désenvoûteur. Mais qu'on en vienne à le lui dire et à lui demander d'opérer, voilà qui l'amuse. Il rapporte cet épisode comme une anecdote piquante, comme une preuve particulièrement évidente de la crédulité paysanne, à un auditeur dont la complicité dans la suffisance lui paraît assurée. En effet, il y a de quoi sourire car il y a eu méprise, on s'est trompé sur la personne, l'enquêteur n'était pas celui qu'on croyait.

Mais on peut se demander lequel est le plus naïf, du paysan ou du folkloriste. Car le premier ne comprend pas qu'on ait pu recueillir des formules pour n'en rien faire, pour s'informer; et le second juge avoir satisfait aux exigences de la science en s'informant, sans s'aviser qu'il ne peut rien faire de cette information, ni de la science, ni de la magie :

– Ni de la science : les folkloristes ont méconnu l'existence et le rôle du pouvoir des thérapeutes dans les cures de désenvoûtement. Ils se sont crispés sur l'identification de leur savoir, et cela sous la forme très particulière de la collecte des secrets. Soit, sur ce qui, dans leur discours, ressemble le plus à un énoncé, à une parole qui se soutiendrait en l'absence de tout sujet de l'énonciation.

Or le texte du secret (son énoncé) est largement contingent : qu'il faille piquer un cœur de bœuf, tordre des clous d'acier ou réciter des prières détournées de l'Eglise, peu importe[10]. Les magiciens le savent bien, qui remar-

10. C'est pourtant de ces petites différences que se justifient les œuvres des folkloristes.

quent paisiblement : « *à chacun son secret* », et ne
luttent guère pour accroître leur savoir. Car ce qui fait un
désenvoûteur, c'est sa « *force* » et le raccordement de
celle-ci à un univers de langage (celui-là même qui a
produit le texte du secret). Ainsi référé à un ensemble
symbolique, le pouvoir du magicien met celui-ci dans la
position d'un justicier reconnu (et non, par exemple, d'un
criminel qui réglerait des comptes privés). Encore faut-il
qu'il déclare ouvertement être en mesure de l'assumer.

— Ni de la magie : désenvoûter, cela ne consiste pas à
dire des formules, ni à pratiquer des rituels magiques.
Pour qu'ils aient quelque chance d'être efficaces, il faut
au préalable que soit institué un système de places, grâce
auquel un autre que le magicien met celui-ci en position
de sujet supposé pouvoir; et il faut que le magicien
lui-même reconnaisse qu'il y est, acceptant ce que cela
implique d'engagement personnel dans un discours, d'as-
somption des effets de la parole magique sur son propre
corps, etc.[11].

Ainsi, quand le folkloriste répond à une demande de
désenvoûtement en rigolant comme s'il s'agissait d'une
proposition déplacée, en s'excusant qu'il n'y peut rien ou
en renvoyant le souffrant à son médecin, le paysan
comprend que ce savant ne veut pas engager sa « *force* »,
s'il en a; ou que, bien plutôt, il n'a pas la moindre idée de
ce que c'est que la « *force* » ni de ce que c'est que de
parler. L'amusement du folkloriste signifie seulement
qu'il ne croit pas pouvoir guérir qui que ce soit avec des
formules magiques et qu'il juge ce savoir dérisoire. Il l'est,
en effet, aussi longtemps qu'aucun sujet n'accepte de

---

11. On se tromperait beaucoup en s'imaginant qu'il suffit de proposer
la place du devin ou celle du désenvoûteur pour qu'elle soit acceptée avec
enthousiasme. Chacun, dans le Bocage, est assez au fait des dangers et des
servitudes du pouvoir magique pour réaliser qu'il s'agit là d'un cadeau
empoisonné, auquel il ne faut toucher que si son désir est profondément
engagé de ce côté-là.

devenir le support de ces énoncés magiques et de les proférer au nom de sa propre « *force* » référée à un univers symbolique – c'est-à-dire de convertir ce savoir en un pouvoir.

III. ENVERS QUI (OU QUOI) PRENDRE SES DISTANCES?

On ne peut donc étudier la sorcellerie sans accepter d'être inclus dans les situations où elle se manifeste et dans le discours qui l'exprime. Cela entraîne des limitations qui paraîtront singulièrement fâcheuses aux tenants de l'ethnographie objectivante :

1. On ne peut vérifier aucune affirmation : d'abord, parce que la position de témoin impartial est absente de ce discours. Ensuite, parce qu'il est inutile d'interroger des tiers : être ensorcelé, c'est avoir interrompu toute communication avec son sorcier supposé, mais aussi avec toute personne étrangère à la crise; les autres villageois ne savent donc à peu près rien de cette affaire. Enfin, l'on ne comprendrait pas que l'ethnographe, à qui l'on a parlé comme au légitime occupant d'une des places du discours, s'en éjecte pour enquêter et demander ce qu'il en est, en réalité, de telle ou telle histoire.

2. On ne peut pas entendre les deux parties – les ensorcelés et leurs sorciers supposés – puisque entre eux, la communication est coupée. Non seulement ils ne se parlent pas, mais ils ne s'autorisent pas du même discours. Quand, par exception, on a pu obtenir les deux versions d'une même affaire, il est impossible de les confronter, les sorciers déclarant uniformément ne pas croire aux sorts et récusant le discours de la sorcellerie au nom du discours positif[12]. De toute manière, les ensor-

---

12. Esquive à laquelle un Zandé n'aurait pas même songé, n'ayant de choix qu'entre *witchcraft* et *sorcery*.

celés devancent la possibilité d'une telle confrontation en prévenant l'ethnographe d'avoir à éviter toute rencontre avec leur agresseur, sous peine d'en devenir, à son tour, la victime. Passer outre cet avis relèverait soit d'un masochisme inquiétant, soit d'une foi inconsidérée dans l'efficacité de ses protections, soit d'une intention de double jeu. Notons d'ailleurs que cette audace n'inquiéterait pas moins le « sorcier », fût-il tout à fait imaginaire : car, sachant que l'ethnographe fréquente ceux qui se disent ses victimes, il penserait, s'il recevait sa visite, que cet étranger est un désenvoûteur venu lui livrer combat. En temps de guerre, rien ne ressemble plus, en effet, aux armes caractéristiques du magicien (la parole, le regard, le toucher) qu'un innocent « comment allez-vous ? » accompagné d'une poignée de main.

3. On ne peut pas enquêter dans son « *quartier* », tant est redoutée l'efficacité magique de la parole : le paysan considère qu'il est prudent de mettre de la distance entre celui qui parle et celui qui écoute, afin d'éviter que le second ne soit tenté d'abuser de la situation. Jamais on ne portera une crise grave à la connaissance du désenvoûteur local. On préfère choisir son thérapeute au-delà d'une frontière (dans un diocèse ou un département voisins), en tout cas hors des réseaux d'inter-connaissance. Pour cette raison, je n'ai jamais travaillé à moins de dix kilomètres du lieu où j'étais établie. J'ai donc généralement ignoré le contexte sociologique des affaires de sorcellerie et, en particulier, les positions respectives des adversaires dans les jeux locaux du prestige et du pouvoir – soit, ce qui fait ordinairement l'objet des enquêtes ethnographiques sur la sorcellerie[13].

13. Je montrerai dans le second volume l'autonomie relative du discours de la sorcellerie par rapport aux déterminants sociologiques ordinairement invoqués pour rendre compte de sa production. Il me suffit de faire valoir ici que ce discours, tel qu'il m'a été énoncé dans le Bocage, me conduirait plutôt à questionner l'ethnographie sur le fondement de ses

4. Enfin, il est impossible de mettre sur pied une quelconque stratégie de l'observation (fût-elle « participante »), avec ce qu'elle présuppose de distance convenue. Plus généralement, prétendre tenir une position d'extériorité, c'est renoncer à connaître ce discours : d'abord, on s'en souvient, parce que les intéressés opposent le silence ou la duplicité à quiconque s'affiche comme extérieur. Mais, plus profondément, parce que toute tentative d'explication se heurte aux barrières autrement redoutables que sont l'amnésie de l'indigène et son impuissance à formuler ce qui doit rester non dit. Là sont les limites de ce que l'on peut demander à un informateur de bonne volonté (pour autant qu'il existe un être de ce genre dans le Bocage), et elles sont vite atteintes.

Prenons un exemple : si l'on veut comprendre de quoi est faite la consultation d'un devin, on peut, certes, demander à celui-ci comment se déroule une séance ordinaire, ou sur quelles questions ses clients viennent le consulter. Mais qu'on ne s'étonne pas de recevoir des réponses triviales : « *Ils viennent pour la maladie, pour l'amour, pour les bêtes, pour retrouver l'argent disparu...* – Et pour les sorts? – *Ça se pourrait bein, mais je n'm'occupe pas de ça* », répondra immanquablement le

---

affirmations les plus transparentes. Ainsi, on lit couramment dans les ouvrages spécialisés que le « sorcier » est toujours un « voisin jaloux ». (Suivent des descriptions des liens de voisinage, opposés aux liens de parenté; ou de la répartition topographique des cliques, etc.) Dans le Bocage aussi, l'on dit que le sorcier est un voisin jaloux. Mais la « réalité empirique » est moins là en question qu'un système de dénominations : c'est parce que X a d'abord été classé comme étant mon « *sorcier* » qu'il est dit aussi être mon « *voisin* », « *jaloux de moi* », etc. – la référence à la topographie se révélant alors être curieusement élastique, et les raisons de l'envie trop évidentes pour avoir à être précisées. Je reviendrai sur ce point à propos du mécanisme de l'imputation, c'est-à-dire de la façon dont on construit la réponse à la question : « Qui donc est mon sorcier? », dans le second volume.

devin. Barrière, donc, du silence et de la duplicité : le
devin ne pourrait reconnaître « *s'en occuper* » que
devant qui formulerait une demande personnelle de
divination. Du déroulement des séances, par contre, avec
la meilleure volonté du monde, il n'a rien d'autre à livrer
que des indications techniques : « *Je commence par le
jeu de piquet, puis je prends les tarots.* – Mais comment
devinez-vous leur histoire? – *Bein, j'ai le don* ». Même si
les questions de l'ethnographe étaient plus subtiles, elles
achopperaient bientôt à la borne de l'informulable, ici
représentée par la référence au « *don* ». Pressé de s'expliquer, le devin ne peut faire plus qu'illustrer son propos
par le récit des circonstances énigmatiques au cours
desquelles, jadis, alors que la voyance était le dernier de
ses soucis, un consultant en quête de révélation lui a, un
jour, reconnu le « *don* » et en a transmis l'annonce au
devin professionnel qui l'a initié.

Si l'ethnographe se tourne alors vers les consultants, il
en obtient des déclarations uniformément improbables :
le devin, lui dira-t-on, « *lit dans moi comme dans un
livre ouvert* »; ou encore, « *il est extraordinaire, j'y dis
jamais rein et il sait tout* ». Mais pour avoir accompagné
les paysans chez les devins et avoir passé le temps de leur
consultation dans la salle d'attente, l'ethnographe sait
bien qu'ils n'ont pas cessé de parler : simplement,
comme après une séance d'hypnose, ils ne s'en souvien-
nent pas.

Entre le devin et son client, il existe donc une commune méconnaissance et ce n'est pas la même chose
qu'une simple complicité dans le secret : aucune mise en
confiance ne fera jamais que les intéressés soient en
mesure d'expliciter ce que recouvrent les termes de
« *don* » et de « *tout voir* », parce que l'institution même
de la divination se soutient de ce qu'ils n'en veuillent rien
savoir.

Pour qui veut connaître la raison de ce discours, il n'est

alors pas d'autre issue que de le pratiquer soi-même, de devenir son propre informateur, de lever sa propre amnésie, de tenter d'expliciter son propre informulable. Car on ne voit pas en quoi l'indigène pourrait être intéressé au projet de dévoiler ce qui ne saurait subsister que voilé; ni au nom de quoi il devrait renoncer aux bénéfices symboliques de si précieux dispositifs.

(Il ne m'échappe pas qu'il y a une disjonction radicale entre la visée qui est maintenant la mienne et celle de mes interlocuteurs du Bocage. Jusqu'à présent, je me suis contentée d'affirmer que le discours de la sorcellerie est ainsi fait que, pour y avoir accès, il faut se mettre en position de le soutenir soi-même. Pourtant, c'est une chose que d'y avoir accès – ce fut une mémorable aventure, dont ma vie entière portera trace – et une autre que d'en vouloir faire après coup la théorie.)

Si l'on veut entendre un devin, il n'y a donc pas d'autre solution que de devenir son client, c'est-à-dire de lui donner son propre désir à interpréter[14]. Comme tout indigène – ou tout sujet désirant – l'enquêteur ne manque pas en cette occasion d'être lui-même frappé de méconnaissance : ainsi, pendant plusieurs mois, j'avais beau prendre des notes très précises après chaque séance de divination, une certaine partie de la consultation, toujours la même, succombait régulièrement à l'amnésie; de même, le jour où une voyante, de qui j'espérais apprendre la cuisine quotidienne de la divination, me reconnut le « *don* » et offrit sa vie à mon interprétation, m'assurant qu'elle n'avait rien à m'enseigner que je ne sache déjà, je ne pus manquer d'être stupéfaite.

L'amnésie régulière, la sidération, l'arrêt de la réflexion devant ce qui apparaît comme informulable – c'est-à-dire

14. Une consultation sans demande de voyance est inutile, car la voyante ne voit rien et il n'y a rien à comprendre pour l'ethnographe.

la perception confuse de ce qu'*il y a là un impossible* – ce fut ma condition ordinaire au cours de cette aventure[15]. Comment j'ai pu, à un certain moment, lever cet impossible, c'est-à-dire tenter de le parler ou convertir une aventure en un projet théorique, on peut se le demander. Mais il ne suffit pas, pour y répondre, d'invoquer le respect des exigences de la démarche scientifique ou d'une dette à l'égard de l'institution savante qui fait office de mécène : si ce respect est opérant, c'est ailleurs et autrement. D'avoir été engagée dans le discours de la sorcellerie au-delà de ce qui est exigible d'un ethnographe dans l'exercice ordinaire de sa profession pose d'abord la question de ce qu'a pu être mon propre désir de savoir, des raisons pour lesquelles je suis personnellement intéressée au projet de fonder les « sciences humaines », et de ce qui a fait qu'à l'occasion de la divination, par exemple, je n'ai pu me satisfaire d'un pur et simple escamotage du problème dans la référence au « *don* », non plus qu'auparavant des trouvailles des folkloristes.

La distance requise pour qu'une théorisation soit possible, on voit donc qu'elle n'a pas nécessairement à s'instaurer entre l'ethnographe et son « objet », à savoir l'indigène. Or, de tous les pièges qui menacent notre travail, il en est deux dont nous avions appris à nous méfier comme de la peste : accepter de « participer » au discours indigène, succomber aux tentations de la subjectivation. Non seulement il m'a été impossible de les éviter, mais c'est par leur moyen que j'ai élaboré l'essentiel de mon ethnographie. Quoi qu'on pense de celle-ci, on m'accordera que les prédictions des maîtres ne se réalisent pas immanquablement, qui affirment l'impossi-

---

15. Je pourrais, aussi bien, parler d'impensable ou d'indicible; parlant d'impossible, je veux pourtant désigner ce qui, du réel, échappe à un moment quelconque à l'emprise du langage ou à la symbolisation.

bilité, dans ce cas, d'instituer quelque distance entre soi et l'indigène ou entre soi et soi.

De toute manière, je n'ai eu à aucun moment la possibilité de choisir entre la subjectivation et la méthode objective telle qu'on me l'avait enseignée, si du moins je voulais prendre les moyens de répondre à ma question initiale (qu'est-ce que les intéressés cherchent à mettre en forme à l'occasion d'une crise de sorcellerie?). De travailler ainsi m'aura en tout cas permis d'échapper à une limitation que l'ethnographie objectivante rencontre régulièrement et qui n'est pas soulignée, tant elle semble aller de soi : je veux parler de sa dépendance vis-à-vis d'un *corpus* fini d'observations empiriques et de textes indigènes recueillis sur le terrain. A toute question nouvelle, cette ethnographie répond que cela se trouve ou non dans le *corpus*, se vérifie ou non dans les données empiriques : de ce qui n'y trouve pas de référent, elle ne peut rien affirmer. Pour moi, le fait que les paysans du Bocage m'aient contrainte à produire un certain nombre d'énoncés au même titre qu'eux (soit, à être un encodeur) m'a permis de sortir des limites d'un *corpus* ou, ce qui revient au même, d'y inclure mon propre discours. A la question des grammairiens comparatistes, j'ai pu substituer celle des transformationnistes : cet énoncé peut-il ou non être produit? Risquant ma propre parole auprès des décodeurs indigènes, j'ai pu discriminer le sens reconnu du non-reconnaissable; cela, quel que soit l'énoncé, qu'il ait ou non été produit lors de mon séjour sur le terrain. La limite de l'ethnographie ordinaire est celle de son *corpus*. Pour celle que j'ai pratiquée, le problème est, à chaque fois, d'évaluer correctement les limites de ma position de parole. Mais d'avoir occupé, à un moment ou à un autre, le sachant ou non, le voulant ou non, toutes les places de ce discours me permet au moins de prendre vue sur l'ensemble de l'énonçable.

Il est temps de donner quelques précisions sur la
position du sorcier : dans le Bocage, il n'est personne qui
se dise tel; ce n'est pas une position possible d'énonciation. Jamais un sorcier n'avoue ses crimes, pas même s'il
délire à l'hôpital psychiatrique (ce qui constitue une
différence notable d'avec les sorcelleries exotiques). Le
sorcier, c'est l'être dont parlent ceux qui tiennent le
discours de la sorcellerie (ensorcelés et désenvoûteurs) et
il n'y apparaît que comme sujet de l'énoncé. Ses victimes
assurent qu'il n'a pas besoin de s'avouer sorcier, parce
que sa mort parle pour lui : chacun rit à ses funérailles
parce qu'il est mort de façon significative, emporté en
quelques heures à la suite d'une prédiction d'un devin ou
bien en hennissant comme la jument qu'il maléficiait,
etc. Cela rend très improbable qu'il existe quelque sorcier
qui pratiquerait effectivement des maléfices, mais on se
doute que cela n'est pas du tout nécessaire au fonctionnement du système [16].

16. La seule position que je n'ai pas eu à tenir est celle de la sorcière :
cela, du moins, m'aura été épargné. Pourtant, *L'Express*, publiant un
document sur mes recherches, a cru devoir l'intituler « la sorcière du
C.N.R.S. », sacrifiant ainsi au culte du héros noir auquel j'ai fait allusion
plus haut (Gérard Bonnot, « La sorcière du C.N.R.S. », in *L'Express*,
nº 1206, 19-24 août 1974).

CHAPITRE III

Quand le texte, c'est son avant-propos

Relisant mes notes de terrain, j'y trouve que rien de ce qui concerne directement la sorcellerie ne se prête à la description ethnographique. On se souvient, en effet, que les informations sur ce sujet ont la particularité de n'être pas des informations, mais des moments dans une straté-gie : ou bien un paysan, absent de ce qu'il énonce, insiste sur l'invraisemblance de ces ensorcelés dont il ne saurait être; ou bien mon interlocuteur se désigne dans le dis-cours, mais il s'adresse à moi pour m'enrôler dans la lutte à mort qu'il soutient contre quelque sorcier, non pour m'informer. Le fait empirique n'est alors pas autre chose qu'un procès de parole et mes notes prennent la forme d'un récit.

Décrire la sorcellerie du Bocage, ce ne peut donc se faire qu'en revenant sur ces situations où l'on me dési-gnait une place. Les seules preuves empiriques que je puisse fournir de l'existence de ces positions et des relations qu'elles entretiennent, ce sont des fragments de récit. Mes erreurs et parfois mes refus ou mes dérobades font partie du texte; la réponse qu'à chaque fois j'ai donnée à mes interlocuteurs est constitutive du fait considéré, au même titre que leur question. On se souvient d'ailleurs que ces positions n'ont pu graduelle-ment m'apparaître telles que par la répétition de la même demande à quelque temps d'intervalle : cette fois, j'étais en mesure de percevoir (ou d'admettre) qu'il s'agissait pour moi de les occuper. La description de ce système de places, en quoi consiste l'ethnographie des sorts, je n'ai pu l'abstraire que de la confrontation de semblables épisodes.

On déplorera, à juste titre, qu'une ethnographie puisse être à ce point dépendante des humeurs de l'ethnographe. Lisant mon récit, on s'étonnera de ce qu'en telle ou telle occasion, j'aie pu me montrer aussi stupide. Je n'ai pas manqué de le regretter moi-même. D'autres, plus hardis ou plus habiles, se seraient conduits plus brillamment. Je soutiens pourtant que la stupidité de l'ethnographe, c'est-à-dire son refus de savoir où l'indigène veut l'entraîner, est inévitable dans de semblables circonstances. *Qu'il faut, au moins, un sujet (quel qu'il soit) pour soutenir l'interlocution*, c'est une condition nécessaire de l'ethnographie des sorts. Pour contingente que soit la singularité de l'enquêteur (un autre répondrait différemment à la même situation), c'est à elle et à elle seule que s'adresse l'ensorcelé : c'est pourquoi on ne peut pas plus la retrancher de la description ethnographique (en tout cas, du récit qui fonde cette description) que ne le sont les faits et dires de l'indigène.

Or l'ethnographie, comme je l'ai apprise et même enseignée, ne peut se désigner comme science qu'à la condition d'effacer la trace de ce que fut le travail sur le terrain : à la fois un apprentissage, au cours duquel un étranger se fait enseigner à décoder un système symbolique jusqu'ici inconnu de lui; et un long dialogue entre cet étranger et son hôte, c'est-à-dire un procès d'interlocution. Il est convenu (c'est même une règle de ce genre de littérature) que ces deux éléments ne peuvent être évoqués qu'hors- texte : soit à l'occasion d'un autre ouvrage, relevant d'un genre distinct (journal intime ou voyage philosophique) et qui ne prétend pas à la scientificité précisément parce qu'il choisit de témoigner de cette trace [1]; soit dans un mémoire scientifique, mais seulement à titre d' « Avant-Propos ». Le *texte* scientifique proprement dit est consacré aux résultats du décodage opéré par l'ethnographe.

La marque de la scientificité ou de l'objectivité se repère donc ordinairement dans le clivage institué entre un sujet de l'énonciation ethnographique et l'ensemble des énoncés produits sur la culture indigène, soit dans la différence entre l'avant-propos et le texte. C'est une propriété remarquable du texte ethnographique qu'y soit régulièrement occulté le sujet de l'énonciation (c'est-à-dire, ici, l'auteur), lequel s'efface devant ce qu'il énonce de son objet. On peut alors se demander – et mes collègues ne sont jamais las de m'en faire question quand je leur parle de mes recherches – si ce que j'ai élaboré à propos de la sorcellerie dans l'Ouest peut être dénommé « science », puisque le sujet de l'énonciation ethnographique ne peut à aucun moment s'y effacer derrière ce qu'il énonce de son objet. De même qu'au cours du travail sur le terrain l'indigène n'a pas cessé d'interpeller la contingente singularité de l'enquêteur, de même, à lire les considérations qui ouvrent ce chapitre, on ne voit pas comment l'ethnographe pourrait s'abstraire lui-même du récit qui fonde sa description de la sorcellerie. Peut-on

---

1. La différence est particulièrement frappante chez Michel Leiris entre *L'Afrique fantôme* (Paris, Gallimard, 1934), journal de son expédition en Afrique, et les mémoires scientifiques rédigés à son retour, par exemple : *La Langue secrète des Dogons de Sanga* (Paris, Travaux et mémoires de l'Institut d'ethnologie, t. L, 1948). Mais on peut prendre aussi bien l'exemple de Cl. Lévi-Strauss et noter l'infranchissable distance qu'il a mise entre *Tristes Tropiques* (Paris, Plon, 1955; l'expression de « voyage philosophique » est de Madeleine Chapsal) et le reste de son œuvre. De même, Balandier déclare vouloir témoigner de cette trace, mais « parallèlement » au travail scientifique proprement dit (*Afrique ambiguë*, Paris, Plon, 1957, p. 19).

encore parler de science quand le texte, c'est son avant-propos?

On peut supposer que, pour répondre à cette question, je ne manque pas d'arguments (ou d'excuses) tirés de la particularité de la situation à laquelle j'ai été confrontée. Il me paraît pourtant plus intéressant de développer ici un argument d'un tout autre genre, qui met en cause cet effacement conventionnel du sujet de l'énonciation derrière ce qui fait l'objet de l'énoncé dans la littérature ethnographique ordinaire. Qu'il ne puisse exister d'énoncé qui ne se soutienne de sa relation à un sujet de l'énonciation, c'est pourtant ce que nous enseignent les progrès récents de la linguistique et l'expérience la plus commune[2]. C'est, aussi bien, ce qui me forçait à reconnaître cette situation-limite qu'est la sorcellerie, dans laquelle je ne pouvais pas éviter d'entendre qu'il y était question de l'interpellation d'un sujet par un autre sujet.

Mon argument pourrait se développer sur la ligne suivante[3] : comme science de la différence culturelle, l'ethnographie a légitimement constitué ses procédures de recherche et ses critères de validité autour de la notion d'objectivation. C'est bien en parlant de l'indigène comme d'un objet, comme d'un « autre », en le dési-

2. *Cf.* Emile Benveniste, *Problèmes de linguistique générale*, t. I (Paris, Gallimard, 1966) : « Structure des relations de personne dans le verbe »; « Les relations de temps dans le verbe français »; « La nature des pronoms »; « De la subjectivité dans le langage ». Et t. II (*op. cit.*) : « Le langage et l'expérience humaine »; « Structure de la langue et structure de la société »; « L'appareil formel de l'énonciation »; « L'antonyme et le pronom dans le français moderne ».

3. On verra que cet argument est en retrait par rapport à ce que j'ai soutenu plus haut à propos de la subjectivation (*cf.* pp. 44-50) : c'est que je préfère n'y revenir qu'après avoir fourni quelques moyens d'en décider autrement que sur des principes. Le présent argument prend acte de l'importance donnée par la démarche ethnographique à l'objectivation, mais fait remarquer que, si c'est cela qu'on vise, il faut s'y prendre autrement.

gnant comme sujet de l'énoncé (« il » pratique ou dit ceci ou cela) qu'est fondée la possibilité d'un discours sur une culture différente, sur un objet qui ne serait pas moi. Encore faut-il, pourtant, si l'on veut que ce discours soit plausible ou même intelligible, que ce moi s'énonce lui-même et dise à l'adresse de qui il tient ce discours sur l'autre : car *seul un être humain se dénommant lui-même « je » peut en désigner un autre comme « il »; et il ne saurait le faire qu'à l'adresse d'un « tu »*. Or, dans la littérature ethnographique, ni le parlant ni son partenaire – autrement dit, ni le sujet de l'énonciation, auteur du mémoire scientifique, ni son lecteur – ne sont définis. Il est sous-entendu que le « je » n'a pas à se présenter parce qu'il va de soi, tout comme le « tu » auquel il s'adresse. Il est à ce point dans la nature des choses que « je » et « tu » s'entretiennent de « il », que le sujet de l'énonciation peut s'effacer dans un sujet indéfini, « on ».

Etymologiquement, « on », c'est *homo*, n'importe qui, tout le monde, les gens, tout sujet à la condition qu'il soit indéfini. Qu'il soit un sujet l'autorise à prédiquer quelque chose de « il »; qu'il soit indéfini signifie que, comme tout pronom personnel sujet, il remplace un nom propre, mais qui est dispensé d'avoir à se désigner. « On », c'est « nous », moi qui vous parle et vous qui m'écoutez; c'est tout le monde et n'importe qui, sauf « il », le seul terme défini du discours ethnographique. Ainsi l'énonciation scientifique s'épuise-t-elle dans l'acte de désignation, laissant ouverte la question de savoir qui désigne et à qui[4]. Grâce à quoi, ce qui est désigné, l'autre, l'indigène, la troisième personne, ne peut manquer de s'irréaliser au yeux du lecteur, comme en témoigne, par exemple, De

---

4. C'est ainsi que je préciserais aujourd'hui les affirmations que j'ai soutenues autrefois sur ce point (*cf.* Jeanne Favret, « Le crime ne paie plus », in *Critique*, n° 271, décembre 1969).

Martino [5] : « La lecture achevée, nous dit-il, les Aranda [décrits dans la monumentale monographie de Spencer et Gillen] restaient pour le lecteur une humanité incertaine, un monstrueux canular de l'histoire humaine, dont la très conventionnelle étrangeté ne pouvait en corriger la futilité. » Faute de pouvoir discerner le moindre enjeu entre les indigènes dont il est parlé, l'auteur qui parle et lui-même à qui l'on s'adresse, le lecteur s'égare dans « un monde d'ombres visiteuses et visitées, insignifiantes et vaines malgré leur bavardage minutieux ».

Une autre particularité de la littérature ethnographique est que l'indigène, cet « il » dont on prédique ainsi à son aise, ne paraît pas avoir jamais été engagé dans un procès de parole en son nom propre. Les ouvrages scientifiques ne font pas référence à la situation d'énonciation première, sinon à titre d'illustration et pour expliquer un propos indigène en le référant à la position sociale du locuteur : « s'il parle ainsi », nous prévient-on, « c'est qu'il est guerrier », « aristocrate » ou « shaman »; le discours qu'il a jadis tenu à l'ethnographe n'avait d'autre visée que de représenter les intérêts de sa faction. Autrement dit, une convention implicite du discours ethnographique veut qu'un « il » jamais ne puisse être un « je » et que la place du sujet de l'énonciation première soit ainsi toujours laissée vacante : au mieux, un groupe social vient parfois s'y nommer. L'auteur ferait-il passer celui-ci pour une personne (ce qu'aucun groupe ne saurait être) ou même pour la fiction d'une personne, que la situation n'en serait pas plus plausible. Car ce sujet en troisième personne, tel qu'il parle dans le texte, ne semble pas s'adresser à quiconque, en tout cas pas au sujet

---

5. De Martino, cet historien italien qui crut devoir s'instruire en ethnographie pour préparer une étude sur les rituels contemporains d'exorcisme en Tarente. Les citations suivantes sont tirées de *La Terre du remords*, Paris, Gallimard, 1966, pp. 13 et 14.

qu'après tout l'ethnographe a bien pu être lorsque ces
paroles furent jadis échangées : dans la littérature ethnographique, une faction indigène parle à la science universelle, une non-personne à un sujet indéfini[6].

Ainsi, l'ethnographie semble s'élaborer entre un indigène qui serait une fois pour toutes cantonné dans la
place du sujet de l'énoncé, et un savant qui se désignerait
lui-même comme un sujet de l'énonciation, mais comme
son sujet indéfini. L'indigène apparaît alors comme une
monstruosité conceptuelle : assurément comme un sujet
parlant puisque l'ethnographie est faite de ses dires; mais
comme un *parlant non humain* puisqu'il est exclu qu'il
occupe jamais la place du « je » dans quelque discours
que ce soit. De son côté, l'ethnographe se donne pour un
être parlant mais qui serait *dépourvu de nom propre*
puisqu'il se désigne par un pronom indéfini. Etrange
dialogue que celui qui paraît se tenir entre ces êtres
fantastiques...

6. Dans ses *Problèmes de linguistique générale*, t. I (*op. cit.*), Benveniste
fait remarquer que le pronom « il » est improprement désigné comme
« troisième personne », puisqu'il est précisément « la non-personne,
possédant comme marque l'absence de ce qui qualifie spécifiquement le *je*
et le *tu*. Parce qu'elle n'implique aucune personne, elle peut prendre
n'importe quel sujet ou n'en comporter aucun, et ce sujet, exprimé ou
non, n'est jamais posé comme *personne* » (p. 231).

Deuxième partie

L'EMPIRE DU SECRET

« *Naturellement, on ne vous ap-prend pas ça [les sorts] aux écoles. Pas de danger qu'on vous l'ap-prenne.*

« *Dans vos livres, on n'en par-lera jamais, de ça. Pas de danger qu'on en parle.*

« *Pourtant, malgré vos sciences, vous y croyez.* »

Le désorceleur, à une lycéenne.

CHAPITRE IV

Qu'il faut, au moins, un crédule

Quand je me suis établie dans le Bocage, en juillet 1969, je présumais qu'on ne m'y parlerait pas bientôt des sorts. Aussi me suis-je bornée pendant plusieurs mois – jusqu'en décembre, environ – à nouer des relations dans le pays, annonçant mon désir d'étudier la sorcellerie et notant après coup les conversations qui s'y rapportaient [1].

Ces notes du début sont moins révélatrices par ce qu'elles disent que par ce qu'elles ne disent pas. Jusqu'à ce que je sois moi-même « *prise* » dans les sorts – c'est-à-dire jusqu'à ce que je quitte la position d'enquêtrice – mes interlocuteurs ont efficacement dissimulé la présence d'un personnage essentiel : le désenvoûteur professionnel ou « *désorceleur* ». Plus exactement, ils ont fait comme s'il n'en existait que deux ou trois dans la région : ceux qui avaient défrayé la chronique à l'occasion de scandales ou de procès. Soit, ceux dont ils ne pouvaient éviter que je connaisse l'existence si je consultais les collections de la presse locale. Nul ne se souciait de me faire savoir que ces personnages scandaleux étaient

---

1. J'ai résidé de façon permanente dans un bourg du Bocage de juillet 1969 à septembre 1971; l'année suivante, j'y ai passé huit mois et, jusqu'en 1975, deux à trois mois par an.

tout à fait aberrants par rapport au système et qu'on les
exhibait comme des masques de Carnaval, pour laisser
dans l'ombre la multitude des désorceleurs clandestins
qui s'acquittaient de leur office sans éveiller autrement
l'attention.

C'est ainsi qu'on ramenait mon travail sur les sorts à
une enquête sur la « *Dame Blonde* », cette désenvoûteuse issue du nord de la Mayenne et vivant au Mans[2]. Si
l'on me parlait d'elle et d'elle seule, à propos de sorcellerie, c'est d'abord qu'elle ne venait plus opérer dans la
région depuis que les villageois mécontents l'avaient
menacée ici et là; et puis, surtout, parce que ses méthodes
étaient à ce point caricaturales qu'il était impossible d'y
avoir foi : « *Il fallait mettre des billets de cent francs pliés
en quatre dans la serrure ou des quartiers de cochon bien
nettoyés dans la cour, et défense de sortir la nuit. Si on ne
retrouvait pas l'argent ou le cochon le matin, c'est que ça
y avait fait* » : on était désorcelé. Ou bien, la patronne de
la ferme, nue comme un ver, devait rentrer ses vaches à
l'étable en les chevauchant à rebours. Ou bien, nue,
debout sur deux vaches et à rebours, elle devait passer
au-dessus d'un feu dans lequel on avait jeté une poignée
de sel bénit, sa famille formant cercle autour d'elle. Ou
encore... La liste était longue, de ses excentricités, mais
pourquoi se fatiguer à la détailler : « *La Dame Blonde?
son histoire est écrite dans un livre.* » Il s'agit d'un
numéro de *Constellation* contenant un article intitulé

---

2. Comme je l'ai signalé plus haut (*cf.* p. 37, n. 4), tous les noms de
lieux ou de personnes cités dans ce livre sont détournés. Sauf, bien
entendu, ceux qui ont été divulgués par les journalistes : ainsi, dans ce
chapitre, la « *Dame Blonde* » et le « *mage d'Aron* » sont des appellations
bien réelles, citées comme telles dans la presse; par contre, M. Derouet,
Mlle Jalus, Mme Paillard – ou, dans le chapitre suivant, les Fourmond,
Lenain, Chailland, Quelaines, etc., désignent des personnes ou des lieux
nommés autrement dans la réalité.

comme il convient : « Incroyable : cette campagne est envoûtée[3] ! ».

« *Lisez-le, je n'ai pas de mémoire pour vous raconter des histoires de sorts* », s'excuse mon « informatrice » en me confiant ce précieux exemplaire de *Constellation*. Contre toute vraisemblance, elle assure n'avoir jamais entendu parler des sorts avant le scandale de la « *Dame Blonde* » – la dénégation ordinaire consistant plutôt à reconnaître qu'on en a beaucoup entendu parler, mais dans l'enfance et à propos des « *anciens* ».

Ce numéro de *Constellation* appartient à M. Derouet; il l'a prêté à Mme Paillard, qui l'a prêté à la vieille Mlle Jalus, qui me l'a prêté. Quelle aubaine que ce « *livre* » pour la médisance locale : par son truchement, le commérage devient texte – éventuellement, vérité objective, puisqu'il (re)vient d'ailleurs – chacun pouvant s'autoriser à diffuser ce lot d'informations scandaleuses parce qu'il est donné sous la forme, doublement irresponsable, d'un texte imprimé au loin et qui soit signé par un étranger.

L'essentiel est que les usages soient respectés : pour que ce « *livre* » passe de mains en mains, il faut interdire expressément qu'il circule. Car ce qu'il est interdit de révéler, ce ne sont certes pas les malheurs de la famille ensorcelée, relatés par le journaliste : c'est seulement le nom de M. Derouet, émetteur initial de la rumeur dans son quartier. Ainsi peut-on colporter des médisances, mais sans les signer ou en les désavouant de toutes les manières possibles. On me parlait donc de sorcellerie, mais seulement sur le mode du désaveu, me signifiant en somme ceci, par le truchement de Mlle Jalus :

a) Qu'il y ait des ensorcelés s'adressant à cette « *Dame Blonde* », ce n'est pas moi qui le dis, c'est l'autre, le

3. Marc Ambroise-Rendu : « Incroyable, cette campagne est envoûtée! » in *Constellation*, mars 1965.

journaliste. Pour moi, je n'ai rien à communiquer, sinon un discours rapporté (« Incroyable : cette campagne est envoûtée! ») : je ne puis vous parler de sorcellerie qu'en vous branchant sur le discours officiel, sur la version « éclairée » de ces événements telle qu'elle est constituée dans ce « *livre* ».

b) N'allez d'ailleurs pas prendre ce « *livre* » trop au sérieux, « *il y a beaucoup de faux là-dedans* », prévient-on l'ethnographe sans préciser plus. Autrement dit : ce discours rapporté (officiel, éclairé) n'est pas fiable; son information est insuffisante; mais, de le corriger, m'entraînerait sans doute à prendre quelque distance à son égard, et en mon nom.

Une seule réserve est explicitement formulée : le journaliste a confondu dans la même catégorie de « superstition » les fantaisies de la « *Dame Blonde* » et le pèlerinage au saint local, protecteur des bêtes, « *pèlerinage que nous faisons avec une vraie foi* ». Si cette réserve peut ainsi s'exprimer, c'est qu'elle engage, au-delà de la parole du locuteur, celle de l'Eglise, institution éminemment autorisée.

c) Or, parce que cette « *Dame Blonde* » est à ce point excentrique et ses clients à ce point désireux d'être abusés, je ne puis prendre le risque d'être identifiée à eux. Le seul discours explicite que je puisse tenir sur les sorts, c'est de marquer l'infranchissable distance qui m'en sépare : l'ensorcelé, ce n'est pas moi, c'est l'autre, le crédule, celui qui est assez stupide pour mettre un billet de cent francs dans la serrure et s'interdire de regarder qui vient le prendre; ou bien celui qui, voulant guérir la stérilité de son épouse, l'envoie passer la nuit dans sa chambre à coucher avec le « *mage d'Aron* ».

Il s'agit d'un autre désenvoûteur scandaleux que ses ennemis surnomment le « *bouc d'Aron* ». Ils en traitent souvent sous la rubrique générale : « *désorceler, c'est pour coucher* ». Par exemple, l'époux de la femme stérile

doit rester en bas, dans la salle, debout devant la chemi-
née avec un cierge dans chaque main, cependant que le
« *bouc* » soigne la malade à l'étage, dans la chambre
conjugale[4].

De la « *Dame Blonde* », on parle indifféremment sous
les deux rubriques suivantes :

1. « *Désorceler, c'est pour l'argent* » : « *Qu'est-ce
qu'elle leur en a tiré, celle-là, des billets de dix mille, par
les trous de serrure!* »

2. « *Désorceler, c'est pour coucher* » : « *Elle couche
une semaine avec le fermier, une semaine avec la fermière : comme ça, n'y a pas de jaloux* », ironise-t-on.

On rencontre aussi, parfois, une théorie intermédiaire
selon laquelle elle passe la nuit dans le lit des fermiers
avec le couple, tandis qu'un compère vient ramasser les
billets dans les trous de serrure.

L'avantage de cette attitude de désaveu, pour celui qui
parle, c'est qu'elle présente la position de celui qui croit
dans les sorts comme littéralement intenable et inintelligible : seul un imbécile ou un insensé peut avoir foi dans
la « *Dame Blonde* » ou dans le « *mage d'Aron* », car
l'origine humaine, trop humaine, de leurs prétendus
pouvoirs magiques est immédiatement perceptible.

C'est pourquoi, sans doute, on évoque fatalement, à
propos de ces deux magiciens, le cas de quelques délirants
avérés qui ont fait appel à leurs services : qui d'autre en
aurait l'idée, sinon un idiot ou un fou?

Que ces désenvoûteurs scandaleux aient pu accepter de
soigner des fous par magie (comme je l'ai constaté)
suffirait à montrer combien ils sont aberrants par rapport
au système : on verra plus loin, en effet, que leurs

4. La presse locale, catholique et conservatrice, déclara la guerre au
« mage » quand celui-ci se mêla d'inventer une religion. Jusque-là, Brault
s'était contenté d'être un désorceleur excentrique, mais discret. On
trouvera dans l'Annexe III, « Robert Brault, " Prophète " d'Aron », des
données le concernant (*cf.* p. 381).

collègues clandestins prennent des précautions très stric-
tes pour éviter toute collusion entre les deux registres de
la folie et de la sorcellerie[5].

Qu'un désorceleur excentrique parvienne ainsi à se
constituer une clientèle fait évidemment problème. Mais,
après tout, nul n'est à l'abri d'un pervers, dans le Bocage
non moins qu'à Paris. Pour autant qu'une catégorie
nosographique puisse expliquer quoi que ce soit, et pour
autant qu'on puisse se permettre de l'utiliser sans avoir
jamais rencontré les intéressés, c'est pourtant bien la
perversion qu'évoquent ces deux personnages, et singulièrement la « *Dame Blonde* », campée dans les récits de ses
familiers comme une héroïne sadienne qui hanterait, il
est vrai, plutôt qu'une forteresse, la basilique de Lourdes.

Quoi qu'il en soit, la différence fondamentale entre les
désorceleurs excentriques et leurs collègues ordinaires
paraît tenir à ceci : les premiers pratiquent des rituels
qu'ils inventent de toutes pièces, qui ne leur ont été
transmis par personne et que ne soutient aucun corps de
tradition. C'est pourquoi, sans doute, les paysans sont si
prompts à les désavouer; car ils ne peuvent espérer
longtemps de semblables pratiques qu'elles amènent la
résolution symbolique de la crise personnelle qui les a
conduits chez le désorceleur.

L'ironie du sort (ou les rigueurs de l'idéologie des
Lumières) veut que la presse nationale reconnaisse
dans ces personnages fantaisistes et dans leurs clients
le vrai fonds de l'âme paysanne, qu'elle s'empare de
quelques anecdotes et les constitue en emblèmes de la
crédulité et de l'anachronisme paysans ; les sorts –
et dans cette version ridicule – il faut être paysan
pour y croire[6].

5. Cette question sera traitée dans le second volume.
6. C'est ici le lieu de questionner la prétention de la presse à informer
le public sur la sorcellerie : car, selon une estimation que j'ai faite, portant
sur trois départements de l'Ouest (Manche, Orne, Mayenne), environ un

Ainsi le journaliste de *Constellation* introduit-il son reportage sur le scandale de Saint-Fraimbault par les remarques suivantes : « J'ai découvert la sorcellerie à trois heures de Paris. Dans le Bocage normand, on croit encore aux sorts, et l'on pratique les conjurations. Les pylônes électriques enjambent les herbages, les tracteurs roulent dans les chemins creux désormais goudronnés... mais les superstitions du Moyen Age ne sont toujours pas vaincues. Au coin des champs, certains cultivateurs répandent du sel pour protéger leurs récoltes. Dans les étables, on pousse le bétail à reculons pour le désensorceler. Dans l'âtre des fermes, mitonnent des cœurs de bœufs qui doivent livrer l'identité des jeteurs de mauvais sorts. » On aura noté l'emploi du présent, temps sans durée, imparti à la description d'un paysan a-chronique; et, d'autre part, l'abandon du restrictif « certains » (cultivateurs) et son remplacement par « on », qui toujours renvoie à la généralité de *homo*, ici entendu comme *paganus*. « Tout cela se passe aujourd'hui, en 1965, aux confins de la Normandie, du Maine et de la Bretagne. Le Bocage est pourtant un aimable pays...[7] » C'est, assurément, un aimable pays; mais c'est aussi un confin et l'on peut craindre d'y trouver les rebuts de la rationalité occidentale.

Roger-Pol Droit, du *Monde*, ne craint pas de mener cette idéo-logique à son terme. Parlant d'un ouvrage sur la sorcellerie en Berry, il note que ses auteurs « nous font pénétrer dans un monde où, à trois cents kilomètres de

---

désenvoûteur sur soixante et une affaire de sorcellerie sur dix mille sont, un jour ou l'autre, portés à la connaissance du public. Ce n'est pas, cependant, que les autres ne laissent aucune trace ni ne donnent prise à l'indiscrétion. Mais leur examen, même sommaire, mettrait en évidence la vanité du dogme selon lequel la sorcellerie ne saurait concerner que des charlatans et des dupes. Aussi la presse ne se risque-t-elle à parler de sorcellerie que lorsqu'elle est bien assurée d'avoir affaire à un désorceleur excentrique.

7. *Op. cit.*, p. 63, n. 3.

Paris [lesquels paraissent décidément représenter l'exacte distance des Lumières aux Ténèbres], la pensée magique joue encore un rôle social prépondérant [...] à travers leur récit se dessine le portrait d'une société close [...] Disons-le : une société primitive, malgré la voiture sous le portail et la télévision dans la salle commune[8] ». Oui, disons-le; mais de quelle place avantageuse, aux avant-postes de quel progrès?

Ce canton de la primitivité, du surnaturel et de l'ana-chronisme où les idéologues urbains parquent ainsi les paysans du Bocage est aussi – et principalement – celui de la crédulité. Dans cette région hantée par les « loups-garous en campagne », les habitants sont représentés comme des gobe-mouches ou des enfants naïfs dont « il est possible d'exploiter sans grand risque [la] crédulité ».

---

8. Roger-Pol Droit, « La France ensorcelée », in *Le Monde*, 12 août 1973. Sur l'anachronisme du paysan, *cf.* aussi, par exemple, Maurice Denuzière, « Les sorciers du Perche répondent au téléphone », in *Le Monde*, 15 octobre 1969 : « Au temps où l'homme marche tranquillement sur la Lune, où les contes fantastiques des veillées villageoises ont été remplacés par les émissions de télévision, on pourrait s'étonner de la prospérité de ces petits métiers du mystère »; Charles Blanchard, « Pyromane pour conjurer le sort, l'accusé semble s'être trompé de siè-cle », in *France-soir*, 30 avril 1974 : le rédacteur y propose, non la prison ou l'asile, mais la « réinsertion dans le XXᵉ siècle pour des êtres comme Blanchard [l'accusé]; des anti-mutants, en somme, qui nous viennent tout droit du Moyen Age »; Annette Kahn, « La sorcellerie aux Assises », in *l'Aurore*, 29 avril 1974, assistant au même procès, écrit son sentiment : « On croit rêver. Mais l'heure où les hommes marchent sur la Lune [encore] est aussi celle où d'autres voient des soucoupes volantes. [... Blanchard] a pourtant l'air moderne, l'air de vivre avec son temps. Il travaillait en usine, fréquentait la ville et de nombreux camarades de travail, ce qui aurait dû lui donner le sens des réalités. »

L'anachronisme du paysan équivaut à un a-chronisme, point sur lequel nous aurons à revenir et qu'illustre *Le Journal du Dimanche*, 7 mars 1976, « Un crime hors du temps » (il s'agit du meurtre d'un sorcier par deux de ses victimes, des jeunes cultivateurs de la Mayenne) : « Mais oui, nous sommes bien en 1976 », conclut le rédacteur en se frottant les yeux, sous-entendant ainsi que si « nous » y sommes, on peut se demander quel temps leur assigner, à « eux ».

Et *France-Soir* d'amuser son public par la description des « mises en scène spectaculaires » de la « *Dame Blonde* », cette inventive charlatane, cette citadine rouée qui berne les paysans. Décrivant, par exemple, le coup du billet de cent francs dans la serrure (enfantin !), le journaliste conclut ironiquement : « Nul n'est besoin d'être grand clerc pour comprendre la supercherie[9]. » Son lecteur urbain est ainsi assuré d'être, pour le moins, petit clerc et que, du clerc au paysan, la distance est infinie.

La « crédule » paysannerie du Bocage, ainsi désignée à la dérision et au mépris publics, ne peut que refuser de se reconnaître dans le miroir déformant qui lui est tendu et renvoyer cette image dans une autre direction. Par exemple, en désignant la folie ou la stupidité d'un *petit nombre* comme le lieu réel de la crédulité : le crédule, ce n'est pas le paysan, c'est l'idiot ou le fou, hors catégories sociales.

Il convient de noter ici le rôle de la presse locale qui, sans cesse, proteste contre le tranquille cynisme avec lequel la presse nationale manipule le sens des événements locaux pour fonder ses partis pris et faire rire les Parisiens aux dépens des « naïfs » paysans. Peu ou prou, la presse locale soutient, vis-à-vis des sorts, la même attitude que quiconque affirmerait n'y être pas « *pris* » – c'est-à-dire la même attitude que la majorité de ses lecteurs. (Ceux qui sont actuellement engagés dans une crise de sorcellerie ne peuvent, en effet, espérer qu'aucun discours public vienne jamais les cautionner.) Car si la presse locale parle de sorcellerie, c'est pour dénoncer, à grands cris ou à grands éclats de rire, quelques désorce-

---

9. « Pour écarter les mauvais esprits, la " Dame Blonde " passait la nuit avec les maris ensorcelés », in *France-Soir*, 5 décembre 1964 ; *cf.* aussi : « J'ai retrouvé la " Dame Blonde " qu'un village normand accuse de sorcellerie », in *Le Parisien libéré*, 6 décembre 1964.

leurs scandaleux et leurs clients, lesquels se trouvent alors séparés de la communauté locale par le mur de la honte et de la dérision. (Des désorceleurs ordinaires et de leurs clients il n'est, bien sûr, jamais question.) Il s'agit, à chaque fois, de sacrifier quelques individus, nommément désignés comme idiots ou comme fous, pour préserver la réputation du plus grand nombre; et de marquer la distance la plus extrême des uns à l'autre[10].

Ce pour quoi, par exemple, la « *Dame Blonde* », cette « sorcière malfaisante », cette « garce », cette « triste personne [...] dont il vaut mieux voir les talons que la pointe des souliers », présente somme toute quelque utilité : elle nous procure l'occasion de rire un peu (entre « joyeux Mayennais ») de ses « naïves victimes » qui ne sont, après tout, que des individus[11].

Le Publicateur libre, hebdomadaire « chrétien et gaulliste » de Domfront, affirme, par exemple, dans son inimitable phraséologie : « Nous pensons que la

---

10. *Cf.* la position de l'exorciste diocésain cité plus haut (pp. 21-23) à qui l'idée d'une enquête *sociologique* sur les sorts paraissait inintelligible : les sorts, cela ne concerne jamais que des *individus*.

11. Ces citations sont extraites d'un recueil que j'ai constitué de la presse locale à propos de la « *Dame Blonde* » : « Incroyable mais vrai! Une sorcière malfaisante », in *Le Publicateur libre*, 8 août 1963; « Attention! La sorcière fait de nouveau parler d'elle », *id.*, 6 décembre 1964; « Dans la région de Gorron, il n'y a ni sorciers, ni ensorcelés, mais un aigrefin et des dupes », in *Ouest-France*, éd. de la Mayenne, 10 décembre 1964; « Sorcellerie à Saint-Fraimbault », in *Le Réveil normand*, 12 décembre 1964, « La sorcière de Saint-Fraimbault », in *Le Publicateur libre*, 13 décembre 1964; « Magie, envoûtements, sortilèges en terroir mayennais », in *Le Courrier de la Mayenne*, 19 décembre 1964; enfin, un article non identifié d'*Ouest-France*, découpé par un informateur à mon intention : « A une Mancelle " opérant " dans les cantons d'Ernée et de Gorron, il est reproché les délits d'exercice illégal de l'art vétérinaire, et d'activité extra-médicale et vétérinaire, et d'être une " pomme de discorde " ».

Négriesse [12] a dû s'inspirer de l'histoire du célèbre Ras-
poutine qui prêchait l'impureté à la tsarine de Russie pour
qu'elle ait des fautes à se faire pardonner. On nous a dit
que, dans une famille de la région [il ne s'agit donc que
d'un cas isolé], afin de la désensorceler, elle est arrivée à
persuader le père qu'il devait se mettre nu et les bras
en croix pendant que des gens, en l'entourant, jetteraient
du sel et de l'eau bénite. » [Noter 1) qu'on moque les
rituels inventés par ces désorceleurs excentriques, mais
jamais ceux qui s'autorisent d'une tradition locale et 2)
que le client de cette désenvoûteuse est ridiculisé pour
s'être laissé prendre dans une relation perverse plutôt que
pour s'être dit ensorcelé.] « Dans une autre commune,
c'est un couple [autre cas isolé] qui, dans la même tenue, a
dansé sur la table de la cuisine comme auraient pu le
faire les peuplades les plus arriérées d'Afrique. » [Encore
un rituel inventé, qui produit le même sentiment d'étrangeté et le même rire défensif que le spectacle des sauvages; lesquels, comme on sait, ne sont que des enfants
étourdis qu'il est aisé de remettre dans la voie droite :]
« Quel magistral coup de pied au chose s'impose, pour
ramener la paix dans les esprits et les cœurs! » conclut
parternellement le rédacteur [13].

Qu'il faut, au moins, pouvoir désigner un crédule hors
de soi, c'est là un principe auquel la société bocagère ne
peut se dispenser d'adhérer, pour la raison qu'il est,

12. Car cette « *Dame Blonde* », ironie du sort, se nomme Négrier; ses
ennemis la désignent sous le sobriquet de la « *Négriesse* » (négresse), ou la
« *Négrière* ». Ce balancement perpétuel entre noir et blanc fait partie du
mythe de cette femme insaisissable, qui toujours reparaît ailleurs et sous
un nouveau travesti.
13. Cette tranquille assurance n'empêche pas qu'émerge régulièrement
dans la presse locale quelque inquiétude devant le mystère de la force
magique. Par exemple, dans la confusion de ce propos sur la « *Dame
Blonde* » (Ouest-France, 10 décembre 1964) : « Dire qu'on craint la
" sorcière ", non, mais certains semblent redouter le soi-disant pouvoir

depuis l' « âge classique », constituant de la culture nationale [14]. Prétendre aujourd'hui à l'appellation de citoyen
français, issu de la tradition des Lumières, c'est faire la
preuve que l'on sait pratiquer l'expulsion hors de soi de
l'irrationnel. Lorsqu'ils sont défiés de le faire – par
exemple, quand la presse nationale monte en épingle les
pratiques d'un désorceleur excentrique – les habitants du
Bocage sacrifient bruyamment à leur passion de l'intégra-
tion nationale ceux par qui le scandale arrive. (On est
loin du stéréotype du chouan, ce paysan dissident, supposé ne reconnaître d'autorité qu'à la tradition locale,
chroniquement insurgé contre les pouvoirs et les valeurs
de la nation, etc.) Déplaçant – mais sans en changer une
virgule – le discours qui les condamne, les paysans
désignent les désorceleurs comme des charlatans et leurs
patients comme des bêtes crédules.

Si les clients de ces magiciens scandaleux sont autre
chose que des imbéciles ou des fous, je ne le saurai
jamais : car nul, dans le Bocage, n'aurait toléré que je
vienne subvertir cette dogmatique de la crédulité,
réchauffer ces scandales à peine refroidis, poser des
questions sur ce qui ne doit jamais être questionné. Les
intéressés eux-mêmes, ceux à qui l'on a fixé le destin
d'occuper cette place de l'imbécile, savent n'avoir aucune

qu'elle prétend détenir. » Si l'on en retire les guillemets et les précautions
(« semblent », « soi-disant », « prétend »), la première partie de la phrase
apparaît comme une pure et simple dénégation (malgré laquelle, oui, on
craint la sorcière); la seconde partie reconnaît ce que la première dénie
(certains redoutent le pouvoir qu'elle détient); la confusion de l'ensemble
venant de ce que – puisque les indéfinis (« on », « certains ») ne
remplissent pas convenablement leur office, qui serait de renvoyer à un
autre (le paysan) que celui qui parle (le journaliste) – celui-ci est contraint
de truffer son texte de guillemets, de précautions et de dénégations. On
trouvera d'autres exemples du même genre dans *Le Publicateur libre*,
6 décembre 1964, et *Le Courrier de la Mayenne*, 19 décembre 1964.
    14. Michel Foucault, *Histoire de la folie à l'âge classique*, Paris, 1961,
Plon.

chance d'y échapper, dès lors qu'on parle d'eux. Pour
moi, je sais d'expérience que, quoi que je puisse dire ou
désirer faire savoir, mes paroles ne seront d'aucun poids
pour les en délivrer – la presse ne manquant jamais, en
cette occasion, de dénaturer mes propos jusqu'à ce qu'ils
deviennent la copie conforme du discours officiel sur les
sorts. A moins, évidemment, qu'on ne m'attribue l'emploi de l'imbécile[15].

15. Il serait fastidieux de redresser les affirmations fantaisistes des
journalistes à mon sujet. A partir d'une matrice mythique initiale (Gérard
Bonnot, « La sorcière du C.N.R.S. », in *L'Express*, nº 1206, 19-
25 août 1974), elles trouvent leur aboutissement logique dans la presse
locale, qui me fait progressivement occuper la place de l'imbécile ou de
l'érudite aux nerfs fragiles qui bascule un beau jour dans l'horreur
(*Ouest-France*, éd. de la Mayenne, 4, 5 et 6 septembre 1974; 4 mars
1976).

CHAPITRE V

La tentation de l'impossible

Les affirmations qui précèdent paraîtront moins péremptoires si je les illustre par un exemple concret. Ainsi, l'on pourra voir à l'œuvre les forces qui concourent à précipiter un individu dans la place du crédule et à l'y maintenir quoi qu'il puisse dire. Les mêmes forces, on le constatera, rendent tout à fait impossible l'enquête ethnographique, dès lors qu'elle risquerait, si peu que ce soit, de déplacer le *statu quo*.

Avant de commencer ce récit, il me faut néanmoins donner deux précisions qui vaudront pour tous les exemples analysés dans ce livre :

1. A l'exposé de ce premier cas, on s'étonnera peut-être de ce qu'il contienne beaucoup plus d'informations que mon propos véritablement ne l'exige. Mais c'est un parti que j'ai pris de ne jamais craindre, si j'évoque des situations réelles, d'en développer la complexité – laquelle, par définition, ne saurait coïncider avec l'univocité de mon propos du moment.

2. On voudra bien se souvenir, d'autre part, de ce que moi-même et mon histoire sommes toujours inclues dans le stock d'individus et d'événements singuliers qui constituent un « cas » : si j'emploie ce terme, d'ailleurs, c'est plutôt pour fonder mon droit à l'abstraction que pour

donner l'illusion d'une différence de nature entre sujet théoricien et sujet théorisé.

Voici donc ce premier récit.

Très peu de temps après mon installation dans le Bocage, M. Fourmond, maire de Chailland, une commune de la Manche, catholique pratiquant et cultivateur éclairé, tombe gravement malade. Il s'agit d'un cancer de la peau qui aurait été diagnostiqué trop tard. On dit que sa femme, pourtant responsable diocésaine de l'Action catholique, attribue cette maladie à un sort et fait venir l' « *homme de Quelaines* », cultivateur le jour, mais désorceleur la nuit[1]. Scandale : quelques notables, venus aux nouvelles, le rencontrent au chevet du maire mourant. Or officiellement, la sorcellerie, c'est tout juste bon pour de petits paysans retardataires et mangés de misère. Qu'un maire moderniste vienne s'y impliquer soulève quelque indignation parmi ses pairs et dans l'élite « *bourgeoise*[2] » du pays. Après la mort, survenue en quelques semaines, de M. Fourmond, la rumeur accable sa veuve.

Des « informations » sur sa crédulité passée et présente sont colportées de bouche à oreille : « *La mère Fourmond, elle s'en croyait déjà avant, dans les sorts, et sa*

---

1. Tout professionnel clandestin menacé de poursuites judiciaires (désorceleur, guérisseur) est désigné par une périphrase destinée à égarer les curieux : « *l'homme de X* », « *la femme* », « *la mère* » ou « *la petite mère de Y* », « *l'abbé de Z* » (X, Y et Z désignant les lieux).

2. Les « *bourgeois* » (autrefois nommés « *bourgadins* » ou « *bourgadiers* ») sont les habitants des bourgs, par opposition aux « *villageois* » qui vivent dans les hameaux et les fermes; si l'on veut désigner plus précisément la différence dans la fortune ou le pouvoir, on oppose les « *gros* » aux « *petits* ». – Parmi les « *bourgeois* » qui dénigrent ainsi Mme Fourmond du haut de leur modernité, citons Julienne Angot qui hait les guérisseurs locaux, mais loue sa bru d'avoir confié un enfant asthmatique à Mességué : il est vrai que la jeune Mme Angot a connu l'existence de ce guérisseur « scientifique » par la télévision...

mère aussi », assure-t-on. Déjà, lors du scandale de la
« *Dame Blonde* », où étaient impliquées quelques familles de Chailland, Mme Fourmond aurait « *tant cru
dedans* » que le maire aurait évité de lui en parler et qu'il
aurait demandé à chacun d'observer une consigne de
silence : « *Y n'voulait point qu'on en cause devant
elle*[3]. »

Mais la mairesse aurait guetté son heure : « *Le père
Fourmond n'y croyait point, aux sorts. Sa femme, l'a
attendu qu'il soit sur son lit d'mort, qu'il puisse plus
bouger et l'a fait veni' le desorcelaou. L'a dit dans tout
l'bourg que c'était un sort.* » (Notons que jamais un
ensorcelé ne ferait une chose aussi stupide : par définition, le sort est une affaire strictement privée.) « *Un sort,
un sort! C'était un cancer, c'est tout ce que c'était!* »
concluent les esprits positifs.

A présent que son mari est mort, Mme Fourmond
tiendrait de mystérieuses réunions avec l' « *homme de
Quelaines* » et ses enfants : « *La fille Fourmond, qu'est
pourtant infirmière et mariée à un médecin* [il s'agit en
réalité d'un kinésithérapeute; mais il faut marquer le plus
fortement possible à quel point la *vraie* science positive
est bafouée dans cette histoire], *la fille Fourmond y croit
encore plus que la mère. Y font des réunions toute la nuit,
avec les parents : y disent des prières, des messes aussi,
p'têt'bein. Et l'homme de Quelaines qu'est toujours là. Y
voulait que le père Fourmond soit enfermé dans une
chambre où qu'il ne verrait pas le jour. Ça n'pouvait pas
y guérir son cancer, toujours!* »

Bien qu'en principe la vertu de Mme Fourmond ne

---

3. Selon leur degré d'instruction (et selon qu'ils ont ou non été
pensionnaires dans des établissements religieux, où l'on fait la guerre aux
tournures patoisantes), mes interlocuteurs ont un parler plus ou moins
traditionnel, que je reproduis tel quel; il arrive aussi que le sujet abordé
(par exemple, les sorts) impose des formes traditionnelles de parler – du
moins quand le locuteur se reconnaît comme sujet de ce discours.

prête pas au moindre soupçon, on se demande ce qu'une veuve peut bien fabriquer, enfermée toute la nuit avec un veuf (le *desorcelaou*). Il se trouve, bien sûr, une voisine pour affirmer qu'ils ont entamé une liaison, et même qu'ils vont s'épouser. De toute manière, « *désorceler, c'est pour coucher* » : puisqu'il y a scandale, on ne peut qu'invoquer le sexe.

Lorsque ce scandale parvient à mes oreilles d'ethnographe, plus d'un mois après qu'il a commencé d'alimenter la chronique locale, j'ai déjà choisi de ne pas interroger à chaud sur les scandales de sorcellerie, afin d'éviter d'être mise dans la place – localement bien repérée – de la journaliste parisienne. Mais on décourage d'avance mon éventuelle curiosité, en me décrivant cette mairesse ensorcelée comme un être dogmatique – Mme Fourmond aurait interdit l'accès de sa maison à sa fille, l'infirmière, qui n'y croirait plus assez à présent –, désormais hors d'atteinte – elle refuserait les visites, même celle du curé qui « *n'arrive pas à lui sortir ces idées-là de la tête* » –, et qui serait d'ailleurs tout à fait muette, sauf avec l' « *homme de Quelaines* ». Quant au désorceleur, il n'y a rien à en apprendre que je ne sache déjà, puisqu'il « *travaille d'après la Dame Blonde* », « *c'est la même bande* »; à moins que ce ne soit celle du « *mage d'Aron* », dont l' « *homme de Quelaines* » serait le disciple. (A vrai dire, peu importe : dans les deux cas, celui qui en parle le fait tomber dans la catégorie des désorceleurs excentriques.) On me précise enfin que la gendarmerie enquête sur cette affaire, que le désenvoûteur ne tardera pas à être inculpé d'exercice illégal de la médecine et qu'un conseiller général veut sa tête, pour faire un exemple et laver la réputation du canton. Pour moi, peu désireuse d'aller forcer la confidence d'un homme aux abois, je m'abstiens d'aller le voir.

Quinze mois plus tard, je reçois la visite d'une jeune fille de vingt ans, Marie Fourmond. Etudiante en géographie à l'université voisine, elle a été jusqu'ici ignorée par les commérages sur la crédulité de sa famille, parce qu'elle n'entretient de rapports significatifs avec rien de ce qui pourrait les nourrir : ni avec la médecine, ni avec la théologie, ni somme toute avec aucune *vraie* science. Elle vient me poser une question qui la tourmente depuis longtemps et devant laquelle prêtres et professeurs se dérobent : « *Est-ce que le mal peut se transmettre?* »

Si c'est à moi que Marie Fourmond vient poser sa question, c'est qu'elle a le sentiment d'avoir enfin rencontré celle qui peut la soutenir. Lisant un article que je viens de publier sur *La Sorcière* de Michelet, elle dit avoir pensé de moi : « *A celle-là, on peut lui en parler* » – déclaration qui ne peut manquer de m'embarrasser, car je sais combien la rédaction de cet article est venue, à point nommé, me fournir un prétexte pour fuir sur place les exigences de mon enquête[4]. Quelques mois plus tôt, en effet, au lieu d'accepter le diagnostic d'ensorcellement qu'avait porté sur moi une peu rassurante désorceleuse et d'en tirer la conséquence évidente (entreprendre une cure magique), je m'étais retirée dans la tiédeur de mon bourg, évitant toute allusion aux sorts, retardant ma décision et relisant ce texte de Michelet plutôt que d'aller affronter la réalité de la « sorcière ». A quoi l'on peut voir qu'une question laissée en souffrance finit toujours par susciter son destinataire, fût-ce par un malentendu.

Nous entreprenons donc, Marie Fourmond et moi, de répondre à sa question – « *Est-ce que le mal peut se transmettre?* » – en interrogeant les circonstances qui l'ont produite, à savoir la mort de son père.

---

4. J. Favret, « Sorcières et Lumières », in *Critique*, n° 287, avril 1971. Cet article a été republié en annexe *in* J. Favret-Saada et J. Contreras, *Corps pour corps, Enquête sur la sorcellerie dans le Bocage,* Gallimard, coll. « Témoins », Paris, 1981, pp. 333-363.

« *Ce que je n'arrive pas à comprendre*, dit Marie, *c'est qu'on puisse donner le mal à quelqu'un, transformer de mauvais sentiments en maladie.*

– Comment cela, vous parlez de la mort de votre père?

– *Oui, il y avait des gens qui voulaient sa mort. Ils sont arrivés à leurs fins.*

– Comment avez-vous su qu'ils voulaient sa mort?

– *Par l'homme de Quelaines. On en a parlé un soir à la ferme, lui, ma mère et moi.* »

Donc elles y croient, conclut précipitamment l'ethnographe. Mais alors, pourquoi diable Marie vient-elle me le dire, confirmer ainsi les commérages des gens de Chailland et prendre le risque de relancer le scandale, aujourd'hui que les passions sont éteintes? A qui donc croit-elle parler et que me demande-t-elle d'entendre, en me racontant précisément cette version de la mort de son père pour laquelle le bourg les avait rejetées, sous le prétexte qu'elle les posait en victimes des sorciers? Car on ne peut nier que le récit de Marie, dans son début, ne soit tout à fait identique à celui d'un ensorcelé. Outre l'affirmation selon laquelle « *des gens* » voulaient la mort de son père, on trouve aussi, dans son dire, les autres éléments d'un prologue ordinaire d'initié : 1) la dénégation inaugurale, 2) la notation de la déroute du savoir positif, 3) la solennelle annonciation de son état à l'ensorcelé.

1. « *C'est drôle*, commence Marie : *mon père et ma mère n'avaient jamais fréquenté de sorciers; vraiment, ces gens-là n'étaient jamais entrés dans notre vie.* » Elle ajoute : « *On n'en avait jamais entendu parler.* »

De ces deux affirmations, la première n'est sans doute pas fausse; aucun épisode antérieur de la vie des Fourmond n'avait requis une explication par les sorts. La seconde – « *on n'en avait jamais entendu parler* » – demande à être complétée pour être entièrement vraie :

Marie Fourmond avait assurément entendu parler des sorts avant la maladie de son père, mais jamais comme de quelque chose qui pourrait rendre compte de sa propre histoire. Sorciers et maléfices appartenaient jusque-là au monde improbable de la fiction – ils n'avaient pas d'existence repérable hors des récits des anciens – ou bien au monde lointain des pauvres, des arriérés ou des fous : soit, à la longue série de ceux dont elle n'était pas.

On voit donc que ce qui se présente comme une dénégation – l'affirmation qu'on n'avait jamais entendu parler des sorts – est avant tout une tentative pour laisser ouverte la possibilité de communiquer avec ceux qui n'y sont pas « *pris* ». C'est pourquoi tout discours d'ensorcelé s'ouvre sur la référence obligée à un temps inaugural dans lequel celui qui parle et qui veut faire comprendre comment il y a été « *pris* » se place, vis-à-vis de la sorcellerie, dans la même position d'extériorité que son interlocuteur sceptique. Pour éviter que son discours ne soit annulé, sous prétexte qu'il équivaudrait à un délire, il commence par prendre ses distances à l'égard de la croyance; par déclarer que jamais il n'aurait pensé tout seul à un sort; pour souligner que d'ailleurs ce diagnostic, qui lui a été posé par un autre, l'a totalement surpris, lui qui était jusque-là – comme vous et moi – incrédule, innocent, non initié.

« *Bien sûr*, me concède Marie, *il y avait eu ces gens du bourg, les Garnier* [un ménage ensorcelé, dont le mari avait été plusieurs fois interné à l'hôpital psychiatrique pour un délire religieux], *Papa nous en avait parlé un peu : qu'il y avait une dame blonde qui venait chez eux... C'est tout. Mais nous* [les enfants, alors pensionnaires à la ville voisine], *moi, surtout, j'avais pas tellement pris part. J'avais dit : Bon, ces gens-là ne vont pas bien, quoi ! C'est tout.* » Autrement dit : ces gens-là sont fous; donc, leur sorcellerie ne me concerne pas.

C'était l'époque du scandale de la « *Dame Blonde* ».

Les « *bourgeois* » de Chailland avaient alors entrepris d'ostraciser ses clients, trois ou quatre familles. Seule Mme Fourmond, par souci d'humanité, tentait de rompre leur isolement, leur rendant visite et les saluant même à la sortie de l'église. Aujourd'hui – cinq ans après – l'opinion du bourg interprète rétroactivement comme une preuve de la crédulité déjà ancienne de Mme Fourmond ce qui n'avait été qu'un mouvement charitable : si, à l'époque, elle s'était rapprochée des exclus, c'est qu'« *elle s'en croyait déjà, dans les sorts* ».

2. Tout le récit que me fait Marie, au cours de nos entretiens, tourne autour de ce que j'ai nommé plus haut le moment de l'annonciation[5] : celui où des ensorcelés, guéris de leurs maux, viennent annoncer à d'autres malheureux – supposés n'y avoir jamais pensé ou n'en avoir jamais entendu parler – qu'ils sont pris, à leur tour, dans les sorts.

Pour qu'advienne ce moment, il faut que se vérifie de façon non ambiguë la déroute du savoir positif. Ainsi, dans le cas qui nous intéresse, le médecin avait enlevé au malade un grain de beauté, sans savoir qu'il touchait à des cellules cancéreuses. Il avait fallu l'intervention de Madeleine, la fille infirmière, pour interpréter les symptômes et rectifier son erreur. A la suite de quoi le malade subit une opération, pour laquelle le pronostic était favorable : « *Le corps médical, ils y croyaient tous, qu'ils allaient le guérir : pour eux, c'était un cas réussi* », dit Marie. Mais, deux jours après sa sortie de clinique, le père Fourmond fut saisi de violentes douleurs : « *Il souffrait, c'était affreux. Affreux, affreux!* » Donc, une erreur de diagnostic, plus une erreur de pronostic.

3. C'est alors que l'oncle et la tante Lenain, de Quelaines, venus visiter leur parent, font cette annonce que me rapporte Marie : « *Ils ont vu mon père tellement ma-*

5. *Cf.* p. 24, n. 6.

*lade... Alors ils ont dit à maman : Mais c'est pas naturel!
Ecoutez, Suzanne, on ne peut pas laisser Roger comme
ça. Il faut qu'on fasse quelque chose : c'est pas naturel! »*
Même pour qui prétend n'en avoir jamais entendu parler,
la proposition « *c'est pas naturel* » signifie, sans équivoque possible, qu'il est question de sorcellerie.

S'il s'agissait d'une histoire classique d'ensorcellement
(comme le prétendent les gens de Chailland), ce prologue
introduirait aux séquences qui constituent régulièrement
ce genre de récits, à savoir :

1. La quête de l'identité du sorcier;
2. L'indication des moyens de lui nuire et de se
protéger de ses maléfices;
3. La mise en œuvre d'un rituel magique et l'adoption
de façons caractéristiques de se comporter;
4. L'interprétation des effets produits, c'est-à-dire,
pour le sorcier, la déroute (la mort, la maladie ou la
faillite) et, pour l'ensorcelé, le retour progressif à la
normale;
5. Enfin, le maintien d'un transfert indéfini entre le
désorceleur et son client.

Or, si la première étape – la quête de l'identité du
sorcier – est bien présente dans le récit de Marie Fourmond, toutes les autres font défaut. Et celle-là même qui
existe, on ne sait trop comment la comprendre, puisqu'elle ne produit aucune conséquence.

Des histoires de sorciers qui tournent court, j'en ai
beaucoup entendu au début de ma recherche. Mais elles
n'étaient pas, comme c'est le cas ici, racontées par un
informateur anxieux de me confier son expérience personnelle.

Si l'on me racontait des histoires de sorciers, c'était,
1) sur le mode dénégatif : « *Moi, je n'y crois pas, à ces
conneries-là* », et 2) en n'étant pas personnellement
concerné : il s'agissait toujours des mésaventures d'un

autre. Ces récits se concluaient abruptement sur l'épisode de la nomination du sorcier : « *Et c'était le père Untel qui le lui faisait!* » (c'est-à-dire qui l'ensorcelait). Si je tentais de savoir ce qui s'était passé ensuite, je n'obtenais que des commentaires désobligeants sur le caractère peu pertinent de mes questions. J'en ai conservé longtemps l'impression que ces paysans du Bocage étaient des êtres tout à fait sophistiqués, analogues à ces héros d'Agatha Christie qui prennent des risques mortels pour jouir de la satisfaction simplement intellectuelle d'avoir deviné l'identité du coupable.

Le récit de Marie Fourmond pose donc, entre autres, le problème suivant : pourquoi tourne-t-il court dès que les sorciers sont nommés, comme celui d'un informateur qui désavouerait les sorts, puisque aussi bien Marie paraît engagée personnellement dans cette quête de la vérité sur la mort de son père?

Qu'il nous suffise, pour l'instant, de noter ces questions. A l'issue d'un premier entretien avec Marie, je me demandais seulement s'il était possible de préciser la place de la fille infirmière dans cette histoire : car, après tout, elle y figure à sa manière le savoir positif qui, grâce à elle, évite une totale défaite. C'est si vrai que 1) d'une part, les gens de Chailland n'ont jamais cessé d'invoquer cette fille infirmière pour accabler Mme Fourmond (soit pour prouver combien sa crédulité est contagieuse, puisqu'elle atteint même une infirmière; soit pour montrer combien la superstition peut précipiter une chrétienne exemplaire dans des conduites inhumaines, puisque la mère Fourmond aurait préféré chasser sa fille de la maison plutôt que de tempérer sa conviction) et 2) d'autre part, l'oncle et la tante Lenain, au moment de l'annonciation, craignaient essentiellement la réaction de l'infirmière : « *Tante n'osait pas lui en parler,* dit Marie, *parce qu'elle pensait : Madeleine va croire que je suis*

tournée folle. » Car toute infirmière digne de ce nom doit
penser qu'il faut être fou pour y croire[6].

Madeleine, qui n'espère plus guérir son père, dit que
« *le cancer, c'est le cancer* », que nul n'en réchappe et
que son seul objectif est désormais d'atténuer la souffrance du malade. L'oncle Lenain, l'annonciateur, qui
ne semble pas avoir communiqué son diagnostic de sorcellerie à l'infirmière, change alors de registre et dit à
Mme Fourmond : « *Tu devrais le faire toucher.* »

« *Toucher* » ou « *cerner le mal* », c'est un mode
traditionnel de guérison magique, qui n'a, théoriquement,
aucun rapport avec la sorcellerie.

On « *touche* » principalement les affections de la peau
ou du ventre : les dartres, les verrues, les brûlures, le zona
ou « *ceinture de feu* », la gourme des enfants ou « *rifle* »,
le gonflement de ventre ou « *carreau* » – en visant soit à
la disparition du symptôme (pour les dartres et les
verrues, par exemple), soit à l'anesthésie de la douleur
(pour « *éteindre le feu* » de la brûlure).

Pour atteindre cet objectif, on accomplit un rituel qui,
généralement, comporte une incantation. Ainsi, pour
« *cerner le feu* » (anesthésier la douleur des brûlures),
Louis Marchand pratique le rituel suivant : par trois fois,
du bout de l'index, il trace autour de la brûlure un cercle,
qu'il barre ensuite d'une croix; ce faisant, il prononce
mentalement, ou marmonne de façon à ce qu'on ne
puisse pas l'entendre, la formule suivante : « *Feu, je te
retire cette chaleur, comme Judas s'est retiré du Jardin
des Oliviers après avoir trahi Jésus-Christ.* »

Le rituel et la formule, dont l'ensemble constitue un
« *secret* », sont transmis par des voies traditionnelles :

---

6. De même, en 1964-1965 à Saint-Fraimbault (*cf.* bibliographie sur la
« *Dame Blonde* »), le scandale local s'était nourri de ce qu'une institutrice
libre puisse se dire ensorcelée : c'était déroger. Elle aurait dû soutenir
l'une des deux versions officielles du malheur, celle de l'Ecole ou celle de
l'Eglise.

soit par un parent à un autre (avec parfois une inversion de sexe à chaque génération), soit par un étranger de passage, en remerciement d'un service rendu (le plus souvent à un « *trimard* », cet être quasi mythologique qui erre sur les chemins, pauvre en monnaie, mais riche en « *secrets* »).

Disposer d'un « *secret* » est un privilège assez ordinaire, qui ne permet pas à son détenteur de s'instituer guérisseur professionnel (il y faudrait, par surcroît, le « *don* »). Le plus souvent, le « *toucheur* » est un simple paysan qui, ayant hérité d'un « *secret* » et d'un seul (il peut faire passer les dartres, mais non les verrues ou le « *feu* », par exemple), l'utilise pour rendre service, mais sans en tirer un prestige ni un profit particuliers.

Plus ou moins indépendante du « *don* » particulier de tel ou tel « *toucheur* », l'efficacité magique de ces thérapeutiques est supposée tenir exclusivement au caractère secret de leur transmission : qui dit le « *secret* » (par exemple, parce qu'il sent la mort venir et qu'il est temps de le transmettre) perd sa « *force* » : il a beau faire les gestes rituels et dire l'incantation, « ça n'y fait plus[7] ».

« *Toucher* », c'est donc simplement utiliser un secret de guérison pour soulager le mal d'autrui; cette occupation secondaire, désintéressée et parfois bénéfique est si peu suspecte que les prêtres lui reconnaissent fréquemment la dignité d'un charisme[8]. A lire les lignes qui

---

7. « *Le secret, faut l'passer avant que d'mourir. Quand on l'a passé, on n'peut plus* » [« *toucher* »].

8. Ainsi, le curé de Mézangers, parmi tant d'autres : « Beaucoup de gens, même à Mézangers, ont le don pour toucher. Ils retrouvent peut-être les vieux charismes de l'Eglise primitive : les uns ont le don de la parole, les autres ont le don de guérir. Après tout, c'est possible. » On voit que le don est une notion à ce point reçue qu'un curé peut se permettre de citer l'exemple de sa paroisse, ce qu'il ne ferait certainement pas s'il s'agissait du don de désorceler. L'essentiel de ce que dit ce prêtre vise à s'accorder avec l'orthodoxie catholique; mais on aura noté que la dernière proposition (« *après tout, c'est possible* ») cherche un arrangement avec l'idéologie des Lumières.

précèdent, on aura pourtant noté que « *toucher* » et
« *désorceler* » supposent une commune conception de la
parole, équivalente à la « *force* » magique. Aussi ne
s'étonnera-t-on pas de ce que l'ongle Lenain, craignant
un pur et simple refus de son diagnostic d'ensorcellement, se soit immédiatement rabattu sur la version la
plus inoffensive de la guérison magique, laissant au
« *toucheur* » la responsabilité d'annoncer aux Fourmond
qu'il est, en outre, désorceleur.

Constant Lenain va d'ailleurs porter au malade lui-
même sa proposition de faire venir un « *toucheur* »,
mais, cette fois, sans faire la moindre allusion aux sorts.
Fourmond, très souffrant, approuve d'un signe de tête. Si
ce chrétien éclairé consent à faire le pas, c'est que son
parent l'y a grandement aidé, l'entretenant dans l'ambiguïté, évitant de révéler l'identité du « *toucheur* » –
lequel, comme on peut le voir sur le diagramme ci-
dessus, n'est autre que Jean Lenain, le propre frère de
l'annonciateur – et laissant entendre qu'il s'agit d'un
prêtre : « *Alors, vous comprenez, maman, croyante, elle
s'est dit : Ah bon! Si c'est un prêtre!* » m'explique
Marie.

C'est pourquoi, quand le « *toucheur* » est amené au
chevet du malade, celui-ci est stupéfait de reconnaître en
lui son parent : « *C'est donc toi!* s'exclame le père
Fourmond. – *Mais ce n'est pas un prêtre!* proteste sa
femme. – *Non, mais le pouvoir qu'il a vient d'un prêtre* »,
explique l'oncle. (En effet, Jean Lenain a été initié à la
magie par un abbé féru de magnétisme.) « *Si tu le veux, je
peux essayer de te guérir* », dit alors le « *toucheur* » au
malade.

Le père Fourmond n'ignorait pas que, depuis trois ans,
son parent faisait office de désorceleur : quelqu'un de
Chailland lui ayant dit que Jean Lenain « *faisait partie
de la bande au mage* », il avait questionné son beau-frère
de Quelaines qui l'avait assuré que, certes, Jean désorce-

DIAGRAMME 1

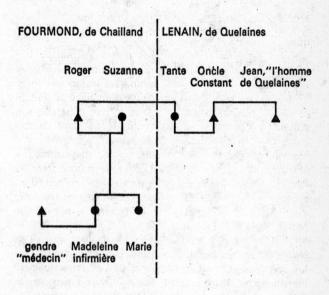

FOURMOND, de Chailland | LENAIN, de Quelaines

Roger   Suzanne | Tante   Oncle   Jean, "l'homme
Constant   de Quelaines"

gendre   Madeleine   Marie
"médecin"   infirmière

Légende
▲ homme
● femme
⌐ germains (frères et sœurs)
⌐ époux
│ descendants

lait, mais sans avoir pour autant la moindre relation avec
le « *bouc d'Aron* ». Par contre, Mme Fourmond et ses
filles semblent n'avoir rien su des activités magiques de
l' « *homme de Quelaines* » jusqu'à ce qu'il vienne soigner le « *père* ». Pour elles, c'était un brave homme, « *le
bon paysan d'autrefois* », un parent éloigné qu'elles
rencontraient quelques fois l'an à l'occasion de cérémonies familiales.

Quoi qu'il en soit, l' « *homme de Quelaines* » vient
opérer en qualité de « toucheur », sans y introduire la
moindre ambiguïté : il impose les mains à son malade,
lui dit des prières et « *ça y fait* », la douleur s'assoupit,
Fourmond se sent mieux. Notons que la médecine officielle rencontre là sa limite et pour la seconde fois dans
cette affaire, puisque les sédatifs prescrits par le médecin
étaient devenus tout à fait inopérants. Mme Fourmond
continue, du reste, à faire venir le médecin tout en
sachant qu'il n'a aucune chance de guérir le malade et
elle exécute normalement ses prescriptions. Mais, pour
anesthésier la douleur, elle convoque, d'autre part,
l' « *homme de Quelaines* » dont elle dit excellemment
qu'il constitue le « *supplément* » du médecin – supplément chaque jour plus nécessaire, on s'en doute, avec
l'aggravation du mal et dont elle entend laisser l'usage
à son mari, fût-ce contre l'opinion du bourg. « *On
faisait le tout pour le tout*, dit Marie. *C'est la souffrance
qu'il fallait qu'on arrête, par n'importe quel moyen. Et
ça a continué comme ça : à chaque fois que mon père
n'allait pas bien, on rappelait le type de Quelaines. A
la fin, quand il ne venait pas, mon père demandait :
Mais quand c'est donc qu'il viendra? Alors l'homme de
Quelaines passait et mon père allait mieux. Vraiment, on
sentait qu'il revivait; oui, à chaque fois, il revivait.* »

Précisons que, pendant ces quelques semaines, d'une
part le « *toucheur* » n'a jamais demandé ni reçu de

rémunération et que, d'autre part, il est fréquemment
venu sans qu'on ait à l'appeler. Car lui-même ne semble
pas s'être considéré comme un simple anesthésiste, mais
au minimum comme un guérisseur. De toute manière,
dans son expérience personnelle, guérir magiquement et
désorceler ont toujours été étroitement liés.

Comme c'est souvent le cas, Jean Lenain était devenu
guérisseur magique après avoir été affronté à une suite de
malheurs biologiques : deux fois veuf et d'épouses qui
portaient le même prénom – frappante répétition –, il
disait avoir été ensuite atteint d'un cancer.

A l'occasion de la mort de sa seconde épouse (dans un
accident de voiture), il avait fait la connaissance d'un
abbé magnétiseur qui avait tenu dans sa vie la place de
l'annonciateur : « *Ecoutez*, avait dit le prêtre à Jean
Lenain, *cet accident, c'est par un sort* », et il l'avait
solennellement averti : « *Maintenant, on va s'attaquer à
vous.* » « *Alors*, conclut Marie, *il lui a donné le pouvoir* » : le prêtre avait confié un livre à son initiant et lui
avait enseigné à se guérir lui-même. C'est ainsi qu'une
fois tiré d'affaire, Jean Lenain était devenu thérapeute
pour autrui, sous l'appellation, prudente et conforme à la
tradition, de l'« *homme de Quelaines* ».

Le souvenir de ce cancer initial – qu'on pourrait aussi
bien dire initiatique – est assurément agissant dans la
situation qui nous occupe. En effet, si la maladie du père
Fourmond ne mettait en jeu quelque répétition de ce au
nom de quoi Lenain s'autorise à guérir, on ne comprendrait pas pourquoi il travaillerait tout à fait gratuitement
(car le « *toucheur* » reçoit ordinairement une rémunération symbolique, comme marque d'une reconnaissance
de dette) ni pourquoi il serait, à ce point, acharné à guérir
son parent.

Récapitulons. Du côté des femmes Fourmond, l'affaire
est, jusqu'ici, totalement dépourvue d'ambiguïté : le père

est atteint d'une maladie extrêmement douloureuse; l'oncle Lenain, invoquant le caractère mortel de la maladie et
son évolution rapide, a posé un diagnostic d'ensorcellement qui n'a été, il faut s'en souvenir, repris par personne. L'oncle, alors, a introduit son frère qui a « touché » – c'est-à-dire anesthésié – le mal de M. Fourmond.
Quant à celui-ci, il n'a semblé opposer aucune réticence
intellectuelle à être ainsi soulagé : « *La théorie du type
de Quelaines,* dit Marie, *c'était le... comment, le magnétisme. Alors, pour mon père, c'était quelque chose de...
après tout, pourquoi pas scientifique?* ». Le guérisseur
attribuera d'ailleurs une bonne part de son succès à
la foi du malade : « *Il m'aide beaucoup,* dira-t-il, *il
m'aide beaucoup parce qu'il croit dans moi.* » Entendons que Fourmond croit dans le pouvoir qu'a Jean
Lenain d'atténuer sa souffrance en lui imposant les
mains.

C'est dans ce contexte, en somme très anodin, de foi
dans une innocente pratique d'anesthésie magique que
vient prendre place la grande séance d'accusation de
sorcellerie dont j'ai parlé plus haut[9].

Jusqu'ici, le discours de la sorcellerie et celui du
« toucher » magique s'énonçaient parallèlement, sans
particulièrement se rencontrer. Mais, un soir, Marie Fourmond provoque leur collision en demandant des éclaircissements à l' « *homme de Quelaines* » :

« *Bon, Papa est malade, vous agissez et ça y fait. Alors
il doit y avoir quelque chose, une relation entre vous et
mon père, ou avec d'autres personnes.* [Ce qui peut
s'entendre ainsi : qu'est-ce donc qui se transfère, et de
qui, à mon père? D'où viennent le bien que vous lui
faites et le mal dont il souffre?]

– *Ecoutez,* commence Lenain, *il y a des gens qui sont*

9. *Cf.* p. 78.

très méchants... Marie, agacée, lui coupe la parole :
– *Mais vous ne nous apprenez rien!* [C'est-à-dire :
nous savons bien qu'il existe partout des méchants ordinaires.]
– *Ceux-là dont je te parle ont le pouvoir de faire du
mal, ils font souffrir. Ils sont sur ton père depuis juin et ils
agissent, ils agissent tout le temps sur lui.*
– *Mais ils agissent comment?*
– *Ça, on ne peut pas le comprendre très bien,* constate
modestement le magicien.
– *Alors,* me dit Marie en racontant cette séance d'accusation, *c'est là où j'ai commencé* [elle sous-entend
qu'elle a commencé là de préciser ses questions : car c'est
elle qui mène l'enquête sur l'origine des souffrances de
son père]. *C'est-y des gens qu'on connaît ou que mon
père connaît très bien?* suggère-t-elle.
– *Oui, c'est même des gens qui peuvent être très amis
avec vous.*
– *J'y croyais pas, j'y croyais pas tellement encore,* me
dit-elle... [Ce n'est pourtant pas qu'elle puisse être dite y
croire davantage à présent. Mais son récit, comme tout
récit de sorcellerie, pose inévitablement la question de
savoir comment on peut à la fois n'y croire nullement et
y croire tout à fait]... *J'y croyais pas tellement encore,
mais j'ai dit à l'homme de Quelaines : Vous savez qui
c'est?*
– *Oui, je sais qui que c'est. C'est à Chailland.*
– *Si on vous pose des questions, vous allez nous dire
qui c'est?* demande Marie, qui précise à mon intention :
« *J'ai eu tort de poser cette question, j'aurais voulu ne
jamais savoir.* »
– Pourquoi donc?
– *Parce que je trouve ça idiot, de savoir, c'est complètement con. Je passe, mais je vous assure que...* » (Soit : je
ne vais pas vous les nommer, ces sorciers, parce que les

sorts, ce sont des stupidités; mais je ne puis éviter d'y penser quand je rencontre ceux qui ont été nommés ce soir-là.)

L'ethnographe risque un nom, à tout hasard : celui de Pottier, un petit-cousin de Suzanne Fourmond, comme elle originaire de Villepail et venu occuper une ferme à Chailland; Pottier, le principal animateur de la cabale contre les Fourmond et d'ailleurs son bénéficiaire évident, puisqu'il est devenu maire de Chailland après la mort de son parent.

« *Oui*, dit Marie, *bien sûr que Pottier était dedans* [c'est-à-dire dans la liste des sorciers]. *Mais il y en avait plusieurs. Je vous assure qu'on ne les compte pas avec les doigts d'une seule main : il y avait le maire* [donc, Pottier], *nos propres voisins et des gens du bourg.* »

Marie est vivement intriguée par l'énigme de ce procès divinatoire : comment est-il pensable qu'un humain sache ce qu'il ne connaît pas? « *L'homme de Quelaines, il ne les connaissait même pas* [ceux qui ont été mis sur la liste des sorciers], *il ne les avait jamais vus : comment savait-il que c'étaient eux* [les sorciers]? *C'est ça qui m'a étonnée.* ». Car, au moins pour ce qui est de Pottier, le principal accusé, elle possède la preuve que le magicien ne l'avait jamais rencontré avant cette séance d'accusation, puisque Mme Fourmond avait dû le lui présenter peu après.

Quelques remarques sur la manière dont cette liste de sorciers a été dressée permettront, à présent, de mieux situer la particularité du cas des Fourmond :

1. Ordinairement, lorsque s'ouvre la séance d'imputation, d'une part le consultant est déjà persuadé d'être ensorcelé (il a repris à son compte la révélation que lui a faite l'annonciateur); d'autre part, assuré de connaître l'identité de son ou ses sorciers, il a préparé une liste de noms pour répondre au désorceleur qui va inévitable-

ment lui demander s'il « *se doute sur quelqu'un* ». On verra plus loin [10] que cette liste n'est jamais la bonne, le consultant y exprimant si vivement son ressentiment à l'égard de tel ou tel avec qui il se trouve présentement en conflit que, s'il ne le déplace quelque peu, le désorceleur ne peut accomplir aucun travail de cure à proprement parler – une nomination si directe ouvrant seulement sur la perspective d'une rixe ou de tout autre affrontement duel.

Or les dames Fourmond n'ont pas accepté, jusqu'ici, la première annonciation, celle qui leur avait été faite par Constant Lenain; à son tour l'« *homme de Quelaines* » vient d'en faire une seconde, s'y croyant autorisé par les questions de Marie. Mais ni celle-ci ni sa mère n'ont explicitement admis la recevoir; elles sont simplement impressionnées par l'assurance avec laquelle Jean Lenain affirme savoir que sont leurs sorciers des gens qu'il ne connaît même pas; et elles tentent, avec son aide, de deviner leur identité. Il est tout à fait caractéristique que, d'elles-mêmes, les dames Fourmond soient incapables de citer aucun nom, car elles n'entretiennent de conflit ouvert avec personne et ne sont nullement en mesure de superposer l'information mythique dont elles disposent sur les sorciers – tirée, par exemple, des écrits des anciens – à la figure de leurs protagonistes réels de Chailland. Aussi le désenvoûteur est-il contraint de les mettre sur la bonne voie en leur livrant les indications topographiques qui leur permettront, progressivement, de faire émerger ces noms que lui-même ne connaît pas et qu'elles sont impuissantes à produire en affirmant, par exemple : « *Celui qui vous le fait, il est sur la route des Glières* », c'est-à-dire qu'il habite sur le chemin de leur ferme. – A quoi l'on voit que l'enjeu réel d'une séance de divination n'est nullement que le magicien devine qui est le sorcier,

10. Dans le second volume.

mais, bien plutôt, que le consultant accepte de le deviner lui-même et de le nommer[11].

2. Lorsqu'ils racontent leur histoire, les ensorcelés sont généralement incapables de décrire le processus de l'imputation, lequel succombe normalement à l'oubli. A cet égard au moins, Marie Fourmond se comporte comme une ensorcelée ordinaire : non seulement elle ne peut me dire quelle méthode divinatoire a été employée, mais, si la question est abordée, son discours devient typiquement indécis :

« *J'ai essayé de me rappeler, mais alors... Non, je ne me souviens pas exactement comment on a pu savoir que c'était tel type qui nous le faisait.*

« *Je crois que l'homme de Quelaines a utilisé le truc de la route : le lieu, la situation du bourg, route des Glières... Là, on a dit : Ah bon! C'est donc près de chez nous?*

« *Pour les voisins, qu'est-ce qu'on a mis du temps à les identifier! Affolant! Même que Lenain disait : Mais c'est pas possible! Elles sont bouchées!... On a mis beaucoup de temps. Et puis, tout d'un coup, c'est venu à maman, elle a dit : Ah! Mais c'est... c'est chez Hautbois, là!* »

Notons que Marie admet implicitement « *savoir* » que quelqu'un « *le leur fait* », les ensorcelle : en les aidant à produire les noms de coupables éventuels, Lenain leur fait admettre, du même coup, la pertinence de son diagnostic d'ensorcellement. Le processus de l'imputation a succombé à l'oubli, mais son aboutissement – la liste des noms – reste, lui, définitivement gravé dans leur mémoire et, avec lui, la conviction – dans une certaine mesure ou pour un certain temps – d'être ensorcelées.

---

11. Le procédé qui consiste à donner au consultant des indices topographiques est inévitablement cité par les journaux comme la preuve absolue de la crédulité paysanne; mais, d'après mon expérience, il n'est jamais employé seul, sinon en désespoir de cause, quand le consultant est incapable de produire aucun nom.

On se souvient que cette histoire nous intéresse en ce que, bien qu'ayant tourné court dès après la nomination des sorciers, elle provoque le scandale « *bourgeois* » de Chailland qui cloue littéralement Suzanne Fourmond dans cette position d'ensorcelée dont elle donnera, néanmoins, tous les signes de ce qu'elle refuse de l'occuper.

Ce qu'elle et sa fille m'ont dit des circonstances de la mort du père Fourmond permet, dans une large mesure, d'éclairer leur volte-face :

1. Le soutien le plus ferme de leur foi dans le guérisseur a été, jusqu'ici, l'efficacité de son « *toucher* » magique : voilà que, grâce à lui, un mourant se porte mieux. (La nomination des sorciers, elles paraissent l'avoir reçue de façon passive, sans, en tout cas, l'intégrer à leur projet de sauvegarde du père).

2. Le mourant se porte tellement mieux qu'elles semblent avoir eu, un instant, la tentation de l'impossible : à savoir, l'espérance ou la certitude que Jean Lenain – qui assure s'être guéri lui-même d'un cancer il y a quelques années – parviendrait, malgré tout, à sauver le père Fourmond.

Octave Mannoni nous a enseigné à repérer un raisonnement typique de la forme : « Je sais bien... mais quand même... » dans le discours de qui ne peut renoncer à satisfaire un désir impossible; le « mais quand même... » venant annuler la reconnaissance de cet impossible, immédiatement après qu'elle a été posée dans le « je sais bien... »[12].

Je sais bien que « *le cancer, c'est le cancer* », s'est dit, en substance, Marie Fourmond – soit, qu'on en meurt inévitablement – mais quand même, si le « *toucheur* » pouvait sauver mon père...

---

12. Octave Mannoni, *Clefs pour l'imaginaire*, Paris, 1969, Seuil, chap. I : « Je sais bien... mais quand même ».

« *On croyait qu'il allait être sauvé*, assure-t-elle. *On y croyait. Moi, à un moment, j'étais même tellement prise que... Oui, je sais qu'on a été prises.* » Un « *bourgeois* » de Chailland trouverait immanquablement dans ces paroles la confirmation de ce que les Fourmond se considèrent bien comme ensorcelées; pourtant, connaissant le contexte, nous nous contenterons d'avancer que Marie et sa mère ont, certes, été « *prises* », mais seùlement dans la tentation de l'impossible ou dans la conviction que leur malade survivrait.

3. Ce qui a forgé leur certitude, c'est peut-être – ajouté à l'effet bénéfique de son « *toucher* » – l'extraordinaire engagement du guérisseur dans cette cure :

« *Quand mon père était à l'hôpital*, dit Marie, *l'homme de Quelaines travaillait déjà dessus. Il travaillait déjà sur mon père* [par des moyens magiques et à distance].

– Votre oncle le lui avait demandé?

– *Non, il travaillait comme ça, parce qu'il connaissait mon père. Il a dit à mon oncle et à ma tante : Ecoutez, il faudrait absolument dire à Roger qu'il me demande. Il faut qu'il me demande, parce que c'est pas normal, ce qui lui arrive* » [une maladie mortelle et qui se déclare si brutalement].

Que l'offre du désenvoûteur vienne ainsi susciter la demande de son patient, c'est une situation tout à fait inhabituelle; mais, peut-être parce que cette maladie du père Fourmond rappelait son cancer initiatique à Lenain, il semble avoir été animé, au cours de ces semaines, d'une véritable rage de réussir, communiquant sa foi et travaillant sans relâche à désorceler son malade, bien qu'offi-ciellement il ne soit là que pour le « *toucher* » : « *Et la dernière nuit*, se souvient Marie, *on a appelé le docteur; et sans qu'on aille appeler Lenain, voyez...* [contrairement au médecin, le désenvoûteur est toujours là quand on a besoin de lui; sa clairvoyance le conduit au bon endroit, au bon moment] *il était au bout de la route, sans qu'on*

*l'ait appelé. Il travaillait sans qu'on l'appelle, avec...
maman avait donné une photo, je crois, de tous les
deux.* » (On peut « *toucher* » quelqu'un à distance par le
truchement de sa photographie; mais, aussi bien, le
désorceler.)

4. Malgré cela, le père Fourmond meurt. La déception
des femmes est immense et elles congédient le guérisseur : « *On en a parlé une dernière fois avec le type de
Quelaines, après* [la mort du père]; *mais c'était fini, quoi.
Coupé. Ma mère lui a dit que ça suffisait. Monsieur
Lenain, moi, je lui aurais bien interdit de remettre les
pieds à la maison, pour nous avoir fait croire...* » [qu'il
pouvait guérir mon père]. Il ne reviendra jamais plus chez
les Fourmond.

Lenain explique son échec par le fait qu'on l'a appelé
trop tard – deux mois après qu'il en eut posé la nécessité
– et que, finalement, les Fourmond n'ont pas cru aux
sorts : « *Il nous disait que c'était difficile* [pour lui de
travailler], *à la maison, parce que, dans le fond, on n'y
croyait pas. On n'y croyait pas assez. Il nous disait :
naturellement, on ne vous apprend pas ça aux écoles. Pas
de danger qu'on vous l'apprenne. Dans vos livres, on n'en
parlera jamais, de ça. Pas de danger qu'on en parle.
Pourtant, malgré vos sciences, vous y croyez.* » Pas assez,
cependant, pour qu'il puisse se soutenir dans son office de
désorceleur.

C'est dans cette position – en somme, plutôt sceptique
– que vient les surprendre le scandale de Chailland. Pour
commencer, les Pottier qui, jusqu'ici, les avaient simplement évitées mettent fin à leurs relations avec les Fourmond après avoir eu avec la mère une discussion ora-
geuse : « *Oh la la! Ça a cogné!* » dit Marie, qui tient de
sa mère le récit de cette entrevue. Mme Pottier accuse sa
parente d'avoir trahi le parti des Lumières, soulignant son
étonnement de l'avoir vue passer du côté de l'irrationnel : « *Comment! Vous, Suzanne, si croyante! Et Roger,*

contre tout ça! [contre la guérison magique et contre les
sorts]. *Vous avez osé faire venir un type comme ça!* » [un
guérisseur-désorceleur]. « *Naturellement,* dit Marie, *à
partir de là, le bruit s'est répandu dans toute la commune* » : on s'est mis à chuchoter que Suzanne Fourmond se croyait ensorcelée, qu'elle refusait tout contact,
sinon avec l' « *homme de Quelaines*, etc.[13].

Pourtant, au cours de cette explication avec ses cou-
sins, Suzanne Fourmond ne s'est assurément pas présentée comme une ensorcelée. Cela, pour deux raisons
évidentes : 1) Elle avait déjà été incapable d'occuper cette
position devant le désorceleur, sinon pendant le court
instant où il l'avait engagée à établir la liste de ses
sorciers. 2) Pottier y étant inclus, Suzanne Fourmond –
en victime des sorts qui sait comment il faut se protéger –
aurait dû éviter tout contact avec lui et, en particulier,
refuser de le rencontrer chez elle. Or, après les obsèques
de son époux, elle avait saisi au vol une allusion de
Pottier à une visite qu'il disait avoir l'intention de lui
faire et elle lui avait immédiatement proposé de venir aux
Glières, tant elle souhaitait lui signifier clairement son
sentiment sur la réserve qu'il lui avait manifestée tout au
long de la maladie de son mari.

On voit donc que le simple fait de convoquer un
guérisseur au chevet d'un notable aurait, à lui seul, suffi à
faire scandale – la médisance locale s'empressant de faire
l'amalgame et de désigner comme sorcellerie ce qu'elle
savait bien n'être que guérison magique. L'anecdote
suivante en témoigne, qui se situe pendant la période où
Marie me racontait son histoire. Une femme de Chailland, m'ayant rencontrée avec elle, m'avait alors glissé :
« *Mais vous savez que c'est la fille de l'ancien maire?* »
(Elle me jugeait assurément susceptible d'être assez dis-
traite, ou naïve, pour ne voir en Marie qu'une étudiante

13. *Cf.* plus haut, pp. 74-77.

qui, comme d'autres qui s'étaient fait connaître à moi dans la région, serait venue me parler de ses lectures.) J'avais acquiescé, l'air absent, et elle n'avait pas insisté. Puis elle avait su que j'avais déjeuné chez Suzanne Fourmond. (Dans le Bocage, la surveillance perpétuelle de chacun par chacun est une dimension normale de la vie quotidienne.) Elle avait alors saisi l'occasion de m'inviter à boire pour m'interroger. Une fois son époux parti au travail, son enfant endormi et la bouteille débouchée, elle m'avait demandé, faussement gênée :

« *Je ne voudrais pas être indiscrète, mais est-ce que Mme Fourmond vous en a parlé, de sa sorcellerie?*

– Oh, elle n'en parle guère. [La vérité est que Suzanne Fourmond jugeait qu'il n'y avait rien à en dire, puisqu'elle ne se considérait pas vraiment comme ensorcelée.] Et puis, je ne l'ai vue qu'une fois.

– *Mais Marie vous a dit si elle en parle encore?* »

Choisissant de répondre sur le terrain même de la question qui m'était posée, je dis : « De la sorcellerie, elle n'en parle plus jamais. »

« *C'est du passé, elle a complètement repris le dessus, maintenant* », commenta une parente qui assistait à l'entretien. [Notons que ces dames éclairées présentent l'éventuelle croyance de Suzanne Fourmond dans les sorts comme une aberration mentale passagère.]

J'émis alors l'hypothèse que, de toute manière, il n'avait jamais été question de sorcellerie pour Mme Fourmond. Mon interlocutrice approuva bruyamment :

« *Bien sûr qu'il n'était pas question de sorcellerie!* [Elle venait pourtant de désigner comme sorcellerie ce dans quoi la mairesse avait été prise deux ans plus tôt.] *C'était une histoire de guérisseurs. Elle voulait faire guérir son mari du cancer. D'un cancer, vous pensez! Elle y croyait jusqu'à la fin et lui aussi* [le guérisseur]. *Ils voyaient bien que le père Fourmond allait de plus en*

*plus mal, mais ils espéraient quand même le sauver.
Jusqu'au dernier jour, quand on demandait des nouvelles
à Mme Fourmond, elle disait : Ça va mieux, beaucoup
mieux.* »

Ce qui a bouleversé l'opinion du bourg, c'est donc
avant tout cette insoutenable tentative des Fourmond
pour éviter la mort à un malade aimé condamné par la
science, c'est-à-dire par la réalité. La foi du malade et de
sa famille dans les pouvoirs du guérisseur a choqué les
gens de Chailland comme pourrait le faire la prétention
d'un humain à réaliser *quand même* un désir d'immortalité. Il est vrai que le spectacle de cette conjuration contre
la mort était, en soi, scandaleux; car chacun souhaite y
échapper, mais pourquoi Fourmond y réussirait-il? Sans
doute a-t-on craint que sa foi ne sauve finalement le
malade, exactement comme son guérisseur affirmait
qu'elle l'avait sauvé lui-même, il n'y a guère [14] – partant,
que la fatalité de la mort ne soit publiquement remise en
question.

Si le miracle, contre toute attente raisonnable, était-
quand même advenu, le bourg basculait dans l'univers
inquiétant du désir-qui-se-réalise. Ce pour quoi, peut-être,
l'on accablait par avance les Fourmond au nom du
principe de réalité, comme si aucun des accusateurs
n'avait jamais eu partie liée avec le désir de vaincre la
mort. Quand la réalité vint donner son arrêt final – par la
mort de Roger Fourmond – la réaction n'en fut que plus
violente : qui sont donc ces gens, pour nous avoir fait
frôler des abîmes si dangereux? Le contexte local offrait
une réponse toute prête : ce sont des traîtres à la cause de
la raison, des ensorcelés, des superstitieux. Mais pour
qu'elle fût pertinente, il aurait fallu que les Fourmond
acceptent de se tenir dans la place qui leur était assignée :

---

14. Je n'ai jamais entendu personne douter que Lenain se soit guéri
lui-même de son cancer.

par exemple, que, comme tous les ensorcelés, elles fuient l'opinion du bourg, au lieu qu'elles la provoquèrent; qu'elles rompent tout contact avec leurs sorciers, au lieu que ce furent leurs sorciers qui prirent l'initiative de la rupture, etc. – le silence auquel on les condamnait autorisant néanmoins les interprétations défavorables.

Comme rien n'est jamais si simple, quand il est question de sorcellerie, il me faut faire état de quelques nœuds supplémentaires dans l'écheveau, pourtant assez embrouillé, de cette histoire :

1. La place de l'ensorcelée, que Suzanne Fourmond refusait de tenir, sa belle-sœur est venue s'y loger, offrant ainsi à l'opinion du bourg le fondement objectif dont celle-ci avait besoin pour soutenir sa médisance. Ecoutons Marie : outre la tante Lenain de Quelaines, dit-elle, « *mon père a une autre sœur, à Chailland. Elle a su que l'homme de Quelaines venait à la maison : elle était tellement prise par ça* [par la conviction que son frère était malade d'un sort?], *elle y croyait tellement, qu'elle a été le voir pour elle. C'était un cercle vicieux* ». Quoi que fassent et disent les Fourmond, en effet, elles ne peuvent éviter qu'il y ait de la sorcellerie dans leur famille et que l'opinion s'en serve contre elles.

« *Et puis, ma tante est tellement explosive!* dit Marie.

– Elle a donc été chez les gens? [chez ceux qu'elle accusait d'être ses sorciers].

– *Non, même pas. Mais elle leur a fait la tête : ne plus leur dire bonjour, ne plus...*

– Mais cela fait partie de ce que tout désorceleur enseigne, remarque l'ethnographe.

– *Ça, il ne nous l'a pas dit, à nous.*

– Comment, il ne vous a pas appris à vous défendre?

– *C'est-à-dire que nous, on n'y croyait pas. Alors, il ne*

cherchait pas à nous inculquer des trucs. Il en a dit plus à ma tante. Nous, il nous disait juste : Ne vous occupez pas des gens. C'est tout. Comme on s'en occupait déjà pas avant, on a continué. »

2. Suzanne Fourmond ne croit plus en Lenain, mais quand même... « *L'an dernier, maman avait des maux de tête. Tante, de Chailland, lui a dit : Tu devrais retourner* [voir Lenain]. *Maman a dit : Bon, on va bien voir, allons-y.* » Elle n'en est pas revenue guérie et « *depuis ce temps-là, elle dit : c'est fini, quoi, ras-le-bol. Ma tante de Quelaines lui a dit : Ecoute, Suzanne, il* [Lenain] *ne peut rien pour toi car tu n'y crois pas, tu n'y crois pas assez; il ne peut agir sur toi, tu prends ça trop à la légère* ».

3. Donc, les Fourmond ne croient plus en Lenain. Mais la tante de Chailland, qui y croit et qui reçoit son enseignement, leur fournit les indications sur le pouvoir maléfique de Pottier, indications qui ne sont pas sans produire quelque effet : « *Monsieur Lenain dit que ces gens* [les sorciers] *font du mal par des mauvais livres qu'ils ont.* [Notons que, dans cette circonstance, Marie ne dit pas « *le type de Quelaines* », mais « *Monsieur Lenain* ».] *Dans la famille de Pottier, il y a eu une histoire. On a entendu ça quelque part, mais de qui? Oh, ce serait bien à ma tante de Chailland, de dire des choses comme ça.* » Cette tante, Mme Fourmond lui a d'ailleurs interdit de parler de sorcellerie; et puis, les Fourmond ne l'aiment guère, parce qu'elle est indiscrète, veut contrôler la vie privée des filles et se mêler de réinterpréter la mort du père. Toujours est-il qu'elle a fait passer une indication qui ne s'intègre, dans l'esprit des Fourmond, à aucune interprétation générale qu'elles pourraient soutenir, mais qui n'en laisse pas moins quelque trace : « *Paraît-il que la mère de Pottier, avant sa mort, aurait voulu brûler un livre. C'est Pottier qui l'a repris du feu.*

Enfin, ça, je ne sais pas [dénégation]. *Alors, il aurait donc un mauvais livre* » [affirmation].

J'essaie de lui faire préciser son dire, mais sans succès :

« La mère de Pottier, vous aviez entendu dire qu'elle ensorcelait?

— *Non, pas du tout, enfin, je ne crois pas. C'était plutôt une personne sainte, je crois. Plutôt.*

— C'était peut-être seulement un livre de piété?

— *Je ne sais pas. Comment on les a, ces livres-là?*

— Par héritage; et puis, on peut les acheter dans des librairies spécialisées.

— *Vous n'avez jamais eu l'idée d'en acheter?* me demande-t-elle.

— Si, bien sûr. — Est-ce qu'il y a eu quelque chose entre Pottier et votre mère, avant cette histoire, un conflit d'héritage?

— *Non, pas du tout. A Villepail, leurs familles ne devaient pas se fréquenter. Ma mère s'est retrouvée avec lui parce qu'elle s'est mariée à Chailland et qu'il y habitait. C'est tout.* »

Mais, peu avant, Marie m'avait dit son étonnement devant l'acharnement de Pottier à ruiner leur réputation, après la mort de son père : « *La propagande qu'il a pu faire contre la famille, c'est incroyable. Tout ça* [la cabale contre les Fourmond], *c'est venu de lui, on le sait maintenant. Nos meilleurs amis de Chailland, il a essayé de les détourner, il a été chez eux pour les inviter à dîner; pourtant, ils n'avaient jamais eu de relations avant. Mais nos amis ont dit : Ecoutez, Pottier, dehors* » [sortez, nous ne mangeons pas de ce pain-là].

4. Je me suis souvent demandé quelle mouche avait bien pu piquer Pottier. On peut assurément invoquer l'ambition et aussi l'indignation à l'idée qu'un homme qui, comme Fourmond, était placé aux avant-postes du progrès ait pu faire appel à un guérisseur. Mais ce n'est

pas tout à fait suffisant. Marie m'a, un jour, donné
quelques indications qui, si elles étaient exactes, feraient
considérer toute cette histoire sous un jour nouveau. Il
était, bien sûr, exclu que je puisse en vérifier quoi que ce
soit : je les livre donc telles quelles, à titre d'hypothèse.

Depuis longtemps, Lenain soignait un voisin de Pottier, Duboust. Peut-être le désorceleur a-t-il transformé la
maladie en sort et le voisin – Pottier – en sorcier. Deux
éléments militent en faveur de cette hypothèse :

a) Pottier parle de Lenain comme d'un « *sorcier* », ce
que font, précisément, les gens qu'un désorceleur a
accusés d'être sorciers. (Ceux-ci, notons-le, affirment *en
même temps* ne pas croire au sorts *et* que les désorceleurs
sont des sorciers). Ainsi, lorsque Pottier est venu s'expliquer avec Suzanne Fourmond, il lui a dit : « *Si tu fais
venir un sorcier, ça nous suffit* », tu es coupable du seul
fait que Lenain a franchi le seuil de ta maison. – Mon
hypothèse serait alors la suivante : dans un premier
temps, Pottier reçoit une accusation de sorcellerie de la
part de Lenain *via* son voisin, Duboust. Il rend plus tard
au désorceleur la monnaie de sa pièce, en le désignant
comme sorcier à l'occasion de la mort du père Fourmond.

b) Lenain est particulièrement lié à son patient,
Duboust. On dit même que la fille de celui-ci « *fréquente* » son neveu, le fils de l'oncle Constant, l'annonciateur. Quand on connaît l'activisme de Jean Lenain, dès
lors qu'il s'agit de chasser les sorts hors de sa famille, on
ne doute pas qu'il ait pu en parler à Duboust, éventuellement même le convaincre. Mais ce ne sont là, rappelons-le, que suppositions. (Le diagramme ci-après dresse
le tableau des liens – réels et hypothétiques – entre les
protagonistes de cette histoire.)

5. Quelques indications sur le passé magico-religieux
de la paroisse et sur les prises de position des prêtres

DIAGRAMME 2

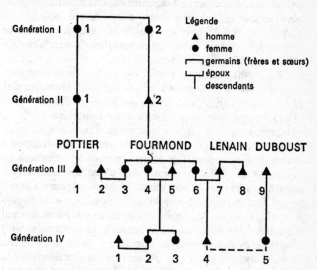

Les générations I et II indiquent la relation de parenté entre Suzanne Fourmond (génération III, 4) et son petit-cousin et supposé sorcier, Pottier (génération III, 1) : leurs grand-mères (génération I, 1 et 2) sont sœurs.

Dans la génération III, j'ai indiqué les personnages suivants :

III, 1 : Pottier, le nouveau maire de Chailland, né à Villepail, petit-cousin de Suzanne Fourmond (III, 4).

III, 2 et 3 : L'oncle et la tante de Chailland.

III, 4 : Suzanne Fourmond, née à Villepail, petite-cousine de Pottier (III, 1), épouse de Roger Fourmond (III, 5).

III, 5 : Roger Fourmond, ancien maire de Chailland.

III, 6 et 7 : La tante et l'oncle Lenain, de Quelaines.

III, 8 : Jean Lenain, l'« *homme de Quelaines* », frère de l'oncle Constant (III, 7).

III, 9 : Duboust, voisin de Pottier (III, 1) à Chailland, client et ami de l'« *homme de Quelaines* » (III, 8).

Dans la génération IV, se situent les personnages suivants :

IV, 1 : Le gendre « *médecin* ».

IV, 2 : Madeleine, la fille infirmière.

IV, 3 : Marie Fourmond.

IV, 4 : Le fils de l'oncle Lenain (III, 7), de Quelaines, qui « *fréquente* » la fille (IV, 5) de Duboust (III, 9).

IV, 5 : La fille de Duboust (III, 9), voisin de Pottier (III, 1).

locaux à l'égard de la militante chrétienne dévoyée que leur paraît être Suzanne Fourmond permettront de préciser le climat de ce scandale :

a) Il y a une dizaine d'années, Chailland possédait un désorceleur célèbre, qui n'était autre que le curé de la paroisse, l'abbé Tranchant. Il n'avait évidemment pas été reconnu dans cet office par la hiérarchie ecclésiastique, mais seulement par ses patients. Comme toujours, on ne le prenait pas très au sérieux dans le bourg où il vivait; mais on savait que des ensorcelés le consultaient chaque nuit, venant parfois de fort loin, et qu'il partait avec eux lever les sorts qui pesaient sur leurs fermes. Il laissa dans sa paroisse le souvenir d'un original un peu ennuyeux, passionné de musique et qui mourut en composant un hymne à la Vierge. Sa véritable dimension apparut le jour de ses funérailles, lorsque ses patients vinrent en masse, de toute la région, lui rendre un dernier hommage : « *On à compris que c'étaient des gens qu'il avait tirés d'affaire* » (c'est-à-dire désorcelés), me dit-on; et aussi : « *A ce moment-là, on a pensé qu'on avait vraiment perdu quelqu'un de valeur.* » Tout de même, le diocèse ne voyait pas cela d'un bon œil : si un prêtre s'autorise à manier le surnaturel sans passer par la hiérarchie, rien ne va plus.

b) Aussi ne s'étonnera-t-on pas que son successeur, l'abbé Pilorge, ait été particulièrement strict sur la question des guérisseurs et des sorts. Il était devenu le familier des Fourmond et le resta quand il quitta la paroisse. Pourtant, lorsqu'il apprit les circonstances de la mort du maire, il cessa brusquement ses visites, ne répondant pas aux vœux que lui adressait sa veuve, ni ne la saluant s'il la rencontrait dans sa nouvelle paroisse[15].

---

15. De même, le curé de la paroisse voisine refuse de lui serrer la main, tandis que d'autres participent à la campagne de dénigrement de la mairesse, au nom du bon combat pour une « *foi éclairée* ».

c) L'abbé Faucheux, que je rencontrai à mon arrivée dans le Bocage, m'avait dit n'avoir rien à déclarer sur les sorts, que c'était de la superstition, etc. Il m'avait paru être un bien sec ingénieur de la foi, mais Suzanne Fourmond dit curieusement de lui qu'il « *y croit un peu* » (je reviendrai plus loin sur ces expressions : « *il y croit un peu* », « *il n'y croit pas trop* »), aux sorts. « *Ceux qui y croient,* dit-elle, *il faut qu'ils aient l'air de ne pas y croire* », pour n'avoir pas d'ennuis avec la hiérarchie. Parlant de ces questions avec Suzanne Fourmond, je prends prétexte de l'épître entendue le matin même à l'église pour illustrer les difficultés de l'orthodoxie. S'il est dit, en effet, que les Apôtres ont reçu cette injonction : « Quand vous entrerez dans un village, entrez dans les maisons et guérissez les malades », il est difficile d'affirmer en même temps (comme le veut l'explication positiviste, si souvent reprise à leur compte par les prêtres) que nul ne saurait guérir par des moyens surnaturels ou qu'il faut être fou pour y croire. Selon Mme Fourmond, l'abbé Faucheux se posait précisément ce genre de questions, se demandant aussi comment prendre au sérieux ces injonctions évangéliques et affirmer en même temps que l'efficacité magique passe exclusivement par la hiérarchie ecclésiastique. « *Là-dessus,* dit-elle, *il cafouille complètement.* » Il y a de quoi.

d) Quant au curé actuel, le bon abbé Sauvage qui lit son bréviaire en marchant à travers le bourg, vêtu d'une soutane rapiécée, il a pris le parti de la charité : visitant régulièrement Mme Fourmond, mais sans jamais lui parler du passé (il est pourtant arrivé à Chailland juste après la mort du maire). Ainsi peut-on assurer l'inanité des commérages « *bourgeois* », selon lesquels « *le curé n'arrive pas à lui sortir ces idées-là de la tête* », à cette Suzanne Fourmond qui est dite aussi lui avoir fermé la porte au nez.

Pour finir, je voudrais passer en revue quelques-unes des impossibilités que j'ai rencontrées à mener plus loin l'enquête sur cette affaire : certaines d'entre elles tiennent à la force avec laquelle l'opinion du bourg, ayant assigné à Suzanne Fourmond la place du crédule, entendait l'y maintenir coûte que coûte; d'autres, à la relation nécessairement ambiguë que celle-ci entretient avec la sorcellerie; d'autres enfin et non des moindres, à la façon dont ma subjectivité s'est trouvée « *prise* » dans cette histoire.

1. Dès que les gens de Chailland m'ont rencontrée avec Marie et qu'ils ont su que j'avais vu sa mère, j'ai été littéralement mitraillée de questions. On savait que j'étudiais les sorts, que j'étais allée assez loin dans la fréquentation des désorceleurs et que des ensorcelés m'offraient des volailles, des viandes et des légumes. Si donc je fréquentais les Fourmond, c'est qu'elles se disaient ensorcelées. Naturellement, je répondais de manière évasive, je mentais ou faisais l'imbécile, mais la rumeur allait vite et le scandale était près d'éclore à nouveau sur ce fondement fragile : l'ethnographe s'intéressait aux Fourmond. La mère de Marie lui ayant dit qu'elle craignait que « *tout ne reparte* » du fait de nos rencontres, je préférai les interrompre. Je ne doute pas, cependant, que son discours, s'il avait pu se poursuivre – car je n'en transmets ici qu'un moment particulier –, ait pu connaître des transformations. Cinq ans plus tard – soit, sept ans après la mort du père Fourmond – j'ai pu vérifier que les passions n'étaient nullement éteintes : *Ouest-France* ayant rappelé mon existence, tout à fait mal à propos, à l'occasion d'un meurtre de sorcellerie, je décidai de donner à mes anciens interlocuteurs quelques indications sur la manière dont j'avais travaillé. Mais chacun, à Chailland et dans ses environs, se précipitait pour me

demander : « *Et la mère Fourmond? que vous a-t-elle donc dit?* »

On comprend donc que, ni en 1971 ni plus tard, je n'aie pu éclaircir quantité de problèmes, qui auraient certainement gagné à l'être; en particulier, ceux qui touchaient au mécanisme du scandale : qu'est-ce, exactement, qui avait fait fonction de détonateur? Pottier s'acharnait-il contre les Fourmond pour de simple raisons de rivalité personnelle ou parce qu'il y avait, entre lui et Lenain, l'enjeu d'une sorcellerie? etc.

2. Pour le désorceleur, Jean Lenain, que j'ai rencontré en 1972, il est hors de doute que Roger Fourmond soit mort d'un sort; « *mais les Fourmond n'y voulaient point crère* [croire], dit-il. – Vous auriez pu le guérir? – *Pour sûr, jusqu'au dernier jour. Mais il faut crère dans moi. Ils n'y croyaient point. Le gars Roger, j'y ai dit qui que c'est qui le lui faisait. Ils le savent bien, et sa femme aussi. Ça venait de vieux* [l'origine du drame était ancienne]. *Il est mort parce qu'il ne voulait point crère dans ça.* »

Assurément, Marie et sa mère n'y croient point. Plus exactement, elles n'entendent tirer aucune conséquence du diagnostic du désorceleur, selon lequel le père Fourmond aurait été victime d'un sort. Mais, en même temps (« mais quand même », dirait Mannoni), elles y croient tout à fait. Je puis le montrer en donnant quelques exemples de l'ambiguïté perpétuelle de leur propos :

a) Après la mort de son père, Marie est allée questionner Lenain sur les vraies causes du drame, mais elle a été déçue par sa réponse. Il croit à un sort et cela ne convient pas à la jeune fille, qui reste néanmoins troublée par la bonté de l'homme, par sa piété profonde et son authenticité : « *Il est sincère quand il passe le bien* » (c'est-à-dire quand il « *touche* »), dit-elle curieusement. Mais quand il désorcèle? Sur ce point, le raisonnement de Marie est parfaitement dissocié. D'une part, elle admire sa force d'âme : « *C'est ça qui m'a étonnée, chez lui : son indifférence des critiques. Maman lui disait : on nous jetterait bien des pierres, à Chailland. Mais il disait : je vous en prie, ne vous occupez pas de ça. C'est un homme fort, quoi. Il est fort, vraiment, je l'admire pour ça. Il n'a pas peur de montrer ce qu'il fait.* » – D'autre part, de la force d'âme à la force magique, il n'y a qu'un pas et parce qu'il ne s'agit plus de son histoire familiale, mais seulement de Lenain, dans l'exercice ordinaire de ses fonctions, Marie s'autorise à lui reconnaître le don : « *L'homme de Quelaines voit si c'est un sort ou si c'est naturel.* » Qu'il y ait donc, en général, des sorts et des désorceleurs pour les « *voir* », parmi lesquels Jean Lenain, cela peut s'admettre. Mais qu'il y ait eu un sort dans sa famille...

b) De même, quand Lenain a parlé d'un sort à Suzanne Fourmond, elle m'affirme n'y avoir pas cru : « *Le cancer, c'est le cancer et mon mari était condamné avant même que de le savoir.* » Pourtant, au cours de la même conversation, elle me conte l'anecdote suivante : elle a connu à Chailland des clients de la « *Dame Blonde* » qui ne savaient comment se débarrasser de son emprise. Ils s'en sont sortis en écoutant le conseil d'un tiers (car, en sorcellerie, il faut toujours un médiateur pour la parole du sujet), qui leur a suggéré de cesser de la rémunérer : la « *Dame Blonde* » n'est plus jamais revenue. Mais, peu après, ils se sont sentis ensorcelés par elle; ils ont alors été consulter Jean Lenain, qui les a tirés d'affaire : « *Il est vraiment fort pour lever les sorts* », conclut-elle sans broncher.

c) Quelques semaines après notre rencontre, elle confie d'ailleurs à sa fille sa crainte que celle-ci, à me fréquenter, ne soit « *prise* »; elle dit me trouver très sympathique, mais « *complètement prise, ça la passionne trop, ce sont des choses qu'il ne faut pas chercher à comprendre* ». Elle m'avait dit aussi que les sorts, il ne faut pas en parler, ni chercher à comprendre : ce sont, notons-le, des mesures suprêmement efficaces pour conserver *quand même* une croyance inassumable. Elle m'avait au reste demandé si, à présent que j'en savais tant sur les sorts, je pourrais en lever.

On aura compris combien cette ambiguïté lui est nécessaire pour préserver à la fois les deux parties de l'énoncé : « Je sais bien..., dit-elle en substance, que mon époux n'a pas été victime d'un sort, puisque la religion, la science et l'opinion du bourg l'affirment avec tant de force et de vraisemblance, mais quand même... les sorts, en général, cela existe. » Car cette ambiguïté présente l'avantage de laisser ouverte la question de savoir de quelle fatalité, au juste, Fourmond a été la victime. Pour qu'elle subsiste indéfiniment, une seule condition est requise : qu'on n'ait pas à en parler, fût-ce à une ethnographe, et que celle-ci soit ou non « *prise* » dans les sorts. Dans chacune de ces éventualités, en effet, l'ambiguïté tend à se dissoudre, la position de l'interlocuteur ne laissant place qu'à l'une des deux possibilités du discours.

3. On peut donc affirmer qu'objectivement l'enquête sur la mort du père Fourmond (est-ce ou non une histoire de sorcellerie ?) était extrêmement difficile, voire impossible à mener. Un ethnographe qui aurait travaillé comme on le fait d'ordinaire, en position d'extériorité, aurait certainement été plus loin que moi dans le collationnement des médisances locales sur les Fourmond : chacun, à Chailland, se serait empressé de renseigner ce représentant de la science, l'utilisant ainsi pour conforter le parti des Lumières. Mais, de ce fait, il se serait interdit tout échange avec les Fourmond. Les choses n'auraient d'ailleurs pas été autrement s'il avait commencé par leur rendre visite : elles auraient refusé de parler et la rumeur serait ensuite allée assez vite pour que tout entretien avec elles soit désormais impossible. (Des Fourmond, j'ai beaucoup entendu parler quand leur histoire ne m'inté-

ressait pas, mon indifférence provoquant alors le bavardage. Une fois qu'elles ont elles-mêmes pris la parole, je
n'étais plus indifférente, mais c'était plutôt moi qu'on
essayait de faire parler. Ou bien l'on tentait d'annuler
tout discours qu'elles auraient pu me tenir. N'importe
quel ethnographe se serait trouvé devant le choix d'avoir
à entendre ou bien les intéressées, ou bien leurs accusateurs : quand le scandale dresse, entre deux camps, la
barrière du secret, on ne peut faire plus que de prendre
acte de l'existence de cette barrière.) D'autre part, un
chercheur en position d'extériorité n'aurait jamais pu
savoir si quelque sorcellerie était en jeu entre Lenain et
Pottier. (On verra plus loin que j'aurais certainement pu
obtenir la version de Lenain sur ce point, si j'avais été en
mesure de poursuivre la relation qu'il m'ouvrait. Mais, de
ce fait, je m'interdisais d'obtenir celle de Pottier. Encore
la barrière du secret.) Enfin, s'il s'était muni d'une
introduction convenable, ce qu'un ethnographe ordinaire
sait faire, un autre chercheur aurait pu rencontrer Lenain,
mais il se serait alors trouvé devant une masse d'informations contradictoires : le bourg, accusant les Fourmond
d'y croire; Lenain, les accusant de n'y pas croire; et les
intéressées, muettes. Probablement l'ethnographe aurait-
il alors classé cette histoire parmi les cas inutilisables
parce que douteux – car on ne peut dire s'il s'agit ou non
d'une histoire de sorcellerie – et insuffisamment documentés.

On ne peut assurément pas prétendre que ma docu-
mentation soit suffisante, ni que le cas, tel que je l'ai
exposé, soit particulièrement évident. Mais, précisément,
l'un des objectifs de ce livre est de décrire la nécessaire
ambiguïté de toute croyance dans les sorts, ambiguïté
sans laquelle nul n'y pourrait jamais être « pris ».

4. Sur la manière dont j'ai pu me sentir concernée par
l'histoire des Fourmond, l'essentiel de ce que je pourrais
dire éclairerait seulement la banalité d'un fonctionne-

ment inconscient qui se trouve être le mien. Disons toutefois qu'au moment où Marie est venue me parler, je m'interrogeais depuis longtemps sur la nature du drame que vivait sa mère : car il y avait une contradiction patente entre les allégations du bourg, qui la présentaient comme une superstitieuse, une ensorcelée, une dogmatique, etc. – et ce visage intelligent et sensible, dont je croisais parfois le regard quand je passais à Chailland. Il me paraissait alors tout à fait improbable que nous puissions jamais nous parler, car je ne voyais pas comment contourner la barrière que le bourg avait érigée entre elle et le reste du monde. De la rencontrer enfin provoqua une aggravation subite des maux dont je souffrais depuis peu à la colonne vertébrale, au point que je dus lui demander d'interrompre l'entretien pour que sa fille me conduise chez le rebouteux qui me soignait alors. (Que l'ethnographe qui n'a jamais somatisé me jette la première pierre.) J'en revins provisoirement guérie et la conversation prit un tour assez particulier : j'étais prise et bien prise, dirait-on dans le Bocage.

Je n'ai pu rencontrer l' « *homme de Quelaines* » à ce moment-là : d'une part, il était très occupé à moissonner le jour et à désorceler la nuit; d'autre part, le « *prophète* » d'Aron venait de mourir et ses parentes craignaient que Lenain ne refuse de me parler, parce que je n'avais aucun moyen de lui prouver que je n'étais pas une journaliste parisienne en quête d'un reportage sensationnel. J'attendis donc quelques mois et lui portai mon symptôme à guérir, ces fameuses douleurs de la colonne vertébrale.

J'étais alors, depuis longtemps, la cliente d'une désorceleuse, celle-là même avec qui j'hésitais à entreprendre une cure au moment où j'écrivais « Sorcières et Lumières ». La thérapie que me proposa Lenain consistait, outre les prières et les passes magnétiques, à rompre avec cette madame Flora, qu'il considéra sans tarder comme ma sorcière (c'est-à-dire comme quelqu'un qui voulait ma mort, dont ces douleurs étaient la première annonce), et à m'en protéger magiquement, c'est-à-dire à provoquer sa mort.

Jean Lenain me donna une impression de liberté souveraine; grand, parfaitement à l'aise dans son corps et dans ses convictions, défiant tranquillement sorciers, prêtres et policiers : un homme en pleine possession de sa « *force* ». La manière dont il travaillait, ce qu'il avait à dire sur les sorts (et, naturellement, sur les Fourmond, Pottier et les gens de Chailland), m'intéressaient au plus haut point. Mais on n'est pas tout à fait maître d'un lien déjà noué ailleurs : je ne revins jamais le voir, poursuivis la cure entreprise avec cette désorceleuse et m'occupai de réduire aussi mes symptômes par des techniques non magiques, en prenant un peu plus au sérieux la banalité de mon fonctionnement inconscient [16].

16. J'évoquerai à nouveau cet épisode, en lui donnant un éclairage un peu différent, au chapitre VIII, n. 16.

CHAPITRE VI

Moins on en parle,
moins on y est pris

A chacun de nos entretiens, les Fourmond se demandaient pourquoi je voulais entendre leur récit : « *Il ne
s'est rien passé, il n'y a rien à dire, il n'y a pas d'histoire
à raconter* », m'objectaient-elles régulièrement. Puisqu'il
était patent que je ne partageais pas le point de vue du
bourg et que je ne cherchais pas à leur faire avouer ce
dont chacun les accusait, elles ne voyaient pas ce qui
pouvait m'intéresser dans leur récit, car il ne s'agissait pas
d'une histoire de sorciers. Certes, elles avaient rencontré
un désorceleur, mais, après tout, il s'était plus ou moins
invité lui-même; elles avaient aussi nommé leurs sorciers
mais n'en avaient tiré nulle conséquence. La crainte de
relancer le scandale mit rapidement fin à ces entretiens,
mais on peut se demander si Suzanne Fourmond ne
redoutait pas autre chose quand elle me déclara qu'il était
dangereux de parler des sorts et, plus encore, de chercher
à comprendre.

On prendra peut-être la mesure de l'impossibilité de
cette enquête ethnographique si l'on rapproche l'un de
l'autre deux énoncés caractéristiques des discours tenus
sur la sorcellerie. D'une part, les ensorcelés déclarent que
« *ceux qui n'ont pas été pris ne peuvent pas en parler* »
car ils ne conçoivent pas que puissent témoigner des sorts

ceux qui ne seraient pas passés par cette expérience
singulière. D'autre part, beaucoup disent aussi que ceux
qui ont été pris ne *doivent* pas en parler afin d'éviter d'y
être repris. Car moins on en parle et moins on y est pris.
Or, si l'on élimine ceux qui ne peuvent pas et ceux qui
ne doivent pas en parler, il ne reste personne. C'est pourquoi, sans doute, mes interlocuteurs justifiaient généralement leur décision de se taire en se comparant à tel ou
tel, récemment défunt, qui aurait tant aimé répondre à
mes questions, qui en savait tant sur les sorts et leur en
avait tant dit, sans s'aviser de ce qu'ils lui donnaient cette
place d'interlocuteur idéal précisément parce qu'il était
définitivement réduit au silence : celui-ci, en tout cas, les
sorciers ne pourraient plus l'atteindre, nulle parole maléfique ne ferait retour sur lui, mais pour la seule raison,
malheureusement, qu'il était mort[1].

Cette impasse – que je désigne par l'expression « *moins
on en parle, moins on y est pris* » – je voudrais en
illustrer ici deux figures.

I

L'épisode qui suit se situe en Mayenne au début de
mon travail sur le terrain. Par l'intermédiaire d'un de ses
clients, j'avais fait la connaissance de Léon Turpin, un
homme d'une soixantaine d'années, robuste, bavard et
gai, qui gagnait largement sa vie en faisant les jardins de

---

1. Les folkloristes pourraient s'interroger sur ce que veulent dire leurs
informateurs quand ceux-ci leur parlent au passé : *autrefois* l'on croyait
aux sorts et l'on racontait que, etc. N'est-ce pas que le désorceleur – et
non, par exemple, le folkloriste – est le seul interlocuteur à qui un
ensorcelé pourrait parler au présent? Les folkloristes s'autorisent de cet
emploi du passé pour tirer – depuis plus d'un siècle – des conclusions
fermes quant à la disparition prochaine de la sorcellerie, sans s'aviser de
ce qu'un *discours* au passé, ce n'est peut-être pas tout à fait la même chose
qu'un *événement* passé.

quelques commerçants et artisans des bourgs de son canton. Jusque-là, je m'étais heurtée à des refus répétés chaque fois que j'essayais de parler des sorciers : « *De ça, on ne parle point* », me répondait-on sèchement. Ce qui pouvait signifier : 1) Qu'on n'en parle point, de toute manière, à quelqu'un qui n'y serait pas pris. 2) Mais que, même entre soi, on n'en parle que dans les moments de crise. 3) Enfin, qu'en temps ordinaire, si les sorciers sont évoqués, c'est à mots couverts et dans des phrases à double sens : par exemple, le locuteur déclare qu'il est décidément « *bien mal envoisiné* »; ou encore, il fait une allusion énigmatique à « *l'autre salaud* » ou à « *cette saloperie* », sans jamais prendre le risque d'y accoler un nom propre. On ne parle point de sorciers, en effet, mais seulement des salauds, petite manipulation imaginaire destinée à détourner l'attention de ces êtres malfaisants dont, peut-être, l'oreille traîne encore aujourd'hui dans la demeure de celui qui fut leur victime.

C'est pourquoi, sans doute, six mois après avoir commencé d'étudier les sorciers, je n'avais jamais entendu prononcer le terme local qui les désigne – « *encrouilleurs* » – que par des amateurs de folklore local, médecins ou enseignants[2]. Aussi ne fus-je pas peu surprise quand Léon Turpin traduisit la question de mon intermédiaire : « *Les encrouilleurs?*, dit-il, *je puis vous en parler, parce*

---

2. « *Crouiller* », c'est verrouiller. « *Encrouiller* », « *désencrouiller* », c'est donc verrouiller ou déverrouiller ce que j'ai nommé p. 24 la « surface unique » constituée par l'ensorcelé, sa famille et ses biens. Ces dénominations se comprendraient de soi et ne feraient pas problème si le désorceleur ne décrivait les deux situations de façon exactement inverse : quand il pose le diagnostic d'encrouillage, il le commente en disant que cette surface est ouverte à tous les vents, que l'ensorcelé communique avec n'importe qui, laisse les portes ouvertes, etc., et qu'il ne faut donc pas s'étonner de ce qu'il attire les sorciers. Il enseigne alors à se désencrouiller en se clôturant complètement : se barder de protections, ne plus parler, mettre des clôtures autour de chacun de ses biens, fermer les portes à clé, etc.

qu'à moi ils ne se sont jamais attaqués. » (En termes
locaux, on pourrait dire de cet homme qu'il se posait
comme ayant « *le sang fort* »). Il m'invita donc à le
visiter chez lui où, en présence de sa bru et de son épouse
– celle-ci muette et réprobatrice –, il fit tomber sorciers et
ensorcelés sous le coup de sa rigolade : « *Les gars qui
croient qu'on y a jeté un sort, le plus souvent y sont sous
l'empire* » (de l'alcool), dit-il, répétant ainsi les lieux
communs que me servaient ordinairement les médecins
sur l'« imprégnation alcoolique », cause majeure de la
superstition paysanne. « *Dans la Mayenne, on y croit
parce qu'on est un pays sous-développé* »; « *les sorts, ça
v'nait d'la misère, ça v'nait de d'là* », déclarait-il aussi, un
siècle après Michelet.

À bien l'entendre, Turpin avait pourtant une sorte de
respect pour les désorceleurs : comme de tout ce qui a
trait à la superstition, il ne manquait jamais d'en rire –
disant, par exemple, « *Grippon, il est bon pour guérir,
surtout si vous lui payez un calva* » – mais il leur
reconnaissait cette « *force* » dont il aimait tant à se
prévaloir pour lui-même. Celui qu'il évoquait ainsi,
Grippon, jouissait d'une réputation considérable dans le
canton. Accompagné de son corbeau, auquel il demandait de l'aider à résoudre les énigmes qu'on lui proposait,
Grippon guérissait les bêtes le jour et désorcelait les gens
la nuit, défiant les gendarmes et la curiosité des journalistes avec un humour violent dont Turpin aimait à se
faire l'écho[3]. Ainsi, à une journaliste excédée qui aurait

----

3. Grippon, Lenain, Brault : trois figures de dissidents qui auront fait
soupçonner au lecteur que, dans le Bocage, c'est plutôt du côté de la
sorcellerie qu'il faut les chercher. Les guérisseurs, autres déviants, incar-
nent moins le défi à la loi que l'exigence de justice sociale, se disant, par
exemple, « *amis des pauvres* » ou « *médecins des pauvres* ». Si l'Ordre des
médecins ne les poursuivait de sa hargne, ils n'éprouveraient sans doute
pas même le besoin de revendiquer, comme le défunt père Champ : « *A
qui le diplôme? à celui qui guérit.* »

menacé de lui cracher au visage, il aurait paisiblement répliqué : « *Si j'essuie votre crachat, il n'en reste rien. Tandis que si j'vous le fais* [si je vous crache au visage], *y restera quèque temps.* » Soit : contrairement au vôtre, mon crachat est magique, vous ne parviendrez pas à vous en débarrasser par des moyens naturels, il vous collera au visage aussi longtemps qu'il me plaira [4]. « *Grippon, je n'y crois point*, dit aussi Turpin, *mais y peut soit vous guérir, soit vous ensorceler.* [Je sais bien que les sorts sont une plaisanterie, mais quand même...] *L'encrouilleur jette les sorts.* Des types comme Grippon peuvent soit jeter des sorts, soit guérir des sorts. [Car la manière dont on qualifie l'action du désorceleur dépend de la position du locuteur : si c'est un patient de Grippon qui parle, il estime avoir été désorcelé; mais si c'est l'ennemi de ce patient, il estime avoir été ensorcelé.]. *Au leveur de lever l'sort, à lui d'êt' plus fort que l'autre, l'encrouilleur.* » Turpin me décrivit alors un rituel de désenvoûtement fort répandu dans la région dont l'efficacité dépend du silence des officiants : « *On fait cuire un cœur de bœuf dans une marmite; on pique dedans des épingues à tête; ils prétendent* [*ils*, ce sont les superstitieux dont, en principe, Turpin n'est pas] *que le gars ensorceleur est obligé de venir parce qu'il souffre de ces épingues* [à travers le cœur de bœuf, les épingles atteignent la personne du sorcier, lequel, ne pouvant supporter la douleur, vient supplier qu'on l'en délivre et, du coup, dévoile sa nature de sorcier]. *Quand y vient, l'est comme fou, mais faut pas y*

---

4. L'ambivalence de Turpin à l'égard de Grippon est néanmoins sensible dans le conseil qu'il me donna d'aller questionner son pire ennemi : « *J'en connais un qui n'l'aime point, Grippon. Tiens, vous devriez aller le voir, c'est mon conscrit, dites-lui que vous venez du gars Léon* [Turpin]. *C'était son voisin, l'en a eu marre de ses conneries, il l'a pris à la gorge...* » Turpin n'ignorait évidemment pas qu'en me conseillant ainsi, il m'engageait dans une impasse : si je rencontrais l'ennemi de Grippon, jamais le désorceleur n'accepterait de me parler.

parler : si on y parle [à l'encrouilleur, malade de ce retour
du sort sur son propre corps], *il est guéri* » [il retrouve
instantanément sa force magique et recommence à jeter
des sorts : le rituel n'aura servi à rien].

J'écoutais attentivement Turpin, me demandant à quoi
visait cette exhibition de sa « *force* » et préparant si
laborieusement une question sur ce point que j'en
oubliais de rire avec lui, quand sa bru, qui n'avait cessé
de m'observer, prit la parole. Le récit que nous fit cette
jeune femme si frêle d'un événement qui avait obsédé son
enfance répondait partiellement à mon interrogation sur
son beau-père : elle savait pertinemment que la rigolade
de celui-ci n'était que façade et qu'elle pouvait prendre le
risque de dire devant lui sa peur et sa fascination. Turpin
cessa d'ailleurs de faire étalage de sa « *force* » et se mit à
l'écouter avec cette tension extrême qui signale la « *prise* »
de l'auditeur dans une histoire de sorciers. Elle s'adressait
à moi : sans doute parce que je n'avais pas fait l'esprit fort
(en vérité, je n'avais pratiquement pas dit un mot), plus
probablement parce qu'elle cherchait depuis longtemps
quelqu'un à qui adresser ce récit.

Jusqu'ici, les histoires de sorciers qu'on m'avait racontées présentaient les caractéristiques suivantes : 1) L'ensorcelé était ridiculement naïf, attribuant à un innocent la
responsabilité de troubles dont l'explication rationnelle
était évidente. 2) Le désorceleur était un malin qui
utilisait le rituel pour jeter de la poudre aux yeux de son
patient et tirer de celui-ci un profit maximal. 3) Les
prédictions du désorceleur, une fois dépouillées de leur
appareil magique, n'étaient que les conséquences ration-
nellement prévisibles de prémisses qu'un examen superfi-
ciel de la situation permettait à quiconque de poser,
hormis, bien sûr, la sotte victime. La moralité de ces
contes – toujours donnés comme véridiques – était régulièrement la même : dans une affaire de sorcellerie, il n'y

a pas de sens en souffrance ni de mort en question, il n'y a que des sots et des dupes[5].

Ces histoires avaient pour effet de me désintéresser des protagonistes qu'elles mettaient en scène parce qu'ils y apparaissaient comme des êtres tout à fait irréels, de simples prête-noms pour la réassurance du conteur. Ou bien, s'il m'arrivait de les croiser sur mon chemin, comme ce fut le cas pour Suzanne Fourmond, l'écart était tel, entre ce que je pouvais percevoir de leur réalité et ce que rapportait leur légende, qu'ils me semblaient définitivement hors d'atteinte.

Sans doute parce qu'elle ne craignait pas de s'avouer « *prise* » dans le récit qu'elle me faisait, Renée Turpin me donna, pour la première fois, un vif désir d'en rencontrer les personnages.

Elle avait une dizaine d'années lorsque Manceau, un voisin de ses parents, fut pris dans une crise de sorcellerie. Comme c'est souvent le cas, les troubles remontaient au temps de son mariage et de son installation, à Vautorte où il avait loué un herbage : peu après, toutes ses vaches avaient crevé ensemble d'un mal inconnu. Son seul commentaire, à l'époque, avait été : « *Pas de chance.* » « *Aux sorts, il n'y pensait guère, de ce temps-là* », précisa Renée Turpin, ce que nous pouvons commenter ainsi : 1) un seul malheur inexplicable ne saurait suffire à poser un diagnostic de sorcellerie; 2) aucun annonciateur ne s'étant présenté, il serait malséant et même fou de penser à un sort.

Au cours des années, la série des malheurs s'organisa : les cochons puis les veaux moururent. Que les bêtes soient ainsi atteintes une espèce après l'autre est un signe d'ensorcellement. Enfin – et c'est le moment de la crise – Manceau lui-même tomba gravement malade : « *La nuit,*

---

5. J'ai donné quelques-unes de ces histoires au chapitre IV : « Qu'il faut, au moins, un crédule. »

*l'était forcé de se cogner la tête contre le pied du lit, on
l'entendait hurler... Y d'vint si malade qu'y n'pouvait plus
qu'rester couché, à r'garder : y n'savait même plus
qu'l'était malade. On fît v'ni' le docteur Cordon, de
Mayenne, rein à y faire : y n'savait qu'dire. On fît v'ni' le
prêtre, rein à faire.* [Sans doute le prêtre a-t-il été
convoqué à titre de petit désorceleur « *pour le bien* », qu'
protège l'ensorcelé sans attaquer le sorcier, priant pour la
victime, la bénissant, lui donnant des objets rituels : des
médailles de saint Benoît, de l'eau et du sel bénits, etc.]
*Alors les voisins dirent à la femme de Manceau : Puisque
le docteur ne veut plus revenir* [car le médecin considère
que son patient est perdu], *on va quérir Grippon.* » Dans
cette phrase s'expriment à la fois l'échec du savoir positif,
l'annonciation par les voisins, le diagnostic de l'ensorcellement le plus dangereux – il est clair que Manceau est
« *pris à mort* » – et enfin l'appel au désorceleur. Grippon, qui normalement n'opère que la nuit, vient l'après-
midi même, en urgence : « *V'là Grippon qu'arrive avec
son corbeau sur l'épaule. Il parle au corbeau, puis
demande à la femme de Manceau de faire bouillir un
cœur de bœuf et d'y planter le maximum d'épingues à
tête.* » Il exige, par ailleurs, qu'on bouche toutes les issues
de la maison, prévoyant que le sorcier se trouvera si mal
de ces piqûres d'épingles « *qu'il essaiera même de s'infil-
trer par la fenêtre du grenier* ».

Une fois le cœur de bœuf transpercé d'épingles, commence la lutte à mort du désorceleur et du sorcier, que
Grippon défie solennellement : « *Corps pour corps* [ou
« *cœur pour cœur* », Renée Turpin ne sait exactement],
c'est lui qui y passe ou c'est moi. » L'issue de la lutte
n'est nullement évidente, car Grippon, suant à grosses
gouttes et secoué de spasmes, est contraint de rendre
hommage à son adversaire surnaturel : « *Vraiment, il est
fort, celui-là, je ne sais si je pourrai le maîtriser* »,
déclare-t-il à plusieurs reprises. Puis il rentre chez lui,

laissant à son patient, aidé de l'annonciateur, la responsabilité d'interpréter les effets du duel magique.

Des voisins – la famille de l'annonciateur et celle de
Renée Turpin – se postent alors autour de la maison pour
guetter la venue du suspect, lui aussi voisin de la
victime : « *V'là Tripier qu'arrive, fou du mal des épingues.* » Il hurle, tente de défoncer la porte, supplie qu'on
lui ouvre, « *mais fallait pas y parler, fallait pas y
toucher* » : il aurait suffi d'un contact verbal ou matériel
pour annuler immédiatement l'effet du rituel. Le lendemain matin, le sorcier court se faire hospitaliser à Mayenne, où un chirurgien l'ampute de vingt-cinq centimètres
d'intestin. Il reste longtemps malade puis revient au
bourg. Sa victime, elle, est guérie[6]. Tripier commence
alors à importuner les autorités légales (accusant Manceau de l'avoir ensorcelé? c'est l'hypothèse qui paraît la
plus vraisemblable, bien que Renée Turpin n'ait donné
aucune indication sur ce point); le maire, excédé, finit par
le faire expulser du bourg. Tripier prend une terre dans
un autre canton, où « *y paraîtrait qu'y refait des tours* [de
sorcier], *mais seulement aux bêtes* » : Grippon semble
l'avoir définitivement amputé de son pouvoir sur les
humains[7].

Pourquoi ses voisins ont-ils pensé à accuser Tripier?
Renée Turpin semble dire que l'accusation était prête
avant même la venue du désorceleur. Pendant la maladie
de Manceau, en effet, Tripier lui a rendu visite, ce qui en
soi était déjà suspect car « *y n'se causaient plus depuis*

---

6. « *Avec le docteur, on a étouffé l'affaire*, dit ironiquement Renée
Turpin : *quand il a vu Manceau guéri, il a demandé ce qu'on avait fait, on
a dit qu'ça s'était fait tout seul.* »

7. « *Faire des tours* », c'est ensorceler; mais ce peut être aussi, tout
simplement, « jouer un tour », sans qu'aucune sorcellerie soit en question.
On a là un exemple de l'ambiguïté du discours de la sorcellerie : c'est
toujours le contexte qui décide, aux initiés d'interpréter et de s'y
retrouver.

longtemps » (il y avait donc entre eux une inimitié ancienne). Tripier vient au chevet du malade et ne cesse de cogner le lit du bout de son pied : ce contact du sorcier avec sa victime ne peut que renforcer la gravité du sort. Mais qu'est-ce qui dit qu'il s'agissait d'un sort ? « *Tripier, l'était tout électrique, y faisait peur* », d'autant qu'il se met à énoncer des prédictions désastreuses pour le ma lade : « *Ah ! Y va passer, cette fois !* [il va mourir] *Y n's'en sortira pas ! Cette fois, Manceau, tu n'pourras t'en sortir !* » Entendant cela, le malade « *était si faible, qu'y n'pouvait qu'rouler ses yeux* », dit Renée Turpin. Un voisin qui assiste à la scène décide alors d'occuper la place de l'annonciateur et d'aller quérir Grippon. S'il n'avait vu que Manceau allait « *passer* », jamais il n'aurait parlé d'un sort.

Quand Renée Turpin eut fini son récit, je réalisai que, somme toute, son railleur de beau-père n'avait plaisanté qu'à demi en évoquant Grippon, son corbeau et son rituel du cœur de bœuf transpercé d'épingles : ce pourquoi, sans doute, la bru s'était autorisée à rappeler cet événement de son enfance, lequel mettait en jeu les mêmes éléments. Par rapport aux récits qu'on m'avait servis jusque-là, j'étais surtout frappée de ce que la sorcellerie n'y apparaisse pas comme un jeu de dupes, mais comme un affrontement d'une extrême violence entre le sorcier et sa victime, d'une part ; le désorceleur et le sorcier, d'autre part. Pour chacun des protagonistes, la défaite signifiait la mort, en tout cas une atteinte corporelle grave ; et pour ceux qui prétendaient avoir le sang fort – le sorcier et le désorceleur –, la perte brutale de leur pouvoir. Leur affrontement – qui n'avait jamais été évoqué dans les récits que j'avais entendus jusqu'alors – ne pouvait en aucun cas être réduit à un tour de passe-passe ou à un petit jeu de société. Le triomphe de Grippon ne lui paraissait pas acquis d'avance quand il commença de s'exclamer : « *Vraiment, il est fort, celui-*

là! Je ne sais si je pourrai le maîtriser. » Que le désorceleur puisse ainsi engager des combats dont l'issue était incertaine et l'enjeu, capital – la vie ou la mort, la force ou l'effondrement –, voilà qui était nouveau pour moi.

L'histoire tout entière paraît centrée sur la notion de « *force* » : qui l'a, qui ne l'a pas, le désorceleur en aura-t-il assez, le sorcier n'en a-t-il pas trop, l'ensorcelé pourra-t-il récupérer celle qu'il a perdue? Notons que les Bocains n'utilisent qu'un seul terme – celui de « *force* » – pour qualifier aussi bien l'enjeu de la crise que ce qui permet de conquérir cet enjeu. Sans doute ont-ils, quelque part, raison, nous verrons plus tard pourquoi[8]. Il me paraît néanmoins utile d'établir une distinction provisoire entre les deux catégories de « *force* » invoquées dans toute affaire de sorcellerie.

Le sorcier, en effet, est pourvu d'une certaine quantité de « *force* » *magique*, c'est-à-dire d'une force qui est supposée produire ses effets sans passer par les médiations ordinaires : dans le cas présent, ce pourraient être la lutte au corps à corps ou l'empoisonnement. L'objectif du sorcier, c'est d'attirer à lui, par des moyens *magiques*, la « *force* » ou l'énergie *vitale* d'un être qui serait totalement dépourvu de moyens *magiques* de la défendre. L'ensorcelé, pour sa part, tente d'éviter la mort ou la déperdition totale de sa force *vitale* en faisant appel à qui serait pourvu de force *magique*. Le désorceleur, enfin, espère qu'il peut mobiliser contre le sorcier une force *magique* plus grande, afin de le contraindre à rendre à l'ensorcelé la force *vitale* qui lui avait été ravie. La défaite du sorcier consistant dans la perte d'une certaine quantité de force *vitale*, on peut dire que *ce qui circule*, dans une crise de sorcellerie, *c'est la force vitale;* mais que *ce qui la fait circuler, c'est de la force magique.*

8. *Cf.* chap. XII.

Au premier acte de ce drame, l'ensorcelé, Manceau, est
en état de déperdition mortelle; au dernier, son agresseur
s'est fait amputer d'une bonne longueur d'intestin – ce
qui n'est peut-être pas sans rapport avec le fait qu'il se
nomme Tripier – et il est contraint d'aller appliquer
ailleurs sa puissance magique; entre-temps, un justicier
s'est levé, Grippon, qui a pris le risque d'engager un
combat incertain au nom de la victime, dont la défaite
était posée d'emblée.

Une crise de sorcellerie, telle qu'elle nous est présentée
dans ce récit du point de vue de l'ensorcelé, comporte
trois moments :

1. Le moment de la déperdition

Un être dépourvu de force *magique* et que, *de ce point
de vue,* on peut qualifier de faible (–) est aux prises avec
un fort (+) : Manceau souffre d'une déperdition continue
de sa force *vitale* (dont le parcours peut être figuré par
une flèche) du fait d'un sorcier surpuissant (+), Tripier.

Ensorcelé (1)	⟶	Sorcier (1)
(–)		(+)
Manceau		Tripier

2. Le moment du recours

Pour éviter la mort ou la déperdition totale de sa force
vitale, le faible (–) fait appel à un justificer *magique* (+),
Grippon, qui va se substituer à lui dans cette lutte inégale
et tenter d'arrêter cette hémorragie de force.

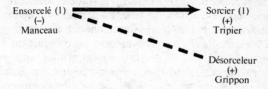

3. Le moment du retournement

Le combat s'engage alors entre les deux puissants et le désorceleur prend le dessus[9]. Il occupe désormais la position avantageuse (+, sorcier), tandis que son adversaire est rejeté du côté des faibles (–, ensorcelés). Le retournement étant réussi, le faible initial, Manceau, retrouve sa force.

La logique de la crise paraît commandée par deux principes :

a) Qu'un fort et un faible entrent en contact magique, et la mort du faible est en jeu.

b) La position de force ne saurait être occupée par deux humains à la fois : s'ils se rencontrent, c'est pour un duel à mort.

Voilà qui nous conduit assez loin des petites crédulités paysannes à quoi Léon Turpin et tant d'autres avec lui feignent de réduire la sorcellerie : plutôt que de naïveté ou d'ignorance, il semble qu'il y soit décidément question de l'enjeu mortel que comporte la conquête de toute position unique. Car il n'y a pas de place pour deux, c'est l'un ou l'autre, c'est sa peau ou la mienne. Jean Lenain,

---

9. Cela ne se produit pas inévitablement, comme on le verra bientôt.

la désorceler des Fourmond, le savait bien qui, me questionnant sur les sorcelleries exotiques, conclut la comparaison par cette remarque : « *Ici, on est tout de suite pris à mort; la mort, on ne connaît que ça, chez nous.* »

Il me paraît essentiel de remarquer ici que la fascination exercée par les histoires de sorciers tient avant tout à ce qu'elle s'enracine dans l'expérience réelle, encore que subjective, que chacun peut faire, en diverses occasions de son existence, de ces situations où *il n'y a pas de place pour deux*, situations qui prennent dans les récits de sorcellerie la forme extrême d'un duel à mort. Pour qu'un effet de conviction et de fascination puisse être produit par ces récits, il faut bien que ce registre de l'expérience subjective, sous quelque forme que ce soit, existe réellement et que nul n'y puisse échapper. Sans quoi l'on ne pourrait comprendre pourquoi ceux qui y ont été affrontés (les Manceau, par exemple) éprouvent le besoin d'en faire à d'autres la relation, pourquoi les destinataires naturels de celle-ci (les Turpin) désirent à ce point la refaire à qui peut l'entendre, pourquoi j'ai été moi-même rassembler ces récits sans jamais me laisser rebuter par la difficulté de l'entreprise et pourquoi je les transmets aujourd'hui à des lecteurs dont on peut bien supposer qu'ils ne se sont pas engagés tout à fait par hasard à me suivre dans cette aventure.

Le récit que l'on vient de lire procède de ce registre bien qu'il en méconnaisse le caractère subjectif : il met en scène l'enjeu mortel que comporte la conquête d'une position unique, mais dans une réalité extérieure où seraient seules opérantes la « *force* » objectivée du sorcier, puis celle du désenvoûteur. Chacun a de très bonnes raisons d'en être fasciné, encore que ces bonnes raisons n'empêchent pas qu'il faille repérer quel aveuglement est requis, en certains points du récit, pour que celui-ci déploie tous ses effets.

On se sera peut-être avisé, par exemple, que les schémas présentés plus haut, parce qu'ils avaient pour objet de figurer la logique de la crise ou les seules implications de la notion de « *force* », prenaient quelques libertés avec la manière dont ceux qui y avaient été confrontés interprétaient cette « *force* » : jamais Manceau ni Grippon, par exemple, n'admettraient que le sorcier initial, Tripier, puisse être dénommé ensorcelé, non plus que le désorceleur puisse être désigné comme sorcier. Dans leur perspective, ce récit énonce seulement qu'un agresseur magique est puni par un justicier magique. Ils ne prennent pas en compte le fait que ce justicier utilise les méthodes qu'ils supposent typiques de l'agresseur (l'action sur un objet qui établit un lien métaphorique ou métonymique avec l'être qu'il représente); ni le fait que le vaincu se comporte exactement comme un ensorcelé. Ils ne sont pas néanmoins sans le savoir, puisque le récit que fait leur porte-parole, Renée Turpin, fournit les indications permettant de construire ces schémas. Mais la méconnaissance de ce double retournement – du sorcier en ensorcelé, du désorceleur en sorcier– est constitutive de leur discours ou de leur prétention à se soutenir dans leur place : quoi qu'ils fassent, ils considèrent qu'ils sont du côté du droit ou du bien; par contre, quoi que fasse Tripier, il est du côté de l'abus ou du mal, parce qu'ils lui attribuent l'initiative de l'agression magique. De ce fait, quoi qu'il subisse, ce n'est que justice.

Si pourtant Tripier, ou quiconque parlant de son point de vue, avait été l'énonciateur de cette histoire, il y a des chances pour qu'il eût fait commencer le récit à ce que j'ai nommé – en me plaçant dans la perspective de Manceau – le moment du retournement : Tripier se sent ensorcelé par Manceau, il le supplie d'arrêter ses magies, souffre mille morts, est contraint d'entrer à l'hôpital, etc. La série de ses malheurs s'est probablement poursuivie au-delà de ce qui, pour Manceau, constitue le moment de

la crise : on nous dit qu'après son retour de l'hôpital, il a
tenté de faire expulser Manceau du bourg, ce qui signifie
que, pour une raison ou pour une autre, le recours au
désorceleur était pour lui inefficace ou impossible. Dès
lors, ne restait plus que le recours à la loi ou l'affrontement direct avec Manceau. Qu'il ait été, pour finir, prié
de quitter le bourg signe la victoire de Manceau. On peut
donc imaginer la même histoire racontée par un Tripier-
ensorcelé-par-Manceau, histoire qui débuterait par l'épisode de la crise intestinale et qui se poursuivrait, sans
peut-être pouvoir se clore, par l'épisode de l'expulsion,
de la vente de ses terres et de l'émigration loin de Vautorte [10].

Le bon droit de Manceau repose sur la certitude où il
est de ce que Tripier serait responsable de l'agression
magique initiale. Point capital sur lequel le récit ne
donne cependant aucune indication : quand elle a eu
lieu, quelles techniques magiques ont été employées, qui
a vu le sorcier opérer, etc. On sait seulement qu'au cours
des ans, Manceau a progressivement développé la symptomatologie caractéristique de l'ensorcelé; donc, il est
victime d'un sorcier qui est supposé avoir successivement
touché ses bêtes (ou un objet en contact avec elles), puis
son corps (ou un objet en contact avec lui), en scellant son
acte par des malédictions rituelles. Cela n'est pas dit dans
le récit, mais nécessairement présupposé, sans quoi il ne
s'agirait pas d'une histoire de sorciers. La preuve que
cette supposition est vraie, l'auditeur doit la trouver dans
une scène saisissante entre toutes : Tripier, « *tout électrique* », c'est-à-dire survolté, surpuissant, cogne le pied du
lit du mourant en prononçant des malédictions [11], cepen-

_____

10. Dans l'Annexe IV, « L'aune de vérité », j'évoque le cas de ces cures
manquées qui débouchent sur le recours aux autorités légales ou sur un
affrontement violent.

11. Ce même pied de lit où, déjà, Manceau se cognait la tête.

dant que sa victime, littéralement paralysée par cet excès de contact maléfique, ne peut que rouler des yeux. L'effet de fascination produit par cet épisode vient de ce qu'entre le sorcier et sa magie, toute distance paraît abolie. Il n'est pas dit, par exemple, que Tripier, possesseur d'un instrument magique, utilise celui-ci de telle ou telle manière; mais au contraire que la personne du sorcier tout entière est violence magique, au point que l'on ne peut dire lequel est possédé par l'autre, du sorcier ou de sa magie [12]. L'évidence ou l'absolue visibilité de sa méchanceté surnaturelle est alors suffisante pour qu'il ne soit pas besoin de chercher si quelqu'un a jamais vu Tripier placer des charmes dans les étables ou dans la maison de Manceau : cela, il l'a nécessairement fait au temps où il avait avec sa magie un rapport d'ustensilité. Dans le moment présent, pour « *faire passer* » son ennemi et en finir avec lui une fois pour toutes, il met le paquet, mobilisant sa personne tout entière. C'est du moins ainsi que l'annonciateur paraît justifier son intervention. Mais il y a des chances pour que celle-ci soit, aussi bien, une tentative désespérée pour réduire l'horreur de cette confrontation avec la toute-puissance : car au-delà du visage familier de Tripier se profile une force étrangère, anonyme et qui le possède. Parce qu'elle paraît illimitée, on peut craindre qu'elle ne puisse plus désormais être contenue par le système des noms, lequel, de ce fait, courrait le risque de s'effondrer tout entier. Celui qu'on a vu là, « *tout électrique* » et qui fait peur, est-ce bien Tripier, n'est-ce pas plutôt l'innommable ou, ce qui revient au même, l'incomparable, ce dont nul n'a jamais pris la mesure ?

12. Tous les désorceleurs et guérisseurs se disent, eux aussi, possédés par leur force : « *j'en ai trop, ça me travaille* », *ça me fait rêver, ça m'empêche de jouir de la vie comme tout un chacun*, etc. Les sorciers, parce qu'ils n'avouent jamais l'être, n'ont évidemment rien à déclarer au sujet de leur force.

Aussi peut-on avancer l'hypothèse que la nomination du sorcier est d'abord une tentative pour contenir dans une figure ce qui, de soi, échappe à la figuration : aussi longtemps qu'est innommée la force qui attire fatalement à elle l'énergie vitale de l'ensorcelé – dans ce que j'ai appelé le moment de la déperdition –, elle ne saurait être qu'absolue. Par la nomination seulement la manipulation symbolique de la situation a quelques chances d'être opérante : parce qu'au nom du sorcier on peut alors opposer celui du désorceleur, on peut aussi tenter de savoir si la force du premier est commensurable avec celle du second. Qu'elle ne le soit pas automatiquement (on se souvient du mot de Grippon : « *Vraiment, il est fort, celui-là, je ne sais si je pourrai le maîtriser* ») montre bien que la nomination est une étape nécessaire mais qui ne permet pas de préjuger de l'issue finale.

L'étape suivante, que j'ai nommée le moment du recours, pourrait aussi bien s'appeler le moment de la mesure. Il importe, ce me semble, d'examiner avec précision le mode sur lequel le désorceleur choisit de mesurer sa force à celle du sorcier.

Le parti de l'ensorcelé suppose que celui-ci est pris à mort du fait d'un rituel magique qui aurait consisté à le toucher directement ou indirectement : les bêtes sont mortes, donc elles ont été touchées; Manceau est mourant, donc il a été touché. A ce rituel *supposé* du sorcier, qui aurait consisté à établir un contact *matériel* avec sa victime, le désorceleur réplique par un rituel *effectivement pratiqué* – car de ce qu'il l'ait été, on peut trouver des témoins –, rituel consistant à établir avec le sorcier un contact métaphorique, c'est-à-dire un contact *non matériel* ou à distance, qui s'effectue par la mise en jeu d'équivalences symboliques. A partir de ce moment-là, le ressort dramatique du récit tient à ce qu'une mort réelle (ou une atteinte corporelle grave) puisse être provoquée par un contact métaphorique :

1. Le désorceleur pique un cœur de bœuf et ressent les mêmes symptômes que s'il était en train de se battre contre un être réel, présent en personne. Au geste initial du sorcier, Grippon répond par un geste (Tripier a touché Manceau, je le transperce) et à sa parole (« *cette fois, Manceau, tu ne pourras t'en sortir* ») par un défi : « *Corps pour corps, c'est lui qui y passe, ou c'est moi.* » L'hésitation de la conteuse, qui ne sait dire si c'est « *cœur pour cœur* » ou « *corps pour corps* », montre assez combien la métaphore est prégnante.

2. Le désorceleur a piqué le cœur de bœuf et le sorcier surgit peu après, « *fou du mal des épingues* » : qu'il soit fou de ce mal et non d'un autre, c'est du moins ce que prétend le parti de l'ensorcelé. Pourquoi faut-il, à ce moment-là, éviter tout contact matériel avec le sorcier (ne pas le toucher, ne pas lui parler, ne pas le laisser entrer dans la maison)? Pour permettre au contact métaphorique, noué par le rituel, de développer tous ses effets; car tout contact matériel équivaudrait à une communication, à une ouverture de ce que le contact métaphorique a verrouillé (« *encrouillé* ») à grand-peine.

3. Ensorcelé ou verrouillé à mort, le sorcier ne croit pas pouvoir s'en sortir autrement qu'en allant demander au chirurgien de lui ouvrir le ventre et de l'amputer d'une bonne longueur de cette partie de son corps qui permet de le nommer[13].

On voit donc que le désenvoûtement consiste à répondre à une *agression matérielle supposée* (mais tenue pour certaine) par une *agression métaphorique effective* qui prétend atteindre le corps de sa victime *en l'absence* de celle-ci. C'est en ce sens – mais en ce sens seulement –

---

13. Comme tous les noms que je cite dans ce livre, celui-ci est fictif. Le nom réel du personnage auquel je me réfère est encore plus proche de son symptôme que ne l'est « *Tripier* », mais je n'ai pu en trouver un équivalent plus satisfaisant.

que le parti de l'ensorcelé est fondé à s'étonner de ce que
l'on puisse confondre sous un même terme le désorceleur
et le sorcier.

Après le récit de Renée Turpin, je souhaitais vivement
obtenir de Manceau lui-même, outre sa version du
drame, quelques précisions essentielles. Ainsi : 1) Comment était née l'inimitié qui opposait Tripier à Manceau
et, semble-t-il, au groupe des « bons » voisins? De quoi
s'était-elle nourrie au cours des ans? Quels éléments de
leur histoire commune pouvaient éclairer l'épisode, si
intrigant, des malédictions proférées par Tripier au chevet de son voisin mourant? 2) Pouvait-on reconstituer le
processus de l'imputation de sorcellerie, savoir comment
on en était venu à accuser Tripier, quels autres noms
avaient été avancés, quelles déductions avaient fait pen-
cher la balance en sa défaveur? 3) Quels signes, quelles
paroles ou quels gestes avaient circulé entre le parti de
l'ensorcelé et le sorcier, à partir du moment où l'on
accusait celui-ci et jusqu'à son irruption devant la maison
de Manceau, « *fou du mal des épingues* »? Cette histoire
pose assurément d'autres questions. Celles que j'indique
ici visaient simplement à éclairer un point aveugle du
récit, en m'informant de ce qui avait effectivement circulé
entre les deux partis et en essayant de repérer comment
cette circulation avait pu produire des effets à ce point
ravageants sur le corps des protagonistes. Car cette circulation était présupposée par le récit, mais elle y était
complètement occultée : la haine de Tripier pour Manceau, par exemple, paraît tout à fait injustifiée ou justifiée
du seul fait qu'un sorcier est, par définition, un être
haineux; de même, l'apparition de Tripier, peu après que
Grippon eut opéré, est attribuée au « *mal des épingues* »,
mais on peut se demander quels signes avaient été
adressés au sorcier supposé de ce qu'un désorceleur
viendrait le combattre au nom du mourant.

Renée Turpin accepta volontier d'aller demander à Manceau de me recevoir : à la fin de l'entretien, sa belle-mère et elle m'avaient manifestement prise en amitié; aux questions qu'elles me posèrent sur la nature de mon travail, je répondis sans détour et d'une manière qui parut les satisfaire. Deux mois plus tard, je revins chercher la réponse des Manceau. Elles étaient encore plus amicales mais navrées : « *Figurez-vous qu'y n'veulent point. Ils ont dit : après tout c'qu'on a connu, on n'veut plus en entendre parler. C'est pas qu'ils vous font pas confiance, mais y n'veulent plus en parler.* » Entendons qu'ils ne voulaient pas *m'*en parler : car, à Renée Turpin, ils avaient parlé plusieurs heures durant. Pleine de bonne volonté, elle me répéta la conversation, qui confirmait la version qu'elle m'avait donnée de l'histoire, la seule précision nouvelle étant que la formule employée par Grippon au moment du rituel était : « *Corps pour corps, c'est lui qui y passe, ou c'est moi.* »

C'était évidemment un échec, mais je pouvais en tirer quelques enseignements :

1. Les Manceau pouvaient redire l'histoire à Renée Turpin, car elle était « *prise* » dans l'événement et dans le récit de telle manière qu'aucune des méconnaissances qui le soutiennent ne risquait d'être levée. Par contre, bien que je n'aie pas dit mes questions à mon ambassadrice, les ensorcelés pouvaient supposer que je ne manquerais pas de leur en faire : elles pouvaient n'être pas sottement rationalistes, mais elles ne pouvaient éviter de mettre en perspective tel ou tel élément du récit. Puisque je n'étais pas « *prise* » dans le récit de la même manière que ses auteurs, au nom de quoi viendrais-je les questionner aujourd'hui? Ils étaient passés par une crise mortelle et avaient réussi à survivre, fût-ce au prix de quelques méconnaissances. Pourquoi donc, dix ou quinze ans plus tard, prendraient-ils le risque de les lever?

2. Je ne puis savoir comment Renée Turpin comprit

mon silence, lorsqu'elle eut fini son récit. Que je n'aie pas
ricané ou même souri, comme le font généralement les
élites savantes, paraît avoir suffi à susciter sa confiance.
Peut-être même a-t-elle pensé que j'étais prise dans le
récit de la même façon qu'elle : car j'étais assurément
fascinée par la violence de cette lutte à mort et par la
rigueur avec laquelle à trois reprises un lien métaphorique était venu verrouiller un corps. Les Manceau, l'entendant dire ma fascination, pouvaient l'interpréter de
trois manières, dont chacune comportait un risque pour
eux : *a)* J'étais une novice en sorcellerie, en quête d'initiation pour des raisons inconnues d'eux : dès lors, ils
pouvaient craindre que je ne fasse un usage irresponsable
de leurs paroles. Par exemple, que, ne saisissant pas la
nécessité du secret, je n'aille questionner leur sorcier en
me référant à leurs dires. *b)* J'étais une ensorcelée en
quête de vérité pour elle-même, cherchant à dénouer une
crise dans laquelle je serais prise. Mais les Manceau, qui
n'étaient ni mes désorceleurs, ni même mes annoncia-
teurs, n'avaient aucune raison d'échanger avec moi des
paroles qui auraient établi un contact entre les deux
crises. *c)* J'étais une désorceleuse, mais accepter de me
parler équivaudrait à une demande de cure magique. Or,
d'une part, Grippon s'était acquitté de son office de
manière parfaitement satisfaisante; d'autre part, la crise
étant dénouée depuis longtemps, les intéressés n'entendaient nullement y être repris.

On aura compris que la difficulté principale de
l'ethnographie des sorts vient de ce qu'elle ne peut
s'effectuer que par le moyen de la parole, laquelle est à la
fois le véhicule de l'information et un support essentiel
du lien métaphorique institué par le désorceleur. Cette
difficulté, je ne cessai de la rencontrer pendant toute la
durée de mon travail dans le Bocage : hormis les situations où mes « informateurs » me demandèrent d'établir
ce lien métaphorique – ou d'assister la désorceleur chargé

de l'établir –, ce fut régulièrement l'échec. Mais c'est à
consigner les enseignements de cet échec que consiste
l'ethnographie des sorts[14].

II

L'histoire que je viens d'analyser renvoie à un épisode
réel de la vie des intéressés, mais elle n'a plus d'existence
pour eux hors d'un certain discours qui en arrête définitivement la signification. Cet épisode, ils l'ont constitué
en un récit dont j'ai tenté d'identifier les règles d'engen-
drement. Comme tout récit, celui-ci doit être dit et même
répété, mais seulement à quiconque omettrait de s'interroger sur ces règles ou, ce qui revient au même, serait

---

14. Je fis la connaissance de Grippon plusieurs mois après, dans des
circonstances curieuses : des ensorcelés qui n'osaient aller le trouver,
craignant qu'il ne travaille selon les méthodes excentriques de la « *Dame
Blonde* », me demandèrent de le rencontrer et de le leur amener si je
pensais qu'on pouvait lui faire confiance. Il jugea incroyable que quiconque puisse le confondre avec cette charlatane, pensa un moment que
j'étais une journaliste parisienne déguisée en courtière en désenvoûtement
et, pendant que je le conduisais à la ferme de ses futurs patients, il alterna
les menaces d'agression magique et les menaces d'agression sexuelle. Une
fois arrivé, il examina les bêtes avec une grande attention et déclara qu'il
reviendrait opérer seul la nuit prochaine. Bien que les ensorcelés m'aient
fait part de leur désir de me raconter la suite des événements – ils
craignaient Grippon et souhaitaient que je juge son travail – je décidai de
ne plus intervenir : mieux valait qu'ils choisissent eux-mêmes s'ils
craignaient plus leur sorcier et l'imminence de la faillite, ou leur
désorceleur. Je leur avais donné d'autres noms de magiciens, dont celui de
Lenain : à eux de choisir celui qui leur conviendrait. – L'épouse de
Grippon s'inquiéta des hommages un peu vifs que celui-ci m'avait
adressés en sa présence : si j'avais été une femme honnête, j'aurais dû lui
répliquer vertement au lieu de me taire comme je l'avais fait. Elle
entreprit d'enquêter sur mon compte pour savoir si j'étais une aventurière
à la recherche d'un riche amant, enquête qui tourna à mon avantage et me
procura la sympathie de cette femme et de ses amis. Je me jugeai pourtant
incapable de soutenir une relation aussi violente et cessai de voir
Grippon.

disposé à partager les méconnaissances des protagonistes. Il ne doit susciter aucune question mais seulement la fascination chez l'auditeur. Si celui-ci prend alors la parole, ce ne peut être que pour évoquer à son tour d'autres récits du même type, visant à produire exactement la même fascination. Aussi, quand les Manceau disaient qu'ils craignaient d'être repris s'ils me parlaient, peut-on comprendre qu'ils redoutaient que mon écoute (soit depuis la place de l'ethnographe, place non prévue par la tradition; soit depuis celle de la désorceleuse, place toujours porteuse d'imprévisible) ne vienne déranger l'ordonnance si soigneusement agencée du récit et en questionner le sens, jusqu'ici tenu pour évident.

Il n'en faudrait pas conclure, néanmoins, que toute crise de sorcellerie qui trouverait son issue dans un désenvoûtement réussi soit, de ce seul fait, susceptible de se constituer en récit. Il peut se faire que l'ensorcelé, bien qu'ayant volontiers accepté le diagnostic de l'annonciateur et le recours au désorceleur, se trouve tout à coup dépassé par les conséquences de ses choix. Il en rejette alors la responsabilité sur l'annonciateur ou sur le désorceleur, se présentant lui-même comme quelqu'un qui n'a rien à déclarer à quiconque à propos de cette crise, parce qu'aussi longtemps qu'il en peut maintenir l'interprétation en suspens, l'ensorcelé peut se donner l'illusion qu'il est innocent de son dénouement. Mais, ce faisant, il perd les bénéfices symboliques de l'opération – partager avec l'ensemble de ceux qui y ont été pris l'utilisation d'un langage légitimé par une longue suite de générations – et il s'enferme dans l'enclos de l'indicible.

L'histoire qui suit illustre cette possibilité. J'y fus introduite par l'annonciateur, Babin, qui, voulant m'obliger – car son frère cadet m'avait identifiée comme la désorceleuse qui le délivrerait enfin de ses sorts –, me raconta l'événement et me conseilla de rendre visite au ménage ensorcelé. Lui-même s'était coulé sans effort dans

le langage traditionnel des sorts et il avait agencé son récit
sur le modèle même de celui que l'on vient de lire. Il ne
manqua pas de l'introduire, comme il le faut, par une
déclaration selon laquelle « *les sorts, on n'en parle à
personne, ils se riraient de nous, faut êt'pris pour y
croire* », déclaration destinée à fixer la place de l'auditeur
(si je vous en parle, c'est que je vous sais prise) et à le
mettre en appétit (attention, je vais vous raconter un
événement incroyable).

Les Régnier étaient venus cinq ans plus tôt du nord du
département pour occuper la ferme de La Roche, voisine
de la sienne. Ce sont des gens honnêtes, travailleurs, bons
voisins, fréquentant assidûment l'église. Très vite, Babin
vit le malheur s'installer chez eux : « *Ils avaient beaucoup de pertes* [de bêtes], *la femme était toujours malade.
Dès qu'elle retournait à Carelles* [son bourg natal], *l'était
en bonne santé; dès qu'elle s'en venait à La Roë* [où cette
histoire se passe], *l'avait des tas d'maladies. Son mari
n'pouvait plus la sentir.* » Babin attendit quelques mois,
puis se résolut à faire office d'annonciateur : « *Vous vous
douteriez pas qu'y aurait des gens qui vous veulent du
mal?* » leur demanda-t-il un jour. Comme il se doit, cette
déclaration les stupéfia : « *Ceux qui n'ont pas été attaqués,* m'explique Babin, *y disent : ce sont des idées. Le
gars de La Roche, quand on lui a parlé, l'était complètement novice* » dans les sorts. L'annonciateur les instruisit
alors de leur état, constitua en série signifiante les malheurs dont ils étaient victimes et les novices se rangèrent
à son interprétation.

Pour les tirer d'affaire, Babin les mena d'abord chez la
« *petite mère de Torcé* », une vieille femme de son bourg
natal qui guérissait en imposant les mains. Elle vint à La
Roche, bénit les bâtiments et les gens, prononça les
prières rituelles. « *Ça allait un peu mieux,* dit Babin,
mais ça n'était pas ça : cette femme, elle est pas pour

arrêter le sort complètement. Elle fait que du bien [elle protège la victime sans renvoyer le sort à l'agresseur]. *Le sort était plus fort qu'elle.* » Car la prière et l'imposition des mains sont tenues pour n'être efficaces que s'il s'agit d'un sort « *faible* », qui serait jeté par un amateur, par un débutant ou par un véritable sorcier, mais pour qui l'enjeu serait médiocre.

Babin leur dit alors : « *On a l'adresse d'une femme qui peut détourner le sort.* » Il s'agit là d'un euphémisme, le destin d'un sort ainsi « *détourné* » n'étant pas d'aller se perdre dans les sables, mais de faire retour sur celui qui l'a jeté. Pour se justifier à mes yeux de provoquer le malheur, Babin commente : « *Le ménage n'allait plus, le gars François y n'pouvait plus voir sa femme, qu'était tout l'temps malade.* » Régnier refusa d'abord, parce qu'il lui répugnait d'avoir affaire à une guérisseuse trop « *forte* ». Mais, devant l'aggravation des symptômes de son épouse, il finit par céder : « *Où qu'elle est, vot'femme qu'est plus forte?* » demanda-t-il un jour à Babin. On fit venir la désorceleuse à La Roche. Elle ne parvint pas à lever le sort, mais fournit le diagnostic qui allait justifier la suite des événements. En effet, dès qu'elle eut posé le pied sur la première marche de l'escalier, elle parut agie par une force invisible et déclara : « *Ici, y a un sort, ça vous a pris drôlement dur.* » Elle opéra plusieurs nuits sans succès, selon des méthodes qui ne me furent pas dites, mais son échec même signait la méchanceté des sorciers : « *Le sort était jeté sur elle* [la désorceleuse] *par quelqu'un d'ici* », dont la « *force* » était supérieure à la sienne.

Babin résolut alors de faire appel à une désorceleuse « *pour le mal* » qu'on nommait la « *femme d'Izé* », ou encore « *madame Marie* » : elle avait désorcelé jadis les parents de son épouse et s'occupait présentement du ménage de son frère[15]. Aujourd'hui défunte, elle se situait

---

15. Il sera longuement question de ce frère dans la troisième partie.

alors dans la hiérarchie de la « *force* » à un niveau comparable à celui qu'occupe Grippon. Comme lui, madame Marie venait en dernier recours parce qu'on la savait capable de mener à son terme l'escalade de la violence. Entrant dans les fermes où on lui demandait d'opérer, elle ne manquait d'ailleurs jamais de déclarer : « *Je m'en vais si vous n'voulez pas* [provoquer le mal], *mais faut qu'je rende le mal pour le mal, sinon ça m'porte trop fort, j'en suis pas capable* » [de supporter cette violence qui « *me porte* » dessus sans la renvoyer à l'émetteur]. Babin la décrit ainsi : « *C'était une petite femme maigre* [dans le Bocage, la maigreur est normalement un signe de faiblesse], *mais l'était dure, cette petite; elle dormait jamais la nuit, elle luttait, tous ses meubles travaillaient, c'étaient les autres qui l'attaquaient* [les sorciers de ses patients]. *L'avait l'visage fatigué, travaillé : l'était point trop propre, mais elle disait qu'si on est trop propre, on donne prise* » [au sorcier]. Bref, une femme qui savait se défendre et attaquer. Son rituel de combat consistait à faire sauter du gros sel dans une poêle chauffée à blanc, à la suite de quoi, le sorcier, « *qu'est-ce qu'il s'en sentait passer !* ». Il souffrait et sautait sur place comme le sel dans la poêle. A l'instar du rituel utilisé par Grippon, celui-ci avait pour effet de contraindre l'agresseur à se dénoncer lui-même au terme fixé par la magicienne.

Madame Marie vint plusieurs fois à La Roche, opéra et dit un soir : « *Celui qui vous l'a fait, y n'le refera plus.* » Babin conclut abruptement : « *La femme que j'me doutais* [la sorcière], *elle s'est morte à l'hôpital.* » Puis, après un lourd silence : « *Quand la femme d'Izé vint à La Roche pour la dernière fois, la mère Chicot* [la sorcière] *était chez elle, à faire son p'tit ménage. Le lendemain,* dit-il en forçant sa voix, *le lendemain, une voisine me dit : la mère Chicot, l'est complètement perdue.* » Il précise : « *Elle est tombée juste le jour qu'la femme d'Izé avait dit.* » Car elle fut prise d'une crise d'anxiété si violente que son médecin la fit interner à l'hôpital psychiatrique, où elle mourut quelques mois plus tard d'un mal mystérieux [16]. Le jour de son internement, le mari de la sorcière, qui n'y comprenait rien, dit fermement à Babin : « *La mère, l'est pas plus malade que toi et moi.* » Mais, après sa mort inexpliquée, il questionna les infirmiers « *qu'ont dit : C'est d'mauvais esprits qui sont tombés sur elle d'un coup. L'était travaillée* », rapporte Babin triomphant, qui répète plusieurs fois : « *Les infirmiers ont dit : C'est des mauvais esprits.* » La méchanceté de la sorcière et son inévitable punition sont même reconnues par le savoir positif, qui ne consent pas souvent de semblables satisfactions aux ensorcelés.

Il importe de noter que la désorceleuse n'a pas interprété les effets de son rituel ni surtout nommé la sorcière. Babin dit qu'elle refusait de nommer depuis qu'ayant découvert à un homme que son propre frère l'ensorcelait, cette révélation provoqua le meurtre du sorcier et l'interpellation de madame Marie par la justice [17]. C'est pourquoi elle abandonna désormais à ses patients la responsabilité de l'interprétation, leur disant, par exemple : « *Vous vous rendrez compte vous-mêmes* »; ou encore, leur fournissant des allusions : « *Celui qui vous le fait, il passe au bout du chemin* »; ou enfin, orientant leurs

16. Je reviendrai plus loin sur l'énigme qu'a représentée la mère Chicot pour le savoir médical.

17. N'ayant pu trouver trace ni de ce meurtre, ni du procès intenté à madame Marie, j'incline à penser qu'il s'agit là d'un énoncé mythique visant à justifier la nécessité que l'ensorcelé assume personnellement la responsabilité de l'interprétation. Car, s'il arrive qu'un désenvoûtement raté débouche sur un meurtre (*cf.* p. 230 n. 18 et p. 411 sq.), il est tout à fait exceptionnel que le désorceleur accuse un proche parent de la victime puisque, précisément, l'objet de la cure est de détourner la violence de l'ensorcelé sur des non-parents. D'autre part, s'il arrive qu'un ensorcelé meurtrier soit arrêté, il est exceptionnel qu'il accepte de donner le nom de son désorceleur à la justice.

recherches dans une autre direction quand elle pensait qu'ils faisaient fausse route : « *Vous vous imaginez sur quelqu'un et c'est pas lui.* » Alors, comment savoir? « *On s'doute,* répond Babin. *La mère Chicot, on sait que c'est elle, puisqu'elle s'est morte*[18]. »

A présent, les Régnier rendent grâce à la clairvoyance de leur annonciateur : « *Si on n' vous avait rencontrés,* disent-ils aux Babin, *on serait perdus.* » Encore que tout ne soit pas absolument réglé pour eux : « *La mère d'Izé avait dit qu'y n'y avait pas qu'une personne* » [qu'un sorcier], dit Babin. Je demande : « Qui d'autre? – *Un cousin.* – Comment savoir que c'est lui? » Babin et son épouse me jettent alors un regard stupéfait car je pose là une question de novice qui ne leur permet pas d'espérer beaucoup de ce désorcelage qu'ils voudraient me voir pratiquer chez leur frère : « *Mais c'est visible!* » s'exclame Babin qui résume ainsi d'un terme caractéristique le processus dont j'ai parlé plus haut, grâce auquel le parti de l'ensorcelé se rend visibles ces sorciers nocturnes qui opèrent quand ils sont bien assurés d'être à l'abri du regard. Il précise : « *C'est toujours des gens plus près qu'on n'pense, c'est pas des gens qui viennent de loin* », car il est dit qu'on ne peut ensorceler sans toucher le

18. Cette sorcière est définie comme une « *voisine* » des Régnier. Ce terme, comme j'ai pu le vérifier sur le terrain et sur la carte au 50 000ᵉ de la commune, ne recouvre qu'une réalité topographique assez vague : la ferme des Régnier et celle des Chicot sont assurément situées dans le même « *quartier* », c'est-à-dire dans le même ensemble de terres limité par des routes ou des chemins communaux, mais elles ne sont pas précisément proches l'une de l'autre, étant situées à deux extrémités opposées du « *quartier* ». Plusieurs fermes sont certainement plus voisines (topographiquement) de La Roche que celle des Chicot. Contrairement à ce qu'on avance généralement pour expliquer l'origine des conflits entre gens qui s'accusent de sorcellerie, les Régnier et les Chicot n'ont pas de cour commune, ni de terre, ni de chemins mitoyens.

corps ou les biens de sa victime[19]. Mais les Régnier jugent inutile d'attaquer ce sorcier, infiniment moins dangereux que la défunte mère Chicot : après tout, leur exploitation fonctionne normalement et leur santé s'est à peu près rétablie. Simplement, dit Babin, « *quand y s'voient empatouillés un petit peu, y vont à Torcé* », consulter la « *petite mère* » qui guérit en imposant les mains, et tout rentre provisoirement dans l'ordre.

Quand j'allai voir les ensorcelés, ils savaient que Babin m'avait déjà donné sa version de leur histoire. J'eus avec Louise Régnier – son époux étant absent ce jour-là – un long entretien au cours duquel il ne fut question que de l'attaque de sorcellerie dont le ménage avait été victime, mais elle m'en parla sur le mode particulier de l'impossibilité d'en parler. C'est-à-dire qu'elle pouvait exclusivement m'entretenir du fait qu'elle avait vécu quelque chose pour quoi il n'existait aucune position d'énonciation qu'elle puisse impunément occuper.

Elle m'accueillit avec un maintien figé qui disait déjà sa réticence. Quand j'annonçai que je venais de la part de Babin, elle tressaillit et, retenant à grand-peine sa colère : « *L'en a parlé à François qu'a rein répondu*, déclarat-elle. *L'est même rev'nu à la maison, une fois, et n'n'avons rein dit : si ça nous intéressait* [de vous en parler], *on y aurait dit.* » Mon intermédiaire n'avait donc pas voulu entendre leur refus silencieux ou n'avait pas voulu me le transmettre. J'engageai alors avec Louise Régnier une négociation en cinq points sur la possibilité d'en parler un autre jour :

19. Les Babin m'ont questionnée sur la sorcellerie des villes, qui leur paraît décidément problématique : ils ne voient pas sous quel prétexte les citadins pourraient s'ensorceler mutuellement, puisqu'il n'y a entre eux ni contact réel (à la ville, on ne se parle pas), ni interconnaissance (on est étrangers dans le même immeuble, les locataires ne font que passer, etc.).

1. Combien de temps, me demanda-t-elle, devaient-ils prévoir pour cet entretien? Je proposai que nous reprenions leur histoire depuis leur installation à La Roë. « *Ah, mais François n'est jamais là, ni dans la journée, ni dans la soirée. –* Et le dimanche? *– Quand il est là le dimanche, il dort.* »

2. Alors on pourrait peut-être en parler, elle et moi? « *Non, vaut mieux être deux, c'est aux deux qu'c'est arrivé. J'sais bein, quand François a été chercher madame Marie, elle y a regardé la main et y a dit : Vous, ça vous a pris un peu, mais c'est surtout vot'femme qu'est prise dur.* »

3. Ayant elle-même annulé son argument, elle s'empresse d'en avancer un autre plus sérieux : « *Si seulement on était sûrs d'êt'quittes, on pourrait en parler.* » Car ils ne sont pas certains d'en avoir terminé, elle du moins, et François lui dit qu'elle se fait des idées. « *Mais des fois,* assure-t-elle, *on les sent, qui sont là* » [les sorciers encore impunis].

4. Argument complémentaire : c'est parce qu'elle ne connaît pas les noms des sorciers qu'elle n'est pas sûre d'être « quitte ». « *Si seulement on savait qui que c'est, on pourrait en parler. Madame Marie a dit qu'ils étaient deux* », mais elle leur a laissé la responsabilité de les nommer, déclarant simplement, à l'énoncé d'un premier nom (quelqu'un de Carelles? mon interlocutrice se garde bien de le préciser) : « *C'est pas qui vous croyez...* [le sorcier], *il passe devant la ferme.* » Ne sachant qui accuser, Louise Régnier se sent menacée : « *C'est peut-être quelqu'un qui entre ici, y nous touche la main et on est pris; quelqu'un qu'on invite à boire, on est trop bons*[20]. » Que son cousin soit le sorcier ne lui est certes

---

20. L'un des objectifs de la cure, on le verra dans le second volume, est précisément de guérir le patient d'être « *trop bon* », c'est-à-dire ouvert, sans défense contre les flèches du méchant.

pas aussi « *visible* » qu'à son annonciateur. Contrairement à celui-ci, elle paraît avoir la plus grande difficulté à
laisser le soupçon se fixer sur un nom[21]. Aussi longtemps
qu'elle peut affirmer, en effet : « J'ignore qui sont mes
sorciers », elle peut éviter d'imputer la mort de la mère
Chicot à ce rituel qu'elle a elle-même ordonné, ou bien
elle peut prétendre qu'il ne visait personne en particulier.

5. La raison, enfin, pour quoi ils ne sont pas sûrs d'être
quittes avec les sorts, c'est qu'ils n'appliquent pas toutes
les consignes de protection que leur a données madame
Marie, aveu qui viendra au terme d'un parcours sinueux.
Elle invoque d'abord leur déception : « *François, c'est ça
qui l'a dégoûté, madame Marie n'a pas voulu dire les
noms.* » J'objecte que, peut-être, la femme d'Izé craignait
que son époux n'aille « *les voir* », suggestion à laquelle
Louise Régnier réplique d'une voix soudain aiguë, mani-
festant ainsi qu'elle a bien saisi la portée de mon euphémisme (« *voir* » pour « *attaquer* ») : « *Non, y n'y aurait
pas été, y n'aurait rein fait ! Je sais, madame Marie l'a eu
des ennuis avec quéqu'un* [qui a tué son sorcier à la suite
de sa nomination par la désorceleuse], *mais François
n'aurait rein fait.* » D'ailleurs, conclut-elle en se rabat-
tant sur la lettre de mon énoncé, quand on sait le nom du
sorcier, « *c'est pour l'éviter, pas pour le fréquenter* ». A
présent, madame Marie est morte, peut-être iront-ils
demander les noms à madame Auguste, qui a pris sa
succession, mais les sait-elle seulement. J'avance que,
sans doute, madame Marie pensait les protéger assez avec
« *ce qu'elle faisait* » [ses rituels]. Alors vient l'aveu :
« *Mais c'est qu'on n'fait pas tout c'qu'elle nous dit d'faire,
on n'porte pas tout c'qu'elle nous dit d'porter !* – Vous

---

21. Au début d'une cure de désenvoûtement, le magicien doit en
général lutter contre la précipitation de ses patients, trop pressés d'avancer
des noms.

voulez dire que vous ne portez plus le sachet avec la pointe [22] ? » Mme Régnier répond par une explosion de colère : « *Faut-il être arriérés pour nous jouer des tours comme ça* [nous ensorceler] *et qu'on soit forcés d'se défendre avec ça!* » [le fétiche]. Elle a cessé de porter le sachet parce que cela l'humiliait; quant à celui de François, il était épinglé sur un tricot de peau qu'elle a déposé à la blanchisserie, elle se demande si elle le retrouvera.

Elle se souvient alors du moment de l'annonciation : « *Dire que, sans les Babin, on n'aurait jamais compris ce qui arrivait! On n'y croit pas, à Carelles* [son bourg natal], *c'est bein plus évolué qu'ici. Y a qu'à s'promener dans le bourg pour comprendre la différence avec ici. Faut-y qu'y soient arriérés, par ici, pour le faire!* [jeter des sorts]. *A Carelles, on est plus civilisés, on n'penserait point à jouer des tours comme ça.* » Ce pourquoi il a fallu que Babin les instruise : chez les Régnier, on était à ce point civilisés « *qu'on n'pouvait point imaginer des tours pareils* ».

On aura noté que Louise Régnier oppose absolument La Roë, où elle a émigré, à Carelles, son bourg natal, comme la sauvagerie à la civilisation, l'arriération à la modernité, la fourberie à la droiture. A Carelles, berceau de la civilisation, on ne croit pas aux sorts, on n'y pense pas et on n'en jette pas non plus. C'est pourquoi l'on n'a pas besoin de s'y munir de ces ridicules sachets protecteurs. L'ennui, c'est qu'il faut vivre à La Roë parmi ces païens qui se dissipent dans les bals et les cafés, sont peu

---

22. Il s'agit d'une protection magique constituée par un sachet de toile rouge soigneusement cousu et qui doit être porté à même la peau. Outre du sel bénit et des herbes (nul n'a su me dire lesquelles), ce sachet contient une sorte de paratonnerre magique sous la forme d'un clou d'acier tordu. Pour autant que j'aie compris, l'acier figure la force du sorcier; et sa torsion, l'opération de détournement qu'on veut faire subir à la force. Mais il arrive aussi qu'on porte sur soi un clou d'acier non déformé pour se procurer un supplément de force, si l'on est ensorcelé.

assidus au culte et jouent de si mauvais tours de sorcellerie qu'on est contraint de se défendre par des moyens
humiliants et peu chrétiens. Vivre à La Roë, c'est être
mis devant l'impossibilité de tendre l'autre joue, c'est
redevenir sauvage parce que le christianisme n'enseigne
aucune méthode pour survivre à la méchanceté surnaturelle[23]. « *On dit qu'ils sont sauvages en Afrique; mais
plus sauvages que nous, est-ce que vous en connaissez,
vous qu'avez tant lu?* », me demandait aussi Jean Lenain.
Pour avoir été initié aux sorts par un prêtre qui s'était
autorisé à meubler de ses propres paroles les silences du
message chrétien, Lenain était cependant autrement
mieux armé que Louise Régnier pour affronter la sauvagerie des sorciers : par exemple, il n'avait nul besoin
d'affirmer contre toute vraisemblance qu'au moins son
bourg natal était innocent, non seulement de toute pratique magique (ce qui peut se produire), mais encore de
toute croyance dans les sorts. Mme Régnier, on l'aura
noté, tente de reproduire, sans en changer une virgule,
l'énoncé caractéristique de ceux qui n'entendent pas
soutenir pour eux-mêmes le discours de la sorcellerie, se
posant implicitement comme n'y étant pas pris : les sorts,
on y croit, mais ailleurs[24]. L'extrême fragilité de sa
position tient à ce que, malheureusement, c'est dans cet
ailleurs qu'elle réside et qu'elle doit tenter de survivre
parce qu'elle y est, précisément, prise dans les sorts.

Babin, l'annonciateur, prend ici une importance toute
particulière, car il est chargé d'assumer la responsabilité
de l'accusation à la place des ensorcelés. Louise Régnier

23. Peu après l'annonciation, Louise Régnier entreprit d'interroger le
curé de La Roë : non pas sur les sorts, mais sur la question de savoir
jusqu'à quel point l'on doit tendre l'autre joue. Cette question, posée hors
de tout contexte, reçut une réponse vague que le couple retourna
longuement pour savoir comment l'interpréter et que faire.

24. *Cf.* pp. 35-37 et chap IV.

se souvient, par exemple, que l'année même de leur installation à La Roë, Babin, déjà, tenta de les prévenir. Alors qu'il travaillait aux foins avec Régnier, il déclara soudain, entre deux longs silences : « *Y a des gens dangereux à fréquenter par ici.* » Régnier attendit vainement un commentaire susceptible de l'éclairer sur le sens de cette phrase énigmatique, qu'il assure n'avoir interprétée que bien des années plus tard, au moment de l'annonciation[25]. Comprenons que, dans une première étape, Babin s'est contenté de lui rappeler que les sorts, cela existe; mais que les Régnier n'ont pas voulu l'entendre sous le prétexte qu'à Carelles, c'est censé ne pas exister. Peut-être Babin aurait-il préféré ne pas s'en mêler davantage, mais ses voisins ne faisaient décidément aucun profit de cet avertissement de principe, incapables qu'ils étaient d'y raccorder leur propre histoire, parce qu'ils avaient alors les oreilles bouchées par l'optimisme évangélique : à Carelles, on imagine apparemment pouvoir survivre en tendant l'autre joue.

Louise Régnier, à qui j'ai expliqué le but et les procédures de mon travail et qui dit l'approuver – « *ce que vous faites, au fond, c'est pour le bien* » –, se lance alors dans une longue plainte, dont je comprendrai plus tard qu'elle était destinée à la justifier d'avoir pris le parti de répliquer à la méchanceté des sorciers. Pendant plus d'une heure, elle détaille la série de ses malheurs dans le langage caractéristique des ensorcelés, mais avec toutefois cette particularité qu'à aucun moment elle ne fait référence à ses agresseurs : non seulement elle ne les nomme pas, mais jamais elle n'établit la moindre relation entre la survenance d'un malheur et la proximité d'un sorcier.

---

25. De la même manière que dans le dialogue de Louise Régnier avec son curé, la parole est ici présente mais retenue, parce qu'il est question d'un enjeu vital. Il faut en parler, mais moins on en parle...

Bien que nous sachions parfaitement l'une comme l'autre que, pour finir, elle n'a pas tendu l'autre joue et qu'elle a mortellement frappé celle dont elle estimait avoir reçu tant de coups, elle se pose comme la victime d'un malheur dont il n'y aurait eu d'autre responsable que le « *sort* », utilisant ce qui, du discours de l'ensorcelé, reproduit le plus exactement la plainte de Job.

« *La femme d'Izé a dit qu'ça nous avait pris juste après qu'on est arrivés ici* », commence-t-elle. En effet – car s'il s'agit seulement de parler de « *ça* » qui les a pris, elle est parfaitement capable de lier entre eux les événements – quinze jours après leur arrivée, la voiture a versé dans un fossé. « *C'est vrai que François conduisait vite, mais c'est-y là qu'ça a commencé, on l'a dit à madame Marie* » (je sais bien..., mais quand même...). Des passants l'emmènent se faire examiner par la doctoresse antédiluvienne du bourg qui ne soigne que ses plaies, alors qu'elle souffre aussi d'un traumatisme crânien et qu'elle a deux vertèbres déplacées. Louise Régnier supporte trois mois durant vertiges et douleurs dorsales, puis décide d'aller consulter un médecin réputé, au chef-lieu du canton : ce vieillard, qui tutoie ses patients, se contente de la réprimander pour masquer son impéritie : « *T'aurais pas dû attendre si longtemps, que veux-tu que j'y comprenne, à ton dos!* » Humiliée, elle le quitte et va consulter un médecin chiropracteur à la ville voisine, sans en obtenir d'amélioration, puis un guérisseur à Laval, qui lui fait « *un peu de bien* » en lui imposant les mains sur la colonne vertébrale; « *mais, c'était si dur,* dit-elle, *que j'm'étais évanouie* »[26]. Alors s'installe le malheur en série : une génisse qui ne profite pas, un veau de huit

---

26. Notons que la hiérarchie de ses soignants – médecins ou guérisseurs – est calquée sur l'organigramme du pouvoir politico-administratif : commençant au bourg, elle finit à la capitale provinciale.

jours qu'il faut mener à l'équarrissage : « *Le vétérinaire pouvait pas comprendre c'qu'y avait. Le veau buvait bein, mais n'profitait pas, y maigrissait.* » D'autres bêtes qui meurent sans raison; elle, enfin, qui est atteinte de langueur : « *J'étais pas malade vraiment, pas pour mourir, mais j'avais d'force à rein. J'avais mal à la tête, je n'pouvais point travailler, pas même donner le bain aux petits.* » Son mari souffre aussi d'asthénie, mais de façon moins caractérisée.

C'est à ce moment qu'intervient l'annonce de Babin, annonce qui conduit à une première consultation de madame Marie[27]. Celle-ci ayant déclaré sans ambiguïté qu'elle rend le mal pour le mal, les Régnier prennent peur et refusent son concours. Mais l'aggravation des symptômes va lui donner raison : quelques mois plus tard, Louise Régnier avorte. Avant d'entrer en clinique, elle rappelle madame Marie qui accepte de venir à La Roche après le curetage.

Quand elle évoque la femme d'Izé, Louise Régnier prend la posture de la confession, baissant la tête, regardant ses mains jointes sur son tablier, parlant d'une voix sourde : « *Faut qu'je vous esplique : les désorceleurs, y a ceux qui prennent sur eux et ceux qui rabattent le sort. Y font le mal à ceux qui l'ont fait, quoi. Y peuvent pas tout garder sur eux, y disent que c'est trop dur.* » Il semble que la femme d'Izé ait arraché aux Régnier la décision d'attaquer les sorciers : « *Elle se tenait là, devant la gazinière, l'était en colère. Elle disait : Alors, pourquoi qu'vous m'avez fait v'ni?* » Elle était impatiente de faire sauter son sel dans la poêle, après tant de mois de

---

27. On aura noté qu'elle passe sous silence divers éléments de la version que Babin m'a donnée des événements et, en particulier : a) le fait que son époux n'aurait « *plus pu la sentir* »; b) la consultation des deux premières désorceleuses.

pourparlers inutiles. Les ensorcelés ont fini par céder :
« *Elle me dit : R'gardez vos enfants, y n'sont pas élevés!*
[Par suite de son asthénie, Louise Régnier en était venue
à les négliger complètement.] *C'est pour les enfants qu'on
l'a fait* », me dit-elle à plusieurs reprises pour se discul-
per. Puis elle se ravise et déclare à nouveau qu'elle ne
veut pas m'en parler : « *Si seulement on était sûrs d'êt'
quittes, on pourrait en parler.* » Je lui fais remarquer que,
puisque la mère Chicot est morte à présent, une source de
danger, au moins, a disparu. Elle se fige instantanément :
« *Ah vous croyez qu'c'est elle?* » puis me dit, après un
interminable silence, que ce sont Babin et une voisine qui
ont ainsi interprété le résultat du rituel pratiqué par la
femme d'Izé. Je me demande ce qu'elle-même en a pensé,
mais n'ose questionner. « *Nous,* continue-t-elle, *on s'rait
plutôt du côté d'la religion : supporter, tout supporter
jusqu'au bout. Quand je rencontre le père Chicot, je n'ose
le regarder, de honte.* » Donc elle croit bien avoir tué sa
femme, mais elle n'en peut rien dire, prise qu'elle est
entre deux souhaits incompatibles : qu'il se soit agi d'un
sort, mais qu'on les en ait débarrassés sans atteindre
quiconque. Parce qu'ils souffraient tant, les Régnier
avaient admis d'en faire tomber la responsabilité sur la
mère Chicot. Mais parce qu'elle est morte, ils réalisent un
peu tard qu'ils auraient préféré guérir un mal imperson-
nel par un rituel ne visant personne.

  L'entretien que j'eus avec Louise Régnier peut alors se
résumer ainsi : il faut et il ne faut pas que la mère Chicot
soit la sorcière; il faut et il ne faut pas qu'elle soit morte à
la suite du rituel qu'ont ordonné les Régnier; donc,
ceux-ci peuvent et ils ne peuvent pas me parler des sorts.
Ma proposition de prendre un rendez-vous pour en parler
une autre fois était donc parfaitement déplacée : on ne
voit pas comment serait possible une situation formalisée
dans laquelle je viendrais pour les entendre dire qu'ils ont

assassiné la mère Chicot. Ne le comprenant pas encore, je
propose de lui laisser mon adresse pour qu'elle me
prévienne, si un jour elle était intéressée à m'en parler.
Mais, chaque fois que j'entreprends de l'inscrire, elle
m'arrête : « *Non, écoutez, puisque je ne suis pas sûre de
parler, n'écrivez pas. Comme ça, vous restez anonyme,
vous aussi. C'est mieux pour vous. Vous restez anonyme
et nous aussi.* » Or elle connaît mon nom et le lieu où je
réside, car je les ai annoncés en arrivant; et je connais son
nom et adresse, puisque je suis là. Mais elle est à ce point
traumatisée par les conséquences de l'unique nomination
qu'elle ait jamais osée, qu'elle préfère désormais s'enclore
dans l'anonymat, me conseillant amicalement d'en faire
autant. De toute manière, me dit-elle, je pourrai revenir
une fois ou l'autre boire un café avec eux, « *on n'est pas
des sauvages, on n'est pas comme les gens d'ici; au
contraire, ça nous changera de vous voir* ».

J'aurais assurément pu tirer profit de cette ouverture et
revenir à La Roche sous le prétexte transparent de saluer
les Régnier : peut-être m'auraient-ils alors dit leur histoire, parce qu'ils auraient malgré tout aimé rencontrer
quelqu'un qui puisse les entendre sans les engager plus
avant dans la voie de la violence et sans les condamner
non plus d'y avoir été conduits. Comme d'autres, qui ont
fini par me parler, ils m'auraient au préalable questionnée sur mon métier, me faisant raconter des histoires de
sorciers dont j'aurais moi-même été le témoin. J'aurais
pu évoquer des épisodes tels qu'ils mettaient en scène des
ensorcelés se débattant dans des contradictions compara-
bles aux leurs, mais je n'en connaissais pas dont la
conclusion pût les rassurer.

Pour l'instant, les Régnier avaient coupé les ponts avec
l'annonciateur : François, qui parfois travaillait pour
Babin avec le statut d'ouvrier libre percevant un salaire
horaire, jugeait avoir été traité de façon humiliante, à
l'instar des anciens commis de ferme attachés au maître

pour l'année[28]. Que Babin ait pu m'adresser à eux,
passant outre leur refus silencieux, leur paraissait un
affront supplémentaire. Mais on peut penser qu'ils lui
reprochaient avant tout d'avoir trop bien réussi dans son
office d'annonciateur et d'avoir trop ingénument signifié
son contentement à l'occasion de la mort de la sorcière.

Depuis cet événement, les Régnier avaient refusé de
parler du passé avec Babin, se réservant de le faire avec la
femme d'Izé, le jour improbable où ils auraient le courage
de la questionner. Mais elle aussi était morte à présent et
ils se retrouvaient seuls avec le meurtre insoutenable de
la mère Chicot. Or je savais, en allant voir les Régnier, que
Babin me considérait alors comme une désorceleuse plus
forte que la défunte madame Marie et qu'il entendait me
faire rattraper l'échec de celle-ci relativement au ménage
de son frère, qu'elle n'avait pu guérir de son symptôme
principal. On comprendra donc que les Régnier, qui la
jugeaient pour leur part bien assez forte, n'aient pas été
enthousiasmés à l'idée de me soumettre leur cas. Que se
passerait-il, en effet, si je décidais de traiter leurs symptômes résiduels en punissant l'autre sorcier[29] ? Ils avaient
assez d'une mort sur la conscience et jugeaient manifes-

---

28. Elle me redit plusieurs fois cet incident, qui vraiment semble
compter pour elle : après un repas chez Babin, François boit son café,
conversant avec l'épouse du patron. Celui-ci survient, ordonne sèchement
à sa femme d'aller travailler et tend une fourche à François sans mot dire.
Louise Régnier considère que seul le souci de marquer les distances – et
non, par exemple, la jalousie – explique le comportement de Babin.
Régnier, qui se croyait son ami, découvre alors qu'il n'est aux yeux de
Babin qu'un commis. Louise s'indigne : « *Personne nous aurait fait ça
dans le bourg ! Ça, jamais plus ! Faire le commis, de c'temps, c'est fini !* »
Si les gens de La Roë sont assez anachroniques, son annonciateur l'est
extrêmement.

29. Elle se plaint actuellement de trois symptômes : *a)* Elle recommence à rêver toutes les nuits. *b)* Elle manque de goût au travail : « *Je sais
que je dois faire ci ou ça, mais j'peux pas l'faire.* » *c)* Des verrues lui
poussent un peu partout, notamment une grosse, sur le cou. Madame
Marie lui avait parlé d'un « *toucheur* » de verrues, un coiffeur d'Izé ; mais

tement que Babin avait déjà trop pesé sur leur destin. Au demeurant, si c'était là ce qu'ils souhaitaient (ce que je ne crois pas), ils préféreraient certainement s'adresser à madame Auguste, dont ils pouvaient au moins espérer qu'elle avait recueilli les confidences de son initiatrice à leur sujet[30].

Il me semble d'ailleurs qu'en se plaignant de symptômes résiduels bénins, les Régnier entendaient affirmer qu'ils ne rejetaient pas dans son ensemble l'explication par les sorts, mais seulement le procédé violent par lequel on avait entendu les en guérir. Qu'ils puissent encore souffrir de quelques troubles après la mort de leur sorcière leur permettait à la fois d'authentifier leur état d'ensorcelés, de jeter un doute sur l'identité de la coupable et de se laver les mains d'une possible erreur judiciaire : la mère Chicot est la sorcière, puisqu'elle est morte. Mais c'est Babin qui le dit. Elle n'est pas la sorcière, puisque ma souffrance lui survit. Enfin, voyant comme à La Roë l'on exécute les sorciers, je préfère me désister par esprit évangélique. Position assurément désintéressée, mais confortable, puisque c'est tout de même cette mort qui a permis la disparition des symptômes majeurs.

Il est clair que les Régnier ne souhaitent pas débattre

à présent qu'elle est morte, comment le trouver? Madame Auguste le lui dirait-elle et le sait-elle seulement? D'ailleurs Louise préférerait voir un médecin, car elle craint un cancer : « *On en a enterré un, hier, à Carelles, qu'était dans nos âges.* » Ces citations sont destinées à souligner l'inconsistance de son propos : son malaise indique qu'elle se sent menacée, mais elle ne peut dire par qui ou quoi, ni se fixer sur la conduite à tenir.

30. Malgré qu'elle m'ait située du côté de la civilisation et du bien, Louise Régnier n'était évidemment pas sans craindre quelque peu ma « *force* » éventuelle. Aussi me demanda-t-elle, vers la fin de l'entretien, après m'avoir longuement dévisagée en silence : « *Vous faites des liv'; mais c'est-y pas dans des liv' qu'ils* [les sorciers] *apprennent leurs tours?* » Je m'en tirai comme je pus en répliquant que leurs livres, les sorciers « *les ont de famille* » : ce sont des livres sans auteur et qu'on hérite d'un parent mort.

des sorts avec quiconque parce que leurs opinions sur ce point sont à peine soutenables, s'annulant d'elles-mêmes à mesure qu'elles sont énoncées. On peut craindre pourtant qu'en s'enfermant ainsi dans l'enclos de l'indicible, ils ne puissent se trouver, à terme, dans une position infiniment précaire. Pour peu, en effet, que survienne une nouvelle série de malheurs – dont leurs symptômes résiduels pourraient constituer le départ –, on ne voit pas sur quel recours ils pourraient compter. Car ils se sont désolidarisés de leur annonciateur; leur désorceleuse est morte; celle qui lui a succédé, madame Auguste, donne tous les signes de ce qu'elle n'est pas moins « *sauvage* » que la précédente; enfin, les désorceleurs « *pour le bien* » ne sont pas assez forts pour réduire les malheurs des Régnier. Mais l'on peut surtout se demander comment ces ensorcelés, qui ont désavoué les effets d'un premier désenvoûtement, pourraient imaginer d'en entreprendre un second. Seul un prêtre-désorceleur qui saurait jouer conjointement des deux registres, religieux et magique, serait en mesure, ce me semble, de leur donner ce qu'ils demandent : à la fois la guérison de leurs maux et l'absolution de leur crime passé.

Car un prêtre orthodoxe refuserait certainement de les absoudre d'un meurtre que lui-même tiendrait pour imaginaire, à moins que les Régnier n'admettent de réduire leur confession à celle de *pensées* homicides. Ce à quoi ils n'ont nullement intérêt parce qu'il leur faudrait alors répudier comme illusoire et superstitieuse l'explication par les sorts (qui a pourtant l'avantage de lier chacun de leurs malheurs à l'activité d'un être réel) et de la troquer contre la théorie générale de la « bonne souffrance » entendue comme une grâce que Dieu accorde à ses élus[31]. Entre ces deux énoncés : 1) Je souffre, donc Untel me hait, et 2) Je souffre, donc Dieu m'aime, les

31. *Cf.* p. 22.

Régnier, quoi qu'ils en disent (« *nous, on serait plutôt du côté de la religion* »), auraient voulu pouvoir choisir le premier car il leur permettait du moins quelque initiative. La mort de la sorcière, parce qu'elle est allée au-delà de leurs espérances (ou qu'elle a, sans équivoque, démasqué leur désir, on ne sait), les fait refluer en deçà de tout énoncé, c'est-à-dire aussi de toute référence symbolique.

Il resterait à savoir pourquoi les Régnier, tout comme leur annonciateur, étaient à ce point persuadés d'avoir provoqué la mort de la mère Chicot. Babin m'ayant fourni les indications nécessaires, j'allai consulter le dossier de celle-ci à l'hôpital psychiatrique et questionner ceux qui l'avaient soignée pendant les sept mois que dura son déclin. Nul n'avait pu comprendre de quoi elle avait souffert ni ce qui provoqua sa mort, sinon un état de frayeur intense qui jamais ne s'apaisa. Le psychiatre qui la traita avait quitté l'hôpital, mais son remplaçant se souvenait de Mme Chicot. Examinant le dossier, il m'assura qu'il ne comportait aucune explication médicale de ses troubles, bien qu'il y soit inscrit qu'elle était morte de cachexie sénile : ce diagnostic évoque une désorganisation des fonctions vitales que chacun avait pu observer chez la malade, mais dont nul n'avait su la raison. On avait toutefois inscrit ce diagnostic dans son dossier pour se conformer aux prescriptions administratives qui enjoignent au médecin d'en énoncer un.

La lecture de ce document, que je cite presque intégralement, instruit mieux qu'aucune analyse sur la dimension proprement catastrophique de ce que j'ai nommé plus haut l'enclos de l'indicible, car le bavardage médical, échouant sans cesse à le contourner, lui fait une sorte de contrepoint bruyant dont l'inconvenance paraît finalement sensible à son auteur même.

1. Le *dossier* porte les mentions suivantes : « Mme Chicot, née Rebou Marie-Thérèse. Entrée le 2 fé-

vrier 1968. 62 ans. Née à Placé le 22 août 1906. Domi-
ciliée à La Roë, La Basse-Bêche. Cultivatrice, mariée.
Décédée le 18 septembre 1968 de cachexie sénile. [Le
dictionnaire Larousse définit la cachexie comme un
« état de dépérissement provoqué par une altération
profonde de toutes les fonctions ».] Placement volontaire » [à la demande, probablement, de son époux].

2. *Certificat médical d'hospitalisation* établi par le
Dr Lécrivain à La Roë, le 31 janvier 1968 : « Malade
délirante et anxieuse. » [On peut donc penser qu'au
terme fixé par la désorceleuse, la sorcière a été saisie
d'une crise d'anxiété paroxystique et que, ses propos
paraissant incohérents au médecin traitant, celui-ci l'a
fait hospitaliser dans un service psychiatrique pour délire
et anxiété.]

3. *Certificat immédiat du Dr Sureau :* « Tableau
d'anxiété vive, semi-mutisme, propos stéréotypés exprimant sa peur, sans motivation délirante ou objective
explicitée. [La malade, extrêmement angoissée, se borne à
répéter au psychiatre qu'elle a peur, mais cet énoncé, à
lui seul, ne constitue pas un délire.] Il s'agit vraisemblablement d'une oligrophrène [c'est-à-dire d'une débile] et
peut-être d'un état d'anxiété réactionnel. Elle présente en
effet de nombreuses ecchymoses disséminées sur tout le
corps et d'âges différents. A observer. »

La première hypothèse du psychiatre est donc que
Mme Chicot a réagi par une peur catastrophique à un
événement traumatisant. Parce qu'il peut lire sur son
corps la trace de violences physiques, il soupçonne
qu'elle a été affrontée à une situation dramatique.

Ne sachant pas ce qui a circulé, entre la sorcière et le
parti de l'ensorcelé, après que la femme d'Izé eut opéré, je
ne puis évidemment pas affirmer que Régnier se soit
abstenu d'aller la corriger. Le fait que ces ecchymoses
soient « d'âges différents » donne pourtant à penser
qu'elles ont une autre origine : si, en effet, Régnier la

battait comme plâtre depuis plusieurs mois, on ne voit pas pourquoi il aurait, par surcroît, invoqué un rituel. Quand un ensorcelé en vient à l'affrontement physique avec son sorcier, c'est parce qu'il n'espère plus dans l'efficacité d'aucun rituel. Il me paraît clair, en outre, que le discours du parti des ensorcelés eût été tout autre dans ce cas.

4. *Observations de la quinzaine :* « Mme Chicot arrive dans le service à 16 h 30, accompagnée de son mari. La malade est agitée, agressive, cherche à mordre [ce comportement est compatible avec le diagnostic d'accident cérébral, qui sera porté plus tard]. Quand on lui pose une question, répond en répétant plusieurs fois le dernier mot. [C'est là un symptôme que la terminologie psychiatrique désigne comme « écholalie » et qui figure, entre autres, dans le tableau clinique de « l'idiotie, l'imbécillité et chez certains gros débiles »[32]. Mais on peut aussi noter que les désorceleurs conseillent fréquemment à leurs clients, s'ils ne peuvent éviter le dialogue avec leur sorcier, de répéter ses derniers mots pour ne pas lui donner prise en risquant leur propre parole.] Elle a une brûlure au poignet droit et des hématomes sur tout le corps (surtout un sur le bras). La malade est très sale. » [Comme disait la femme d'Izé : « *Si on est trop propre, on donne prise.* »]

Le trois février, sismo. [Le symptôme que le psychiatre vise à réduire, c'est donc l'anxiété qu'il traite par sismothérapie, c'est-à-dire par électrochoc.] « Recommence à hurler vers trois heures trente, s'endort après les piqûres faites [...]. »

Les jours suivants, la mère Chicot paraît s'installer dans la vie asilaire, les sédatifs produisant leur effet. Simplement, elle paraît terrorisée, refuse tout contact et

32. Antoine Porot, *Manuel alphabétique de psychiatrie clinique et thérapeutique,* 4e éd., Paris, P.U.F., 1969, article « Echolalie ».

ne prend la parole que pour dire : « *J'ai peur.* » Voyant un jour l'aumônier de l'hôpital à son chevet, elle tressaille et crie : « *Ah, l'homme noir, j'ai peur*[33] ! »

5. *Certificat de quinzaine :* « Tableau d'anxiété vive avec propos stéréotypés, exprimant la peur. Le contact quasi impossible persiste. Pendant la quinzaine s'est installé un coma vigile avec déficit moteur hémiplégique gauche, signe de Babinski : la récupération neurologique est en cours. Il s'agit vraisemblablement d'un état anxieux symptomatique d'un affaiblissement artériopathique. A maintenir. »

Le psychiatre considère à présent qu'il s'agit d'un accident cérébral, puisque Mme Chicot présente des signes neurologiques indiscutables. Il attribue donc son anxiété à la survenue de ce trouble. On peut toutefois se demander si l'accident lui-même n'a pas été provoqué par la terreur de se savoir sous le coup d'un rituel destiné

---

33. On se fera une idée du climat de violence au moins imaginaire dans lequel s'est déroulée cette recherche si l'on sait que cet aumônier fut, l'année suivante, assassiné par un malade. Parmi les griefs que l'assassin formula ensuite contre sa victime, pour justifier son meurtre, figurait le vol par l'aumônier d'un livre de sorcellerie que le malade aurait hérité de sa mère. La facilité avec laquelle ce meurtre avait été perpétré provoqua l'étonnement de chacun : le malade entra chez l'aumônier et lui porta successivement six coups de couteau dont le dernier seul fut mortel, sans qu'on puisse savoir pourquoi la victime ne s'était pas défendue.

Quand ces informations me furent communiquées, je ne pus éviter de me souvenir de ceci : cet aumônier m'avait prêté depuis plusieurs mois un livre de sorcellerie (*Les Merveilleux Secrets de l'abbé Julio*), sans d'ailleurs me donner la moindre indication sur l'origine de cet ouvrage. Je n'avais jamais pu le lui rendre parce qu'il m'avait été purement et simplement confisqué par ma désorceleuse à qui j'avais voulu le montrer : quand je le lui apportai, elle le rangea, sans même l'ouvrir, dans la mallette contenant sa petite bibliothèque magique, me déclarant sèchement qu'elle l'examinerait à loisir. Jamais plus elle ne m'en parla, bien qu'évidemment, j'aie quelquefois remis la question sur le tapis. Peu avant la mort de l'aumônier, je m'étais résolue à en acheter un autre exemplaire – mais moderne et broché – pour le lui donner avec mes excuses, la première fois qu'il me le demanderait. Je ne pus jamais le lui remettre.

à la mettre à mort, comme le dernier document de ce dossier permet de le penser.

6. *Lettre du psychiatre au médecin traitant* qui avait pris l'initiative de faire hospitaliser Mme Chicot, lettre datée du 20 février 1968 – soit, peu après la rédaction du document précédent.

« Monsieur et cher confrère,

« Une communication téléphonique d'origine inconnue (la personne ne précisant pas son nom) m'incite de manière pressante à vous donner des nouvelles de Mme Chicot.

« Je précise, quant à moi, que je n'ai jamais reçu aucun renseignement concernant cette malade, ce qui m'aurait rendu grand service dans ce cas particulier, puisque je me suis trouvé devant une malade mutique, anxieuse, avec pantophobie. A l'examen, on notait un léger déficit moteur hémiplégique gauche avec en plus un Babinski.

« L'état purement neurologique s'est maintenant amé-

On ne peut tirer aucune conclusion certaine de cette histoire : après tout, le malade délirait, l'aumônier avait pu entrer en possession de ce livre par une autre source, etc. Il m'en resta néanmoins un malaise profond, car je ne pouvais pas non plus affirmer absolument que je n'étais pour rien dans cette histoire de fous. Pour ne pas lui donner plus de consistance, pour éviter aussi qu'on n'en vienne à questionner ma désorceleuse vis-à-vis de qui j'étais tenue à une discrétion totale, je n'en parlai pas aux médecins de l'hôpital. Mais on peut noter que j'étais prise dans une contradiction irréductible : j'étais *en même temps* persuadée que l'assassin se plaignait à bon droit du vol de *ce* livre (dans ce cas, comment convaincre ma désorceleuse de me le rendre pour donner quelque consistance à mon allégation ?) *et* que toute l'histoire était parfaitement irréelle (les arguments rationnels ne me faisant pas non plus défaut). Le silence qui fut le mien dans cette affaire est tout à fait comparable à celui de Louise Régnier à l'occasion de la mort de la mère Chicot : il permet seul que quelque incertitude sur la « vraie » cause d'une mort violente soit ainsi préservée. C'est pourquoi, sans doute, j'avais complètement oublié cet épisode jusqu'à ce que je le retrouve dans mes notes de terrain.

lioré avec récupération motrice notable, sinon complète, mais l'état psychique est pratiquement le même, la malade ne s'exprimant que par un propos stéréotypé, c'est-à-dire : « *J'ai peur* », répété toute la journée. [La stéréotypie est un signe clinique bien repérable, mais le contenu si particulier de ce stéréotype – « *J'ai peur* » – devrait tout de même faire question pour le psychiatre, s'il n'était lui-même prisonnier de la stéréotypie propre au discours médical.] L'interrogatoire ne donne absolument rien et ne fait qu'accentuer l'anxiété. Il s'agit donc d'un état artériopathique vraisemblable, peut-être sur fond de pauvreté intellectuelle.

« Vous voyez donc que des renseignements nous auraient été fort utiles. » [Car le médecin n'est pas sans s'interroger sur l'origine de cette anxiété qui semble à ce point déborder l'apparition puis la disparition d'un symptôme somatique en lui-même angoissant.]

« En restant à votre disposition, etc. »

Le médecin traitant ne semble pas avoir répondu à cette demande d'information. La malade vécut sept mois ainsi, ne prenant la parole que pour dire sa peur et refusant de s'alimenter, avant de mourir d'épuisement.

Troisième partie

TOUT DIRE

« *Faut dire tout l'anormal* [au désorceleur], *faut rein y cacher, sinon y dit qu'il n'est pas capable.* »

Louis Babin.

Les récits que j'ai rapportés au chapitre précédent mettaient en scène, pour la première fois, les différents protagonistes d'une crise de sorcellerie. Les lisant, on aura eu un avant-goût de la violence qui ne manque jamais d'y surgir, violence caractéristique d'une situation de lutte à mort.

Dans les deux cas, on s'en souvient, l'enquête avait tourné court parce qu'il n'y avait pas de place pour moi dans ces batailles, quelle que soit la manière dont je m'y situe : au mieux, les intéressés ou leur porte-parole pouvaient m'en faire la relation, mais en passant et sans que je puisse jamais poser de questions.

Le long récit qui constitue la troisième partie de ce livre est, au contraire, remarquable en ce que mes interlocuteurs n'entreprennent de me parler que pour m'enrôler dans leur parti à un titre ou à un autre, que je le sache et le veuille ou non. Interprétant mon apparence, mes paroles ou ma conduite, ils en déduisent que je suis « *prise* » dans les sorts. Quand ils me désignent comme désorceleuse, il devient urgent pour eux de *tout dire*.

J'entre alors dans le récit comme une protagoniste souvent dérisoire et stupide, qui ne saisit jamais qu'après coup ce qu'on entendait lui signifier. Ce retard est constitutif de mon entreprise et c'est à le mesurer qu'est

consacré cet ouvrage. Si en effet j'avais pu savoir
d'avance où les ensorcelés m'attendaient, peut-être me
serais-je abstenue d'aller me risquer dans cette aventure.
Ou bien, s'il y avait eu là vraiment ce que je cherchais et
que je puisse le comprendre suffisamment, j'aurais pu
suivre l'exemple de tel ethnographe qui, après quelques
années de travail sur le terrain, choisit de s'y installer
définitivement et juge inutile d'informer quiconque de ses
trouvailles parce que la recherche scientifique lui paraît
dérisoire en regard de la plénitude qu'il éprouve quotidiennement. Pour moi, qui ai vécu ces années dans la
peur et dans la fascination (mais de quoi, je l'ignorais tout
à fait), la rédaction de cet ouvrage m'a paru être un
moyen convenable (sans plus) d'y comprendre quelque
chose.

CHAPITRE VII

Si vous pouvez faire quelque chose

En arrivant dans le Bocage, j'imaginais que les prêtres et plus spécialement les exorcistes diocésains me donneraient de précieux renseignements sur la sorcellerie. Mais, contrairement à l'exorciste de Paris que j'avais rencontré avant mon départ, ceux du Bocage établissaient une distinction tranchée entre les sorts et la possession démoniaque, la seconde intéressant seule leur ministère. « Le diable existe, m'annonça gravement l'un d'eux, la possession démoniaque existe, mais le démon est trop malin pour se manifester ainsi [dans le corps des ensorcelés]. Jamais il n'ira dans de pauvres paysans : de pauvres paysans, ça ne l'intéresse pas, le Diable. Il entre en possession de certaines personnes, mais pas de cette façon-là. » Il pensait que la sorcellerie du Bocage, « ce n'est pas une affaire de religion, mais une affaire de maladie » et de maladie mentale. A la suite de quoi il m'exposa une conception mécaniste de la manière dont la folie vient aux paysans : « Les gens, ici, sont conditionnés : ils sont pauvres, ils ne mangent pas à leur faim ni à des heures régulières, alors ils perdent la boule. » Il développa longuement cette théorie de la folie provoquée par l'insuffisance et l'irrégularité des repas, puis me conseilla d'aller interroger les psychiatres, auxquels il

adressait régulièrement les ensorcelés[1]. Dans le diocèse
voisin, l'exorciste venait de mourir; aucun remplaçant
n'avait été officiellement désigné, mais le prêtre qui
assumait provisoirement la fonction d'exorciste dirigeait,
lui aussi, vers le psychiatre ceux que ses paroles ne
suffisaient pas à lénifier.

C'est ainsi que je fus conduite vers les hôpitaux psychiatriques de la région, où le personnel soignant me fit le
meilleur accueil, me donnant accès aux documents administratifs et aux malades que je désirerais consulter.

Malgré leur bonne volonté, les psychiatres ne pouvaient cependant m'ouvrir ce à quoi eux-mêmes
n'avaient pas accès : la parole du malade. Aussi se
demandaient-ils comment je parviendrais à extraire un
quelconque discours de la sorcellerie de paysans qui
« n'ont rien à dire que quelques mots confus », qui « ne
possèdent pas plus de deux cent cinquante mots », qui
« ne parlent pas mais somatisent », et sont, au demeurant, « incapables de symboliser ». L'un d'eux m'assura
que, la psychiatrie dans le Bocage relevant plutôt de l'art
vétérinaire, il expédiait une consultation en dix minutes,
cherchant seulement à identifier les signes cliniques qui
lui permettraient de rédiger une ordonnance. Les malades
ne lui parlaient pas, mais il n'avait apparemment jamais
songé à établir une relation entre leur silence et le
principe directeur de ses thérapies : « Le transfert, je
m'en méfie comme de la peste[2]. » Son collègue, le jeune
Docteur Davoine, prenait le temps de parler avec chacun
de ses patients, mais la surcharge de son service faisait de
ces entretiens des événements relativement rares.

Même à l'hôpital d'Alençon, dont un interne avait

---

1. De cet exorciste, j'ai déjà parlé aux pp. 21-23 et 70, n. 10.
2. On sait que Freud, débarquant à New York avec Jung en 1909,
s'étonnant de l'accueil triomphal qu'il y recevait, déclara à son compa-
gnon de voyage : « Mais ils ne savent pas que nous leur apportons la
peste! »

rédigé, quelques années plus tôt, une thèse sur *La Sorcellerie et ses incidences psychiatriques dans le département
de l'Orne*, les médecins m'assuraient que le phénomène
était en pleine régression comme en témoignaient, selon
eux, les survivances ridicules dont la presse s'était fait
l'écho à propos des exploits de la « *Dame Blonde* » ou de
la secte de désorceleurs instituée par le « *prophète* »
d'Aron[3]. Eux-mêmes entendaient rarement parler des
sorts et considéraient généralement qu'il faut être fou
pour y croire. Ainsi, quand je demandai à l'un d'entre
eux sur quoi il se fondait pour noter dans le dossier d'une
malade (une institutrice dont j'avais entendu parler sur le
terrain) qu'elle souffrait d'un « délire de sorcellerie », il
me fit cette réponse : « Pour nous [médecins], quand elle
parle des sorts, c'est un élément comme un autre dans un
diagnostic; c'est exactement comme si elle me parlait des
voix qu'elle reçoit de la planète Mars. » Un autre écouta
avec attention les arguments que j'avançais pour établir
une distinction entre croyance et délire, puis conclut :
« Tout de même, pour que se développe dans un sujet
une explication de ses malheurs par la sorcellerie, il faut
qu'il y ait un fond de maladie mentale : aux autres [à
ceux dont le « fond » est sain], cela n'arrive pas. » Le
docteur Davoine, qui s'intéressait à mes travaux et qui
exprimait des opinions nuancées quant à la réalité des
« délires » de sorcellerie, envisagea un moment de
recueillir des données cliniques et de les confronter avec
les données ethnographiques auxquelles je commençais à
avoir accès. Pour obtenir la collaboration des infirmiers,

3. Sur ce prophète, *cf.* Annexe III, « Robert Brault, " prophète "
d'Aron », pp. 295-309; sur l'idée que les rituels contemporains de
désenvoûtement tombent en désuétude au point qu'ils sont devenus un
mélange de tradition et de fantaisie personnelle qui n'impressionne plus
guère, *cf.* Jean Morel, *La Sorcellerie et ses incidences psychiatriques dans
le département de l'Orne*, thèse pour le doctorat en médecine, Faculté de
médecine de Paris, 1964, pp. 25 et 99.

il organisa une réunion à l'hôpital, au cours de laquelle il
exposa nos objectifs. Comme tant d'autres, ce projet n'eut
aucune suite, mais, pendant quelques semaines, le personnel soignant fut sensibilisé à la sorcellerie, comprise
comme un système symbolique éventuellement pourvu
de sa rationalité propre. Chacun s'étonna de ce que, tout
à coup, plusieurs ensorcelés entrent à l'hôpital à l'occasion de troubles divers. Il ne me parut pas qu'il en était
entré plus qu'auparavant, mais que la surdité des soignants empêchait jusqu'alors qu'ils puissent reconnaître
quelque référence aux sorts dans le discours ambigu des
ensorcelés : on se souvient, en effet, que ceux-ci parlent
de « *cette saloperie* » ou de « *celui qui me l'a fait* » pour
désigner leur sorcier; d'un « *tour de force* » ou d'un
« *tour qui m'a été joué* » pour désigner un sort; d'un
« *petit père* » pour un désorceleur; de « *ce qu'il avait à
faire* » pour évoquer le rituel de désenvoûtement, etc. Il
faut vouloir entendre ces « quelques mots confus » pour
réaliser qu'ils renvoient toujours à la même expérience et
admettre que celle-ci ne saurait être réduite à la seule
survivance dans le Bocage d'une mentalité primitive.

I. UN ENSORCELÉ À L'HÔPITAL

Cette brève collaboration avec l'hôpital psychiatrique
marqua un tournant décisif dans ma recherche parce que
je rencontrai là le premier ensorcelé qui me conta sa
propre histoire. Jean Babin avait été hospitalisé pour
subir une cure de désintoxication alcoolique. Lui-même
ne parlait guère des sorts dont il était la victime, mais son
épouse et son frère aîné – Louis Babin, l'annonciateur des
Régnier – répondirent volontiers aux questions du personnel soignant. Pendant le mois que dura l'hospitalisation de Jean Babin, j'étais occupée ailleurs à enquêter sur
le culte des saints, mais on me communiqua son dossier

et je rencontrai le « malade » le jour où il quitta l'hôpital.

On trouvera dans ce document, si on le compare à d'autres que j'ai publiés dans ce livre, la trace de mon éphémère collaboration avec le personnel de l'hôpital[4]. Si je le transcris, pourtant, c'est parce qu'il indique déjà, noyés dans le fatras des considérations qui remplissent ordinairement ce genre de textes, quelques éléments fondamentaux du drame des Babin, éléments que je soulignerai à mesure de leur apparition. Ce dossier comporte cinq pièces :

1. Les habituels renseignements administratifs : « Babin Jean, entré le 18 décembre 1969; né à Torcé, le 27 novembre 1931; fils de feu Babin Francis et de Coquemont Léontine; marié à Letort Joséphine; domicilié à La Croix en Torcé; titulaire du certificat d'études primaires; cultivateur; traité par le docteur Davoine; envoyé par le docteur Péan à Gastines; placement libre [en fait, son médecin traitant lui avait demandé de choisir entre une cure de désintoxication et des poursuites judiciaires pour avoir provoqué une rixe dans un café]; entré pour désintoxication. »

2. Des renseignements donnés aux infirmiers par le frère et l'épouse du malade : celui-ci est « *malade depuis dix ans* » [soit, depuis 1959; cette manière de dater l'origine de ses maux trouvera son explication plus loin; notons ici simplement qu'elle n'est pas le fait du malade, mais seulement de sa famille]. Babin est « énervé et batailleur, violent à l'extérieur; pensait au suicide, mais sans plus. Triste et abattu. Grand mangeur, moins ces derniers temps. Cauchemars. Cause de sa maladie : cha-

4. *Cf.* chapitre 6, p. 115 et Annexe IV, « L'aune de vérité », pp. 400-418.

grin, excès de boisson, ensorceleur. Boit de la bière, du
Pernod et de la goutte. Titulaire du certificat d'études
primaires. Il apprenait fortement [au cours de sa scola-
rité], faisait l'infirmier au service militaire. Pleure facilement, gai puis triste. Antécédents : des cousines, soignées
à la clinique [psychiatrique privée] du docteur Naveau à
Placé. Sa mère, dépression. Autres renseignements : n'a
aucune relation sexuelle avec sa femme et cela depuis son
mariage. Ce qui viendrait d'un accident qu'il a eu avant
son mariage. A mal aux reins depuis. Se croit ensorcelé
par un cousin qui lui voudrait du mal et agirait sur lui. Le
curé du pays serait venu constater certains faits, par
exemple une sorte de " *fromage* " qui pousserait dans le
jardin ou dans les champs dans les jours suivant le
passage de cet homme [son sorcier]. Veut bien admettre
que c'est une coïncidence, mais ne semble pas convaincu.
[A-t-on aussi interrogé le malade sur sa croyance, ou
seulement son entourage?] Se laisse influencer par son
frère aîné [c'est là, bien sûr, l'opinion de l'infirmier, non
celle du frère du malade ou de son épouse, dont on verra
qu'elle est en toutes choses d'accord avec son beau-frère]
qui croit fermement aux sorts jetés par des gens qui lisent
de mauvais livres. Ayant eu depuis six ans des pertes de
bétail importantes, cela ne peut être dû qu'à l'ensorcellement. Sa femme nous demande, s'il fait une " *crise* ", de
lui mettre du sel dans sa poche, " *cinq minutes après, ça
passe* "[5]. »

3. Les observations de quinzaine, rédigées par les
infirmiers :
18 décembre 1969 : « Selon sa femme, l'impuissance

---

5. Selon les infirmiers, Joséphine Babin n'ose empêcher leur cousin de
lui rendre visite mais quand celui-ci s'en va, « *on y sale le cul* », dit-elle,
c'est-à-dire qu'on jette du sel sur la trace de ses pas pour annuler la force
du charme qu'il a pu poser.

de Jean Babin date du jour de son accident. [Il est paradoxal que ces observations, supposées porter sur le patient, rapportent les paroles de sa femme. Mais on verra, tout au long de cette affaire, combien c'est là un symptôme central du couple : toujours son épouse prend la parole à la place de Jean Babin.] Il semblerait que la famille Babin se laisse facilement impressionner par la sorcellerie. Autant le malade que sa femme et que son frère. Il y aurait une personne bien définie, son voisin [le sorcier est-il un cousin, un voisin, les deux en un, ou bien y a-t-il plus d'un sorcier?], d'après eux, qui agirait continuellement sur eux. C'est ce qui expliquerait la perte d'une quarantaine de veaux en six ans ainsi que l'impuissance du malade. M. Babin est assez déprimé à l'entrée, il aurait pensé plusieurs fois à se suicider par strangulation. »

19 décembre : « [...] Ne fait pas allusion à ses ennuis et ne voit pas l'utilité d'une cure. »

20 décembre : « [...] Réticent pour parler de son problème sexuel. »

21 décembre : « [...] Conscient d'une amélioration depuis son entrée, se dit moins nerveux. Conserve une semi-crédulité dans la sorcellerie [on verra, en effet, que la difficulté centrale de Babin, relativement aux sorts dont il souffre, c'est qu'il « *n'y croit pas trop* »], du fait que ses vaches étaient atteintes d'avortement épizootique avec tarissement quasi spontané; signale cependant que ce fléau est en régression depuis qu'il ne fréquente plus un membre de sa famille. » En marge, une notation : « tests à la brucellose négatifs il y a quelques années » [il s'agit d'une maladie épidémique du bétail, fort répandue dans la région, qui provoque l'avortement des vaches, du fait d'une bactérie, la *brucella*].

22 décembre : « [...] Conversation sensée... Ne semble pas trop affecté par son impuissance sexuelle... »

23 décembre : « [...] S'est plaint d'avoir des douleurs

cénesthésiques d'origine nerveuse comme il en ressentait
très souvent chez lui. »

24 et 25 décembre : « [...] Se plaît dans le service, mais
assez pressé de rentrer chez lui. »

26 décembre : « S'adapte au pavillon et cherche à se
distraire. Ne parle pas de ses inquiétudes au sujet des
" sorts " qui lui seraient jetés par un voisin malveillant.
D'abord assez facile, ne fait pas allusion à ses accès de
boisson et vient ici surtout " *pour les nerfs* ". »

27 au 30 décembre : « Bon comportement. Aurait déjà
été traité " *pour les nerfs* " à la clinique du docteur
Naveau à Placé. N'avoue pas spontanément d'abus éthyliques. Reçoit la visite de sa famille régulièrement
[...] »

1ᵉʳ janvier 1970 : « [...] Admet assez facilement des
excès éthyliques, mais prétend qu'ils n'avaient pas d'effet
sur son état nerveux. Au contraire, dormait mieux quand
il avait bu. Se dit de famille nerveuse et que seuls les
soucis professionnels (récoltes, par exemple) lui donnaient des troubles de l'appétit et du sommeil. Ne semble
apparemment pas préoccupé par sa sexualité et ses idées
de sorcellerie en ce moment, ne cherche pas à en parler
[...] »

On voit donc que les infirmiers ont essayé de le faire
parler des sorts, mais que Jean Babin n'entend souffrir
que des « *nerfs* » ou de soucis professionnels. Si on le
pousse dans ses derniers retranchements, il reconnaît que
l'avortement de ses vaches est anormal mais, de son
impuissance, jamais il n'accepte de parler. Pour le reste,
c'est un malade modèle : paisible, soumis et adapté à
l'existence pavillonnaire.

4. Note du docteur Davoine : « Jean Babin, 38 ans,
fermier de 29 hectares. [C'est une bonne exploitation,
légèrement supérieure à la moyenne, pour le sud du

département.] Service militaire à Alençon. Irritable :
" *les nerfs* ". Insomnie. Bagarre avec un fermier (blessure
à la face). Pas de plainte portée. " *J'étais à moitié
saoul.* " Volubile. Ne boit pas chez lui.

« Sorcellerie : l'avortement épizootique " *devrait normalement être fini au bout de trois ans et ça dure depuis
six ans* ". [Notons que Jean Babin fait remonter son
ensorcellement à six ans et non à dix; soit, à 1964 et non
1959.]

« A vu le curé de Torcé qui lui a donné du sel bénit.
En met dans sa poche. " *Ma femme, elle y croit encore
plus que moi.* " [Retenons cet énoncé : Jean Babin peut
se permettre de dire qu'il n'y croit pas trop, parce que
sa femme y croit pour deux.] Qui est le sorcier?
" *Quelqu'un* ", ne précise pas. Mauvais livres, peut-
être. Il a entendu dire que ça se faisait comme ça.

« Base de conviction sur la constatation d'avanies
répétées et qui cessent quand la personne maléfique
s'éloigne.

« Pas de structuration psychotique manifeste, pas
d'hallucinations. Conviction familiale : femme et frère du
malade. »

Retenons de cette note que Babin ne paraît nullement
fou au docteur Davoine, qu'il reconnaît croire aux sorts
mais se réfugie derrière la croyance, plus vive que la
sienne, de son épouse.

5. Note de la psychologue, qu'elle dit avoir rédigée à
mon intention : « Vu Louis Babin venu tout exprès
parler de son frère avec le docteur (absent à ce moment-
là). Le motif de son déplacement est celui-ci : il craint
que son frère n'ait parlé de son impuissance et veut en
parler avec le docteur. Il aimerait qu'on profite de son
séjour ici pour " *faire quelque chose* " et il envisage une
intervention chirurgicale (en raison du mal aux reins, il y

a peut-être un " *nerf de coincé* "). Si le docteur juge qu'il
y a quelque chose à faire, il faut le faire " *sans qu'il
retourne chez lui, autrement une fois revenu à la maison,
il ne voudrait plus revenir* " ».

Notons l'acharnement de Louis Babin à guérir son
cadet, même à l'insu de celui-ci, pour le mettre en mesure
de consommer son mariage. Quelques jours après cet
entretien avec la psychologue, il téléphona au docteur
Davoine pour le convaincre d'entreprendre une opération
chirurgicale sans en avertir le malade : « *On voulait faire
ça par en dessous*, m'expliquera-t-il quelques semaines
plus tard. *Fallait profiter que Jean était là-bas* [à l'hôpi-
tal] *pour le lui faire* [pour l'opérer]. *Sinon, une fois rentré
à la ferme, il s'habitue* » à son impuissance, ce cadet
irresponsable. Louis Babin se plaindra du médecin, non
sans véhémence : « *Le docteur, j'en ai eu du mal, à
trouver son numéro! Et quand j' l'eus branché y m'
répondit : Occupez-vous d' vos affaires! J'y d' mandai un
rendez-vous, y r' fusa. Ah, j'étais énervé, en sortant d' la
poste! Moi aussi, j' suis nerveux, bien qu' je n' boive pas.*
[La « *nervosité* » caractéristique des Babin, on le verra,
est interprétée comme un signe de virilité chez l'aîné et
comme le symptôme même de son impuissance pour le
cadet : il boit, il « *n'est pas maître* » de lui-même, etc.]
*Le docteur, j' l'aurais trouvé face à face, que j'y aurais dit
son fait : ces gens-là* [les médecins], *qu'est-ce qu'y peuvent faire plus que nous?* »

Car, selon Louis Babin, il n'y a rien d'autre à faire
qu'une opération purement mécanique sur le corps de
son frère, qui consisterait à « *raccorder le cordon* » qui
s'est « *rompu* » lors de l'accident dont il fut victime peu
avant sa noce. Puisque, par chance, Jean est provisoirement dépossédé de son corps du fait de son hospitalisation, il est urgent de rebrancher sa machine à copuler;
urgent pour l'aîné, en tout cas, puisque malheureusement

Jean, le principal intéressé, manifeste depuis six ans qu'il
« *s'habitue* » à son impuissance sexuelle[6].

Revenons à la note de la psychologue :

« Louis Babin est l'aîné de trois ans; il s'est marié à
27 ans (il y a 14 ans) et a quitté la maison à cette date.
Son frère était déjà vif et coléreux et, tout en s'entendant
bien avec lui, ils avaient de temps en temps des éclats, car
Jean Babin ne supporte aucune contrariété. En ce temps,
il était normal sexuellement et on disait même qu'il avait
une maîtresse dans les environs. Puis il se marie " *tard* ",
à 33 ans, avec la sœur jumelle de l'épouse de Louis
Babin, de trois ans son aînée. [Donc, les deux frères ont
épousé deux sœurs jumelles et Jean est le cadet du
quatuor.] C'était trois semaines après un accident avec un
madrier avec, semble-t-il, coma. Depuis, il s'est montré
incapable de relations sexuelles avec sa femme. Celle-ci
en a informé son beau-frère et sa belle-mère – qui habitait
alors avec eux – un mois après le mariage. Il a eu
quelques traitements psychiatriques avec le docteur
Naveau.

« Un peu lancé sur les maléfices, Louis Babin devient
intarissable, parlant de la persistance de la brucellose
chez son frère, des vaches qui n'ont pas de lait, etc. Il cite
des exemples où les jeteurs de maléfices ont été punis par
des leveurs de sorts. Ce sont souvent des femmes dans ses
exemples. [Les femmes désorceleuses prédominent en
effet dans l'histoire de Babin, bien qu'il ait aussi consulté
trois hommes dont il ne sera question qu'en passant.]

« Pour ensorceler, il faut être dans les parages, car il
faut " *toucher* ". Ce sont donc toujours des proches,
voisins ou amis, qui sont soupçonnables. Tout ça s'ap-

6. Parlant avec Louis Babin, je me demandais pourquoi l'impuissance
sexuelle de son cadet lui était à ce point intolérable – apparemment plus
qu'à l'intéressé lui-même – quand il fit un lapsus révélateur, disant « *ma
femme* » pour « *ma belle-sœur* ». Il rit et s'en expliqua en disant que
Marthe et Joséphine étaient sœurs jumelles. Tout de même...

prend dans " *les mauvais livres* ". Il ne faut pas les lire.
Ou alors, il faut être très instruit pour comprendre tous
les mots[7]. Sans quoi, on est pris, obligé de continuer. Sur
des pages, il est écrit : " *Tourne la page si tu l'oses, ou si
tu le comprends.* "

« C'est " *par le sang qu'ils agissent* ", ceux qui ont le
sang fort. Ou par les yeux : si on peut faire baisser le
regard à un jeteur de sort, on a le sang plus fort et on n'a
rien à craindre de lui. " *Mon frère, quand il les voit* " (car
les méchants sont connus, tout au moins soupçonnés),
" *il est comme ça – il tremble – et il leur serre la main!
Moi je lui dis : quand tu les vois, tu ne leurs parles pas et
surtout, tu ne leur serres pas la main. Il ne faut pas les
toucher* ". [Louis Babin, ce donneur de bons conseils, se
pose donc implicitement comme ayant le sang fort,
contrairement à son cadet qu'il présente à la fois comme
un poltron et comme un imprudent.]

« Ils prennent le lait des bêtes et, par sorcellerie, ils le
transportent dans les leurs [c'est ce qu'on appelle " *baratter les vaches* "]. Cite l'exemple des vaches très mai-
gres, " *de vrais portemanteaux* ", qui donnent un lait
fou, " *c'est pas normal* "; ceci, pendant la guerre, chez
des gens soupçonnés de faire du mal.

« Et ils se connaissent tous entre eux et ils se fréquen-
tent entre eux, " *ils font masse* ". C'est pourquoi, pour
lutter contre ça, il faut avoir affaire à des moines comme
les trappistes parce qu'eux aussi, ils sont entre eux et " *ils
font masse* " [il existe un couvent de trappistes près de
Laval, à Entrammes].

« Pour enlever le mauvais sort, il faut faire appel à
ceux qui savent. [Probablement Louis Babin a-t-il évoqué

7. C'est aussi ce qu'imaginent les héros des récits de Lovecraft. Mais,
ayant tout compris ou ayant épuisé le système des noms, ils ne rencontrent que la démesure, l'inconcevable ou la mort. *Cf.*, par exemple, les
quatre nouvelles incluses dans le recueil intitulé *Dans l'abîme du temps*,
Paris, Denoël, 1954.

moins le savoir que le pouvoir des magiciens.] Ils doivent.
" *aller partout, toucher tout* ", et c'est long, " *ça
demande des années* "; mais ils préviennent : " *Je dois
rendre le mal pour le mal.* " Faute d'accepter cela, ils ne
peuvent rien. D'où, antagonisme avec la religion. Pourtant ils [les Babin] ont un curé " *qui est capable* ". »

Ce court exposé donne plus d'informations sur la
sorcellerie du Bocage que bien des textes de folkloristes
parce que sa rédactrice voulait entendre – elle préparait
alors la réunion avec les infirmiers – et que son interlocuteur tenait à parler pour la convaincre de l'urgence
qu'il y aurait à opérer son frère des « *reins* ».

De l'ensemble du dossier, on peut retenir les éléments
suivants : Jean Babin est malade depuis six ou dix ans
(1959 ou 1964). Le médecin le dit alcoolique, sa femme
et son frère le disent ensorcelé, mais lui-même ne se
plaint que des « *nerfs* » ou d'insomnie. Son entourage est
surtout inquiet de son impuissance sexuelle qui lui a
interdit jusqu'ici de consommer son mariage et à l'origine
de laquelle il y aurait, outre une cause prochaine – la
chute d'un madrier sur son dos –, une cause première :
un sort jeté sur lui par un voisin et/ou un cousin. Son
ensorcellement se manifeste aussi par d'importantes pertes de bétail, par l'avortement de ses vaches et par
l'apparition de « *fromages* » sur ses cultures. Rien n'est
dit sur les méthodes par lesquelles il a tenté de lever ce
sort, sinon qu'il utilise avec un certain succès des protections magiques que lui a fournies son curé.

II. C'EST-Y UNE MAGICIENNE?

Le jour où Jean Babin quittait l'hôpital, le docteur
Davoine me proposa de le rencontrer. Avant même que
j'aie pu réfléchir à la manière dont je me présenterais, on

m'installa dans le bureau de la psychologue et deux
infirmiers entrèrent, encadrant un ménage de paysans
endimanchés : Jean Babin, corpulent, le teint animé, la
mine déférente, le regard abrité derrière des verres fumés;
son épouse, une petite brune aux épaules carrées, l'œil
vif, l'air emprunté.

L'entretien ne dura que quelques minutes, car un
voisin les attendait dans sa voiture pour les reconduire
chez eux. Prenant l'initiative, Joséphine me demanda
d'une voix compassée : « *C'est à quel sujet?* » Je dis que
je souhaitais parler avec eux de ce que je dénommai
prudemment leurs « *ennuis* » –, savoir depuis quand cela
avait commencé, si leurs parents avaient été « *pris* »
avant eux, s'ils continuaient à avoir des « *pertes* » dans
leur cheptel, etc. « *Ah, pour ça,* dit Jean, *faut qu' vous
v'niez chez nous : faut avoir le temps.* » Nous prîmes rendez-vous pour la semaine suivante et ils s'en allèrent.

Je sus par la suite que Jean Babin, rentrant de l'hôpital,
parla de moi à son frère dans ces termes : « *Y a une
femme qui va v'ni' nous voir, c'est-y une magicienne?* »
Joséphine me dit d'ailleurs, plusieurs mois plus tard,
qu'après cette prise de contact, elle affirma à son époux :
« *Cette femme, c'est sûr qu'elle s'en occupe* » (des sorts).
Quand je lui demandai de préciser ce qui fondait sa
certitude, elle ne put que me faire cette réponse énigmatique : « *C'était dans vos yeux. Vous aviez les yeux
brouillés, quoi.* » (Tout au long de cette histoire, les yeux
– qu'ils soient « *brouillés* », « *vitrés* », globuleux ou
exorbités – jouent un rôle essentiel pour la reconnaissance des positions de « *force* » magique.)

On verra plus loin que les Babin, dans ce moment-là de
leur existence, avaient grand besoin de rencontrer une
magicienne qui fût étrangère aux réseaux qu'ils pouvaient
déjà connaître. Loin de m'en douter, je pensais alors qu'il
me faudrait avant tout lever l'équivoque que paraissait
constituer ma présence à l'hôpital, présence manifeste-

ment cautionnée par la direction médicale de l'établissement. Mais, sans que je puisse non plus le savoir alors, les
Babin m'avaient d'emblée située ailleurs, pour la raison
simple que, contrairement aux soignants, je n'avais pas ri
en évoquant les sorts. Louis Babin, par exemple, qui
n'avait pas craint de leur exposer sa croyance, se souvien-
dra longtemps de l'humiliation qu'il ressentit en leur
parlant : « *Les infirmiers*, dit-il, *y s' rigolaient d' moi. Y
n'en parlaient* [des sorts, exception notable pour des
membres du corps médical], *y n'en parlaient, mais y
s' riaient d' moi.* » De même lorsqu'il rencontra la
psychologue : « *J'y en ai causé* [des sorts], *à cette femme
et elle rigolait. J'en ai causé quand même et j'y ai dit :
Ah, vous pouvez rire, pour ceux qu'ont pas été pris, ça
n'existe pas*[8] *!* »

J'avais donc annoncé aux Babin mon intention de
parler des sorts, je ne riais pas et j'acceptais d'aller les
entendre chez eux : autant de signes que je ne saurais
appartenir à ce personnel hospitalier qui jamais ne se
risquait hors des murs de l'asile, ni hors d'un rire
protecteur. Pour eux, la situation était limpide : qui ne rit
pas des sorts y est nécessairement pris; qui, par surcroît,
manifeste qu'il occupe une position de pouvoir – j'étais,
on s'en souvient, installée dans un bureau de l'hôpital – a
le sang fort. J'étais donc, peut-être, cette magicienne dont
ils espéraient tant qu'un hasard leur ferait don.

8. D'autre part, quand Louis et Joséphine Babin conduisirent Jean à
l'hôpital psychiatrique, « *les infirmiers*, disent-ils, *ont écrit sur un papier,
comme vous, tout ce qu'on disait. Ils ont demandé si c'étaient pas des
sorts.* [A la suite de la réunion que le docteur Davoine avait organisée
pour moi, les infirmiers s'étaient donc mis à enquêter. Malheureusement,
on va le voir, comme des policiers plutôt que comme des ethnographes.]
*Et quand on a dit oui, ils ont pris le gars Jean d'un côté, Fine et moi de
l'autre et y nous ont questionnés en écrivant.* » Les Babin ont été inquiets
de ce qu'on les sépare pour les faire témoigner sur la même question, cela
leur a rappelé les gendarmes, mais Louis et Fine ont tenu à répondre tout
de même.

Tout cela, je ne le réalisai que plus tard. S'il fallait résumer d'une phrase mon état d'esprit à ce moment-là, ce pourrait être dans les termes par lesquels l'annonciateur définit la position du novice en sorcellerie : « *De c'temps-là, elle n'y pensait guère, aux sorts* »; autrement dit, elle ne pensait pas pouvoir en être un jour personnellement concernée. D'autant que, contrairement aux novices du Bocage, je n'avais pas grandi dans cette région, ni même dans ce pays; aucun conte de grand-mère, aucune conversation à la table familiale, aucun scandale de sorcellerie n'avait institué pour moi ce discours. Depuis six mois, j'avais d'ailleurs pris la mesure de ma différence culturelle plus nettement que je n'avais pu le faire depuis mon arrivée en France. Pour prendre des exemples rapides, le silence et le secret étaient des valeurs fondamentales dans le Bocage, alors que je venais d'une civilisation de la parole; le goût immodéré des Bocains pour la clôture – aux sens propre et figuré – et leur refus obstiné de devoir quoi que ce soit à autrui m'avaient étonnée parce qu'on m'avait appris qu'être sociable, c'est entretenir des dettes avec chacun – les annuler équivalant à une déclaration de guerre – et ne jamais s'enclore. Bien que des récits comme celui que me fit Renée Turpin m'aient parlé, ou fait rêver, je me sentais protégée par l'assurance d'être une étrangère dont jamais, par exemple, la secrétaire de mairie n'avait pu inscrire correctement le nom de jeune fille.

Pour ce qui était de ma relation avec les Babin, la situation me paraissait tout aussi limpide qu'à eux-mêmes, mais d'une autre manière : après plusieurs mois d'approche, j'avais enfin accès à des informateurs qui allaient me raconter leur propre histoire et parler de la sorcellerie en leur nom. Mon statut d'ethnographe me parut d'ailleurs si peu douteux que, pour la première fois, je pris des notes tout au long de l'entretien, car il n'avait pas débuté par le préambule ordinaire : « *De cela, on ne parle point.* »

III. LE MALENTENDU

Trois jours avant, j'avais écrit aux Babin pour retarder notre rencontre de quelques heures. Lorsque j'arrivai à La Croix, la première chose dont ils me parlèrent, c'est de l'énigme que représentait pour eux cette lettre dont ils n'avaient pu comprendre d'où je l'avais expédiée, le cachet de la poste étant indéchiffrable. On a beau chercher, dirent-ils, « *on ne le voit pas* ». De fait, on ne le voyait pas et ce qui n'était pour moi qu'une négligence du service des Postes s'inscrivait pour eux dans la série des signes de ma « *force* » magique, bien que je n'aie pu comprendre de quelle manière exactement : me rendre invisible, émettre des messages d'un lieu impossible à repérer, etc. Sur le moment, je n'y attachai aucune importance, mais, tout au long de notre relation, ils revinrent sur cet incident chaque fois qu'ils énuméraient les preuves de ce que j'étais bien la magicienne dont obscurément ils attendaient la venue.

Je me présentai comme je le faisais ordinairement : chercheur au Laboratoire d'ethnologie de l'université de Nanterre, je préparais un livre sur les sorts pour lequel je tenais à rencontrer des gens qui y avaient été pris. De ce petit discours, ils n'entendirent que le mot « *laboratoire* » qui les confirma dans l'opinion qu'ils avaient, par avance, de ma « *force* » magique : « *Ah*, dit Joséphine très impressionnée, *ce qu'on vous dit est travaillé dans un laboratoire ! Ça va aider mon mari, ça va y aider* », car « *vous êtes pour nous, vous êtes pour le bien* ». Je ne saisis nullement la portée de ces mots car, si j'avais entendu parler des « *désorceleurs pour le bien* », j'étais à cent lieues d'imaginer qu'on puisse reconnaître dans cette place quelqu'un qui avait partie liée avec l'hôpital et qui se présentait comme une universitaire ; on peut dire encore qu'il ne me serait pas venu à l'idée de reconnaître, dans l'emploi de l'expression « *pour le bien* », une référence précise au désorcelage pour la seule raison qu'elle avait été introduite à *mon* propos : *vous* êtes pour le bien.

L'entretien tout entier fut un long malentendu. Les Babin me racontaient leur histoire, telle qu'ils l'avaient progressivement élaborée avec l'aide de plusieurs désen-voûteurs. Mais je ne pouvais savoir alors qu'au désorce-leur seul, son patient doit tout dire, du moins « *tout l'anormal* », et que les Babin m'adressaient ce long récit pour l'unique raison qu'ils me supposaient magicienne et qu'ils escomptaient que ma force magique parviendrait à lever le symptôme devant lequel tous mes prédécesseurs avaient échoué, à savoir l'impuissance sexuelle de Jean. Pour moi, je les entendais comme une ethnographe, notant précipitamment leurs paroles sans m'interroger plus avant, même quand elles comportaient une demande de désenvoûtement parfaite explicite. Ainsi, quand Joséphine me dit : « *Si vous pouvez faire quéque chose, rendre le mal pour le mal* » (nous en avions fini depuis un bon moment avec les mièvreries des guérisseurs « *pour le bien* »). Après six mois passés à errer dans l'empire du secret, on comprendra peut-être que j'aie pu être assez affamée d'information ethnographique pour m'en offrir une orgie sans m'enquérir d'abord des condi-tions particulières qui m'y donnaient droit.

Je commençai à entrevoir la profondeur du malen-tendu quand, à la fin de l'entretien, Joséphine me deman-da : « *Et on vous doit combien?* » Pour une ethnographe, cette question est proprement stupéfiante, car elle est plutôt accoutumée à rémunérer ses informateurs qu'à en percevoir un salaire. A cette interrogation, j'aurais dû répondre instantanément par l'indication d'une somme d'argent. Je n'ai pu le faire pour trois raisons au moins : *a*) Je n'avais pas, à l'époque, la moindre notion de la rémunération réelle des désorceleurs. Chaque fois que j'avais interrogé sur ce point, on m'avait fait une réponse stéréotypée : « *On donne ce qu'on veut.* » Je soupçonnais que cette convention était destinée à éviter au désorceleur d'être inculpé, le cas échéant, d'exercice illégal de la médecine ou d'escroquerie : le désorceleur ne demandant rien directement, la somme qu'il recevait n'était pas un salaire mais un présent, l'annonciateur se chargeant probablement de faire connaître à son initiant les exigences du magicien ou ce que l'ensorcelé était censé vouloir donner librement à son sauveur. *b*) Mais, dans ce cas particulier, il n'y avait pas d'annonciateur puisque les Babin m'avaient identifiée d'emblée comme désorceleuse. (On peut dire aussi que l'entretien dans son entier faisait pour moi office d'annonciation de mon état de désorceleuse, mais que ni les Babin ni moi n'étions à ce moment en mesure de le savoir.) *c*) Si même j'avais eu l'intelligence immédiate de la situation et que j'avais avancé l'indication d'une somme d'argent, sa modestie n'aurait pas manqué de les décevoir, car j'étais certainement incapable d'apprécier autant qu'eux mes capacités de désorceleuse; par exemple, il ne me serait jamais venu à l'idée de m'estimer autant ou plus que le père Grippon ou la terrible madame Auguste. Assumant tant bien que mal mon évidente stupidité et pressée d'en finir, je bredouillai une réponse d'ethnographe : « Mais non, voyons, c'est moi qui vous remercie et qui vous dois quelque chose » (cette orgie d'information, par exemple). A leur tour d'être stupéfaits : « *Comment?* dirent-ils d'une seule voix, *mais c'est pas possible!* » Je précisai qu'ils m'aidaient à avancer dans mon travail et que je leur devais cela. Mais ils ne l'entendaient pas de cette oreille : « *Fine, apporte une volaille* », ordonna Jean à son épouse. Je refusai précipitamment et nous nous quittâmes dans une confusion absolue.

IV. IMPUISSANTS
CONTRE L'IMPUISSANCE

Revenons au début de l'entretien. D'emblée, les Babin me parlèrent de l'impuissance sexuelle de Jean, puisque c'était ce dont ils voulaient que je le guérisse. Dans le dossier médical ce symptôme était assurément présent, mais noyé dans la masse des données cliniques. Le docteur Davoine ne semble d'ailleurs pas s'y être autrement intéressé, puisqu'il n'entreprit pas de psychothérapie et se contenta de prescrire à Jean, à sa sortie de l'hôpital, un fortifiant – remède évidemment illusoire s'il s'agissait de lever cette impuissance.

La situation, telle que les Babin me l'exposèrent, était la suivante : en 1964, trois semaines avant sa noce, Jean reçut un madrier sur la tête et il ne put ensuite consommer son mariage. Depuis six ans les médecins n'avaient pu le guérir, refusant d'ailleurs d'établir la moindre relation entre les deux événements, et les désorceleurs se déclarèrent impuissants pour ce qui était de l'impuissance[9] :

a) Jean avait séjourné, peu après son mariage, à la clinique psychiatrique privée du docteur Naveau à Placé; il y était entré « *pour les nerfs* » parce que son impuissance sexuelle « *l'énervait* ». Le médecin examina les organes génitaux du malade et conclut, selon Jean, qu'il était normal. « *Il a dit qu' ça r'viendra*, constate-t-il avec amertume. *Ça r'viendra, ça r'viendra, mais voilà six ans qu'on est mariés et on n'a jamais eu d' relations.* »

b) Sa mère avait alors consulté un guérisseur : « *La mère a donné la photo du gars Jean à Laval*, me dit

---

9. On trouvera une chronologie des événements auxquels se réfèrent les Babin dans l'Annexe V, pp. 419-424.

Fine, *et le guérisseur a dit : C'est un tour qui y a été joué.* » Notons que Jean n'avait pas été consulter lui-même, se contentant de déléguer sa photographie. Ce guérisseur, ils ne semblent l'avoir utilisé que le temps d'un diagnostic : il n'en sera plus jamais question, sinon pour authentifier leur état d'ensorcelés en citant ses paroles.

c) Le nouveau curé de Torcé leur avait dit « *qu'il n'était pas fort assez* » pour lever ce symptôme; il avait proposé d'appeler en consultation l'un de ses amis, jésuite à Mortain, mais celui-ci répondit de Paris, où il venait d'être nommé, qu'il ne pouvait venir. Il est caractéristique de l'attitude des Babin à mon égard qu'ils ne fassent, à ce moment-là de notre conversation, aucune allusion à d'autres désorceleurs qu'ils auraient pu consulter : ne pouvant savoir d'avance à quelle catégorie de magiciens j'appartenais, ils essayaient alors de ne pas m'effaroucher, déclarant que j'étais là « *pour le bien* » et qu'un magicien éminemment moral, puisqu'il était le curé du bourg, avait déjà tenté de les traiter. Ce qui pourtant faisait question, c'était que ce prêtre n'était intervenu que l'année précédente, en 1969 : que s'était-il donc passé entre 1964, année de l'apparition des symptômes, et 1969?

Il était certain en tout cas que depuis six ans ils s'en étaient tenus au diagnostic du désorceleur de Laval : puisque, comme le leur assuraient d'ailleurs les médecins, les organes génitaux de Jean étaient normaux, s'il était impuissant, c'est qu'on lui avait jeté un sort.

Qui donc? Le voisin, qu'ils ne me désignèrent que plus tard par son nom, mais sur l'identité duquel ils étaient fixés depuis longtemps, car il avait d'excellentes raisons pour punir Jean d'avoir épousé Joséphine : ayant séduit « *la Rolande* », sa jeune servante, le voisin avait tenté sans succès de la marier à Babin afin de conserver près de lui une maîtresse commode. « *Le voisin*, dit Jean, *il*

s'occupait d' sa bonne » [il couchait avec elle] et il ajouta,
manifestement fasciné par les succès amoureux du vieillard : « *Il s'occupait de toutes* » [ses bonnes]. Non pas
qu'il fût particulièrement séduisant, mais « *il avait un
pouvoir sur elles* », pouvoir évidemment magique grâce
auquel il forçait leur désir. Et son épouse, comment
prenait-elle la situation ? « *Oh, sa femme, elle est mauvaise comme lui. Celle-là, on connaît sa vie ! Pendant la
guerre, s'en est-elle donné* [du plaisir] *avec ses commis*
[ses valets de ferme] ! *Pendant qu' le voisin était parti* [à la
guerre, elle] *n' n'en avait parfois cinq* [commis] *dans
l' même temps ! Même le beau-père s'en occupait* », de
cette femme avide d'expériences sexuelles. Car être sorcier, c'est être surpuissant, mais c'est aussi être anorma-
lement avide en toute chose et soumettre à son désir ceux
dont on a quelque chance de pouvoir abuser, à commencer par les inférieurs.

En 1961, le voisin profita de la maladie et de la mort
du père Babin pour rendre à Jean de nombreuses visites
et le convaincre d'épouser sa jeune maîtresse, lui faisant
valoir qu'il lui faudrait se marier pour tenir la ferme
quand il la reprendrait à son compte et qu'au demeurant,
la jeune fille, ayant « *du bien* », constituait pour lui un
parti fort avantageux. Jean refusa d'abord de répondre,
mais, devant l'insistance du vieillard, il dut se résoudre à
décliner cette offre explicitement. Le voisin exprima son
dépit sous la forme d'une prédiction pessimiste qu'il fit à
la mère Babin : « *Dans quatre ou cinq ans d'ici, ça
deviendra triste* » (dans votre ferme). Trois ans plus tard,
Jean recevait ce madrier sur la tête et devenait impuissant
au moment où il allait épouser la jumelle de sa belle-
sœur.

Puisqu'ils parlaient à une désorceleuse, jamais les
Babin ne jugèrent utile de me préciser comment cette
prédiction (qui devait prendre échéance quatre ou cinq
ans plus tard) et les deux événements qui l'avaient suivie,

mais trois ans après (la chute du madrier et l'impuissance
de Jean), pouvaient être compris comme les effets d'une
même cause. Jamais non plus ils n'éprouvèrent le besoin
de me décrire les techniques par lesquelles, selon eux, le
sort initial avait été jeté, non plus que la manière dont ce
voisin avait pu acquérir un pouvoir magique : ces choses-
là, j'étais censée les savoir. Sans doute un précédent
désorceleur avait-il choisi avec eux ce voisin dans la liste
des sorciers possibles; six années de suspicion, puis de
certitudes quant à sa méchanceté surnaturelle les dispensaient d'avoir autre chose à énoncer qu'une opposition
absolue entre l'impuissance de Jean et la puissance
extrême de son voisin.

CHAPITRE VIII

La toute-puissance du sorcier

Dans les récits rapportés au chapitre VI, j'avais insisté sur l'importance de la nomination du sorcier, prélude obligé de tout désorcelage[1] : Tripier se tenant au chevet du mourant, « *tout électrique* », s'était en quelque sorte dénoncé lui-même en prononçant des paroles décisives : « *Ah, y va passer, cette fois! Y n' s'en sortira pas! Cette fois, Manceau, tu n' pourras t'en sortir!* » Les deux premières exclamations semblaient s'adresser à un interlocuteur qui serait présent dans la chambre du malade, mais invisible et auquel le sorcier rendrait compte de la situation; la troisième notifiait formellement à l'ensorcelé que sa dernière heure était venue, ce que jamais ne se permettraient un parent, un ami, ni même un médecin. Grippon, le désorceleur, avait alors attaqué magiquement le sorcier : il ne s'était pas trompé sur son identité, puisque Tripier était venu supplier qu'on lui parle et, devant le silence des assistants, avait couru à l'hôpital se faire enlever une bonne longueur d'intestin. La nomination avait donc été le prélude d'un combat qui avait permis de vérifier à la fois la pertinence de l'imputation

1. *Cf.* pp. 131 et 137 sq.

et la limite de la force magique du sorcier, puisqu'on avait pu opposer à celle-ci une force plus grande[2].

Par contre, quand je rencontrai les Babin, ils étaient assurés depuis longtemps de l'identité de leur sorcier principal mais sa nomination, à elle seule, n'avait pas été opérante. Aucun désorceleur n'ayant réussi, depuis lors, à contenir la « *force* » de leur agresseur, celle-ci leur paraissait sans limites[3]. La description qu'ils me firent de ce personnage attestait l'échec au moins relatif des justiciers qu'ils avaient tenté de lui opposer : ceux-ci avaient réduit tous les symptômes dont souffraient les Babin à l'exception, toutefois, du principal, l'impuissance sexuelle de Jean qui portait en elle l'annulation non seulement de son mariage, mais de son projet de « *prendre à son compte* » la succession du fermage à la mort de son père. En même temps, puisque c'était à moi qu'à présent ils adressaient cette description de leur sorcier, celle-ci comportait un appel implicite à la « *force* » magique dont ils me créditaient.

I. L'IMPÉRISSABLE SALAUD

Ce qui fascinait le plus les Babin dans cet homme, c'était que sa « *force* » anormale parût le prémunir

2. Malgré les incertitudes dont Louise Régnier truffe son discours, il y a peu de doute que, dans son cas, les choses se soient passées de la même manière; simplement elle ne s'attendait guère à ce que le rituel soit efficace au point que la sorcière meure.

3. A quoi l'on peut mesurer l'inanité des tentatives des folkloristes qui dressent un « portrait du sorcier » sans tenir compte ni de la position du locuteur (ensorcelé, désorceleur, sorcier présumé) ni du moment où il prend la parole : avant ou après la nomination, le combat magique, l'interprétation des effets du rituel, etc. On pourra comparer, par exemple, la description que les Babin donnent de leur voisin, sorcier redoutable parce que invaincu, et de leur cousin, qui leur paraît être un petit sorcier du seul fait qu'il a été maîtrisé.

contre la destruction et contre la mort[4]. Ce voisin, les
pires maladies ne parviennent pas à l'achever parce que
sa méchanceté est à ce point démesurée qu'elle rebute
même les entités surnaturelles, lui assurant ainsi une
persistance indéfinie dans l'état de vivant : « *Le Bon
Dieu n'en veut pas, et le Diab' non plus.* » Ses pires
symptômes ne signifient rien : « *Une demi-journée, il est
malade; après, c'est fini* », dit Joséphine. Son époux
renchérit : « *Souvent, il tombe de son tracteur et il reste à
terre, l'est tout raide. Ses fils vont pour l'engueuler* [car ils
le haïssent] *et v'là qu'y s'relève* » comme si de rien n'était.
« *Et l'an dernier,* dit Joséphine, *au dimanche de la
Passion, quand ta vache noire avorta, le voisin croyait
qu'il était pour mouri'* [qu'il allait mourir] : *deux jours
plus tard, l'était guéri.* »

Que cette toute-puissance rencontre la faiblesse de
l'ensorcelé par la médiation de la parole, du toucher ou
du regard et cette collision produit des effets catastrophiques sur le faible.

II. LA PAROLE

Leur voisin ne parle aux Babin que quand il est assuré
de sa force, c'est-à-dire de l'efficacité magique de sa
méchanceté : « *Quand ça va mal, y nous voit pas,* dit
Joséphine; *mais quand ça va bein y nous cause. Enfin* [il
cause] *au gars Jean, parce que moi, j'y cause point.* » Elle
sait trop combien la communication est dangereuse avec
les « *mauvais* » et se garde bien de prendre aucun risque.
Mais Jean se laisse perpétuellement prendre à son piège :
« *La veille de l'Ascension,* me dit-elle, *le gars Jean va
vendre un veau de treize semaines à Craon.* » Le voisin

---

4. On se souvient que le thème de l'immortalité ou de la survie était
déjà présent, bien que traité d'une tout autre manière, dans l'histoire des
Fourmond : *cf.* IIe partie, chap. V.

avait déjà saisi cette occasion pour établir un contact
maléfique avec sa victime : « *Tu veux pas m' le mett'?* »
[me le mettre de côté, je voudrais te l'acheter], avait-il
demandé à Jean qui avait négligé son offre. Mais si Babin
avait été un ensorcelé responsable, il aurait dû préalablement se mettre à l'abri de toute requête venant de son
sorcier. Accepter que celui-ci lui pose une question et
négliger par-dessus le marché d'y répondre, c'était être
deux fois imprudent : pour s'être exposé au contact et
pour avoir provoqué le dépit du « *mauvais* ». Pour le
punir, le sorcier avait fait tarir la mère de ce veau : « *Le
veau était vendu, mais la vache fut térie* », conclut Joséphine avec lassitude. « *L'a donné deux lit' et d'mie d' lait
après le premier r'pas, puis deux lit'* [au lieu de douze à
quinze litres]. *Quand la vache fut térie, je dis : Ça y est, y
nous a tiré l' lait.* » Par quelle méthode, elle ne juge pas
utile de le préciser, puisqu'elle s'adresse à moi qui suis
supposée le savoir d'avance.

La même agression, et par le même sorcier, se répéta
mais avec des variantes. Celle-ci par exemple : en mai
1969, me dit Jean, « *J'ai un veau d' né, qu'était beau.
J' vas pour le vendre* [j'ai l'intention de le vendre]. *Le
voisin, qui en avait entendu parler, vient l' vouër mais n'
fait pas affaire. Deux ou trois jours plus tard, une beurrée*
[c'est l'autre nom qu'on donne localement aux « *fromages* »] *et v'là la mère du veau qui s' térit* ». Après n'avoir
pu conclure l'achat de ce veau, le voisin est supposé
« *s'être voyagé la nuit* », c'est-à-dire s'être déplacé secrè-
tement la nuit jusqu'au pré de Babin pour y faire surgir la
« *beurrée* », piège destiné à « *tirer le lait* » de la vache.

Les « *beurrées* » sont des formations végétales qui
apparaissent au cours de la nuit sur les cultures, semblables à des moisissures ou à des champignons blanchâtres.
Sous la peau transparente du végétal, on peut voir des
réseaux enchevêtrés de canaux où court un suc blanc
brillant dont les ensorcelés affirment qu'il est constitué

par le lait ou par la matière grasse de la vache tarie : la
production de la vache est passée dans le végétal et la
vache est tarie ou ne produit plus qu'un lait trop maigre
pour être vendu à la laiterie. Afin d'annuler l'effet de ce
transfert de richesse de l'animal au végétal, il faut tout
d'abord flamber les « *beurrées* » au pétrole ou à l'alcool :
« *C'est dur à brûler, toute la crème du lait*, note Jean,
c'est dur à brûler, ça grésille. » Il semble donc penser que
le végétal est gorgé de la matière grasse produite par la
vache et non de son propre suc, lequel n'entretiendrait
avec la crème qu'un rapport de figuration. Quand la
« *beurrée* » a disparu, il convient en outre de jeter sur
son emplacement de l'eau et du sel bénits. D'autres, mais
non les Babin, accompagnent ces mesures de protection
d'un acte d'agression magique contre le sorcier : lorsqu'on fait flamber la « *beurrée* », « *y faut mett' de d'ssus
du verre et des aiguilles pour faire souffri' cui qui l'a mise*
[la beurrée], *pour êt' plus fort* » que lui[5].

Que le tarissement des vaches s'effectue directement ou
par la médiation d'une « *beurrée* », aucune explication
ne m'est donnée de son mécanisme. Quand je serai
initiée, quelques mois plus tard, je réaliserai d'ailleurs
que nul, dans le Bocage, pas même le désorceleur, ne se
fait une représentation précise de ce genre de processus.
On considère simplement qu'entre le fort et le faible (le
« *mauvais* » et le bon), *tout contact,* qu'il s'effectue par la
parole, par le regard ou par le toucher, *provoque une*

---

5. A la question de savoir comment se débarrasser d'une beurrée, Louis
Babin répond ceci : « *Faut la couper, mais sans la toucher avec les mains*
[pour éviter tout contact direct], *la rassérer* [ramasser] *avec du bois et la
mettre dans une boîte de conserve. J' l'ai calcinée avec des pointes, avec
de c' qui pique. Après, faut l'enterrer dans un coin qu'y n' faut pas rouvrir*
[labourer] *tout d' suite.* » En la brûlant, on met du gros sel dessus, « *ça
crépite* ». Le sorcier est alors censé sauter sur place comme le gros sel qui
crépite (*cf.* p. 141), car il se sent assailli par ces pointes qui le transpercent
et il accourt en hurlant qu'il a mal; mais Louis Babin ne dit pas quel effet
réel son sorcier a ressenti en cette occasion.

déperdition de force ou de richesse – ici figurée par le lait
– *chez l'ensorcelé*. A l'occasion de la mise en vente d'un
veau, Jean s'est exposé à la parole de son sorcier dépité :
ce pour quoi celui-ci l'atteint métonymiquement, en
« tirant » la richesse de la mère de ce veau.

Notons au passage une série d'équivalences dont nous
ferons notre profit ultérieurement :

a) S'agissant du sorcier, il y a équivalence entre la
« *force* » et la méchanceté, d'abord (qu'en est-il, dès lors,
du désorceleur et que signifie l'opposition entre magiciens
« *pour le bien* » et « *pour le mal* »?); la « *force* » et la
puissance sexuelle, ensuite; la « *force* » et l'enrichisse-
ment, enfin.

b) S'agissant de l'ensorcelé, il y a équivalence entre la
faiblesse et la bonté ou l'innocence (que signifie alors le
fait que l'objectif principal de la cure soit de guérir
l'ensorcelé d'être « *trop bon* »?); l'impuissance sexuelle,
du moins dans le cas qui nous occupe (dans les crises de
sorcellerie où l'impuissance de l'ensorcelé est absente, on
souligne toutefois l'anormale puissance sexuelle du sorcier, qui possède toutes les femmes à volonté); l'appauvrissement, enfin. Nous aurons à nous demander ce que
signifie ce perpétuel recouvrement des trois registres, biologique, moral et économique, bien que nous ne puissions faire plus, pour l'instant, que d'en prendre acte[6].

----

6. On méconnaîtrait gravement ce qui est en cause dans la sorcellerie si
l'on saisissait cette occasion pour la réduire au jeu d'un déterminisme
économique. Non pas qu'il soit absent ni que ces paysans du Bocage
soient des êtres métaphysiques flottant librement au-dessus des déterminations historiques ou économiques. Mais il importe de se souvenir ici
qu'*on ne s'ensorcelle jamais qu'entre égaux* ou entre partenaires inclus
dans une relation d'inégalité relative : il faut qu'il y ait une *interaction
réelle* – *ou matérielle* – entre le sorcier et l'ensorcelé pour que le discours
produise son effet. Si un « *gros* », un riche est ensorcelé, ce ne peut être
que par un autre « *gros* », appartenant au même milieu, fréquentant les
mêmes personnes, etc. Je traiterai cette question des déterminations
historico-économiques dans le second volume.

Les Babin me dirent aussi que leur voisin énonçait
parfois des prédictions qui, comme celle qui avait noué le
sort sur la puissance sexuelle de Jean, produisaient
fatalement leur effet : « *Quand la mère* [Babin] *s'ra
partie, la ferme sera triste* », dit-il par exemple. Peu
après, Jean « *qu'est si calme* » s'emporta contre elle et la
chassa de la ferme : selon Joséphine, son époux « *n'est
plus maît'* » (maître de lui-même) pour peu que lui
parvienne la parole souveraine du voisin, surtout si cette
parole s'énonce au futur.

Il ne suffit pas, ce me semble, pour rendre compte de ce
qui se joue dans des situations de cet ordre, d'invoquer un
effet de suggestion, car ce serait se contenter de mettre un
nom sur ce qui, précisément, fait question. Selon la
version des victimes, Jean entend son sorcier annoncer un
événement – ou un désir? – et il s'empresse de le
réaliser en ayant un sentiment aigu de sa propre étrangeté : il ne se reconnaît pas dans cet acte, il était possédé
par l'autre, il n'était plus « *maître* ». On notera cependant qu'il y a une disproportion flagrante entre la prédiction du sorcier – laquelle porte sur un avenir indéfini
dans lequel l'événement est dit devoir se réaliser, mais
selon des modalités qui ne sont pas, elles non plus,
définies – et la précipitation de sa mise en acte par
l'ensorcelé : après tout, la mère Babin aurait pu, un jour
ou l'autre, souhaiter d'elle-même s'établir ailleurs, à
présent que son fils était marié; ou bien elle aurait pu
mourir de vieillesse : la ferme en aurait été triste, la
prédiction se serait réalisée, mais cela n'intéresserait
personne et l'on ne songerait pas à interpréter ce départ
comme l'effet d'un maléfice. Ce qui signe la sorcellerie,
c'est donc moins la pure et simple réalisation d'une
prédiction ou d'une malédiction que sa prise en charge
par l'ensorcelé qui, à son corps défendant, devient ainsi
l'agent du destin.

III. LE TOUCHER

Dans ce registre – celui du contact matériel le plus direct – les Babin redoutent particulièrement la poignée de main, ce geste de reconnaissance tellement ordinaire qu'on omet généralement de songer à ce qu'il engage : « *A la sépulture* [l'enterrement] *du père Paumard*, dit Jean, *le voisin court pour me saluer : comment qu'vous espliquez ça, vous? y n'me saluait pas même une fois l'an.* » Cette poignée de main anormale noue le sort sur une vache, qui avorte deux ou trois jours après. Puisque ordinairement le voisin ne salue pas Jean et refuse donc de le reconnaître comme un ami, si par exception il le salue, ce ne peut être que dans l'intention de le toucher magiquement : le premier malheur qui advient ensuite est interprété comme une conséquence, d'ailleurs prévisible, de ce toucher.

« *Et chez l' maréchal* [-ferrant], ajoute son épouse, *le voisin, avec les yeux qui lui sortent d' la tête* [c'est-à-dire pourvu des attributs de la toute-puissance magique, les yeux exorbités], *vient direct lui dire bonjour* [seconde anomalie, le voisin ne le saluant généralement pas en public ou ne se dérangeant pas pour saluer quelqu'un qu'il considère comme un cadet et comme un inférieur]. *Le gars Jean y touche la main et y s' dit : Ça y est, va 'core m'arriver malheur.* [Comme toujours, Jean réalise trop tard qu'une poignée de main pourrait n'être qu'un toucher magique.] *Si seulement l'avait touché son sel*, déplore-t-elle. [Il s'agit du sel bénit que Joséphine met chaque jour dans ses poches pour qu'il ait une chance d'annuler les conséquences de ses imprudences.] *Le lendemain, l'a perdu la roue du distributeur* [d'engrais] *et y s'est disputé avec un gars de Torcé* » [elle sous-entend qu'il s'est enivré parce qu'il est « *énervé* » d'avoir une fois de plus été pris au piège de la poignée de main]. Jean, qui n'aime pas être ainsi traité publiquement de gamin irresponsable, minimise l'incident, me dit qu'il aurait pu perdre cette roue de toute manière, qu'« *y faut pas tout y croire, faut quand même pas être crédule* » [je sais bien...] mais qu'il ne peut comprendre pourquoi cette poignée de main l'a énervé au point de l'amener à se battre : il est si calme d'ordinaire.

Quelques jours plus tard, Louis Babin me rapportera l'anecdote suivante pour expliquer la crise d'éthylisme qui a conduit son jeune frère à l'hôpital psychiatrique : « *Juste avant d'aller à Mayenne* [en cure de désintoxication], dit-il, *le gars Jean rencont' le voisin, qui vient tout droit lui serrer la main* [encore le même comportement anormal. Le voisin] *l'avait l'air sauvage, l'air de supério- rité* [il exhibait les signes de sa toute-puissance]. *Mon frère, y n'n'a peur* [car il est trop fasciné pour avoir la moindre confiance dans sa prudence ou dans ses protec- tions magiques]. *J' lui dis : N' lui touche pas la main ! Sauve-toi d' l'aut' côté !* » Mais Jean n'est pas « *capab'* » de suivre ce conseil avisé. « *Mon frère*, commente Louis Babin, *y s'en fait peur* [du voisin] *et l'aut', y n'en profite* » [de ce que Jean n'ose jamais refuser de lui serrer la main, pour lui refiler par la même occasion une bonne décharge d'électricité magique]. Après cette poignée de main fatale, Jean se mit à boire systématiquement, abandonnant sa ferme dans la journée pour courir les cafés du canton avec des compagnons de beuverie. « *Avant* [cette poignée de main], dit Louis, *y n' buvait que par neuvaines* », c'est-à-dire par accès. [L'expression « *une neuvaine de boisson* », fréquemment employée dans le Bocage, est calquée sur le modèle des « *neuvaines de prières* », par lesquelles les fidèles demandent à Dieu une faveur parti- culière, ce qui laisse entendre qu'on pourrait bien deman- der à l'alcool ce que l'on désespère de demander à Dieu.] Complètement démoralisé par son incapacité à résister à la fascination du sorcier – probablement accablé par les

justes remontrances de son épouse et de son frère –, Jean
préféra se réfugier dans une ivrognerie désespérée qui le
conduisit rapidement à l'asile psychiatrique, dont il a
d'ailleurs conservé le meilleur souvenir : là, du moins, il
était à l'abri.

IV. LE REGARD

Plus encore que la parole ou le toucher, le regard du
sorcier produit des effets dévastateurs : « *Si j'ai pas d' sel
en poche*, dit Jean, *j' suis poussé au fossé chaque fois que
j' prends la voiture* » après avoir croisé le terrible regard
du voisin. « *L'aut' jour, j'ai eu que l' temps d' mett' ma
main à la poche* [pour toucher le sel, car il y pense tout
de même parfois], *j'allais au fossé.* » « *Et le 25 novembre*,
dit Joséphine qui tient une exacte comptabilité des
déboires de son époux, *quand t'es rev'nu chercher tes
outils.* [Il était donc déjà énervé par cet oubli.] *Le voisin
était là, sur la route, qui l' regardait*, m'explique-t-elle. *Le
gars Jean baissa les yeux* [ce qu'il ne faut jamais faire,
sans quoi, c'est la déroute] *et, une fois rentré à la ferme,
l'a eu une crise de nerfs.* » Heureusement, Joséphine était
là, qui savait comment le calmer : « *Avec du sel, ça y a
passé.* » Cette crise de nerfs ne peut s'expliquer que par
la déroute de Jean, lors de cette joute de regards : certes,
« *il avait bu, mais il était doux* », il n'y avait pas là de
quoi l'énerver. D'ailleurs la violence de Jean et son
alcoolisme, dont on leur a tant rebattu les oreilles à
l'hôpital psychiatrique, parlons-en : « *Jean, si y sort sans
sel, y s'énerve* » et l'on sait que « *l'énervement porte à
boire* ». Ce dont souffre son époux, ce n'est pas d'éthylisme, mais de ce qu'il ne soit « *pas maît' à cause de
celui-là* » [le voisin; noter la fausse précision de la
désignation, qui ne renvoie ni à un nom, ni à un statut
magique – sorcier –, mais à une séquence antérieure du

discours où celui qui en fait l'objet n'avait déjà pas été défini]. Ce voisin, « *toujours on le voyait, sur son tracteur, qui r'gardait c' qui s' passait dans nos champs,* dit Jean. *Chaque fois qu'y r'gardait, je m' disais : Y a du malheur qui s' prépare* ». Et jamais le malheur ne manquait d'advenir : maladie mortelle des oies – « *faut pas tout y croire, p'têt que j' les aurais perdues tout d' même, mais chaque coup qu'y r'gardait, y avait quéque chose* » – avortement d'une vache, accident de voiture, etc.

Joséphine résume alors à mon intention les mesures de protection qu'elle utilise :

a) « *Les poignées d' mains, faut jamais les accepter* », dit-elle fermement. Son beau-frère me précisera par la suite : « *Jamais je n' donne la main parce qu'il* [le sorcier] *essaie de nous toucher* » magiquement à l'occasion d'un contact apparemment insignifiant. De toute manière, « *faut éviter d' les fréquenter* ».

b) Dans l'ordre de la parole, la meilleure protection est de ne jamais laisser le dernier mot au sorcier : « *Si y dit bonjour, faut y répondre bien vite* » ; s'il vous parle et que vous ne trouvez rien à répliquer, répétez en tout cas ses dernières paroles, même si l'oreille d'un psychiatre, traînant par là, y rencontrait l'indication d'une écholalie.

c) De même, dans l'ordre du regard : « *Si y vous r'gard', toujours le regarder l' dernier.* » Joséphine, experte en protections, énonce ce précepte avec fierté, notant pour la quatrième fois qu'elle en tout cas n'est « *jamais malade de rein* », ni énervée, parce qu'elle a constamment ces petites choses présentes à l'esprit.

Ainsi, les contacts matériels *directs* (par le toucher) doivent être évités absolument, tandis que les contacts *indirects* (par la parole, le regard), s'ils ne peuvent être évités, doivent être soutenus.

Une discussion très vive s'engage alors entre les deux époux : Joséphine prétend que ces malheurs arrivent parce que Jean – malgré la force de ses protections –

redoute d'affronter le regard du sorcier et qu'il « *baisse les yeux* ». Prenant soudain une voix cassante, elle lui ordonne : « *Ne baisse jamais les yeux!* » et, se tournant vers moi, m'explique : « *Quand on n' les baisse pas, on est plus fort qu'eux* [les sorciers]. *Mon mari baisse les yeux devant le voisin. Je lui dis toujours : Baisse pas les yeux! Mais chaque coup, il les baisse.* » Jean grommelle quelques protestations embarrassées sur un ton d'enfant pris en faute.

Pourtant, Joséphine sait bien que la force du sorcier excède à tel point celle de sa victime – quelles que soient les protections dont celle-ci se munisse – qu'elle est fréquemment mise dans l'impossibilité de se défendre. Ainsi, Fine se souvient d'un voisin de ses parents qui, n'ayant pu opposer au sorcier la force d'aucun désorceleur – toujours le sorcier était le plus puissant –, prit une résolution : « *Si y vient* [le sorcier], *j' le tue.* » Quand le sorcier entra dans la cour de la ferme, l'épouse et les enfants de la victime, muets d'horreur, le virent avancer pendant que l'ensorcelé courait chercher son fusil. Mais quand celui-ci épaula, il ne put voir son persécuteur : « *La saloperie*, dit Joséphine, *y s'était fait invisib'* ». Sa force était telle qu'au moment décisif, il était parvenu à se dérober au regard de son ennemi.

Une mésaventure est advenue à Jean, non pas avec son voisin, mais avec un autre sorcier, d'ailleurs parent par alliance de ce fameux voisin. Un jour qu'il devisait au café avec ses amis, tournant le dos à la porte, Jean entendit entrer le père Coquin. Celui-ci, « *qui n' le saluait pas même une fois l'an* », précise Joséphine, vint silencieusement lui poser la main sur l'épaule. Babin ne le voyait pas, mais il savait que c'était lui. Rassemblant son courage, il se dit que *cette fois* il allait oser soutenir son regard. Jean se retourna brutalement, mais l'autre avait disparu. Il se souvient avec une grande intensité de sa terreur et de ce moment de total flottement où il pensa

DIAGRAMME 3
Les ensorcelés

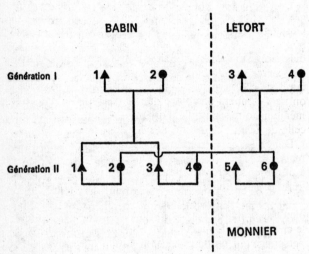

BABIN   **LETORT**

Génération I   1 ▲   2 ●   3 ▲   4 ●

Génération II 1 ▲ 2 ● 3 ▲ 4 ● 5 ▲ 6 ●

MONNIER

Légende
▲ homme
● femme
⌐⌐ germains (frères et sœurs)
└⌐ époux
┬ descendants

GÉNÉRATION I :
I, 1 et 2 : Les parents Babin, de Torcé.
I, 3 et 4 : Les parents Letort, de Chammes.

GÉNÉRATION II :
II, 1 et 2 : Louis Babin, résidant à La Roë, marié à Marthe Letort.
II, 3 et 4 : Jean Babin, résidant à Torcé, marié à Joséphine Letort. Marthe
    et Joséphine sont sœurs jumelles.
II, 5 et 6 : Monnier, résidant à La Gravelle, marié à Germaine Letort.

perdre la raison : c'était l'affluence du dimanche matin après la messe, chacun avait pu voir le père Coquin entrer et lui toucher l'épaule. Seul Jean n'avait pas été « capab' » de le voir, tant la force de son sorcier l'avait momentanément aveuglé.

« *Coquin, c'te saloperie,* reprend Joséphine, *l'a joué des tours* [de sorcellerie] *à Monnier, mon beau-frère.* » Germaine Monnier, l'une des sœurs de Joséphine, vit au bourg de La Gravelle, où son époux est commerçant. Le diagramme ci-dessus figure les relations entre les ensorcelés : parce que Joséphine est l'organisatrice du discours familial – on verra plus loin que son passé l'y autorise – on ne s'étonnera pas de ce que ce discours lie dans une même histoire sa famille d'origine – et non, par exemple, celle de Jean – et son ménage.

Donc, le père Coquin, « *c'te saloperie* », qui s'est rendu invisible à Jean le jour où celui-ci se décidait enfin à affronter son regard, joue aussi des tours à son beau-frère. « Quels tours? – *Sa femme, l'a toujours mal dans l' dos.* [Noter que le mari est considéré comme ensorcelé bien que seule son épouse soit malade : car c'est toujours le chef de famille que vise une sorcellerie, les biens et les personnes qui portent son nom faisant corps avec lui[7].] *Et puis, l'a des diarrhées, d' l'entérite, qu'a dit l' médecin.* [Les maladies nommées par le savoir médical ne sont pas pour autant expliquées, leur origine continuant de faire problème dès lors qu'il y a de la sorcellerie en jeu.] *Comme Monnier n'a pas de bêtes, Coquin n' peut pas grand-chose. Alors, ça* [le sort] *prend sur sa femme.* » On ne voit pas en effet comment un paysan pourrait ensorceler un commerçant – lui « *tirer* » ses moyens de production, qui sont des entités abstraites – sinon en s'attaquant à son corps ou à celui des siens, c'est-à-dire en lui « *tirant* » sa force vitale. Bien que l'histoire ne le dise

---

7. Je reprendrai cette notion importante pp. 333 sq.

pas, il est probable que Germaine Monnier a subi ces
attaques de sorcellerie parce qu'elle a le sang « *moins
fort* » que son époux. Les maux qu'elle endure sont l'effet
de ces fameux regards par-derrière dont Coquin a le
secret : « *Un dimanche matin,* dit Joséphine, *il attend
ma sœur sur la place et il entre dans l'église en lui
marchant sur les talons. Le lend'main, elle avait mal dans
l' dos.* » Pourquoi Coquin poursuit-il Monnier de sa
haine surnaturelle? pour se venger d'un concurrent plus
heureux : tous deux siègent au conseil municipal, mais
Monnier vient de ravir au sorcier la place d'adjoint au
maire[8].

V. LA MORT D'UN CONDUCTEUR

On se souvient que les Babin ont introduit la figure de
Coquin, le second sorcier, alors qu'ils me parlaient de
l'anormale puissance de leur voisin, Ribault. (Ce nom, ils
me le livrent tout à fait incidemment, au détour d'une
phrase, l'évoquant soudain comme si je l'avais toujours
su.) Hormis l'affrontement de regards dont j'ai parlé plus
haut, les Babin ne paraissent d'ailleurs pas avoir à se
plaindre particulièrement de Coquin, sans doute parce
que, résidant hors de Torcé, il s'intéresse médiocrement à
ses habitants, ayant bien assez de victimes dans son bourg
de La Gravelle, à commencer par les Monnier.

Si l'on me parle de lui si longuement, c'est pour me
montrer comme les sorciers sont plus forts encore dès lors
qu'ils s'allient : Ribault a marié sa fille au fils de Coquin
et ce mariage institue entre les « *forces* » respectives des

8. En bon initiant, Monnier ne croyait pas aux sorts avant d'y avoir été
pris. Joséphine me rapporte qu'elle lui signifia ainsi qu'à présent, il ne
pouvait plus jouer au sceptique : « *Tout est beau quand ça va bein, mais
quand t'es pris...* »

pères une communication naturelle : « *Ça y fait un lien d' famille, maint'nant y s' communiquent* », m'explique Jean. Il sous-entend, ce me semble, que les pères mettent désormais en commun leur savoir maléfique, chacun lisant les « *livres* » de l'autre et augmentant son pouvoir d'autant : la barrière du secret est définitivement levée entre eux. Cette ouverture, du savoir de l'un à celui de l'autre, rend d'autant plus sensible la jalouse rétention dont ils font montre à l'égard de quiconque : « *La mère Coquin* [sorcière comme son époux], *elle porte toujours son livre sur elle. La nuit, elle dort avec* », dit Joséphine.

Un seul membre de la famille a tenté de refuser cet héritage maléfique, Pierre, le fils cadet, celui précisément dont le mariage scellait l'alliance des deux lignées de sorciers : « *Le gendre à Ribault*, dit Jean, *y n' s'rait pas d' ce caractère-là* » [sorcier]. Il aurait voulu, un jour, brûler le livre de sa mère pour supprimer la source du pouvoir magique de ses géniteurs, mais son entreprise était par avance vouée à l'échec, le livre étant bien gardé contre une semblable éventualité. A dater de ce jour fatal, la courte existence de ce rebelle sans armes fut vouée à illustrer l'invincible puissance de sa lignée.

Le diagramme ci-après indique les relations de parenté et d'alliance entre les deux familles de sorciers désignées par les Babin :

Pour punir son fils de ce crime, le père Coquin lui ensorcela ses vaches : « *Il lui a tiré la crème de son lait* », en abaissant la quantité au point « *qu'les gars d' Besnier* [une laiterie qui recueille la production des fermiers de la région] *y ont dit qu'y n' prendraient plus son lait si ça continuait* », c'est-à-dire si son lait continuait à être aussi pauvre en matière grasse. Louis Babin me décrira précisément comment le père Coquin « *tira le lait* » d'une vache de son fils : « *V'là l' père Coquin qui va voir son*

DIAGRAMME 4
Les sorciers

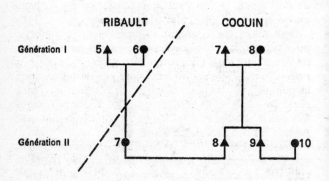

Légende

▲ homme
● femme
⎍ germains (frères et sœurs)
⌐⌙ époux
│ descendants

GÉNÉRATION I :
I, 5 et 6 : Le voisin de Jean Babin, Ribault, et son épouse, résidant à Torcé.
I, 7 et 8 : Le concurrent de Monnier (II, 5), Coquin, et son épouse, résidant à La Gravelle.

GÉNÉRATION II :
II, 7 : La fille Ribault, née à Torcé, épouse du...
II, 8 : fils Coquin, résidant à La Gravelle.
II, 9 et 10 : L'autre fils Coquin et son épouse.

gars. Il entre dans l'étable et y dit : As-tu une bonne vache! en s'appuyant fort su' l' derrière d' la bête. » Le sort consiste donc ici en une parole où perce la « *jalousie* » du père, parole accompagnée d'un toucher magique. Louis mime la scène à mon intention, pesant lourdement sur les épaules de sa fille aînée qui tient, dans cette reconstitution, la place de la vache ensorcelée. « *Quand le père fut parti,* conclut Babin, *la vache n'avait plus qu' du lait maigre.* » (On peut se demander ce qui arrivera quand la fille de mon interlocuteur allaitera.)

Depuis lors, le fils Coquin va de malheur en malheur, poursuivi par la haine de son père : « *C'est un beau gars,* dit Joséphine, *mais qu'a eu qu' des malheurs : l'a été en prison, puis à l'hôpital* [lui aussi pour une désintoxication alcoolique], *l'a une femme qui n' lui convient pas, qu'a porté un gosse négro. Il s'est mis à la débine.* » Chaque fois que je rencontrerai les Babin, ils commenteront avec passion les déboires de ce fils de sorcier.

Pourtant, bien qu'ils le sachent innocent et que l'étendue de son malheur atteste sa rébellion, les Babin le craignent autant que son père : parce qu'il appartient à une lignée de « *mauvais* », il reste un conducteur involontaire de la sorcellerie de ses ascendants qui se servent de son regard, de son toucher et de sa parole pour atteindre leurs victimes.

L'épisode suivant peut en témoigner. Intéressée par la perspective de connaître enfin un sorcier, même rebelle, qui aurait des raisons de se plaindre de son état et me parlerait des « *livres* » et des « *tours de force* » de ses parents, je demandai à Louis Babin, qui semblait si bien disposé à mon égard, de me le faire rencontrer. Etrange requête, dont jamais une désorceleuse locale n'aurait eu idée. Mon interlocuteur parut frappé de stupeur, consulta du regard son épouse, tout aussi interdite, me considéra très attentivement et finit par me questionner sur un ton de déférente complicité : « *C'est donc que vous avez quèque chose sur vous?* » (un fétiche pour me protéger, mais incomparablement plus puissant que ceux qu'il connaissait, sans quoi ma demande n'eût été que bêtement téméraire). Surprise à mon tour, je fis un mouvement de tête qu'il interpréta comme un acquiescement. Son regard se fixa sur ma main gauche que, dans mon désarroi, j'avais fourré dans la poche de ma veste. « *Vous n'avez pas peur d'être touchée?* » me demanda-t-il respectueusement, manifestement impressionné par la force que je semblais attribuer à ce fétiche inconnu de lui. Je ne sus que répondre et un long silence s'établit, pendant lequel chacun essayait de penser plus vite que l'autre : les Babin se demandaient probablement qui j'étais pour oser m'exposer si légèrement aux foudres magiques de leurs sorciers; tandis que moi, cherchant à comprendre qui j'étais censée être pour mes interlocuteurs, je me taisais pour éviter non seulement de les décevoir, mais, aussi bien, de leur mentir. Je n'avais pas de fétiches et n'en avais d'ailleurs réalisé l'importance que depuis peu. Bien que démunie de protections magiques, je ne craignais évidemment pas de rencontrer le fils Coquin, mais j'étais tout à fait angoissée à l'idée du pouvoir que mon apparente assurance me conférait aux yeux des Babin : Joséphine, on s'en souvient, m'avait demandé de « *rendre le mal pour le mal* » à ses sorciers. Louis, se raclant la gorge, entreprit alors de me démontrer combien le père Coquin était dangereux, qu'il n'avait pu être vaincu que par madame Marie, mais que celle-ci était morte à présent, ayant enfin « *trouvé son maître* », etc.; puis il changea de sujet, préférant sans doute se donner le temps de réfléchir à mon étrange requête. Quand, au cours de l'entretien suivant, je réitérai ma demande, il m'avait déjà évaluée à ma juste mesure : m'ayant questionné sur la manière dont, « *en ville* », on levait les sorts, j'avais soutenu prudemment qu'on « *travaillait avec les mots* », ce qui lui avait paru simplement risible : « *C'est pas ça*

qui nous guérira des sorts, toujours! », conclut-il. Ce
pour quoi il refusa de faire rencontrer Pierre Coquin à la
débutante suicidaire que je lui semblais être, sous le
prétexte de protéger, du moins, son jeune frère.

Dix-huit mois plus tard, en juillet 1971, alors que je
questionnais une fois de plus Joséphine Babin sur les
récents déboires du fils Coquin, elle ne me répondit pas
aussitôt. Nous revenions de consulter notre commune
désorceleuse et elle attendit de voir comment je m'enga-
geais dans un carrefour particulièrement dangereux à la
sortie de La Gravelle : « *Vous avez bein raison d'faire
attention*, approuva-t-elle, *c'est là qu'il s'est tué le mois
dernier.* » Son ménage allait toujours plus mal, Pierre ren-
trait ivre et battait ses enfants, que l'Assistance publique
avait fini par lui retirer. Après quoi, il n'avait pas dessou-
lé jusqu'à cet accident mortel. Sa femme s'était immédiatement consolée avec un autre et avait repris les enfants,
dont ce « *gosse négro* » dont on pouvait dire à présent
qu'après tout, il n'était peut-être pas si négro que cela.

Fine me raconta tout cela sur un ton tranquille, comme
s'il était absolument naturel qu'un enfant promis à la
catastrophe y vienne un jour. (En contrepoint de son
discours apparaissait l'autre fils Coquin, qui était aussi
sorcier que son père et dont les affaires prospéraient.)
Pour ma part, j'étais déjà passablement éprouvée par la
séance de désorcelage dont nous sortions : dans la tiédeur
d'une salle à manger campagnarde, madame Flora, Joséphine et moi-même avions agité pendant trois heures ce
que je ne pouvais manquer de reconnaître comme des
vœux de mort. L'impassible constat que faisait à présent
Joséphine, me parlant de la fin brutale de ce jeune
homme, de ce que ces vœux atteignaient effectivement
leur cible, me pétrifia. Je réalisai que, si fascinante que
soit la sorcellerie, jamais je ne pourrais m'y habituer, ce
en quoi j'étais fondamentalement différente des paysans
du Bocage. Car la morale de l'histoire était que nul

n'échappe à cette violence : qui n'est pas agresseur devient automatiquement victime; qui ne tue pas, meurt.

C'était d'ailleurs là le thème central de la consultation que nous avait donnée madame Flora : 1) Comme je tardais à vouloir la mort de mon sorcier, elle me fit valoir que mes douleurs cervicales, apparues à la suite d'un récent accident de voiture, disaient assez que j'étais en danger. 2) Joséphine, quant à elle, s'était formellement décidée – en l'espace de trois semaines – à désigner comme sa sorcière la seule femme qu'elle eût jamais aimée, demandant à présent pour elle une mort douloureuse. Enfin, madame Flora m'avait annoncé, avec une joie mauvaise, que la « *petite mère* » – la vieille amie qui venait faire son ménage depuis qu'elle était impotente – était en train de mourir à l'hôpital, le crâne fracassé par un accident de voiture. Je connaissais cette « *petite mère* » depuis plus d'un an; madame Flora m'en parlait quotidiennement avec amitié et voilà qu'elle se retournait brutalement contre elle : « *La petite mère, l'était jalouse de moi. Bein, la v'là punie! Elle est bein cuite, à présent, bein cuite*[9] *!* »

Qu'on puisse vouloir la mort d'un être aimé est une banalité psychologique; toutefois, la rapidité avec laquelle Joséphine et madame Flora étaient passées de l'amour à une haine mortelle était proprement stupéfiante. J'avais d'ailleurs moi-même quelque raison de craindre un semblable retournement de ma désorceleuse à mon égard, car elle m'interrogea sévèrement sur une conversation que j'avais tenue à son sujet avec la « *petite mère* » quelques jours plus tôt. Mes questions avaient été assez banales (depuis quand madame Flora travaille-

9. La désorceleuse n'affirme nullement que l'accident dont fut victime la « *petite mère* » relève de la sorcellerie; on aura noté, cependant, que madame Flora parle d'elle dans les termes mêmes qu'utiliserait une ensorcelée – cet accident gravissime n'est que la juste punition de la « *jalousie* » – et elle le fait au cours d'une séance de désenvoûtement.

t-elle, etc.) mais elle ne perdit pas cette occasion de me signaler qu'elle savait tout et qu'elle entendait garder la maîtrise de notre relation. Pour me punir, elle me chargea de basses besognes pendant la durée de la consultation de Joséphine, m'envoyant au jardin guetter l'arrivée de clients retardataires, et truffa le peu que j'entendis de son discours d'anecdotes inquiétantes sur ces désorceleurs qui ne sont en réalité que des sorciers, ainsi déguisés pour tromper leurs victimes. Après quoi, jugeant sans doute qu'elle m'avait suffisamment terrorisée, madame Flora m'assura de sa protection, fit des vœux pour la réussite de mon livre et m'invita à partager avec elle un plantureux goûter.

Il ne s'agissait là, notons-le, que d'une séance ordinaire, où l'ensorcelée avait invoqué la mort de sa sorcière, où la désorceleuse – même si elle était, comme madame Flora, « *pour le bien* » – affichait tranquillement ses vœux de mort et n'avait pas laissé passer une occasion de renforcer sa maîtrise sur une consultante.

Pourtant, quand Joséphine m'eut dit, ensuite, l'inévitable mort du fils Coquin, je rentrai chez moi dans un état de confusion extrême où émergeait le souvenir de ces récits dans lesquels Lovecraft met en scène une situation qui présentait des analogies frappantes avec la mienne : du fait de sa curiosité, un personnage pourvu de solides connaissances scientifiques et qui occupe généralement la place du narrateur fait la rencontre brutale d'un autre monde que son système de références échoue à décrire ou à nommer. Cette confrontation avec l'innommable, l'inconcevable, la démesure, etc., il la vit en souhaitant perpétuellement que cet autre monde – qu'il *sait bien* désormais – ne soit *quand même* qu'illusion ou folie. Mais ce souhait n'est pas réalisable et le héros doit se faire à l'idée qu'il ne peut plus désormais nier la réalité de cet autre monde archaïque qui, toujours, menace d'envahir notre civilisation. Ce que j'avais essayé de tenir

pour des récits – ceux des ensorcelés comme de Lovecraft – était venu brutalement faire effet dans le réel
et un jeune homme était mort, que chacun avait dit
condamné.

VI. APRÈS COUP

Que j'aie pu être affectée par la mort du fils Coquin –
comme, quelques mois plus tôt, par celle de la mère
Chicot, par le récit de Renée Turpin ou les questions de
Marie Fourmond –, en un sens, cela ne concerne que
mon rapport particulier avec le thème de la lutte ou de la
mise à mort. Il ne me paraît pas pertinent ni même
intéressant de m'étendre outre mesure sur ce point – j'y
reviendrai tout de même un peu plus loin – sauf à faire
trois remarques :

1. Quand on se demande comment, au XXᵉ siècle, un
individu normalement constitué, c'est-à-dire nourri de la
culture des Lumières, peut se laisser prendre au discours
de la sorcellerie (c'est là une question que, comme tout le
monde, je me suis posée), on n'a aucune chance d'y répondre si l'on ne prend en compte que l'irrationalité de ce
discours. Plus exactement, une seule réponse est possible, qui consiste à reléguer au rang d'arriérés, d'imbéciles
ou de fous ceux qui s'y sont laissé prendre. Si, par contre,
on réalise qu'il est question dans la sorcellerie de ces situations où il n'y a pas de place pour deux, ou encore de
ces situations où l'on doit tuer ou mourir – la question de
la rationalité du système étant reléguée au second plan –,
on comprend mieux que quiconque puisse y être pris.

2. S'il y eut pour moi une aventure et des moments de
vacillement où j'étais submergée par la peur ou par ce
que Freud nomme le sentiment d'inquiétante étrangeté,
ce ne fut certes pas dans la rencontre de l'irrationnel. Car
il me paraît évident que, si c'est à cela que l'on souhaite
se mesurer, il n'est pas besoin de faire trois cents kilomè-

tres, l'engagement politique et les rapports amoureux les plus ordinaires en fournissant des occasions amplement suffisantes. La surprise et la fascination vinrent, pour moi, de rencontrer dans la société bocagère une *mise en forme symbolique* – c'est-à-dire un discours reçu – de ce dans quoi chacun se débat ordinairement en silence : outre les situations dont je parlais plus haut, la répétition du malheur biologique comprise comme une scansion, pour chacun, de sa propre mort.

3. Mes contradicteurs éventuels voudront bien se dispenser de m'opposer l'argument facile selon lequel j'aurais été dans le Bocage pour y retrouver mes fantasmes. Car 1) si on les a chez soi, pourquoi prendre la peine d'aller les chercher ailleurs; 2) ces fantasmes ne sont pas seulement les miens et c'est en quoi ils ont quelque intérêt; 3) j'en ai bien d'autres encore, dont j'épargne l'inventaire au lecteur – assurant du même coup, d'ailleurs, la perpétuation de mon propre plaisir. A y bien regarder, c'est plutôt l'inverse qui s'est produit : non pas la retrouvaille, mais la dissolution du fantasme. Car, dès lors que j'acceptais de parler la sorcellerie en mon nom propre, j'étais, comme tout sujet, exposée à ce que la collision du discours de la sorcellerie avec ma propre organisation fantasmatique produise des effets ravageants. De là, pour moi, la nécessité vitale – le mot n'est pas trop fort – d'avoir à reconnaître parfois tel fantasme agissant dans telle situation. Mais, ce faisant, je ne pouvais manquer d'en perdre à chaque fois le bénéfice principal, l'unique condition sous laquelle un fantasme est propre à produire du plaisir étant qu'il ne puisse jamais être reconnu par qui en jouit.

Ces considérations permettront de comprendre, je l'espère, que les sensations fortes, l'expérience de l'inquiétante étrangeté ou celle du vacillement de mes repères subjectifs ne m'ont paru à aucun moment pouvoir constituer une fin en soi : ce n'est pas à évoquer un quelconque « voyage au pays de l'étrange » qu'est destiné cet ouvrage, mais à reprendre après coup des épisodes vécus dans la confusion pour élucider ce qui est en jeu dans une crise de sorcellerie, c'est-à-dire à tirer bénéfice de la répétition d'une même situation pour prendre vue sur sa première occurrence.

A propos de la mort de Pierre Coquin, mon cheminement fut constamment contradictoire : 1) plus je fréquentais les ensorcelés et plus son destin me paraissait évident, la position de conducteur rebelle étant littéralement intenable; 2) plus je m'interrogeais sur la réalité des sorciers et plus il me semblait que le secret de sa mort m'échapperait à jamais.

1. Me fondant sur la totalité de mon expérience, je vais exposer dans un instant la conception que se fait le parti des ensorcelés – à savoir ceux-ci et leurs désenvoûteurs – des devenirs possibles des enfants d'un sorcier.

Il me faut cependant rappeler au préalable que le discours des ensorcelés est le seul qui ait cours sur la sorcellerie – hormis les discours sceptiques décrits au chapitre IV – puisque les sorciers, ne se reconnaissant jamais tels, n'occupent aucune place d'énonciation. Si je le fais, c'est que je l'ai moi-même oublié en entendant Joséphine me dire la mort de Pierre Coquin et que la raison de ma panique tient précisément à cet oubli. Au cours de cette consultation et dans les heures qui suivirent, en effet, je n'ai pas douté un seul instant que les événements auxquels se référaient les locutrices, moi y compris, événements qui avaient uniformément trait à des accidents de voiture, *étaient* la réalisation des vœux de mort que, contrairement à moi, Joséphine et madame Flora exprimaient si librement. (On a là un exemple frappant de la raison pour quoi j'ai pu dire avoir été « *prise* » dans les sorts ou, ce qui revient exactement au même, dans le discours de la sorcellerie.)

Malgré la lourdeur du procédé, il me paraît que mon propos sera plus évident si je répartis les différents éléments évoqués au cours de cet après-midi de juillet 1971 entre deux registres : celui du vœu de mort (qu'il soit ou non assumé par la locutrice) et celui de sa réalisation supposée.

LE VŒU DE MORT	SA RÉALISATION SUPPOSÉE
1.	J'ai eu, récemment, un nouvel accident de voiture, lequel a provoqué les douleurs cervicales dont il a été question dans la consultation d'aujourd'hui.
Madame Flora m'assure que mon sorcier veut ma mort, et d'un accident de voiture. (C'est elle qui le dit.) Pour moi, *je sais bien* que nommer celui qu'elle dit être mon sorcier ou parler de lui n'est pas le tuer, *mais quand même* je ne puis me résoudre à demander sa punition. (Donc, je crois bien que nommer ou parler, ce peut être tuer, sans quoi je me prêterais au jeu sans la moindre réticence.)	
2. Aujourd'hui, Joséphine a admis que sa meilleure amie était sa sorcière, passant brutalement de l'amour à la haine et réclamant à madame Flora une vengeance exemplaire.	
3. Aujourd'hui, madame Flora est passée, sans préavis, de l'amour à la haine pour sa vieille amie, la « *petite mère* ». (*Je sais bien* qu'il ne s'agit pas là de sorcellerie, *mais quand même* madame Flora en a parlé précisément dans cette consultation où Joséphine, etc.)	La « *petite mère* » se meurt à l'hôpital, le crâne fracassé dans un accident de voiture.

LE VŒU DE MORT	SA RÉALISATION SUPPOSÉE
4. Madame Flora, furieuse que j'aie questionné la « *petite mère* » à son sujet, va-t-elle opérer le même retournement à mon égard ? Les histoires qu'elle a racontées au cours de la consultation signifient-elles qu'au fond, certains désorceleurs sont des sorciers ? (*Je sais bien* qu'elle ne parlait pas d'elle, *mais quand même* pourquoi en a-t-elle parlé précisément ce jour-là ? *Je sais bien* qu'elle entendait simplement me signifier qu'elle seule devait avoir la maîtrise de notre relation, *mais quand même*...) Madame Flora me croit-elle « *jalouse* » d'elle comme la « *petite mère* »...	... qui a eu le crâne fracassé, etc.
... ou, ce qui revient au même, « *jalouse* » d'elle comme sa sorcière l'est de Joséphine ? Autrement dit : me classe-t-elle dans la catégorie des sorcières possibles ? Me signifie-t-elle qu'elle pourrait être ma sorcière ? Actuellement, *qui est qui, pour l'autre*, de madame Flora et de moi[1] ?	

10. Bien qu'en principe j'aie choisi de ne pas exprimer dans mes notes journalières mes états d'âme, j'y ai inscrit ce jour-là mon amertume de me voir tout à coup exclue par madame Flora (je craignais, en effet, qu'elle ne veuille plus me voir désormais). J'écrivis aussi que, si cela se produisait, j'irais la « *dénoncer* » à Jean Lenain, que je ne connaissais pas encore, mais dont Marie Fourmond me parlait. Quand je le rencontrai, il est, pour le moins, curieux qu'il ait immédiatement pensé à accuser madame Flora de m'avoir ensorcelée, bien que j'aie parlé d'elle dans des termes élogieux. Mais il est vrai qu'on ne pouvait m'attribuer un sorcier ordinaire (un voisin, etc.) et que madame Flora avait été incapable de guérir mes douleurs cervicales. Quand Lenain me proposa d'attaquer ma désorce-leuse, j'avais évidemment « oublié » cette consultation de juillet 1971 et

LE VŒU DE MORT	SA RÉALISATION SUPPOSÉE
5. Depuis plusieurs mois, j'entends des ensorcelés dire qu'il n'y a pas d'autre place pour Pierre Coquin que mort.	Pierre Coquin est mort d'un accident de voiture.
6. *Je sais bien* que celui qu'on dit être mon sorcier n'a jamais pratiqué la moindre magie contre moi; *je sais bien* que les rituels de madame Flora, par eux-mêmes, ne peuvent provoquer quelque effet que ce soit : ni contre la sorcière de Joséphine, ni contre mon sorcier, ni contre moi; *mais quand même*, puisque tant de vœux de mort circulent en tous sens...	... vais-je mourir, à mon tour, dans un accident de voiture ?

En deçà de ce qui émergea, chez moi, sous la forme de la peur et de la confusion, il semble donc qu'ait joué cette chaîne de pensées : voilà qu'un homme est mort, dont on m'a dit depuis des mois qu'il n'y avait pas d'autre place pour lui; roulant à tombeau ouvert, il est mort de cela même dont ma désorceleuse et le simple bon sens disent que je suis menacée. Autrement dit : parce que j'étais « *prise* » moi-même dans la répétition des accidents de voiture – et cela seulement depuis que je m'occupais de sorcellerie –, le ton de constat sur lequel Joséphine me fit ce récit suffit à balayer instantanément les pauvres garanties dont je disposais alors pour m'assurer que ce n'était pas là mon destin et que la force de ma désorceleuse ou mes propres ressources vitales m'en protégeraient. L'effet de panique eût pourtant été absent, si j'avais pu me

mes relations avec madame Flora étaient alors idylliques. Dans le contexte que je viens de dire, mon refus d'entreprendre une cure avec Jean Lenain prend néanmoins un tout autre éclairage.

souvenir de ce que ce récit m'était fait, non pas, par exemple, par la famille Coquin, mais par une ensorcelée, c'est-à-dire par quelqu'un pour qui la mort d'un conducteur rebelle est une issue inéluctable.

Je puis, à présent, exposer la conception que se font les ensorcelés des devenirs possibles des enfants d'un sorcier : on y verra combien la position du conducteur rebelle y apparaît comme intenable. Il me faut, cependant, faire encore un détour préalable, car cette conception ne peut se comprendre que dans le cadre d'une théorie générale de ce que je nomme provisoirement, faute de mieux, l'espace magique.

Il est, en effet, remarquable que les Bocains utilisent deux conceptions distinctes du rapport d'un sujet à son espace social, selon que la sorcellerie est ou non en question dans une situation donnée. Dans le premier cas, ils considèrent que les personnes et les biens d'un individu *font corps* avec lui, au point qu'ils le déclarent ensorcelé même s'il ne souffre de rien, tandis que son épouse, par exemple, est malade : car celui que vise un sort, c'est le chef de famille, c'est-à-dire celui qui marque cette famille de son nom. Quelle que soit la cible atteinte par un sort – tel de ses parents ou de ses biens – celui-ci vise fondamentalement ce que j'ai nommé plus haut la « surface unique » délimitée par le nom du chef de famille, surface dont tous les points sont solidaires en ce qu'ils doivent à ce nom leur inscription[11]. Si, par exemple, la sœur de Joséphine est malade du dos ou atteinte de diarrhées, c'est en tant seulement qu'elle est l'épouse de Julien Monnier. Cette surface unique dont tous les points sont solidaires, convenons de la désigner comme *l'ensemble* défini par le nom du chef de famille et les points qui la constituent comme ses *éléments*. Chaque fois qu'il y a

11. *Cf.* pp. 23-24 et 117, n. 2.

sorcellerie et quel que soit l'acteur invoqué (ensorcelé, désorceleur ou sorcier), c'est cette représentation d'un espace solidaire qui vaut; par contre, dans toute situation ordinaire – ou pour parler comme les Bocains, quand il n'y a pas d' « *anormal* » –, les corps et les biens qui sont marqués du nom du chef de famille sont considérés séparément. Julien Monnier, par exemple, dirait alors simplement que *sa femme* est malade et non qu'*il* est ensorcelé; ou bien, s'il a lui-même la diarrhée, qu'il est *malade* et non pas *ensorcelé*.

Soit donc la famille d'un sorcier : ses enfants y figurent à titre d'éléments de l'ensemble délimité par le nom de leur père. Puisque le père Coquin est dit sorcier, ses enfants sont inclus dans un ensemble sorcier. (De même, Germaine Monnier ou Joséphine Babin sont incluses, à titre d'épouses, dans un ensemble ensorcelé.)

Selon les dires des ensorcelés – dont il faut se souvenir qu'ils sont les seuls, avec leurs désorceleurs, à parler des sorciers –, trois issues sont ouvertes aux enfants d'un sorcier, issues qui doivent être comprises en termes des relations d'un élément à l'ensemble auquel il appartient :

a) L'enfant prend connaissance des livres de ses parents, en est fasciné et devient sorcier à son tour : comme les sorciers ne sont jamais ennemis entre eux mais sont nécessairement complices – c'est là une règle absolue – l'enfant sorcier accroît donc le potentiel de force magique de l'ensemble auquel il appartient. C'est le cas, par exemple, du fils aîné des Coquin, dont on me dit qu'il « *est aussi sorcier comme* [que] *son père* ». (Curieusement, les livres de sorcellerie paraissent accessibles à l'enfant qui vient ainsi librement se soumettre au destin familial.) De même, le cousin de Jean, Clément Chicot, est devenu sorcier, après que ses parents eurent été initiés :

« *Les Chicot ont fréquenté une femme, une vieille mère qu'avait des liv'.* » Ils les ont lus, mais Louis Babin, qui me rapporte l'anecdote, se demande bien comment ils l'ont pu, puisque « *le père Chicot n'avait aucune instruction* » : apparemment, les livres de magie sont tels qu'ils peuvent être lus par des illettrés[12]. « *Le gars Chicot en a vu un, à quatorze ans, y avait écrit dedans : tourne la page, si tu l'oses... Moi, j' veux pas en voir, de ces liv'* », conclut, comme il se doit, mon interlocuteur, marquant ainsi qu'il entend se ranger dans le parti des ensorcelés. Depuis que son cousin a « *vu* » ces livres, « *chaque coup qu'y vient* [à La Croix], *le lend'main y a quéque chose* », dit Jean : une vache tarie, un outil perdu, etc.

Cette situation, que je désigne par l'expression « *tel père, tel fils* », est figurée dans le schéma ci-après : soit un ensemble sorcier dont deux éléments (le père et le fils, par exemple) sont pourvus de force magique; celle-ci investit au moins deux ensembles ensorcelés. Le profit de cet investissement revient à l'*ensemble* sorcier; non pas à la seule personne du sorcier puisque celle-ci est, en toutes choses, solidaire de son ensemble[13].

b) Toujours selon les dires des ensorcelés, il peut se faire aussi que l'enfant se désintéresse complètement de la sorcellerie de ses parents, déclarant, par exemple, qu'il ne veut de mal à personne. Mais – les ensorcelés ne manquent jamais de souligner ce point –, quelles que soient les dispositions subjectives d'un individu, celui-ci

---

12. J'ai souvent rencontré cette affirmation. Par exemple, une ensorcelée se plaint à moi de la duplicité de sa sorcière, laquelle était à ce point dépourvue d'instruction qu'elle lui faisait écrire ses lettres. Après qu'un désorceleur lui eut enfin fait voir sa sorcière « *au grand miroir* » – dans une bassine remplie d'eau à la surface de laquelle apparut l'image de cette commère à qui sa victime rendait ingénument service – l'ensorcelée eut la surprise de voir un jour l'illettrée se chauffer sur un banc au soleil en lisant « *dans un livre rouge* ».

13. Les schémas que j'introduis ici seront repris et développés plus loin, pp. 335 sq.

SCHÉMA *a)*
Tel père, tel fils

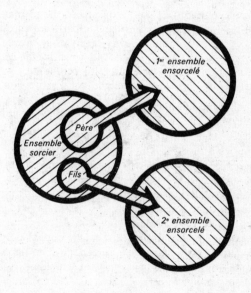

n'en est pas moins « *pris* » dans la définition de l'ensemble auquel il appartient. L'enfant – ou quiconque portant le nom du chef de famille – a beau se désintéresser des sorts, n'être nullement jaloux des richesses qu'il aperçoit chez autrui, nullement avide de s'en emparer magiquement, la sorcellerie de l'ensemble dans lequel il est inclus ne se désintéresse pas de lui. Le lien généalogique constitue un contact privilégié dont il ne lui appartient pas de se défaire, car on ne choisit pas ses parents, non plus que la définition de l'ensemble auquel on appartient : sorcier ou ensorcelé. Même si le fils n'a aucune complicité subjective avec son père – de cela, le discours des ensorcelés donne de nombreuses indications –, il est porteur de la même sorcellerie car il appartient au même ensemble ou à la même lignée. Qu'il veuille ou non le savoir, le fils tire profit des rapines de son père, même s'il n'exerce pour sa part aucun pouvoir magique – n'ayant pas lu les « *livres* », il en est d'ailleurs dépourvu –, et le pouvoir de cette sorcellerie transite à travers lui pour atteindre ceux que vise son père. Tout en lui reconnaissant une totale innocence subjective, les ensorcelés s'en protègent donc soigneusement : le regard, la parole et le toucher d'un fils de sorcier sont considérés comme dangereux car l'innocent est utilisé par le coupable comme conducteur involontaire de la sorcellerie de sa lignée. Les ensorcelés disent d'ailleurs de ces conducteurs qu'ils « *paient pour leur père* » quand le désorceleur, n'étant pas assez « *fort* » pour faire rendre gorge au principal responsable des malheurs de son client, parvient néanmoins à atteindre un élément de son ensemble. Le fils, subjectivement innocent, est en effet plus vulnérable que son père car, ne disposant pas de force magique en son nom propre, il n'est défendu que par celle de l'ensemble auquel il appartient. On trouvera aux chapitres IX et X deux exemples de cette situation de conduction involon-

SCHÉMA *b)*
Conducteur involontaire

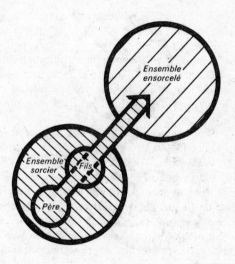

SCHÉMA *c)*
Conducteur rebelle

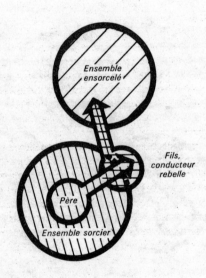

taire impliquant l'enfant, puis la sœur d'un sorcier présumé.

c) Dans le troisième cas, le plus dramatique, deux conséquences sont prévisibles pour le fils qui a tenté de détruire les livres de sorcellerie de ses ascendants[14] :

– d'une part, le rebelle est ensorcelé par son parent sorcier, ce qui revient à dire qu'il est partiellement exclu de l'ensemble de celui-ci et considéré comme non-parent; l'ensemble sorcier, notons-le, ne perd rien à cette exclusion, puisqu'il pompe la force vitale de son parent ensorcelé;

– d'autre part, le rebelle n'en est pas moins utilisé comme conducteur de l'ensemble auquel il continue d'appartenir partiellement ou avec lequel son ensemble vient faire intersection :

L'échec de la tentative de ce rebelle sans armes est inscrit d'avance dans le fait que, n'ayant pas lu les « *livres* », il ne dispose d'aucune force magique. Sa force vitale est, dès lors, tout à fait insuffisante pour vaincre la force magique de ses ascendants. Par ailleurs, on ne voit pas comment ce rebelle pourrait prétendre recourir à un désorceleur et lui demander de faire usage de sa force magique pour le défendre, puisque l'enfant d'un sorcier reste toujours inclus – au moins partiellement – dans un ensemble sorcier : à ce titre, il reste conducteur malgré lui de la sorcellerie de sa lignée.

Plus encore que celle du simple conducteur, la position du conducteur rebelle met donc en évidence l'aliénation d'un individu à l'égard de la lignée ou de l'ensemble qui l'inclut et le charge de son signe comme d'un destin : s'il

14. Ces considérations valent pour le seul cas où l'enfant prétend détruire les livres alors que ses parents sont encore en vie ou en pleine « *force* »; les ensorcelés assurent que les enfants d'un sorcier peuvent détruire ses livres sans encourir de représailles s'ils le font immédiatement après sa mort, avant qu'un héritier qui les aurait déjà lus et serait donc pourvu de force magique vienne s'en assurer la possession.

en sort, ainsi que le tenta Pierre Coquin, ce ne peut être
que pour mourir.

2. Entendant raconter l'inéluctable mort de Pierre
Coquin, j'étais donc « *prise* » dans le discours des ensorcelés, le prenant pour réalité au point de ne pas même
m'interroger sur la possibilité d'une lecture différente de
ce drame. Il y avait suffi, semble-t-il, que vacillent mes
repères subjectifs en une occasion où l'éventualité de ma
propre mort s'était inscrite dans l'ordre du réalisable. Les
choses se sont passées comme si, pendant quelques
heures, j'avais admis comme la seule vraie l'affirmation
des ensorcelés selon laquelle, sur la question des sorts, il
ne faut pas attendre la moindre déclaration des sorciers
eux-mêmes, puisqu'ils ne s'avouent jamais tels, prétendent qu'ils n'y croient pas, que ceux qui les accusent sont
des arriérés qui feraient mieux d'appliquer plus rigoureu-
sement les règles de la méthode expérimentale, ou encore
que l'accusation est le fruit d'une erreur judiciaire : il
existe des sorciers, mais le rituel de divination qui a fait
tomber sur leur personne l'imputation de sorcellerie a été
vicié pour une raison ou pour une autre. Pour sa part,
l'accusé se considère comme absolument innocent des
malheurs répétés dans lesquels se débat l'ensorcelé. Sur le
devenir de ses enfants il n'a rien à dire, puisqu'il n'est pas
lui-même sorcier.

Les ensorcelés interprètent de tels discours comme
l'effet de l'hypocrisie fondamentale des sorciers. Il
convient pourtant de prendre acte des protestations de
ceux-ci et de préciser ici en quoi les sorciers présumés
sont, pour autant que je sache, toujours fondés à se
prétendre innocents.

Le parti des ensorcelés les accuse de posséder des livres
de magie et de s'en servir pour venir en personne poser
des charmes chez leurs victimes en prononçant des

incantations particulières. Voici pourquoi ces deux accusations me paraissent imaginaires :

a) Certes, il existe des livres de magie dont on peut avoir hérité ou qu'on peut acheter à bas prix : le *Grand Albert,* par exemple, a été récemment réédité en édition de poche[15]. Mais quand les ensorcelés en donnent une description précise, il se trouve qu'elle est inexacte. Ils assurent, par exemple, que ces livres portent, au bas de chaque page, l'inscription : « *Tourne la page si tu l'oses, ou si tu le comprends.* » La formule varie d'ailleurs selon les interlocuteurs – qui affirment aussi n'avoir jamais eu de pareils ouvrages entre les mains – énonçant, par exemple : « *Tourne la page si tu l'oses, ou si tu le peux* », « *ou si tu le veux* », etc.

Jean Babin, en particulier, me dit ceci : « *Si j'avais voulu, j'en aurais eu* », des livres de magie. Car un petit désorceleur « *pour le bien* », qui « *devenait faible* », avait proposé à Jean de s'associer avec lui, afin de lui léguer à temps son fonds de secrets. Il lui proposa de prendre connaissance de ses livres, dont chaque page – au dire du désorceleur – portait la mention : « *Tourne la page, si tu es capable* ». Jean refusa, comme doit le faire un ensorcelé qui entend pouvoir continuer à se dire tel. On verra d'ailleurs plus loin que cet épisode est, aussi bien, destiné à me convaincre qu'en aucun cas Jean Babin ne saurait être dit sorcier[16]. Il est d'ailleurs frappant que son entourage ne cesse de le définir comme n'étant « *pas capable* » de quoi que ce soit : ni de consommer son mariage, ni de se défier de son sorcier, ni de soutenir le regard de celui-ci, ni d'être maître de lui-même. Pour

1. Notons cependant que seule une ethnographe peut être assez excentrique pour acheter une édition récente de ces livres de sorcellerie qui, dans le discours local, sont nécessairement 1) « *anciens* » et 2) diffusés sans qu'intervienne aucune transaction monétaire (on ne les obtient que par héritage, par prêt, en les copiant à la main, etc.).

2. *Cf.* pp. 307 sq.

qu'un désorceleur ait proposé à Jean de s'associer avec
lui, il faut bien pourtant qu'il se soit prêté, peu ou prou, à
l'idée qu'il avait le « *sang fort* ». Mais il affirme qu'il
s'agit là d'un malentendu : comment lui, qui n'est « *pas
capable* », pourrait-il accepter de lire un livre portant la
mention : « *Tourne la page, si tu es capable* »? Aussi
Jean refusa-t-il obstinément d'avoir le moins du monde
accès à la force magique, fût-ce « *pour le bien* » :
« *J' lui dis : ces liv', je n' veux pas en voir.* » Quand
donc il me parle de ces livres, ce ne peut être que par
ouï-dire.

Pour ma part, je n'ai jamais rencontré un ouvrage de
sorcellerie qui porte une pareille inscription, ni dans le
Bocage, ni à la Bibliothèque nationale[17]. Il est probable
que les désorceleurs – qui prétendent être les seuls à
pouvoir lire de pareils ouvrages sans devenir sorciers à
leur tour – sont à l'origine de toutes les « informations »
des ensorcelés sur ce point. Pourvus de la certitude que
tout livre rencontré dans la maison d'un sorcier éventuel
est un livre de magie, les ensorcelés trouvent toujours

3. J'y ai consulté les éditions suivantes des grimoires le plus souvent
cités dans le Bocage :

a) Pour le *Grand* et le *Petit Albert* les éditions de 1703 (*Les Admirables
Secrets d'Albert le Grand*), 1722 (*Secrets merveilleux de la magie naturelle
et cabalistique du Petit Albert*); 1815 (*Nouvelle Découverte des secrets les
plus curieux tirés des secrets d'Albert le Grand*); 1850 (*Admirables Secrets
du Grand Albert*); 1865 (*Le Grand Albert et ses merveilleux Secrets; Le
Secret des secrets de Nature*); 1866 (*La Grande et Véritable Science
cabalistique ou la sorcellerie dévoilée*, volume qui comprend, outre les
deux *Albert*, *Le Dragon Rouge*); 1895 (*Les Secrets admirables du Grand
Albert*); et 1920 (*Les Admirables Secrets de magie naturelle du Grand
Albert et du Petit Albert*).

b) Pour *Le Dragon Noir*, l'édition de 1896 (*Le Dragon Noir ou les
forces infernales soumises à l'homme*, Paris, Chamuel, 122 p.), dont la
page de garde porte cet avertissement : « *Ne lis pas dans ce Livre ni le
soir, de 1 à 3 et de 7 à 9, ni à minuit.* »

c) Pour *Le Dragon Rouge*, les éditions de 1521 (*Le Véritable Dragon
Rouge, ou l'art de commander les esprits célestes et infernaux, suivi de La
Poule Noire*), 1522, 1823.

moyen de soutenir leur interprétation à l'aide des indices les plus menus.

Ainsi, lorsque j'interrogeai Louis Babin sur les méthodes employées pour reconnaître les sorciers, il évoqua de « *drôles de gens* » chez qui, entrant un jour à l'improviste, il surprit le fils en train de lire « *un mauvais liv'* ». Que ce livre soit « *mauvais* », Louis le déduisait apparemment de ce que les parents du garçon étaient « *drôles* », c'est-à-dire de ce qu'il les soupçonnait d'être sorciers. La mère commanda alors à son fils : « *Ramasse ton liv'* » et, quand l'enfant eut quitté la pièce, « *elle nous r'garda* », dit Louis, et fit cette énigmatique déclaration : « *Chacun gagne d' l'argent comme y peut.* » Il ne fait pas de doute pour lui que cette phrase se rapporte à l'existence du « *livre* » et il me la répète plusieurs fois pour m'en faire goûter le sens, puis commente : « [Les sorciers,] *y n'en gagnent* [de l'argent] *dans un moment* [en un instant], *y n'en gagnent dans un moment, y récoltent trois ou quat' fois plus d' beurre qu'y n' devraient* » (que l'état de leurs vaches ne permettrait de l'escompter).

b) Les sorciers sont supposés pratiquer des rituels précis d'envoûtement : arracher une touffe de poils de la vache à tarir et prononcer dessus une incantation, enterrer un crapaud charmé sous le seuil de la maison ou de l'étable, piquer des clous d'acier charmés dans les murs, etc. Nul ne les a jamais vus pratiquer : l'ensorcelé a pu voir sa voisine tenir des poils de vache à la main, mais qui peut dire à quelle vache ils appartenaient et si une incantation a été prononcée ? Qui peut dire, de plus, si c'était pour ensorceler autrui ou pour se désorceler soi-même ? Il a pu trouver un crapaud enterré sous le seuil de sa demeure, mais qu'il ait été charmé, il ne le sait que par déduction si, par exemple, une fois qu'il a brûlé le crapaud, l'un de ses symptômes disparaît. Quand les ensorcelés évoquent les effets catastrophiques du regard, de la parole et du toucher de leur sorcier, leur conviction

est, en dernière analyse, fondée sur l'idée que le sorcier
est tel parce qu'il possède ces « *livres* » et parce qu'il y
trouve l'indication des rituels précis d'envoûtement. Or il
me paraît que, si tel ou tel sorcier présumé a de bonnes
raisons de se sentir coupable de la « *jalousie* » qu'on lui
impute ou de la « *force* » de sa parole, de son regard et de
son toucher, s'il a de bonnes raisons de se sentir menacé
par la « *force* » du désorceleur qu'on lui oppose, il est en
tout cas innocent d'avoir pratiqué un quelconque rituel
d'envoûtement.

On voudra bien se souvenir que, comme tout ce que
j'avance dans ce livre, ces affirmations sont fondées sur
ma seule expérience, laquelle fut nécessairement limitée.
J'en ai pourtant retiré l'impression qu'il n'existait pas de
sorciers pratiquant effectivement les rituels d'envoûtement qu'on leur impute ou qu'ils sont extrêmement
rares[18].

Tentons à présent de formuler quelques hypothèses sur
les causes possibles de la mort de Pierre Coquin.

1. Ses père et beau-père sont tenus pour sorciers mais,
si l'on peut admettre éventuellement qu'ils soient « *jaloux* », « *mauvais* », « *forts* » ou effrayants aux yeux des
Babin, il y a peu de chances, en revanche, pour qu'ils
aient posé des charmes dans le territoire de leurs victimes
supposées.

2. Dans le discours de Joséphine, Pierre Coquin
occupe une position clé parce que son mariage noue dans
une même histoire deux ensembles distincts de sorciers
présumés : celui de son père, à La Gravelle, et celui de

---

18. Je n'ai pu recueillir que trois cas dans lesquels il est à peu près
certain qu'un rituel d'envoûtement ait été pratiqué : curieusement, il s'agit
à chaque fois d'un désorceleur excentrique en début de carrière, qui
affiche sa pratique – « *je vais t'ensorceler* », etc. – pour terroriser ses
proches. Le troisième fut si convaincant que sa victime le tua d'un coup
de fusil.

son beau-père, Ribault, à Torcé. Cette liaison renforce
l'impression que la force des sorciers est illimitée, d'autant que, dans le cas présent, elle est dite s'exercer contre
le gré de celui qui opère cette liaison, ou à son corps
défendant.

3. Dans le journal local, cette mort a été comprise
comme un banal accident de circulation provoqué par un
jeune ivrogne. Dans l'opinion du bourg (si l'on en excepte
les Monnier), comme la triste fin d'un raté qui accumulait depuis longtemps les échecs. Dans l'opinion des
ensorcelés, ces échecs sont compris comme le produit
d'une rébellion contre la sorcellerie de ses parents; et sa
mort, comme l'éclatante illustration de leur puissance.

4. Selon les Babin – qui sont, je le répète, la seule
source dont je pouvais disposer – le père Coquin aurait,
dès l'enfance, haï son fils Pierre, le battant constamment,
lui interdisant ensuite de pratiquer la profession de son
choix, lui préférant ouvertement son frère aîné. Ces
affirmations me paraissent plausibles, sinon vraies, dans
la mesure où de telles situations ne sont pas rares dans le
Bocage. On peut alors supposer – car nul ne saura jamais
le fin mot de l'histoire – que ce jeune raté mourut un jour
d'été sur la route de La Gravelle, victime, au moins, d'un
discours familial qui l'aurait, dès l'enfance, sacrifié.

CHAPITRE IX

Prendre à son compte

Chaque fois que Jean Babin récapitule ses malheurs, il
en date l'origine avec précision : « *C'est depuis que je
suis marié* », dit-il uniformément. Entendons par là qu'il
n'a commencé à prendre au sérieux son ensorcellement
que quand il a été affecté dans son propre corps et non
plus seulement dans la bonne marche de son exploitation.

Joséphine, plus perspicace, invoque pour sa part un
autre événement à peu près contemporain de leur
mariage mais d'une portée bien plus considérable : pour
qu'adviennent ces malheurs en chaîne, lui dit-elle, « *l'a
fallu qu' tu reprennes à ton compte* » la ferme rendue
vacante par le décès du père Babin. La plupart des
affaires de sorcellerie en effet – il suffit, pour s'en
convaincre, de se souvenir de celles que j'ai évoquées au
chapitre VI – trouvent leur origine dans le moment
particulièrement périlleux où, en l'espace de quelques
mois, un fils enterre son père, reprend le fermage en son
nom propre, s'endette pour un quart de siècle auprès des
organismes de crédit et prend une épouse pour l'aider à
venir à bout de ses tâches. Le père Babin mourut en
1962. Jean prit la succession du fermage à la Toussaint
1963. De son propre aveu, les ennuis commencèrent
deux mois plus tard, en janvier 1964. Lorsqu'il se maria,

en avril de la même année, il y avait déjà dix-huit mois
qu'il avait refusé d'épouser « *la Rolande* » et que son
père était mort : six mois qu'il avait succédé à celui-ci.
Quand Joséphine s'installa dans sa nouvelle ferme, les
bêtes y étaient en proie à des accidents étranges depuis
déjà trois mois[1].

I. MALHEURS INEXPLICABLES

Dans ce moment-là de la relation que les Babin me
font de leurs ennuis, jamais ils ne lient l'arrivée d'un
malheur au passage de leur sorcier : ils sont, en effet,
plutôt intéressés à me décrire la première survenance de
l'« *anormal* » dans leur ferme, se situant au temps où nul
désorceleur n'avait encore porté de diagnostic sur leur
cas. Ils se contentent donc d'énumérer une longue série
d'infortunes, série dont l'unique justification est que les
événements y résistent à toute tentative d'explication
rationnelle. Autant dire qu'ils me demandent de reprendre
à mon compte l'annonciation qui leur fut faite, six
ans plus tôt, de leur état d'ensorcelés par le guérisseur de
Laval[2].

Ainsi, la première vache de Jean avorta pour des
raisons inconnues : « *J' l'avais achetée en confiance, à un
ami. Comment qu' vous espliquez ça?* » Les ensorcelés ne
manquent jamais d'interpeller de la sorte toute personne
à qui ils content leur histoire, mais on se tromperait
beaucoup en entendant cette interpellation comme une
question qui demande réponse : si Jean n'était bien
assuré que, comme lui, je classerais ces événements dans

---

1. On trouvera dans l'Annexe V une chronologie des événements
invoqués par les Babin.
2. *Cf.* p. 237. Ce diagnostic fut confirmé, en novembre 1969, par le
nouveau curé de Torcé qui déclara aux Babin : « *On vous fait des tours de
force.* »

la série des faits inexplicables, jamais il n'aurait entrepris de me les énoncer. « *Mon ami n'avait jamais eu d'avortement chez ses vaches, alors que, chez moi, ça n'arrête pas* » : puisque la brucellose qui provoque l'avortement des vaches est une maladie épidémique, la première vache de Jean ne pouvait en souffrir, le lot dont elle venait étant parfaitement sain. Une autre cause la fit donc avorter, mais laquelle? « *Le vétérinaire n'y put rein comprend'.* » [Comme il se doit, le savoir positif est dérouté devant un sortilège.] Depuis lors, beaucoup de vaches ont avorté de façon tout aussi incompréhensible : « *Pourquoi qu'y a des vaches qui n'ont jamais avorté depuis six ans* [car, s'il s'agissait d'une maladie épidémique, toutes auraient dû être atteintes un jour ou l'autre] *et des vaches qu'ont été vaccinées* [contre la brucellose] *et qu'ont avorté cinq ou six fois? C'est l' vétérinaire lui-même qui fait les piqûres, y n' peut point s'espliquer ça.* » Dès qu'une bête avorte, les Babin le font venir à La Croix : « *Encore vous*, dit-il découragé, *j' n'y puis rein comprend'*[3]. »

---

3. C'est du moins ce que dit Jean Babin. Le vétérinaire, à qui j'ai rendu visite, considère que la situation de l'élevage de La Croix est tout à fait claire : depuis le début, les vaches de Jean sont atteintes de brucellose. Dans ce cas, la seule solution – que Jean a refusé de mettre en œuvre – serait d'abattre toutes les vaches, de désinfecter l'étable et d'y introduire de nouvelles bêtes soigneusement sélectionnées. Jean a reculé devant la dépense – il était déjà fortement endetté pour avoir acheté ces bêtes – parce qu'il ne voulait pas prendre au sérieux le diagnostic de brucellose du fait que toutes ses vaches n'avortent pas, ce qui, selon le vétérinaire, ne signifie rien. De même, l'argument de Jean ne vaut pas, selon lequel il ne saurait s'agir de brucellose puisque l'avortement a diminué depuis trois ans : le foyer d'infection n'ayant pas été anéanti, n'importe quelle bête, n'importe quand, peut tomber malade à nouveau. A mon sens, il resterait tout de même à expliquer pourquoi, dix ans après l'installation de Jean, son élevage s'est maintenu malgré la présence d'un foyer d'infection dans son étable et pourquoi les avortements ont effectivement cessé à peu près complètement depuis huit ans, c'est-à-dire depuis l'intervention des désorceleurs.

L'année même où Jean a « *repris à son compte* », plusieurs veaux sont morts, sans qu'on puisse savoir de quoi, et quinze lapines, « *des mères* », donc des bêtes particulièrement précieuses.

D'autres événements se sont produits, qui faisaient sentir la présence d'un sorcier, mais obscurément : « *Et quand ta vache noire eut la fièvre de lait,* dit Joséphine à son époux, *on entendit une portière* [d'automobile] *claquer et n'y avait personne.* » Un autre symptôme d'ensorcellement, celui-ci tout à fait irréfutable et qui dura des mois : « *La nuit, on entendait quelqu'un qui marchait dans l' guernier* » [le grenier]. Qui donc, « *on* »? Les Babin, mais d'autres aussi bien : « *Un gars qui v'nait en journée* [il vivait chez eux, mais était payé à la journée] *et qui couchait sous l' guernier disait qu'y n'pouvait point dormi'.* » Tout le monde entendait ces bruits, « *même la mère, qui n'y croyait pas*[4] ». « *Tant qu'on était d'bout, n'y avait rein, mais sitôt qu'on était couchés et qu'on éteignait la lumière* », l'étrange charivari commençait et Jean disait à son épouse : « *Ça y est, il est là, y en a un qu'est en train d' ronfler.* » Je me décide à poser une question d'ethnographe : « *Un quoi?* » Les deux époux se regardent, cherchant une réponse. Jean déclare après un long silence : « *J'avais bein trop peur pour monter.* » Ce qui ronflait ainsi, c'était un être qu'il aurait fallu pouvoir affronter pour définir sa nature. Mais qui prendrait un risque pareil, puisque le

4. Bien qu'elle « *n'y croie pas* », la mère Babin s'en fut, un mois après le mariage de son fils, à l'annonce de son fiasco sexuel, porter sa photo à un guérisseur de Laval. Il semble qu'elle croie aux sorts et au diagnostic de ce guérisseur, mais qu'elle n'admette pas que Ribault soit le sorcier de son fils. « *La mère,* dit Jean, *elle n'a pas confiance dans ça. Quand j'y en parle, elle me dit : Vous devriez pas en causer, le voisin est pas capable de ça.* » Nous verrons plus loin (p. 317) qu'elle a d'excellentes raisons de penser que les ennuis de Jean n'ont pas commencé avec son mariage, qu'ils ont une longue préhistoire : si celle-ci est prise en compte, ce n'est pas, en effet, le seul voisin qu'il faut incriminer.

témoignage de quelques-uns, qui n'étaient pas « *pris* »
dans les sorts – la mère Babin, le journalier –, attestait
qu'il ne s'agissait pas d'hallucinations auditives? Même
Joséphine, qui n'était atteinte d'aucun symptôme corporel, qui utilisait ses protections avec une telle présence
d'esprit, entendait cet être qui respirait, ronflait, marchait
de long en large dans le grenier. « *Y en avait même qui
dansaient* », dit-elle, assurée d'en avoir entendu plus
d'un. Le journalier s'interrogeait : « *On aurait dit quéqu'un qui marchait dans l'escalier.* » Dès que l'ouvrier se
couchait, chaque soir, il n'osait plus se relever jusqu'au
point du jour, cloué à son lit par la peur : entre la
chambre de ses maîtres et la sienne, il entendait cet être
qui rôdait sans fin. Jean essaie de me décrire précisément
le phénomène, en mimant la démarche d'un homme qui
se dandinerait lourdement : « *Ça marchait comme ça,
sitôt qu'on était couchés. Une nuit, ils faisaient tant de
bruit dans l' guernier qu'on aurait dit qu'y avait d' la
ferraille à tout casser* [qu'ils traînaient sur le sol] *et y avait
rein : l' guernier venait qu' d'êt' débarrassé* » (les Babin
venaient de le vider pour éliminer toute possibilité de
bruits nocturnes).

Joséphine assure d'ailleurs que ces incidents énigmatiques se répètent dans toutes les affaires de sorcellerie. Elle
se souvient, par exemple, que, dans la ferme où elle était
placée étant jeune fille, « *les lapins s' mangeaient les
oreilles* » mutuellement, si bien qu'on pouvait voir dans
les clapiers ce spectacle extraordinaire de « *lapins sans
oreilles* ». Le vétérinaire n'y pouvait rien, mais la
« *femme d'Izé* » mit rapidement fin à cette aberration.
Une fois les lapins guéris, pourtant, les canes furent
atteintes d'un mal inconnu : soudain, voilà qu'elles
« *étalaient les ailes et crevaient* ». Les deux époux, me
racontant l'événement, miment ces canes qui rendent
l'âme, la tête retombant sur le côté, paraissant ivres.
« *'reusement que j' l'ai vu à temps,* dit Joséphine qui

n'est jamais à court de remèdes magiques, *j'y ai mis du sel dans la goule* [elles sont revenues à la vie, mais] *dix minutes plus tard, c'était trop tard.*

II. L'AUTRE SORCIER

Lorsque Jean Babin reprit à son compte la ferme de son père, son installation déplut à un autre sorcier, apparenté à sa mère, qui se mit à le « *travailler* », lui aussi. En dépit du précepte qui veut que les sorciers « *se communiquent* » et « *fassent masse* », le voisin et l'oncle de Jean semblent avoir opéré indépendamment l'un de l'autre; ils ont d'ailleurs été combattus par des désorceleurs distincts : le voisin, par les désorceleurs « *pour le mal* », dont on se garde bien de me parler encore; l'oncle, par un désorceleur « *pour le bien* », le nouveau curé de Torcé, dont on va me détailler les pratiques et l'efficacité[5]. Le discours que les Babin m'adressent paraît donc organisé dans ce moment-là comme la démonstration en deux points de ce qu'ils sont bien ensorcelés :

a) Depuis que Jean a « *repris à son compte* » la ferme de son père, « *il y a de l'anormal* »;

b) Certains symptômes ont déjà été levés par un désorceleur « *pour le bien* » : s'ils étaient l'effet de déterminismes normaux, ils auraient résisté à tout traitement magique.

Ce que les Babin m'ont déjà dit sur la toute-puissance

5. On voudra bien se souvenir que les Babin opposent constamment le nouveau curé de Torcé, qui arriva en 1968, qui croyait aux sorts et les désorcela, à l'ancien, qu'ils consultèrent sans succès en 1965 et qui se moqua d'eux. Je rencontrai le nouveau curé, sachant déjà qu'il avait désorcelé les Babin, mais il refusa de me parler des sorts, affirmant le plus sérieusement du monde : « *Moi je ne crois pas à ces choses-là.* » Cette réaction ne m'étonna guère, car je savais que l'aumônier de l'hôpital psychiatrique, informé de ses pratiques par les confidences que Louis Babin avait faites à la psychologue, était allé s'en ouvrir à l'évêque...

de Ribault contenait un appel à ma propre « *force* » magique, appel qu'ils expliciteront après avoir épuisé cette démonstration. Revenons donc à ce petit sorcier que le curé de Torcé maîtrisa sans trop de difficulté.

Les Babin ne me donnèrent pas ce jour-là d'explication satisfaisante sur les raisons pour lesquelles leur oncle Chicot – car il porte le même nom que la sorcière des Régnier – aurait pu les ensorceler, sinon que l'installation de Jean semble l'avoir brutalement privé de quelques avantages matériels : avant le mariage du jeune homme, sa tante – une sœur de la mère Babin – venait parfois travailler à La Croix comme ouvrière payée à la journée ; à cette occasion, elle prélevait librement des produits de la ferme – du lait, des œufs, des pommes, des fleurs, etc. –, comptant sur la générosité de sa sœur, alors maîtresse de l'exploitation, pour améliorer son ordinaire et se faire valoir auprès des religieuses de la clinique Saint-Michel de Craon, où elle travaillait, en leur fournissant des fleurs à profusion.

Pour faciliter la lecture, j'indique sur un diagramme les relations de parenté et d'alliance entre les intéressés.

Plusieurs mois après ma première rencontre avec les Babin, Joséphine me racontera la préhistoire de leurs malheurs et j'apprendrai alors que les Chicot y furent étroitement liés. Pour l'instant, les Babin me décrivent ces parents qui les ensorcellent dans un discours très comparable à celui qu'ils ont utilisé pour parler de leur voisin, m'énumérant les preuves de ce que les Chicot leur « *jouent des tours de force* » et de ce qu'eux-mêmes les considèrent comme sorciers. Le plus coupable paraît être l' « *homme de la tante* », parce que sa mort, on le verra, fut particulièrement caractéristique et que son passage produisait les effets les plus stupéfiants. La tante n'aurait sans doute pas été perçue comme sorcière si elle n'était l'épouse de cet homme – si son mariage ne l'avait incluse

DIAGRAMME 5
Apparentement entre sorciers et ensorcelés

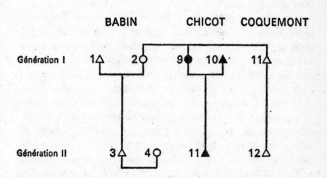

Légende

△ homme
○ femme
▲● les sorciers sont indiqués en noir
⌐⌐ germains (frères et sœurs)
∟⌐ époux
| descendants

GÉNÉRATION I :
I, 1 : Le père Babin, décédé.
I, 2 : La mère Babin, née Coquemont.
I, 9 : La tante Chicot, épouse de...
I, 10 : L'« *homme de la tante* », Chicot, sorcier de Jean.
I, 11 : L'oncle Coquemont, témoin innocent des sorcelleries de son beau-frère.

GÉNÉRATION II :
II, 3 et 4 : Jean et Joséphine Babin.
II, 11 : Le cousin Clément Chicot, conducteur involontaire des sorcelleries de son père.
II, 12 : Le cousin Coquemont, témoin innocent des sorcelleries de son oncle.

dans un ensemble sorcier : ils notent simplement que son passage produit des dégâts, mais jamais ils ne la décrivent comme « *mauvaise* », ni comme pourvue des attributs de la toute-puissance. Quant à leur cousin, ils le considèrent finalement comme un conducteur innocent de la sorcellerie des parents.

a) « *Quand la tante venait en journée,* dit Jean, *elle tirait beaucoup d' lait* [en trayant les vaches de Babin dont la production était donc normale avant que le jeune homme ne « *reprenne à son compte* »] *et maintenant, chaque coup qu' la tante ou son fils vient, la vache est térie* » sitôt qu'ils ont tourné les talons.

b) « *L'y aura un an au mois d'novemb',* dit Joséphine, pour qui l'exacte comptabilité de leurs déboires est une condition essentielle de la lutte contre les sorts, *la vache noire était pour vêler* [allait vêler]. *Y avait une patte de veau d' sortie* [c'était donc un accouchement difficile]. *Je dis : le veau, y va êt' péri* [il va mourir]. *J'y mets du sel su' l' dos* [de la vache] *et on fait accoucher.* » Si une protection magique permet de réussir un accouchement difficile, c'est donc qu'il ne s'agissait pas d'un obstacle naturel; d'ailleurs, l'« *homme de la tante* » (l'oncle Chicot) était passé à La Croix peu avant.

c) De même, après un passage des Chicot, ils trouvèrent un jour quarante oies malades, « *hébétées* [ils miment le spectacle de leurs bêtes malades, renforçant ainsi l'effet de conviction], *qui tournaient dans la cour de la ferme. Le vétérinaire n' savait pas c' qu'elles avaient. On y a mis du sel dans l' bec* [opération spécialement malaisée], *on a dit des messes, elles guérirent.* » Donc, elles étaient malades du fait d'un sort, sans quoi sel et messes auraient été inefficaces. De toute manière, l'étrangeté des symptômes dit, à elle seule, qu'il s'agit d'un sort ou, pour parler dans le langage délibérément approximatif des ensorcelés, qu'« *il y a d'l'anormal* ».

d) Un jour, dit Jean, « *l'onc' vient serrer* [ramasser] *des*

pommes à couteau. Le lend'main, j'ai trouvé trois beur-
rées dont une ne portait pas à terre; y avait pas d' raci-
nes [donc ces beurrées ne sont pas des végétaux ordinai-
res], *elles étaient posées sur la bordure des pattes-de-chat*
[ce sont des fleurs]. *Elles étaient épaisses* [il me montre
la longueur de sa phalange], *on voyait la crème qui cou-*
rait. » Ce végétal dépourvu de racines leur paraît être une
preuve absolue de la toute-puissance de l' « *homme de*
la tante », au point qu'ils n'ont pas craint d'évoquer cet
épisode à l'hôpital psychiatrique[6]. Puisque Jean trouve
de la crème dans une « *beurrée* », il doit manquer du lait
dans le pis d'une vache : « *Pendant ce temps, la vache*
avait téri. » Je tente de me faire décrire précisément ce
procès de tarissement, mais il n'y a rien à décrire parce
que c'est toujours la même chose : du lait, « *la vache en*
a à un r'pas [avant l'apparition de la « *beurrée* »]. *Après*
n' n'en a moins. Au r'pas suivant, n'en a peu. Dans huit
jours, elle est térie. » La spécialité de l' « *homme de la*
tante », c'est d'ailleurs de leur envoyer des « *beurrées* » :
« *En 68, y en a eu plus d'un cent.* »

Ces « *beurrées* », ils ne les ont pas inventées, d'autres
peuvent témoigner de leur apparition, leurs voisins, par
exemple, « *des amis, des gens qui s'entraident à travail-*
ler » et qui sont d'autant plus fiables qu'ils ne croyaient
pas aux sorts. Quand Joséphine les eut mis devant le spectacle étrange de ces « *beurrées* » qui étaient là, posées
sur les fleurs comme une partie détachée du corps de la
vache, quand ils virent la crème courir sous la peau
transparente de ce végétal inconnu et sans racines, ils en
restèrent bouche bée, « *complètement hébétés* ». La
preuve qu'il s'agit d'une sorcellerie, c'est que la vue des
« *beurrées* » produit automatiquement la stupéfaction, ce
que ne pourraient faire des moisissures ordinaires, non

6. *Cf.* p. 171.

chargées de puissance magique[7]. De même, dira Louis
Babin, « *le frère de ma mère* [l'oncle Coquemont, cité ici
à titre de témoin impartial], *y s'plaît dans la ferme. Y
vient un dimanche avec son gars* », voit une « *beurrée* »
et se précipite à la sortie de la messe de Torcé pour
annoncer à Jean que d'étranges événements se sont
produits pendant que la ferme était sans surveillance. Car
les sorciers utilisent aussi les moments où ils savent les
« *patrons* » de la ferme absents à l'occasion d'une messe,
d'une noce ou de funérailles pour poser des charmes ou
faire surgir des « *beurrées* ». « *J'en ai vu d'beau, dans
ton jardin!* » dit-il à Jean. « *Lui aussi,* conclut Louis,
l'était complètement hébété », stupide devant l'évidence
de cette sorcellerie.

e) Ils ont alors consulté le curé de Torcé – c'était en
1965 – qui accepta de venir bénir les lieux. Mais sa
bénédiction resta sans effet, car il ne croyait pas aux
sorts : « *Y disait qu'c'étaient des contes de bonne femme,*
déplore Jean. *On lui dit : Attendez donc d'ê' pris vous-
même et on verra c'que vous direz!* » Quand ensuite la
« *femme d'Izé* » (que les Babin se gardent bien de me
nommer pour l'instant) leur indiqua comment se débarrasser des « *beurrées* », Joséphine eut constamment
besoin d'eau bénite. « *C'est-y qu'elle la boit, son eau*

_____

7. Lovecraft décrit fréquemment le sentiment d'inquiétante étrangeté
que produit la vue d'un objet absolument familier en apparence, mais
dont un détail au moins échappe à nos repères habituels : c'est une pierre,
mais elle rétrécit; elle est sculptée, mais ses lignes ne relèvent d'aucune
géométrie connue; elle est colorée, mais d'une teinte indéfinissable et qui
n'appartient pas au spectre, etc. Le héros se souvient alors d'en avoir lu la
description dans des ouvrages maudits, dont il considérait qu'ils avaient
été produits par des fous (par exemple, le *Necronomicon* de l'Arabe
dément Abdul Alhazred) et dont la suite du récit nous apprend qu'ils
disaient la pure vérité. Chaque fois qu'un ensorcelé est ainsi confronté à
l'inquiétante étrangeté, les récits de sorcellerie, qu'il tenait pour le produit
d'une imagination démente, prennent pour lui valeur de réalité. Bien
qu'évidemment je l'aie tenté, il est inutile de soumettre ces situations, où
apparaît le sentiment d'inquiétante étrangeté, à la critique positive.

bénite? » demanda ironiquement le curé devant un groupe de fidèles. Il l'accusait ainsi de s'en saouler et l'on comprend que cette épouse d'un ivrogne n'ait guère apprécié la plaisanterie : « *Vous vous rendez compte*, me dit-elle, *un prêt', dire ça!* » Si, en effet, les prêtres eux-mêmes font du malheur et de la confrontation avec le surnaturel une occasion de rigolade, s'ils sont devenus à ce point « *incroyants* », où va-t-on [8].

Je demande alors aux Babin en quoi consistent, à leur avis, ces « *tours de force* » et comment le sorcier opère ces transferts de « *force* » ou de richesse. Les deux époux se regardent, cherchant une réponse, ébauchent des gestes confus et Joséphine déclare finalement que cela ne peut se savoir mais que « *le curé* [le nouveau curé, celui qui " *y croit* "] *dit qu'il* [le sorcier] *doit v'ni' dans l'jardin et quand y dit : L'est beau, vot' jardin! ça y est, le mal est fait* ». Cette réponse suggère immédiatement trois remarques : 1) L'ensorcelé ne peut savoir comment le sorcier opère parce que l'imputation de sorcellerie est toujours une déduction faite après coup, qui renvoie des effets étranges ou catastrophiques au comportement supposé d'un être qui agit en secret. D'autre part, une fois qu'« *on se doute* », c'est-à-dire quand on a nommé le sorcier, la règle fondamentale de conduite, pour l'ensorcelé, est de se tenir à l'écart de son sorcier. Pour se mettre à l'abri de

---

8. Il y a peu de chances pour que les prêtres aient jamais été très enthousiastes pour la sorcellerie paysanne. Mais il y eut un temps, que tous les fidèles d'âge moyen ont vécu dans le Bocage, où la médiation des saints, entre Dieu et les croyants, était reconnue comme un moyen normal de vivre sa foi; où il était d'ailleurs licite de faire des demandes pour soi aux instances surnaturelles; où, le prêtre croyant aux saints et au diable, les paysans pouvaient se permettre de croire aux sorciers sans être taxés de dérangement mental mais seulement de superstition; où l'évêché ne réprimait pas les prêtres-désorceleurs et encourageait la distribution de médailles, d'eau et de sel bénits; où l'état de malheur extrême dans lequel se trouvent les ensorcelés recevait des réponses religieuses et non pas psychothérapeutiques.

son regard, le plus sûr est de ne pas le regarder. Par
conséquent, seul le désorceleur, dont c'est le métier que
de l'affronter, peut en dire quelque chose. 2) L'essentiel
de ce que les ensorcelés disent savoir de la sorcellerie, ils
l'ont appris de leur thérapeute; l'annonciateur leur donne
les rudiments d'une initiation, mais qu'il tient lui-même
de son désorceleur; la plupart des histoires de sorciers
viennent, elles aussi, de la même source et font partie de
ce que le désorceleur enseigne à ses patients. 3) Dans le
cas qui nous occupe, l'explication du curé revient à dire
que l'expression ouverte d'un désir, ou la reconnaissance
explicite de ce qu'une possession de l'ensorcelé s'inscrit
pour le sorcier dans l'ordre du désirable, suffit à marquer
celui-ci comme sorcier.

f) « *Et l'an dernier,* dit Joséphine, *à l'Assemblée* [c'est
le nom qu'on donne à la fête du saint paroissial], *quand il*
[l'oncle Chicot] *t'a serré la main : le lend'main y avait
une beurrée dans l' jardin.* » Elle me prend une fois
encore à témoin de l'imprudence de son époux, qui ne
songe pas plus à se protéger de son oncle que de son
voisin, et, sûre d'avoir en moi une alliée, se met à
l'apostropher : « *Et pourquoi qu' tu y as touché la main,
tu savais bein qu'y aurait du malheur !* » Lui, penaud
comme toujours, marmonne qu'il oublie de se protéger
pour peu qu'il tombe sous le regard de « *l'autre* »; soit,
au seul moment où il ne le faudrait pas, comme le lui fait
remarquer son implacable épouse. Même s'il le pouvait,
m'explique-t-il, cela ne servirait de rien : « *L'homme de
la tante, l'était si fort, qu'y en avait qui tombaient
paralysés à cause de lui.* »

g) Une preuve essentielle de ce que les Babin sont
ensorcelés, et par leur oncle, c'est que les mesures prises
par le curé mirent fin simultanément aux phénomènes
étranges et aux visites de leurs parents.

Le curé bénit et aspergea d'eau bénite la maison, les
étables, les bêtes et les gens; il distribua « *une poignée de*

médailles de la Bonne Vierge miraculeuse et de saint
Benoît », le saint réputé efficace contre les sorciers[9]. On
en mit dans les étables et dans la volaillerie, on en porta
sur soi et l'on prit l'habitude d'utiliser l'eau bénite au
moindre signe d'« *anormal* » : « *J'en garde toujours un
flacon, j'en ai toujours* », dit Joséphine qui n'entend pas
être prise au dépourvu. On fit dire des messes à dix francs
« *pour que ça aille mieux* », dont une pour la Saint-
Sébastien, patron des cultivateurs. Enfin, l'on combattit
les crises de nerfs de Jean avec du sel : selon l'intensité de
la crise, il lui suffit d'en avoir en poche ou bien il faut, en
plus, qu'il le touche. Ainsi, « *l'autre jour*, dit Joséphine,
le gars Jean, y s'est énervé par deux fois », mais il a
pensé à toucher son sel et « *ça n'a pas duré* ». On mit
régulièrement du sel « *dans l' fond d' la trayeuse* » pour
que le lait qui y venait soit suffisamment riche en matière
grasse et on en mit aussi « *su' l' dos d' la vache qui est en
train d' vêler* », pour que l'accouchement se passe sans
incident. Notons que l'ensorcelé et ses bêtes sont traités de
la même manière parce qu'ils sont inclus dans un même
ensemble et solidairement menacés par le sorcier.

« *Du jour où l' curé est v' nu*, dit Jean, *l'onc' n'est
jamais rev'nu, ni la tante. Elle n' peut pus entrer prend'
des fleurs pour donner aux sœurs, y a quéque chose qui
l'empêche.* » Même « *le fils de la tante, le gars Clément, y
n' vient plus. Avant, y v'nait tout l' temps et à chaque fois,
y avait quéque chose le lend'main* ». Depuis que le curé
a placé des médailles à l'entrée du chemin conduisant à
La Croix, Clément Chicot, « *y passe devant et y n' par-*

---

9. Trois moines bénédictins discutèrent un jour en ma présence du
crédit qu'il fallait accorder aux médailles de saint Benoît et à la prière
d'exorcisme qui l'accompagnait. L'un, d'âge mûr, la trouvait « juste » ; le
plus jeune la dit « superstitieuse ». Le troisième, un vieillard, ancien
missionnaire en Extrême-Orient, apostropha son cadet, qui rougit jusqu'aux oreilles : « Comment ! Ce texte a été signé par l'évêque du Mans et
vous le trouvez superstitieux ? »

vient pas à entrer : y a une force qui l'empêche [celle des
médailles bénites]. *Jamais y n'a pu rev'ni' »*. C'est
d'ailleurs un brave garçon, les Babin l'aiment bien mais,
comme tout conducteur involontaire, il est dangereux. A
présent, c'est lui principalement qu'atteint la « force »
magique des protections fournies par le curé. De ce
que son existence est une suite de malheurs, les Babin
concluent : « *C'est p'têt' bein lui qui trinque pour eux.* »

Depuis quelques mois, grâce aux mesures prises par le
curé, « *c'est calme* ». L'avortement des vaches diminue
notamment, le lait et les œufs sont produits en quantités
normales; les bruits terrorisants ont cessé au grenier.
(Simplement, Jean est aussi impuissant qu'au soir de sa
noce, car le curé, après tant d'autres, lui a déclaré :
« *Contre ça, je ne peux rien.* » Mais ce symptôme, c'est
Ribault qui en est responsable.)

h) Enfin, la mort anormale de l'oncle constitue un
signe certain de ce qu'il était bien sorcier : « *L'est mort
d'une drôle de façon* », à la suite d'une prédiction, dit
Jean. La scène se passe au café de Torcé, dans l'affluence
d'un jour de marché. Parmi les consommateurs, se trouvent l'oncle Chicot et ses deux compères, sorciers comme
lui et amants de sa femme : « *Ils s'occupaient d'elle* », du
moins il le présume, car on ne saurait être sorcière si l'on
n'était pourvue d'une grande avidité sexuelle. Arrive un
« *étranger* », un homme venu du dehors, que nul n'avait
jamais rencontré, qu'on ne revit plus jamais et qui semble
n'avoir vécu que pour délivrer ces prédictions. Joséphine
me dévisage alors et remarque : « *C'était p'têt' quéqu'un
comme vous, qui s'rait v'nu pour étudier les sorts.* » Suit
un long silence interrogateur des deux époux, mais je suis
trop interloquée pour savoir que leur dire, car il est
patent que cet étranger, qui peut-être « *étudie* » les sorts,
n'est pas moins qu'un justicier venu à point nommé pour
rétablir l'ordre par sa parole souveraine. Jean se racle la
gorge et reprend son récit. L'étranger s'approche alors de

la patronne du café et lui dit, désignant les trois hommes : « *Y a des drôles de gens, chez vous, qui n' me plaisent point.* » Pour qu'un étranger identifie les trois sorciers dans une assemblée où il est censé ne connaître personne, pour qu'il se permette de blâmer des villageois dans ce lieu de neutralisation des conflits qu'est le café du bourg et pour qu'il s'autorise à fonder ce jugement sur son seul déplaisir, il faut vraiment qu'il se sente assuré de son bon droit ou tout au moins de sa « *force* ». D'autant qu'il se met à énoncer des prédictions sur ces « *drôles de gens* » qui ne lui « *plaisent point* » :

« *Celui d'en haut d' la côte, dans huit jours d'ici, il sera mort.* » Il s'agit de l'oncle Chicot qui, effectivement, habitait « *en haut d' la côte* » et mourut dans le délai prescrit, sans manquer à la règle qui veut que sa « *force* » devienne visible : « *L'homme de la tante, quand il fut pour mourir* [c'est-à-dire au moment de son agonie], *l'avait les yeux qui lui sortaient d' la tête, c'était le mal qui l' travaillait* », faisant ainsi saillir les insignes de sa toute-puissance [10].

« *Celui qui est à la sortie du bourg, y s' détruira.* » (« *Se détruire* », c'est l'expression consacrée pour désigner le suicide.) Quand l'homme se tua, quelques mois plus tard, non sans avoir connu quelques ultimes voluptés – il « *remplaçait* » le défunt père Chicot auprès de sa veuve –, il le fit dans une mise en scène singulière qui frappa les imaginations : au lieu de se pendre à un pommier ou à une poutre de son grenier, ou encore de se noyer dans le grand étang de Torcé, comme le font les suicidés ordinaires, il se fusilla lui-même grâce à un mécanisme ingénieux qui lui permit de mourir dans son lit, ficelé dans ses couvertures.

---

10. Une preuve supplémentaire, s'il en était besoin : « *Quand l' mari d' la tante mourut,* dit Joséphine, *tout l' monde rigolait.* » Cf. pp. 274-283 : « *Un rire démonstratif* ».

« *Le troisième dans l' carrefour, c'est drôlement dur
pour le faire crever* », dit enfin l'étranger. Ce « *troisième* » précisément, dit Jean, c'est un homme âgé dont
« *le Bon Dieu n' veut pas et le Diab' non plus* », qui,
comme le voisin des Babin, résiste à toutes les catastro-
phes : « *L'an dernier, l'a été pour mouri'* » [il était à
l'agonie], *mais il re-marche comme jamais.* »

Cet épisode me paraissait poser bien des questions,
mais je n'osai en risquer aucune parce que les Babin me
proposaient manifestement d'occuper la place laissée
vacante par cet étranger. Qu'ils n'aient jugé utile de faire
aucun commentaire disait assez leur conviction que ces
prédictions, par elles-mêmes, avaient provoqué les événements qu'elles annonçaient. Dans des circonstances aussi
périlleuses, on a beau venir d'une civilisation de la
parole, on y regarde à deux fois avant de s'y aventurer.
D'autant que Joséphine, récapitulant à mon intention les
malheurs de son époux, m'avait demandé un peu plus
tôt : « *Si vous pouvez faire quéque chose, rendre le mal
pour le mal...* »

Il vaut la peine de restituer le contexte dans lequel cette
demande avait été énoncée. Dévidant la série des malheurs inexplicables, Jean était revenu sur les symptômes
qui avaient immédiatement suivi son mariage : « *J'avais
les nerfs qui m' sautaient tout seuls dans l' bras et dans
tout l' corps* », me dit-il. Pour me donner à voir ce
symptôme, il avait mimé le mouvement brusque des nerfs
qui lui sautaient dans la main quand il la posait, par
exemple, sur son biceps. Qu'il ne puisse plus contrôler ses
« *nerfs* », constamment agités d'un mouvement autonome, l'avait vivement effrayé. Il était alors allé demander secours à la clinique psychiatrique privée du docteur
Naveau, qu'il connaissait un peu pour y avoir rendu
visite à ses tantes. Là, il n'avait pas craint de parler de son

impuissance, mais le médecin lui avait fait la réponse décevante que l'on sait.

Joséphine avait alors repris la parole, récitant une fois de plus la liste de leurs malheurs, mais cette fois, parce qu'il s'agissait du corps de Jean et de son impuissance sexuelle, elle avait soudain perdu sa belle assurance, oublié ses déclarations victorieuses (« *moi, je n' suis jamais malade de rein* ») et marqué par des larmes combien elle était atteinte, elle aussi, par le sort : « *Si ça n'avait été qu' les bêtes,* se lamenta-t-elle, *on n'aurait pas été chanceux* [« *pas chanceux* », c'est, on s'en souvient, le diagnostic que porte l'ensorcelé sur lui-même avant l'annonciation] *et ces maladies* [des bêtes], *on les aurait supportées. Mais qu'il soit malade, lui, qu'on n'ait pas pu avoir d' relations !* » Ce qui est insupportable et qui signe une affaire de sorcellerie, c'est ce passage de la série animale à la série humaine, cette constitution d'une surface unique exposée aux coups du sorcier. Elle avait conclu, s'adressant à moi : « *Si vous pouvez faire quéque chose, rendre le mal pour le mal...* » Assurément, depuis le passage du curé, c'était « *calme* », les Babin disposaient d'une batterie impressionnante de mesures pour combattre les maux de bêtes et les crises de nerfs de Jean, mais l'impuissance sexuelle, ce symptôme central étroitement lié avec le fait de « *prendre à son compte* » l'héritage du père, n'avait toujours pas été levé.

CHAPITRE X

Rendre le mal pour le mal

A présent que le maître mot est lâché, que s'est formulée sans équivoque la demande des Babin, leur discours procède selon un mouvement constamment rétrograde : puisque aussi bien, en sorcellerie, quel que soit l'épisode que l'on invoque, il renvoie nécessairement à un avant, le sort étant depuis toujours déjà là.

Son point d'attache, c'est l'appel des Babin à la « *femme d'Izé* » qui mourut l'an dernier mais dont tant de signes qu'ils ont lus en moi viennent ressusciter la présence. Avant elle, pourtant, il y eut la « *femme d'Alençon* » qui se nommait aussi Marie, qui achemina Jean vers le mariage et déposa dans sa mémoire la prédiction pessimiste qui devait prendre effet au moment où ils m'inventèrent; le prêtre-docteur qui guérit Jean du mal qui l'empêchait d'épouser; six désorceleurs inefficients dont les paroles furent parfois conservées; enfin, les sorts autrefois jetés aux parents de Joséphine – encore à l'occasion d'une noce, celle de son frère aîné –, sorts promptement levés par la « *femme d'Izé* », à l'exception toutefois d'une mise en garde des sorciers quant à l'identité sexuelle de l'homme que leur fille épouserait.

Quand pourtant nous aurons fini de dérouler ces spires, je n'apercevrai pas qu'il y manque seulement le point où elles s'originent; et quand, vingt mois plus tard, je l'aurai

atteint, je ne saurai dire s'il ne renvoie pas lui-même à
une origine plus ultime encore, dont les effets seraient
aujourd'hui agissants dans l'existence des ensorcelés.

Relatant la préhistoire de ces sorts, ayant été moi-
même étroitement impliquée dans leur actualité, il me
faut donc rappeler que, malgré sa richesse et sa prolifération, ce récit n'est sans doute que le fragment d'une
histoire dont nul, jamais, ne saura le total. Ce disant, je
n'ai pas le sentiment de contrevenir au précepte qui veut
que l'ethnographe n'expose jamais que des cas bien
documentés. J'entends bien plutôt saisir cette occasion
d'en signaler la limite dès lors qu'il s'agit de sorcellerie,
où toute histoire nécessairement s'épuise dans un rappel
indéfini des origines; où, par surcroît, le récit n'en est fait
qu'à qui est mis, à un moment donné, en position d'en
inscrire l'arrêt. S'il ne le peut, comme ce fut mon cas,
puis celui de la désorceleuse que je fis connaître aux
Babin, il doit se résigner à ce que, de même qu'il y eut un
avant du récit, il y en aura toujours un après, mais jamais
pour celui-là même qui fut convoqué à l'entendre :
bientôt, un nouvel auditeur aura été désigné, qui, comme
son prédécesseur, en deviendra le coauteur et pour qui
les césures du récit seront marquées différemment parce
qu'on lui aura demandé d'opérer autrement.

Le récit de Renée Turpin, que j'ai rapporté au chapitre
VI, montrait comment une histoire de sorcellerie peut être
dite achevée, bien qu'évidemment elle ne le soit jamais
tout à fait – « *moins en on parle et moins on y est pris* » –
et que ce qui s'est résolu pour l'ensorcelé marque l'ouverture d'une crise et d'un récit distincts pour le sorcier
présumé. La longue histoire qui occupe cette troisième
partie montre, au contraire, comment s'organise le discours aussi longtemps que le sort n'est pas levé ou que le
symptôme central n'est pas réduit. Si les Babin finissaient
par rencontrer le désorceleur efficient qu'ils semblent
chercher avec une telle obstination, je ne doute pas que le

récit de leurs malheurs ne connaisse alors des transformations décisives, nombre d'épisodes tombant dans l'oubli
au profit de ceux-là seuls auxquels les effets du désorcelage attribueraient quelque pertinence. De ce que l'histoire des Babin est infiniment plus complexe que les
autres, il ne faut donc pas conclure que je lui attribue une
exceptionnelle représentativité quant à l'univers du discours de la sorcellerie : tout comme celle des Turpin, elle
illustre une modalité particulière de ce discours, modalité
dont l'analyse exige qu'on veuille bien entrer dans les
infinis détails de ce qui me fut dit et requis.

I. MADAME MARIE D'ALENÇON

Quand les Babin me demandèrent de « *rendre le mal
pour le mal* », je répondis d'abord par une question, tant
j'étais stupéfaite qu'ils en viennent à s'adresser à moi :
« Mais vous n'avez pas été voir quelqu'un? [un désor-
celeur].
– *Oui, on a fait venir une femme d'Izé. Aussitôt qu'elle
fut entrée dans la ferme elle dit : c'est trop dur, il* [Jean]
est trop pris. Y en a plus d'un [sorcier]. *Y a trop
d'embrouille là-dedans. Cette femme, elle était secouée,
elle tremblait comme ça* » [ils miment la désorceleuse
agitée par la force des sorciers comme un peuplier dans la
tempête].
Jean se tut un instant et reprit :
« *C'est-à-dire qu'avant, on avait fait v'ni une femme
d'Alençon, madame Marie, qu'on y disait...* »
Cet avant-là se situe en 1965, quelques mois après la
noce. Madame Marie, Jean l'avait connue six ans plus tôt,
en 1959 : jeune homme, il était couvert d'eczéma purulent, il en avait « *plein le corps* », ça le « *prenait plus fort
aux changements de saison* ». « *Quelqu'un* » lui ayant
indiqué l'adresse de madame Marie, il avait été la voir en

Alençon pour lui demander de le guérir. Pendant un mois entier, elle l'avait soigné avec dévouement – « *Madame Marie, Jean l'aimait comme sa mère* », dit Louis –, lui donnant « *des bains de sel sur le ventre et sur le dos* ». Elle n'avait pu le guérir, mais les paroles qu'elle prononça, et sur lesquelles je reviendrai dans un instant, montraient assez qu'elle liait ce symptôme à la possibilité, pour Jean, d'épouser.

L'année suivante, en 1960, le curé de Torcé – le premier, celui qui « *n'y croyait pas* », aux sorts – invita un prêtre à prêcher le Carême dans sa paroisse. Celui-ci – « *qu'avait fait docteur avant qu'd'êt' prêtre* » – s'étonna de ce que Jean, robuste et bon fermier, soit encore célibataire à vingt-neuf ans : « *Pourquoi n'êtes-vous pas marié ?* »

La mère Babin répondit qu'il souffrait d'un eczéma que nulle médecine n'était parvenue à guérir. « *Revenez me voir* », conseilla le missionnaire. Peu après, il commença de le traiter par des prières et par la prise quotidienne d'une pincée de levain, le matin à jeun. Au bout d'un mois, Jean était guéri. Le prêtre « *ne voulait pas d'argent* », mais Jean réussit à lui faire accepter un petit don de cinq cents anciens francs.

Notons que le prêtre établit une relation non équivoque entre la disparition de ce symptôme et la possibilité pour Jean de se marier. S'il fut plus efficace que la « *femme d'Alençon* », c'est, me semble-t-il, pour deux raisons : d'une part, Jean préfère se confier aux prêtres qu'aux femmes; d'autre part, le prêtre s'en est tenu à la guérison du symptôme corporel, se gardant bien de l'interpréter dans un contexte magique.

Selon Louis Babin, en effet, la « *femme d'Alençon* » avait fait à Jean une prédiction « *comme quoi que tu auras une défaillance chaque fois que tu compteras faire une réussite* ». C'est pourquoi elle lui avait fait une recommandation solennelle : « *Jean, si tu prends à ton compte, si tu te maries, je veux que tu viennes me voir*

avant neuf mois écoulés. » Louis commenta cet avertissement dans ces termes : « *C'est parce qu'elle savait qu'le
sort reprendrait.* » Donc, six ans avant que Ribault ne
jette un sort sur la puissance sexuelle de Jean, quelqu'un
l'avait déjà ensorcelé, et le symptôme – un eczéma purulent – avait quelque relation avec le fait d'épouser. Mais
de cela, Jean ne me parlera jamais, sans doute parce qu'il
« *n'y croit pas trop* », aux sorts, comme dit Louis[1].

C'est pourquoi Jean attendit d'être complètement
perdu de malheur pour consulter madame Marie. « *Il
alla voir cette femme qui lui dit : Jean, j't'avais bein dit!* »

Elle vint une nuit à La Croix. Comme, plus tard, Marie
d'Izé, elle fut secouée de spasmes en franchissant le seuil
de la ferme : « *Elle disait qu'y avait plusieurs sorts, dans
telle et telle direction, qu'ça avait pris très dur, qu'c'était
de tradition* », dit Louis. Ce faisant, il me laisse entrevoir,
avec quelle prudence, que les malheurs de Jean n'ont pas
débuté avec son mariage et qu'il y a une préhistoire du
sort, mais je ne suis pas alors en mesure de le comprendre, bien que je ne manque pas de consigner ses paroles
dans mes carnets[2].

Cette femme, Jean m'assure qu'il a craint de l'engager
comme désorceleuse parce qu'elle lui a paru « *drôle* » :
tout d'abord, elle avait mauvais genre, si maquillée,
« *avec tout ce plâtre su' la goule* »; de plus, « *protestante,*

1. On se souvient peut-être – *cf.* p. 171 – qu'en 1969, Louis et
Joséphine déclarèrent à l'hôpital psychiatrique que Jean était malade
depuis dix ans, soit depuis 1959 : voulaient-ils parler de l'alcoolisme, pour
quoi il était hospitalisé, ou des effets somato-psychiques d'un sort?
2. Tout au long de mon séjour dans le Bocage, j'ai tenu un journal
quotidien des événements auxquels j'étais mêlée, sachant pertinemment
que seul un document de ce genre me permettrait un jour de tirer un parti
scientifique de ce qui fut vécu comme une aventure. Quoi qu'il arrivât, je
partageais mon temps entre les entretiens et la rédaction de ces notes; je
m'y donnai rapidement pour règle d'y inscrire moins mes états d'âme que
le discours indigène en y incluant les silences, les lapsus, les retours en
arrière, les césures, etc.

divorcée, *ça faisait trop* »; enfin, dit Joséphine, « *elle mangeait comme une vache : l'était assise à table, avec ses bijoux, comme une reine, comme si on lui devait tout* ». Bien sûr, c'est à moi que l'on dit cela, au moment même où l'on me demande de désorceler, pour marquer combien l'on estime mon attitude réservée : selon les Babin, je suis exactement l'inverse de cette désorceleuse citadine, car je mange peu et suis silencieuse, l'« *air triste* », non maquillée, incapable de prendre de l'argent ou même une volaille. Notons tout de même que madame Marie n'avait nullement paru « *drôle* » à Jean quand il était allé lui demander de guérir son eczéma et que de la décrire ainsi à présent justifie simplement son refus de l'engager comme désorceleuse, sans doute parce qu'il a craint que son avidité et sa mise provocante ne signalent une désorceleuse excentrique. Louis raconte ainsi cette entrevue : « *Elle avait pris assez gros d'argent, trente ou quarante mille* [anciens francs]. *Il fallait qu'elle revienne plusieurs fois, elle disait : Les sorts, y en a dans toutes les directions. L'ont hésité, y se sont écœurés* » et ne l'ont plus rappelée. « *C'est qu'elle demandait terriblement d'argent et de porter un diamant tous les deux. Oh, la Fine, l'aurait bein voulu, mais l'gars Jean l'a trouvé trop cher*[3]. » Elle semble avoir été impressionnée par l'importance du troupeau de Jean et n'avoir pas mesuré qu'il n'était « *pas maît' tout à fait* » de son élevage, puisqu'il l'avait constitué grâce à un emprunt. « *Elle demandait trop fort d'argent*, dit Fine, *deux ou trois cent mille* » [anciens francs]. C'était cher, en effet[4]. Mais, après

3. L'utilisation d'un diamant comme protection magique indique qu'il s'agit d'une désorceleuse étrangère à la région, probablement parisienne.
4. Pour ce qui est du paiement d'un désorceleur, j'ai rencontré deux possibilités : ou bien il se fait payer très cher, ou bien il est très bon marché. Dans les deux cas, il me semble que le prix demandé l'est par opposition aux échanges économiques ordinaires : le désorcelage, ou bien ça n'a pas de prix, ou bien c'est hors de prix.

tout, les Babin me dirent en avoir payé autant chaque année depuis six ans au seul vétérinaire. La désorceleuse tenta de convaincre Joséphine : « *Si Jean m'écoutait*, lui dit-elle, *ça reviendrait peut-être* [sa puissance sexuelle] *parce qu'il a 'core quelques bons organes.* » Mais Jean refusa et elle quitta les Babin en énonçant une prédiction pessimiste dont les effets ne cesseront de se faire sentir dans leur existence : « *Si vous ne faites rien*, dit-elle, *vous resterez que six ans mariés.* » Notons que ce diagnostic leur laissait la possibilité de faire appel à d'autres désorceleurs, possibilité qu'ils ne manquèrent pas d'utiliser, même si ce fut avec un relatif insuccès.

Bien qu'il « *n'y croie pas trop* », en principe du moins, Jean se jeta désormais dans une ivrognerie désespérée. Alors qu' « *avant, il buvait seulement pas neuvaines* », il s'enivra de façon systématique, abandonnant la ferme pendant des jours entiers, laissant à Joséphine toute la charge du troupeau. Elle eut beau mettre du sel bénit dans les poches de son époux, « *pour empêcher les gens qui lui faisaient du mal d'aggraver le sort* », il n'en chassa pas moins sa mère de la ferme, réalisant ainsi une prédiction de Ribault : « *Quand la mère sera partie, la ferme sera triste.* » Encore aujourd'hui, il ne peut dire pourquoi il l'a fait : chaque fois qu'il repense à cette décision, il est saisi par un sentiment d'étrangeté. La période qui suivit immédiatement ce fiasco avec la « *femme d'Alençon* » fut d'ailleurs marquée par une accumulation paroxystique des malheurs : pertes de bêtes, tarissement des vaches, « *beurrées* », accidents de voiture, pannes de matériel agricole et, bien sûr, la persistance de l'impuissance sexuelle.

Quand, en décembre 1969, Jean fut interné à l'hôpital psychiatrique, ce fut aussi à l'occasion d'une grande crise d'ivrognerie. Il me dit que, malgré les assurances que lui donna la « *femme d'Izé* » quant à la durée de son mariage, il ne cessait de penser qu'après tout, elle venait de mourir, ayant enfin « *trouvé son maître, qui lui a fait son affaire* », c'est-à-dire un sorcier qui l'avait vaincue en combat singulier. De ce fait, la prédiction de la « *femme d'Alençon* » reprenait son importance, si elle l'avait jamais perdue : les six ans fatidiques seraient révolus dans quelques semaines et c'est pourquoi Jean souffrait d'insomnie et d'ivrognerie.

On comprend aussi que, quand les Babin me recontrèrent, ils aient pu m'identifier si aisément à une désorceleuse : ils étaient dans une situation tout à fait critique relativement à la prédiction de la « *femme d'Alençon* », sachant pertinemment que l'impuissance persistante de Jean mettait en question son mariage avec Joséphine. C'est pourquoi ils me parlèrent d'emblée de ce symptôme, évoquant leurs déboires sexuels avec une profonde émotion. Joséphine commenta l'annonce de ce mariage non encore consommé dans les termes mêmes où un désorceleur le ferait : « *C'est voulu. Ils* [les sorciers] *ne veulent point qu'on reste ensemble, voilà c'qu'y a.* » Divers désorceleurs avaient levé divers symptômes et même tué l'un des sorciers mais, Jean demeurant impuissant, ils craignaient de ne pouvoir rester mariés au-delà du mois d'avril 1970 : leur demande à mon égard n'en prenait que plus d'urgence.

II. MADAME MARIE D'IZÉ

Après l'échec des négociations avec madame Marie d'Alençon, les Babin allèrent consulter nombre de désorceleurs : « *Jean, l'en était comme fou,* dit son épouse. *Chaque fois qu'on lui parlait d'un, l'allait le voir.* » Pourtant, il avait été sérieusement échaudé par la visite qu'il avait rendue à un guérisseur qui, l'entendant conter ses déboires sexuels, avait tenu des propos grivois et l'avait plaisanté sur son impuissance : mais c'était un

rebouteux, plutôt qu'un désorceleur. Après avoir vu la
« *femme d'Alençon* » et bien qu'il « *ne croie pas trop* »
aux sorts, Jean s'adressa successivement à cinq désorceleurs :

a) Tout d'abord, à la « *petite mère de Torcé* » dont
nous savons déjà qu'elle lève seulement les petits sorts et
qu'elle est une désorceleuse « *pour le bien* ». Mais elle ne
put rien pour lui, parce qu'il était « *pris si dur* ». Le
diagnostic de la « *femme d'Alençon* » – « *les sorts* [chez
vous], *y en a dans toutes les directions* » – en fut ainsi
confirmé[5].

b) Puis, quatre désorceleurs, « *pour le mal* », trois
hommes et une femme. Eux aussi furent inefficaces bien
que, selon ce que je sais de deux d'entre eux, ils aient une
grande réputation de « *force* » et de courage. La femme
assura Joséphine que Jean était « *pris à mort* » et que ses
malheurs persisteraient « *jusqu'à ce que votre mari se
détruise* » [se suicide]. Ce diagnostic me parut comporter
sa part de vérité, Jean étant assez fréquemment tenté de
mettre fin à ses malheurs en se tirant un coup de fusil ou

---

5. La « *petite mère de Torcé* » avait pourtant réussi à désorceler Louis
Babin mais, dit-il, « *not' sort était faible, l'était facile à passer* ». Il
consistait en « *beurrées* » posées dans ses prés, « *beurrées* » qui faisaient
tarir les vaches. Le coupable était un petit fermier du voisinage dont le
frère était ouvrier agricole chez Louis Babin.. Ce voisin et son épouse,
« *c'est des gens qui ne pensent qu'à faire du mal et à voler* », la « *mère* [la
sorcière], *elle s'en tirait bein, autrefois* », [elle couchait avec tout le monde];
lui se définit avant tout par son avidité, voulant, par exemple, prendre
l'argent que gagne son frère; « *y voulait tout y tirer, l'aurait voulù le
rattirer à lui pour lui tirer son argent* » [notons que le sorcier est toujours
un être qui « *tire* » ou « *rattire* » l'argent, le lait, la force ou le désir
d'autrui]. Babin sut que son voisin était le sorcier lorsqu'il apprit ses
insomnies : « *Il se levait deux ou trois heures chaque nuit, l'était toujours
parti. C'est là qu'on s'est dit : c'est lui, la saloperie.* » Car s'il sort la nuit,
c'est qu'il « *se voyage* » et va poser des « *beurrées* » chez ses victimes.
Naturellement, le frère du sorcier, commis chez Babin, est traité comme
un conducteur involontaire de sorcellerie : « *Ça les rendait p'têt plus
forts* », ces sorciers, que leur frère vive dans la maison de leurs victimes;
c'est pourquoi « *on lui disait jamais rein* », au commis.

en se pendant au grenier. (Simplement, je comprendrai longtemps après qu'il y pense surtout quand le désorcelage a quelque chance de réussir et c'est pourquoi je n'insisterai pas pour qu'il s'engage plus avant avec madame Flora.) Ce fut à ce moment-là, aussi, que les Babin firent venir le curé de Torcé – celui « *qui n'y croyait pas* » –, qui bénit la ferme, les bêtes et les gens sans produire aucun effet bénéfique.

Alors seulement, on fit appel à la « *femme d'Izé* », que Joséphine connaissait depuis longtemps déjà.

1. *Un sort encastré*

Quand Fine était jeune fille, elle travaillait en journée chez les Brodin de La Bouronnière à Chammes, et c'est ainsi qu'elle rencontra pour la première fois madame Marie d'Izé[6]. Elle me raconte cette histoire sur un ton d'excitation extrême, car c'est la plus impressionnante qu'elle connaisse :

« *C'est un père qui voulait faire périr sa fille. C'est le gendre, le gars Gustave, qu'on y disait, qu'a appelé la femme d'Izé. C'était plus possib' : le père voyait la ferme de sa fille.* [Les deux fermes étant mitoyennes, celle de l'ensorcelée se trouvait perpétuellement offerte au regard meurtrier du sorcier.] *Ça avait pris si dur qu'le sort était encastré dans le mur de La Bouronnière. La femme d'Izé a dit : Si vous m'aviez pas appelée, l'sort aurait été encore mieux encastré.*

– Comment cela, encastré ?

– *La fille était gravée, sa caricature, su'l'mur d'la ferme.* [Dans la salle commune, la liaison de mortier

---

6. Quand un fermier se désigne lui-même, il fait toujours suivre son nom de celui de la terre qu'il cultive. C'est ainsi que Jean signait les lettres qu'il m'écrivit : Babin de La Croix.

autour des pierres dessine en un certain point une figure qui est interprétée comme une caricature ou un portrait d'Angèle Brodin. Ce double d'elle-même, chaque fois qu'elle le rencontre, lui donne un sentiment d'étrangeté et de menace mortelle. Du moins, à partir du moment où la femme d'Izé eut repéré cette « gravure » et assuré que le danger venait de là.] *La femme d'Izé n'était pas sûre de réussir : C'est si dur, dit-elle, parce que c'est encastré.*

— Qu'est-ce qu'elle avait, l'Angèle?

— *L'avait la phlébite, elle devait s'mouri' dans les jours* » [les jours prochains, tant elle allait mal]. Fine s'était installée chez les Brodin pour la soigner nuit et jour.

— A quoi ont-ils su qu'il y avait un sort?

Joséphine invoque alors les conflits pré-existants entre le père Poisson et sa fille : lui, c'était « *une tête bête* », une brute qui buvait et qui terrorisait sa famille « *à chaque coup qu'y f'sait ses neuvaines de boisson* ». Il ne cessait de reprocher à Angèle qu'elle avait été « *difficile à élever* » : quand elle naquit, elle resta entre la vie et la mort pendant plusieurs semaines et jamais il ne le lui pardonna. Plus tard, quand elle souffrit de l'appendicite, il s'irrita contre elle, mais, au moment de l'opération, « *l'a fait dire une messe quand même* ». Outre Angèle, il avait deux fils : « *L'aîné, l'était mal vu; le petit, il buvait, alors l'était bein vu : à huit ans, y buvait neuf verrées de cidre, comme les hommes.* » Ce cadet mourut d'ailleurs d'éthylisme à trente-six ans.

« Et la mère?

— *Oh, la mère, l'était sournoise, e'n' disait rein. C'est qu'le père, c'était vraiment une tête bête, elle n'n'avait peur.* »

La haine du père Poisson pour sa fille débuta, non pas à l'occasion de la noce de celle-ci, mais à la naissance du premier enfant : « *L'enfant venait à neuf mois quinze jours. Le père a dit : L'est v'nu d'avance!* [tu étais déjà enceinte le jour de tes noces]. *Après,* dit Joséphine, *l'ont eu des pertes, beaucoup de pertes* » et d'autres enfants.

Les voisins observèrent la situation en silence, puis l'un d'eux se décida à faire office d'annonciateur et vint dire à Gustave Brodin « *qu'on peut espliquer ça : y a quéqu'un qui te veut du mal* ». Comme il se doit, l'initiant fut tout à fait surpris : « *De c'temps-là, y n'y pensait point* » [aux sorts]. Mais peu après se produisirent des phénomènes étranges qui confirmèrent le diagnostic de l'annonciateur :

« *Un jour qu'les femmes barattaient* [Angèle et sa belle-mère] *elles entendent : Y a-t-y du monde?* [C'est ainsi que les visiteurs s'annoncent, avant de franchir le seuil d'une ferme.] *Elles sortent et n'y a personne. L'aut' coup qu'c'est arrivé, le gars Gustave était là : Y a-t-y du monde? et n'y avait personne. Un aut'coup, les femmes entendent quéqu'un qui marche dans la laiterie. Elles vont voir : n'y avait encore personne. Et puis, toujours les poules chantaient et quand Angèle y allait* [récolter les œufs annoncés par le chant des poules], *n'y avait jamais d'œufs.* »

Ces visiteurs audibles mais invisibles, ces poules qui chantent sans raison, signent la sorcellerie. Le soupçon semble être tombé sur le père Poisson parce que, cette fois, il était impossible de le déporter hors du cercle restreint de la famille : Poisson était à la fois le père de l'ensorcelée et son persécuteur objectif – deux raisons, pour un désorceleur, de faire porter le soupçon ailleurs – mais il était aussi un persécuteur contre qui l'ensorcelée était sans recours. Depuis la naissance du premier enfant d'Angèle, en effet, il avait refusé de lui adresser la parole; et, quand Gustave allait travailler aux champs, il n'était pas rare que le père Poisson vienne se jucher sur son tracteur, dans le champ mitoyen, pour l'abreuver d'insultes. Un jour, il fit une déclaration qui le dénonçait explicitement comme sorcier :

« *Le Bon Dieu l'a d'l'argent pour payer son monde* »,
dit-il à Gustave.

Pour moi, cette phrase était mystérieuse, mais Joséphine m'expliqua que sa signification était évidente :
Poisson y reconnaissait ouvertement que les « *pertes* » de
sa fille profitaient à son propre élevage et il invoquait
l'autorité divine pour garantir la légitimité de ses profits.
Jean compléta le commentaire de son épouse : « *Poisson,
l'a été puni par le Bon Dieu : le lend'main, l'a perdu une
coche.* » Puisque Dieu a répondu à son blasphème en lui
infligeant une perte, c'est donc bien que Poisson avait
pris quelque chose à sa fille.

La série de malheurs dont Joséphine a été plus particulièrement le témoin s'ouvre avec la naissance d'une
petite fille après une grossesse difficile :

« *La mère* [Angèle] *l'avait été su'l'lit du troisième au
neuvième mois* [de grossesse] : *l'avait la colonne* [verté-
brale] *déviée. C'était dans la semaine sainte. Le mardi,
une vache qu'avorte : les veaux étaient péris tous les
deux. On va quérir madame Marie.* »

Elle vient, examine les bêtes et les bâtiments, découvre
enfin « *la caricature de l'Angèle, sur une porte de loge.
Quand c'est inscrit dans l'mur, qu'elle dit, c'est plus dur à
faire passer* ».

« *Le vendredi*, continue Joséphine, *l'Angèle a la phlébite. Elle me dit : Mets donc les coches dehors. Quand
j'vas pour les rentrer* [à la porcherie], *le soir, je trouve une
coche les quat'pattes étalées près d'la clôture électrique.
L'était en train d'crever. On y mit du sel dans la goule. Le
patron* [Gustave] *s'va trouver madame Marie à Izé*[7]. *Si y
n'y était pas allé, elle s'rait v'nue : e's'rendait compte qu'y*

---

7. « *Le patron*, dit Joséphine, *quand il allait quérir madame Marie, ça
l'arrêtait en chemin* [la force de son sorcier, qui tentait de l'empêcher de
joindre sa libératrice]. *Chaque coup qu'il arrivait, elle lui payait une bonne
goutte avant que d'partir : ça rend plus fort.* »

avait quèque chose. » L'extraordinaire clairvoyance de la « *femme d'Izé* » est fréquemment vantée : elle vient sans qu'on l'appelle parce qu'elle sait que le sorcier est à l'œuvre; contrairement au médecin qui n'est jamais là quand on a besoin de lui, le désorceleur devance l'appel et survient toujours au moment critique.

Quand la désorceleuse arriva à La Bouronnière, Angèle était donc gravement malade – « *elle allait s'mouri'* » –, ainsi que son enfant : « *l'avait des diarrhées, l'était pour s'mouri' aussi* ». Madame Marie considéra que ces maux avaient une cause lointaine – « *le père* [Poisson] *avait touché quèque chose dans l'étable que l'Angèle avait touché après lui* » – et une cause prochaine : pour éviter de se faire moquer par le médecin, dont on attendait la visite, Angèle avait retiré son sachet protecteur et celui de son enfant. N'étant plus défendues des terribles regards d'un sorcier si proche, elles furent immédiatement touchées à mort. Joséphine elle-même, qui regardait le paysage par la fenêtre du grenier, manqua y passer, selon la désorceleuse :

« *Vous n'auriez rein eu* [pas de sachet protecteur], *y* [le sorcier] *vous f'sait tomber par la fenêtre.* » Mais on sait combien Joséphine est prudente, dès lors qu'il s'agit d'un sort. Faisant le tour de la ferme, la désorceleuse avait ensuite trouvé plusieurs petits tas de paille disposés comme pour préparer un incendie : « *La femme d'Izé a dit : Le feu va v'ni* » [heureusement que je suis venue sans qu'on m'appelle et que je suis là pour déjouer les tours naturels et surnaturels que le sorcier vous préparait]. Elle fit chauffer alors une poêlée de sel et « *celui-là* [le sorcier] *y s'en rendait compte! Qu'est-ce qu'y s'en sentait passer!* ». Il souffrait mille morts, mais Joséphine ne me dit pas comment elle le vérifia. Pour autant que je puisse le comprendre, elle le sut du seul fait que la désorceleuse elle-même signalait par son langage et son comportement qu'elle était engagée dans un combat

mortel avec le sorcier. Ainsi, dit-elle un jour, en vacil-
lant :

« *Y va v'ni'* [le sorcier]. *Non, y va pas v'ni'. Elle était
au milieu de la cour : c'qu'elle avait chaud! Elle voulait
qu'il se plie, fallait le faire fléchir.* »

Qu'elle y ait réussi, les Babin en ont deux preuves
indirectes :

a) Après ces passages de la désorceleuse, le père
Poisson rencontra un jour sa fille et son gendre. (« *Tiens,
pourquoi c'est-y qu'y s'rencontraient?* » s'interrogent les
époux, car Poisson et les Brodin n'auraient jamais dû
s'adresser la parole.) Le père dit alors à sa fille :

« *Surtout, ne nous fais pas plus de mal qu'on ne t'en a
fait.* »

Comme toujours, cette phrase m'est transmise dans son
abstraction, sans aucun commentaire qui puisse m'éclairer sur le contexte dans lequel elle fut prononcée : après
tout, les Poisson et les Brodin étaient pris dans un conflit
familial aigu, dont l'évocation aurait suffi à donner sens à
cette déclaration. Mais pour mes interlocuteurs, comme
pour les Brodin, elle signe la sorcellerie du père Poisson
et sa crainte du désorcelage : « *Angèle et le gars Gustave,
y n'savaient qu'répondre, parce que madame Marie avait
dit qu'celui qui l'avait fait, y s'en sentirait passer.* »
Puisque Poisson reconnaît avoir fait du mal à sa fille et
qu'il lui demande de proportionner exactement le mal
rendu au mal donné, c'est qu'il est question de sorcellerie.
Notons aussi que les Babin semblent considérer que le
sorcier s'est dénoncé comme tel par cette seule déclaration, ce qui laisse entendre qu'avant de pouvoir ainsi
repérer les effets du rituel de la « *femme d'Izé* », les
ensorcelés se contentaient de « *se douter sur lui* », mais
sur d'autres aussi bien : désormais, ils seront assurés que
seul le nom du père Poisson est le bon, ceux des autres
suspects tombant dans l'oubli.

b) Après que la désorceleuse eut fini d'opérer, la

« *photo* [d'Angèle] *est restée encastrée dans l'mur* », mais sa « *force* » fut définitivement neutralisée, tous les symptômes disparaissant progressivement[8].

2. *Joséphine ensorcelée*

Ce vendredi saint où la « *femme d'Izé* » sauva Angèle Brodin et son enfant alors même qu'elles « *étaient pour se mourir* », Joséphine Letort avait été chargée par ses parents de faire venir chez eux la désorceleuse, car ils souffraient aussi de malheurs inexplicables du fait d'un sorcier. « *Après qu'elle eut été quitte* [de sa cure chez les Brodin], dit Joséphine, *je dis à madame Marie : Chez mon père, ça ne va pas fort; mes parents, y n'sont pas dans la chance.* »

Il était plus de minuit, mais la désorceleuse accepta d'accompagner Joséphine. « *Dès qu'elle eut posé le pied sur la marche de l'escalier, elle dit : Vous êtes faits* » [il y a un sort sur votre ferme]. « *Ils sont toujours comme ça* », m'expliquera Marthe Babin quand elle aura compris que je ne sais pas grand-chose des sorcelleries rurales, « *dès qu'ils entrent, y sentent si y a des forces. Des fois, y n'peuvent même plus avancer* ».

Selon Joséphine, les sorts, chez ses parents, « *y avait*

---

8. Puisque Angèle et son nourrisson étaient si malades, je risquai une question :
« Comment la femme d'Izé l'a-t-elle soignée?
– *Elle l'a sauvée avec des herbes et du sel gris. Le sel gris, il est plus fort, qu'elle disait, parce qu'il est moins lavé* » [la désorceleuse elle-même est sale pour être plus forte]. Notons au passage que la formulation même de ma question suppose que je sais d'avance que le désorcelage ne suffit pas à guérir et c'est pourquoi l'on me répond. Dans tous les récits canoniques, constitués selon le modèle de celui que j'ai rapporté au chapitre VI, il n'est jamais fait allusion à la fonction de guérisseur que le désorceleur assume fréquemment : tout l'efficace est attribué au rituel de désorcelage.

longtemps qu'ça régnait ». Ils « *avaient perdu onze bêtes dans vingt mois. Les juments poulinaient quand elles étaient assurées. Sinon, on en perdait une à chaque fois. Quand on les a eues toutes assurées, c'est tombé sur les bêtes à cornes* »; la preuve qu'il y a un sort, c'est que le malheur se déplace ainsi d'une espèce à l'autre. D'autre part, le lait s'était progressivement appauvri, au point qu'il était à peu près invendable; les femmes n'arrivaient plus à « *baratter* » le beurre. « *Le père y arrivait bein : l'avait le sang fort. Mais son beurre avait mauvais goût...* », il avait certes l'apparence du beurre, mais il était impropre à la consommation[9]. Autre preuve que les Letort étaient ensorcelés : « *Y avait deux bêtes qui n'voulaient plus manger. On y a foutu du sel* [bénit] *dans la goule et ce fut fini* », elles retrouvèrent instantanément l'appétit.

« Qu'est-ce qu'elles avaient, ces vaches? » Ma question tend à faire répéter à Joséphine le diagnostic du vétérinaire mais, bien sûr, les Letort ne l'ont pas dérangé pour si peu, l'explication qu'ils donnent de cette anorexie passagère leur paraissant avoir été établie sur une base expérimentale incontestable :

« *Le sort les empêchait de mangèr. Et puis, on n'n'avait perdu beaucoup avant, de la fiè'apteuse* [la fièvre aphteuse. Enfin, en une autre occasion et pour d'autres vaches], *ils* [les sorciers] *ont profité qu'on était à une noce – de c'temps, les noces, ça durait deux jours – pour entrer à l'étable : on avait perdu trois vaches comme ça.* »

Donc, il s'agit d'un sort et pour deux raisons : d'abord parce qu'un peu de sel bénit a suffi à guérir les bêtes

---

9. « Votre père, comment a-t-il su qu'il avait le sang fort?, questionnai-je. – *Bein, y f'sait 180* » [livres de poids, c'était un costaud], dit l'une de ses filles. Et l'autre : « *Bein, puisque ça y f'sait, quand y barattait* » [puisque c'était efficace].

malades; ensuite parce que leurs troubles s'inscrivent dans la série des maladies de bêtes qui, nous le verrons bientôt, sont apparues à l'occasion d'un ensorcellement et n'ont pas cessé de se reproduire chaque fois que les Letort étaient contraints d'abandonner la ferme pour satisfaire à leurs obligations sociales[10].

Enfin, Joséphine avait « *mal dans le dos* ». Parlant de ce symptôme, elle établit une distinction très nette entre deux sortes de douleurs :

a) Depuis l'enfance, elle avait les « *vertèbres déviées* », phénomène normal qu'elle portait à guérir au rebouteux. La douleur apparaît à l'occasion d'un effort musculaire trop intense (porter des seaux ou des balles de foin, faire un faux mouvement alors qu'elle est chargée comme une bête de somme, etc.) et dure jusqu'à ce que le rebouteux manipule son dos.

b) Des douleurs essentiellement transitoires, apparaissant hors de toute cause mécanique repérable et disparaissant sans raison apparente. Ainsi, plusieurs fois elle se mit en route pour aller voir le médecin (lequel n'exclut évidemment jamais le rebouteux ni le désorceleur); mais quand elle arrivait dans la salle d'attente, la douleur disparaissait pour réapparaître dès qu'elle était rentrée à la ferme de ses parents. Puisque ces douleurs sont surve-

---

10. Selon Joséphine, les vaches de ses parents ne produisaient plus que du lait maigre « *à tous les coups qu'y avait une sépulture dans le pays* ». L'assistance aux enterrements est une obligation sociale majeure, qui mobilise les fermiers un après-midi entier de nombreuses fois dans l'année. Aux noces et aux « *sépultures* », il faut ajouter les communions solennelles – à chaque fois un dimanche entier –, l'assistance à la messe et la partie de cartes au café du bourg, où l'on retrouve toutes ses connaissances après une semaine d'isolement relatif – tous les dimanches matin –, et les fêtes familiales : anniversaires de mariage, naissances, etc. Dans toutes ces occasions, somme toute assez nombreuses et parfois imprévisibles, la ferme reste déserte et les bêtes, qui ne sont jamais enfermées, sont dites menacées par les sorciers. Notons à ce propos que le vol est pratiquement inconnu dans la région : ce pour quoi les fermiers peuvent, en principe, déserter leur exploitation en toute tranquillité.

nues dans des circontances précises, elle en tire le raisonnement expérimental qui s'impose : le sorcier, visant
l'ensemble constitué par la famille Letort, parvient à
atteindre en Joséphine son maillon le plus faible. A
l'origine de l'affaire, une alliance matrimoniale manquée : « *Le voisin voulait marier mon frère avec sa
fille.* » Mais, comme souvent, le jeune homme dédaigna
sa voisine et en épousa une autre : « *Tu te souviens,* dit
Joséphine à son époux, *la fiè'apteuse qu'a pris le jour du
mariage?* » Jusque-là, « *mon frère, il n'y croyait que pour
les parents* [aux sorts]. *Quand il fut pris, je lui dis : Tu
vois bein, t'y crois, à présent!* » Elle ajoute à mon
intention, sur un ton de triomphe : « *A présent, mon
frère a confiance là-dedans : quand on y est attrapé...* »

« Mais pourquoi est-ce tombé sur elle? [le sort],
demandai-je un jour à la sœur de Joséphine.

– *Fine, elle avait pas été veiller le père Filoche quand il
s'est mort : alors elle a tout pris sur elle* », répondit
Marthe.

Joséphine, en effet, m'avait simplement dit : « *Y
n'pouvaient rein sur la mère* », qui allait à cette époque
faire « *toucher* » un cancer du sein chez un guérisseur
réputé, « *ni sur le père* » [mais je ne sais pourquoi,
peut-être parce qu'il avait le « *sang fort* »], « *alors c'est
sur moi qu'c'est tombé* ».

Quand donc Joséphine fit venir madame Marie chez
ses parents, la nuit du vendredi saint, les symptômes
d'ensorcellement étaient les suivants :

a) Les bêtes de son père mouraient ou ne produisaient
que du lait maigre; le beurre ne se faisait pas.

b) Les bêtes de son frère souffraient de fièvre aphteuse,
phénomène qui eût paru éminemment normal s'il n'était
apparu précisément le jour de ses noces.

c) Joséphine souffrait de douleurs inexplicables dans le
dos. (Curieusement, le cancer de la mère Letort n'est pas

mis au compte de la sorcellerie, sans doute parce qu'il est apparu avant le mariage du frère.)

« Madame Marie vous a dit qui était le coupable ?

– *Dame, non!* répondit Joséphine avec effroi. *Dès qu'elle fut arrivée, elle nous dit : Jamais je ne dis qui que c'est, parce que ça fait des haines.* Joséphine se tut un instant et reprit : *Mais moi, je sais bein qui que c'est : un jour, je mène les trois veaux sur la route. Les v'là qui s'courent de tous côtés, pas moyen de les rattraper. Je m'retourne, j'vois la mère Filoche debout dans sa cour, qui m'regarde. Elle marche deux pas, elle m'regarde. Moi, je n'baisse pas les yeux* [contrairement à mon faible époux]. *Elle marche encore deux pas, elle m'regarde. Je rentre dans la ferme et, avant qu'de clancher la porte, je m'retourne : elle était encore là, à avancer et à m'regarder.* » Cet affrontement silencieux avec sa voisine lui paraît d'autant plus significatif que celle-ci est pourvue des attributs ordinaires des sorciers : elle est increvable – « *L'Bon Dieu n'en veut pas et le Diab' non plus* » – et son regard produit une impression de toute-puissance – « *l'avait des yeux, des yeux... des yeux vitrés, quoi!* ».

La « *femme d'Izé* » ne vint que trois fois, reçut en tout vingt-cinq francs, « *de la volaille pour ses enfants* », et tout rentra dans l'ordre. Elle fit chauffer sa poêlée de sel et « *l'autre* » s'en « *sentit passer* »; elle distribua des médailles, du sel gris et des sachets contenant des plantes et des clous d'acier tordus « *pour donner de la force* » à « *ceux qui étaient pris dur* »; aux autres, elle donna des sachets contenant des clous ordinaires. Enfin, elle soigna le dos de Fine de la façon suivante : « *Fallait tremper un torchon dans du vinaigre chaud avec du sel et mett' ça su'l'dos pendant neuf soirs de rang* », non sans avoir consommé, le matin à jeun, trois grains de sel gris.

La seconde fois, qu'elle vint, madame Marie « *entra dans les bâtiments, toucha une vache et dit : Regardez les grains de chapelet* [il s'agit d'un symptôme d'anémie]*! Si*

j'étais pas v'nue, dans huit, dix jours, l'aurait été crevée ».
La troisième fois, elle vint sans qu'on l'appelle : le père
Letort avait perdu et retrouvé son sachet protecteur, mais
« *'reusement qu'il l'avait pas reporté. Les saloperies, ils
l'avaient trouvé et ils l'avaient truqué.*

– Comment l'a-t-on su?

– *C'est la femme d'Izé qui l'avait vu. C'est fou, hein,
depuis Izé, elle l'avait vu dans l'ciel* [le sachet] *qu'était
truqué. L'est v'nue nous l'dire. Sinon, l'père, l'aurait pu
s'mourir dans les jours* [prochains. Le sachet truqué,] *on
l'a mis dans l'feu; la femme, n'en a r'fait un aut'*[11]. »

On aura compris que la « *femme d'Izé* » se situe très
exactement à l'opposé de ces désorceleurs excentriques
dont je dressais le tableau au chapitre IV : contrairement
à eux, elle est constamment et totalement engagée dans
cet affrontement avec le surnaturel, c'est là son unique
passion dont son existence entière et sa mort même
témoignent. Qu'elle accepte de tenir la position de désorceleuse pour un malheureux, et le devenir de son patient
devient son unique souci : voir à temps les dangers qui le
menacent, venir les lui dire et engager sur-le-champ des
combats sans merci, c'est là son pain quotidien. Son
corps secoué de spasmes, ses nuits sans sommeil – « *elle
dormait jamais; la nuit, elle était travaillée, c'étaient les
autres qui... réellement, c'est un enfer, ce métier; ils sont
travaillés tout l'temps* » –, ses dangereuses équipées sur
des chemins parsemés d'obstacles surnaturels – « *quand
ça avait pris dur, la route pour arriver à la ferme était
barrée par une silhouette. Elle disait au chauffeur :
Foncez dedans, sinon on est perdus!* » –, montrent assez
de courage et le degré de sa détermination.

---

11. Marthe Babin reçut aussi un sachet bien qu'avec un clou normal,
puisqu'elle n'était pas « *prise dur* ». Elle ne le porte plus, « *l'est rangé.
D'ailleurs, j'serais bein en peine de l'retrouver si y avait d'l'anormal* ».
Mais enfin, il n'est pas perdu.

On comprend alors l'attachement profond qui lie les ensorcelés à leur désorceleur : à qui est totalement engagé, on peut tout dire; à qui prend de semblables risques, on *doit* tout dire non seulement dans l'espoir d'être sauvé, mais parce que le désorceleur est avant tout un volontaire de la mort, qui accepte d'emblée de jouer sa vie pour éviter à son patient d'avoir à le faire lui-même. S'il y a peu de doute que le désorceleur trouve là une jouissance immense qui, à mon sens, constitue son paiement réel – l'argent échangé venant simplement inscrire cette jouissance dans des médiations symboliques acceptables –, il reste que d'occuper cette place de volontaire de la mort suppose un courage et une force extrêmes. C'est pourquoi, s'il arrive parfois que tel ou tel individu se voie reconnaître la « *force* » magique et proposer l'initiation par un désorceleur, on ne s'étonnera pas que la plupart des élus refusent de s'y engager plus avant et reculent à l'idée d'occuper ce qu'il leur reste d'années à vivre à mener des combats sans merci.

Ainsi, une parente de Joséphine : « *On a une tante qu'a l'sang fort. Si elle voulait, elle pourrait en lever, des sorts.*

– A quoi l'a-t-elle vu?

– *A une noce, elle rencontre le père Coquin*[12]. *Elle était la couturière, l'avait fait la robe de la mariée, alors on l'avait invitée. Le père Coquin* [qui était assis en face d'elle au banquet] *était forcé* [par la force du « *sang* » de la tante] *de la regarder, y n'pouvait pas s'en empêcher. Mais, dès qu'elle le r'gardait, y mettait le nez dans son assiette.* » Elle-même ne comprenait rien à la situation, ne sachant pas qu'il était le sorcier de Monnier et n'ayant certes pas imaginé pouvoir être plus forte qu'un sorcier, si bien qu'elle disait à son voisin de table : « *Mais l'est complètement piqué, ce vieux père-là!* » Intriguée, elle

12. *Cf.* pp. 201-212.

questionna son guérisseur qui lui dit qu'ayant été victorieuse dans une joute de regards avec un sorcier, « *elle avait la possibilité de détourner des sorts* ». Mais elle refusa énergiquement : « *C'est un enfer, ce métier-là, faut lutter tout le temps.* »

Je montrerai dans le second volume, qui y sera presque exclusivement consacré, comment l'efficace de la cure passe essentiellement par l'agencement d'un certain discours, lequel tombe nécessairement dans l'oubli dès qu'il a produit son effet, pour ne laisser dans la mémoire des ensorcelés que le souvenir de la série de leurs malheurs – telle qu'elle a été établie par l'interprétation – et celui, très vif, du moment où le rituel fut mis en œuvre. Pour cette raison même, je ne sais presque rien des paroles qui furent échangées entre les Letort et la « *femme d'Izé* » : ils n'en ont aucun souvenir et Joséphine put seulement me signaler qu'on parla beaucoup au début – il fallait « *tout dire* » pour que l'interprétation des faits et l'identification du coupable soient possibles – et beaucoup à la fin : il fallait intégrer l'histoire particulière des Letort dans un ensemble d'histoires de sorcellerie dont la désorceleuse avait été le témoin et le coauteur.

On ne me dit pas non plus quelles paroles furent échangées entre les Letort et leurs sorciers, les Filoche. Tout me porte à croire qu'il s'agit moins de paroles (puisqu'il faut surtout se taire lorsqu'on a identifié son sorcier) que d'information au sens large du terme : du jour au lendemain, tout, dans le comportement des Letort, accusait les Filoche, à commencer par ce soudain silence que les conflits antérieurs ne suffisaient pas à expliquer – les Letort ayant continué de fréquenter leurs voisins jusqu'au passage de la « *femme d'Izé* » – et cet acharnement des ensorcelés à « *clancher* » portes et fenêtres, bêtes et gens, voitures et machines agricoles dans un pays où, si l'on quitte la ferme, chacun se contente de ranger la clé dans un fournil abandonné, dont les visiteurs occasionnels trouvent aisément l'emplacement. On peut aussi considérer comme une information toutes ces joutes de regards soutenus en silence, ces poignées de mains désormais refusées, ces questions ou saluts des sorciers auxquels les ensorcelés répondaient en se bornant à en répéter l'énoncé, ce refus systématique de soutenir toute relation. Enfin, il faut se souvenir que le passage de la désorceleuse ne put manquer d'être remarqué par les accusés : Joséphine dit que, la première fois, madame Marie était inquiète de ce que son arrivée ait été saluée par les aboiements des chiens; d'une façon plus générale, j'ai pu noter en de multiples occasions à quel point les faits et gestes de chacun sont surveillés et les bruits guettés, si bien qu'aucun étranger ne peut pénétrer dans une ferme, fût-ce la nuit, sans que tous les paysans logés dans le voisinage n'aient noté l'heure, le numéro de la voiture et tenté de savoir la raison exacte de cette visite.

Même quand celui qui est ainsi accusé d'être sorcier est tout à fait innocent – ce qui me paraît être le cas le plus général –, il ne peut manquer d'être inquiet à l'idée d'être accusé devant une désorceleuse aussi puissante que cette « *femme d'Izé* », dont il connaît les succès et l'intransigeance légendaires. Quand, après son passage nocturne, il lit dans le comportement des ensorcelés qu'ils lui imputent la responsabilité de leurs malheurs, il ne me paraît pas étonnant que cette accusation silencieuse, mais qui équivaut à un long discours, produise chez lui un effet de panique. Il semble que cela ait été le cas des Filoche, dont l'exploitation périclita rapidement et qui furent contraints de « *faire la vente* » de leurs biens au bout de quelques mois. La mère Filoche qui, selon les ensorcelés, aimait tant à « *tirer le beurre* » des autres, c'est-à-dire à faire produire du lait maigre à leurs vaches et à empêcher les fermiers de baratter, mourut, comme il se doit, en

faisant son beurre[13]. Ses enfants, après elle, furent toujours incapables de maintenir leur exploitation, « *forcés* » qu'ils furent de « *faire la vente* » chaque fois qu'ils
s'installèrent sur une ferme.

Chez les Letort, par contre, tout rentra dans l'ordre :
Joséphine fut prestement guérie de son mal au dos; son
frère fut désormais « *chanceux* » dans son élevage[14]; les
parents moururent, mais d'une mort qui fut considérée
comme naturelle parce qu'elle intervint après la défaite
des sorciers. Le seul point noir, ce fut cet avertissement
du jeune Gabriel Filoche, qui, trois semaines avant la
noce de Joséphine – soit, au moment même où Jean
Babin était victime de l'accident auquel il attribua son
impuissance sexuelle –, dit à sa voisine : « *Prends garde
de ne pas épouser un bibouc* », c'est-à-dire, selon les
termes de l'intéressée, un être qui ne serait « *ni bique ni
bouc, ni homme ni femme, un homme qui ne peut faire
l'amour* ». Mais cela, je ne le saurai que longtemps
plus tard, quand je l'aurai conduite chez ma désorceleuse.

3. *Un rire démonstratif*

Quand les Babin parlent de la « *femme d'Izé* », c'est
donc pour célébrer ses victoires : elle a levé le sort qui
pesait sur les Brodin – c'était pourtant « *si dur, parce
qu'il était encastré* » – et celui qui pesait sur les Letort.

---

13. « *Elle s'est morte subitement en faisant son beurre : l'a trouvé son
maît'* », dit Joséphine qui rappelle que, dans la période où sa mère ne
pouvait baratter, la femme d'Izé avait énoncé que « *la salope est passée
par le bout du chemin* ». Puisque la mère Filoche est morte en barattant,
la salope, ce ne peut être qu'elle.

14. « *Du jour où la femme d'Izé est venue, on n'a rein perdu. Mon
frère, l'est même chanceux, à présent,* » Il entretint longtemps une
correspondance avec madame Marie, lui demandant son avis « *chaque
fois qu'y avait d'l'anormal : l'avait été pris dur, fallait qu'y s'méfie* ».

Son troisième succès, elle le remporta sur le père Coquin au profit du beau-frère de Joséphine, Monnier, l'adjoint au maire de La Gravelle. Comme toujours, le récit de cet exploit est amené par un récit préalable que je transmets par souci de suivre les méandres du discours et aussi parce qu'il est destiné à me prouver l'inanité de toute tentative pour se débarrasser de son sorcier par un affrontement direct ou violent avec lui[15].

Pour une fois, Jean – qui, selon sa femme et son frère, « *n'y croyait pas trop* », aux sorts, et qui laissait généralement à son épouse l'initiative de la conversation –, Jean prit la parole pour évoquer une situation dans laquelle une innocente se trouvait être conductrice d'un sort du seul fait qu'apparentée à un sorcier, elle était mariée à la victime de celui-ci. Angot, l'ensorcelé – d'ailleurs un « *bon voisin* » des Babin qui échangeaient avec lui des services divers – avait épousé la sœur de Foubert, son sorcier. Il y a, bien sûr, quelque chance pour que cette imputation de sorcellerie soit le fruit d'une interprétation tardive, en tout cas postérieure au mariage : sans quoi la situation tout entière serait inintelligible car jamais un Bocain n'irait s'exposer sciemment au contact maléfique d'un sorcier en choisissant d'épouser l'une de ses parentes, les miracles que l'on peut attendre de l'amour étant sans proportion avec la certitude du danger constitué par un ensemble sorcier. Jamais, pourtant, je ne connaîtrai la préhistoire de cette affaire qui m'est contée

15. On se souvient qu'au chapitre VI, j'ai déjà rapporté une victoire de la « *femme d'Izé* », dont le rituel fit effet au jour dit et conduisit la supposée sorcière à l'hôpital psychiatrique puis à une mort rapide. Cette victoire fut à ce point exemplaire que les ensorcelés se trouvèrent incapables de la prendre en compte et s'enfermèrent dans ce que j'ai nommé l'enclos de l'indicible. A lire les pages qui précèdent, on aura compris qu'à l'inverse des Régnier, les Letort considérèrent la mort de leur sorcier et la ruine de sa veuve puis de ses enfants comme le signe que justice leur était enfin rendue, car Joséphine évoque sans trembler les conséquences de l'intervention de cette impitoyable « *désorceleuse pour le mal* ».

pour illustrer la notion de conduction innocente [16].

« *Chaque fois que Foubert* [le sorcier, le beau-frère] *faisait le tour chez Angot*, dit Jean Babin, *les vaches étaient téries.* » L'expression « *faire le tour* » requiert ici quelques commentaires car elle est fréquemment employée dans le Bocage pour désigner des opérations diverses :

a) En général et sans qu'aucune sorcellerie soit en jeu, elle signifie tout bonnement « *faire un tour chez un tel* » qu'on connaît bien, lui rendre visite.

b) Lors d'un pèlerinage et spécialement s'il s'agit d'un saint protecteur des bêtes, « *faire le tour* » c'est faire en sorte que la procession cerne l'ensemble des paroisses qui reconnaissent l'efficacité de ce saint.

c) S'il s'agit de sorcellerie, « *faire le tour* » ou « *faire la tournée* » peut signifier :

– soit que le sorcier cerne les terres et les bâtiments de sa victime, posant des charmes aux endroits stratégiques (c'est du moins ainsi que l'ensorcelé dit se représenter l'action du sorcier);

– soit que le désorceleur ou l'ensorcelé fassent le même parcours, mais pour déposer des protections magiques : sel bénit, médailles de saint Benoît, etc. [17].

---

16. *Cf.* chap. VIII, « La mort d'un conducteur » et « Après coup » et chap. IX, p. 238.

17. Les veilles du 1er mai et du 24 juin, dit Louis Babin – dates auxquelles les sorciers, « *Y voyagent le plus... C'est-y qu'y travaillent pour l'année? – faut j'ter du sel* », c'est-à-dire « *faire le tour* » de la ferme en en semant aux endroits stratégiques : « *Faut saler les barrières*, dit-il; *faut mett' du sel autour des bâtiments; faut cercler toute la ferme. A toutes les barrières, à toutes les brèches, faut faire un signe de croix avec le sel* » [soit, le jeter selon deux lignes perpendiculaires, comme si l'on faisait un signe de croix]. «*Tout du long, j'dis des prières, des Ave* », parce que la Vierge Marie est réputée être « *forte* » contre les « *mauvais* ». Selon Babin, les désorceleurs ne manquent jamais de recommander à leurs patients : « *Faites la tournée.* » – Au risque de décevoir les folkloristes, je signale que les deux dates que m'indique Louis Babin ne sont pas les seules qui soient considérées comme étant particulièrement favorables à l'action des sorciers.

On a là un exemple de l'ambiguïté fondamentale du discours de la sorcellerie :

a) C'est toujours le contexte qui décide si l'expression « *faire le tour* » est employée dans son sens général – rendre visite – ou dans l'un de ses trois sens particuliers qui renvoient chacun à une modalité du cernage : religieuse, magique-agressive, magique-défensive. Si j'emploie ici les termes de *cerner* et de *cernage*, c'est d'ailleurs à dessein, pour mettre en évidence la liaison – soigneusement occultée dans le parler local – entre les pratiques de guérison magique, qu'on prétend être absolument innocentes de toute référence aux sorts, et les pratiques de sorcellerie[18].

b) S'il s'agit de sorcellerie, c'est aussi le contexte, mais plus précisément la relation du locuteur avec celui qui est dit « *faire le tour* », qui décide du sens dans lequel l'expression doit être entendue.

Ainsi, Jean Babin, l'utilisant à propos du sorcier, met-il en évidence la vulnérabilité de l'ensorcelé – vulnérabilité qui renvoie à la sienne propre –, Angot ne pouvant jamais savoir d'avance si Foubert vient pour lui rendre une visite ordinaire, comme il est normal de la part d'un beau-frère; ou s'il profite de l'occasion pour cerner les biens de sa victime à l'aide de sa force maléfique, c'est-à-dire pour les « *encrouiller* », les verrouiller, les ensorceler.

Pour le savoir, il faut attendre à chaque fois que le passage de Foubert ait produit ses effets : nuls, s'il est

---

18. J'eus, un soir, une longue conversation avec un cerneur de bonne réputation locale. Peu désireux de me dire ses secrets, surtout devant son épouse qui entendait manifestement profiter de l'occasion pour les lui soutirer, il préféra me faire dire des histoires de sorts, me demandant à chaque fois des précisions sur le rituel du désorceleur. Une remarque de son épouse le mit littéralement hors de lui; elle avait, en effet, osé dire qu'avec le désorceleur, « *ça y fait pareil* » qu'avec le cerneur et que, « *si ça se trouve, c'est la même chose* ».

Tout dire

venu en parent; ravageants, s'il est venu en sorcier. Jusque-là, la signification de ce passage est proprement indécidable, d'autant que nul n'a jamais vu un sorcier poser des charmes : on se souvient, en effet, que, quand celui-ci opère, c'est toujours de manière hypocrite ou en se cachant; et que, de toute manière, si c'est là ce qu'on craint de lui, mieux vaut ne pas le surveiller pour ne pas s'exposer à son terrible regard[19].

J'eus beau interroger les Babin sur les relations entre les deux époux Angot, je ne trouvai pas trace du moindre conflit conjugal : « *Ah non, il n'a pas été question de ça !* » me répondait-on. Mme Angot était absolument innocente de toute sorcellerie, mais aussi bien de toute méchanceté naturelle. C'était une femme aimable et accueillante, avec qui ses voisins aimaient à commercer. Son époux ne songeait d'ailleurs pas à lui faire reproche de la fatalité qui faisait d'elle la conductrice des sorcelleries de son frère. (Notons au passage que le fait d'épouser ne suffit pas pour qu'une femme cesse d'appartenir à son ensemble ou à sa lignée d'origine; de même que le fait de « *prendre à son compte* » n'annule pas d'un seul coup la dette d'un homme envers sa lignée : c'est, à chaque fois, une question d'interprétation.) Le père Angot tournait comme il le pouvait cette fatalité en interdisant, par

---

19. « *Quand on le sait pas* [qu'on est ensorcelé], *on les voit jamais* », dit Louis Babin. Mais quand on le sait – plus exactement, quand « *on se doute sur quelqu'un* » – on ne les voit pas plus : « *Ils viennent la nuit, ils attendent qu'on dorme, ils surveillent la maison jusqu'à tant qu'ils sont sûrs qu'on dort.* – Mais pourquoi ne pas veiller? – *Mieux vaut pas, on aurait peur, je le sens mauvais* [le sorcier]. *Faut le laisser tranquille, faut pas l'attaquer, faut pas envenimer les choses* », parce que, dans ces moments, nul ne pourrait résister à sa toute-puissance. *Cf.* p. 124 l'épisode où le sorcier, « *tout électrique* », anéantit sa victime de sa seule présence. Même quand on a identifié le coupable, dit Louis, « *ça n'sert à rien d'gricher* [grincher]. *Faut faire mine de rein, les éviter. La guérisseuse s'en charge, de les r'pousser ou d'les détourner complèt'ment* ».

exemple, à son épouse de s'approcher des vaches et en
s'astreignant à les traire lui-même matin et soir, ce qui
n'est pas un mince labeur. On peut d'ailleurs se demander comment il s'en expliqua avec elle, le travail de traite
étant ordinairement assumé soit par la seule fermière, soit
par le couple ensemble, mais je ne reçus aucun éclaircis-
sement sur ce point. Jean voulait simplement insister sur
la vulnérabilité de son malheureux voisin : celui-ci avait
beau multiplier les protections, ses vaches ne manquaient
jamais de tarir quand Foubert « *faisait le tour* ». Si un
désorceleur intervint – ce dont nul ne parla –, il fut en
tout cas inefficace. Le fait est que, ne sachant plus où
trouver de recours, l'ensorcelé en vint à l'affrontement
violent avec son beau-frère : « *Angot*, dit Babin, *l'y a
foutu son poing su' la goule; à présent, y n' se parlent
plus, mais c'est pas fini* », les vaches continuent de tarir.
De même qu'Angot, les Babin supposent que désormais
le sorcier est contraint de se dissimuler plus adroitement,
d'opérer sous le couvert de la nuit, « *faisant le tour* » des
prés et des étables de ses victimes quand elles sont
endormies.

Comme tous les ensorcelés qui n'ont pas encore épuisé
la série des recours magiques – puisque, par exemple, ils
s'adressent à moi pour « *rendre le mal pour le mal* » à
leur sorcier –, les Babin marquent fortement combien ils
jugent imprudente et dérisoire la tentative de rompre
l'encerclement (le verrouillage, l'encrouillage) du sorcier
par la violence physique :

a) Certes, cela montre qu'on ne craint pas d'affronter
son sorcier; mais cela rend inévitable un contact physique
dont le sorcier fera immanquablement un toucher maléfique.

b) Un sorcier ne se tenant jamais pour battu tant qu'on
n'a pas mobilisé une force magique supérieure à la
sienne, de s'être fait corriger par sa victime ne peut que le

rendre plus désireux encore d'employer ses magies, afin de se venger des coups reçus[20].

Les Babin jugent plus intéressante la manière dont la « *femme d'Izé* » enseigna à Monnier comment abattre le père Coquin. Solidement pourvu de protections, assuré que la désorceleuse menait le combat de son côté, l'ensorcelé devait, s'il rencontrait son sorcier dans une assemblée – par exemple, au conseil municipal de La Gravelle, qu'il choisit comme théâtre de l'affrontement –, lui empoigner fermement les deux pans de sa veste. (Ce procédé sous-entend que l'ensorcelé devait soigneusement se garder de toucher directement le corps de son sorcier.) Le résultat dépassa les espérances de Monnier qui vit soudain son sorcier se décontenancer : « *Coquin, y n' savait où s'mett', y baissait les yeux, l'était tout agité* » par ce qui se manifestait ainsi de la force du parti de l'ensorcelé. Le public y fut enrôlé pour l'occasion, car on me dit que chacun rit alors du désarroi de Coquin et que ce fut le premier signe de ce que sa force magique était enfin défaite : comme « *y n' savait pus où s' jeter* » après avoir ainsi perdu la face dans un affrontement public, il cessa depuis lors ses « *tours de force* » contre Monnier.

Il importe de saisir la différence qu'établissent ainsi les Babin entre un affrontement privé au corps à corps, tel qu'Angot le tenta sans succès, et un affrontement public où l'ensorcelé, soutenu par les magies de sa désorceleuse, n'empoigne que le vêtement de son sorcier. Dans le second cas, le rire du public tient lieu d'interprétation : le sorcier a été vaincu par le parti de l'ensorcelé puisque l'assistance rit de Coquin.

Il y a peu de chances, néanmoins, pour que les rieurs

20. L'usage de la violence verbale serait ici dérisoire : « *Gueuler, ça n'y change rein. Faut rein dire* », ne pas signifier ouvertement au sorcier qu'on l'a démasqué ou qu'on « *se doute sur lui* », car ce serait provoquer un redoublement de sa haine.

du conseil municipal aient tenu ensemble aucun *discours commun* sur la chute du sorcier pour deux raisons qui sont étroitement liées entre elles :

a) Que je sache, il n'existe pas dans le Bocage de reconnaissance commune de ce que tel ou tel serait le « *sorcier du village* » car la sorcellerie constitue toujours une relation duelle qui n'engage que deux familles. Si Coquin est dit sorcier, ce ne peut être que par la famille Monnier. Tel autre ensorcelé de La Gravelle, se plaignant de son sorcier, nommera non point Coquin, mais Truffaut, Bienvenue ou Barillon.

b) La raison principale qui empêche cette reconnaissance commune de ce que tel ou tel serait sorcier c'est que, par crainte du ridicule, jamais un ensorcelé ne parle des sorts, sinon à ses proches parents, à son annonciateur et à son désorceleur : « *De ça, on ne parle point* » – pas même à ses amis, ou à ses « *bons* » voisins, je l'ai vérifié maintes fois – « *y se riraient de nous* », disent couramment les ensorcelés.

Ce rire que l'ensorcelé craint tant de susciter s'il parle des sorts, il ne manque pas néanmoins d'en tirer argument pour prouver qu'Untel est sorcier. J'ai demandé, par exemple, aux Babin si d'autres qu'eux-mêmes, à Torcé, considéraient Ribault, leur voisin, comme un sorcier : « *De cela jamais on ne parle*, dit Jean. *Mais chaque fois qu'il est malade, tout l'monde en rigole* », car, selon mon interlocuteur, on est satisfait de savoir que « *plus fort que lui l'a fait payer* ». De la même manière, les ensorcelés ne manquent jamais d'invoquer le rire qui parcourut le cortège funéraire aux obsèques de leur sorcier, comme une preuve certaine de ce qu'il était depuis longtemps démasqué par l'opinion publique et de ce qu'eux-mêmes n'étaient certainement pas les seuls à souffrir de sa méchanceté surnaturelle ni à se réjouir de ce qu'il ait enfin « *trouvé son maître* ».

Ainsi, le fait que le conseil municipal de La Gravelle ait pu rire comme il l'a fait du désarroi du père Coquin, le parti de l'ensorcelé ne songe guère à l'imputer au caractère simplement comique de l'incident ni même à l'éventualité que chacun se soit réjoui de voir remettre en place un personnage désagréable. Quand les Babin prennent argument de ce que « *Coquin, c'est la terreur, là-bas* », à La Gravelle, ils jouent sur l'ambiguïté perpétuelle du discours de la sorcellerie, ambiguïté qui leur permet d'instituer le soupçon sur l'origine surnaturelle de caractéristiques morales négatives : que les villageois soient d'accord pour dire que Coquin est « *une saloperie* », un « *mauvais* » ou une « *terreur* » les autorise à le désigner comme sorcier. Ce pour quoi, sans doute, le terme de « *sorcier* » n'est presque jamais employé, ses victimes se contentent de le désigner par des caractéristiques morales négatives dont l'énonciation marque leur souci perpétuel de trouver dans l'opinion publique une garantie symbolique de ce que leur accusation serait fondée : la preuve que cette « *terreur* » de Coquin tenait sa force d'une origine surnaturelle, c'est que chacun rit de soulagement quand elle fut enfin abattue.

Il me faut souligner, pour conclure, une caractéristique essentielle du discours de la sorcellerie, dont nous ferons plus tard notre profit : en aucun cas le nom du sorcier, comme tel, ne peut devenir public; on peut en rire ou le désigner comme une « *saloperie* », jamais on n'affirmera explicitement qu'il est un sorcier. Au contraire, le nom du désorceleur peut être dit et répété par tout un chacun : malgré les précautions dont il s'entoure pour recevoir ses patients, d'une certaine façon il sent pignon sur rue. Certes, tout comme on le dit du sorcier, le désorceleur opère sous le couvert de la nuit, mais c'est seulement pour opposer, à l'attaque-surprise du « *mauvais* », une défense-surprise[21]. Que tel fasse office de désorceleur, chacun peut le dire dans le bourg où il réside, même si c'est avec ironie ou mépris; mais de ce que tel soit sorcier, nul autre que sa victime ne peut même le concevoir. Corrélativement, alors que le désorceleur se reconnaît toujours comme tel, le sorcier présumé ne manque jamais de nier avoir commis les méfaits dont on l'accuse.

Cette distinction fondamentale entre les deux positions d'agresseur et de justicier magiques prendra toute son importance quand nous nous demanderons, dans le second volume, si et comment il se peut que le désorceleur institue une garantie symbolique de ce que les malheurs réels de l'ensorcelé soient provoqués par un sorcier imaginaire.

4. La copule

Quand les Babin me rencontrèrent, le temps était venu où devait se réaliser la prédiction faite jadis par la « *femme d'Alençon* » : « *Si vous ne faites rien, vous resterez que six ans mariés.* » Bien que les malheureux aient consulté nombre de médecins et de désorceleurs, ils avaient alors le sentiment de n'avoir rien fait pour lever l'impuissance de Jean, puisque tous leurs thérapeutes avaient été inefficaces. En particulier, la « *femme d'Izé* », qui avait pourtant volé de victoire en victoire chaque fois que Joséphine l'avait vue combattre, avait immédiatement déclaré forfait : « *C'est trop dur*, dit-elle, *il* [Jean] *est trop pris. Y en a plus d'un* [sorcier]. *Y a trop d'embrouille*

---

21. « *Au moment qu'y* [le sorcier] *s'en doute le moins, il* [le désorceleur] *l'attrape* », dit Louis Babin. Si le désorceleur vient la nuit, c'est par prudence : « *Il vient la nuit pour pas êt'vu* [du sorcier]. *Y* [le désorceleur] *veut pas qu'c'est connu* [sa venue à la ferme ensorcelée] *parce que les aut'* [les sorciers] *veulent le faire mouri'*. A l'appui de cette affirmation, Louis me conte l'histoire d'une désorceleuse de Jublains qui se laissa surprendre par les sorciers qu'elle combattait : « *L'a été paralysée d'un bras par les aut'. Mais elle a lutté, et ça lui est revenu* [la vigueur de son bras].

là-dedans. » Elle refusa donc de s'engager dans un quelconque rituel de désorcelage, mais munit ses clients de
puissantes protections.

On se souvient que, lors du premier entretien que j'eus
avec les Babin, je n'avais cessé de me méprendre sur les
raisons pour lesquelles ils me parlaient si longuement, car
je pensais naïvement avoir enfin rencontré de bons
« informateurs », c'est-à-dire des gens qui me prenaient
pour une ethnographe. Ils parlaient sans discontinuer,
j'écoutais et notais précipitamment, m'interrompant parfois pour poser une question d'ethnographe. Ma stupidité
atteignit son sommet à propos de la plus puissante de ces
protections.

Il s'agissait d'un paquet que madame Marie leur avait
remis en leur faisant une recommandation solennelle :
« *Gardez-le toujours, sans quoi vous ne seriez plus ensemble.* » Jusqu'à la mort de la « *femme d'Izé* », quatre
mois plus tôt, cette recommandation avait efficacement
annulé la prédiction de la « *femme* » d'*Alençon* » :
même si les Babin ne rencontraient aucun désorceleur
efficace, aussi longtemps qu'ils garderaient ce paquet,
ils avaient l'assurance de maintenir leur alliance, en dépit
de l'impuissance de l'époux. Aussi me paraît-il convenable de définir ce paquet comme une « copule », puisqu'il est destiné à leur tenir lieu de relations sexuelles.

J'avais déjà vu des médailles de saint Benoît, des
sachets à contenances diverses, des scapulaires et des
Cœurs sacrés de Jésus, mais nul ne m'avait jamais parlé
de « *paquets* ». Sans prendre le temps de réfléchir, je leur
demandai de me le montrer, car ma curiosité avait été
soudain piquée. Mais, les voyant hésiter, je retirai précipitamment ma demande, en m'excusant confusément.
Après tout, les « *secrets* » ne m'intéressaient pas vraiment. Joséphine, pourtant, se leva brusquement et alla
chercher la copule dans l'armoire où elle l'avait soigneusement rangée parmi la pile des draps de son trousseau.

Jean m'expliqua qu'il craignait seulement que d'ouvrir ce paquet « *ne fasse du mal à la dame d'Izé* » (laquelle, venant de mourir, paraissait toutefois hors de danger, si l'on peut dire). Pour sa part, Joséphine, déposant le paquet sur la table, me dit sa certitude de ce que j'étais là « *pour le bien* » et que, certainement, je ne voulais « *point de mal à la femme d'Izé* ». On ne saurait dire plus clairement qu'une désenvoûteuse chasse l'autre, mais c'était précisément ce que je refusais d'entendre.

Ce paquet solidement ficelé par la désorceleuse, Joséphine l'avait placé dans une boîte métallique de remèdes pour le bétail, tant elle avait craint qu'il ne s'abîme avec le temps. Jamais jusqu'à ce jour les Babin n'avaient eu l'idée de l'ouvrir et ils en découvrirent le contenu avec moi. Je défis les ficelles et le papier d'emballage et découvris sept plantes, dont ils ne purent me nommer que quatre – du mouron, de la fougère, du laurier et du buis –, entourant deux objets métalliques : un morceau de section de faucheuse – « *c'est de l'acier, c'est fort, j'en ai toujours sur moi* », commenta Joséphine – et un clou à cheval – « *il faut des clous passés au feu, elle les chauffe, puis elle les tord avec ses dents, elle tord le petit bout pointu* », pour détourner la force du sorcier, l'empêcher de perforer le corps de l'ensorcelé[22]. « *Tiens, il n'est pas tordu* », s'étonna Jean, qui parut, dès lors, plongé dans une perplexité profonde. Que fallait-il, en effet, penser de la contradiction suivante : « *la femme d'Izé* » avait refusé de le désorceler sous prétexte qu'il était trop « *pris* » et elle avait mis dans le paquet un clou droit, habituellement réservé à ceux qui ne souffrent que d'un « *petit sort* »; pourtant, dans les sachets protecteurs qu'elle lui faisait porter à même la peau, il savait bien

---

22. Cette métaphore est mon fait : j'appelle ici *corps* de l'ensorcelé, l'ensemble constitué par lui-même, sa famille et ses biens – ensemble que les ensorcelés se représentent comme une surface unique ou comme une poche constamment menacée de perforation par le sorcier.

qu'il y avait, outre du sel bénit et des plantes, un clou
tordu, preuve certaine de ce qu'aux yeux de la désorceleuse les Babin étaient « *pris dur* ».

Quand j'eus fini d'examiner le contenu du paquet,
Joséphine le reconstitua rapidement, sans prendre de
précautions particulières et sans même le renouer : tous
les éléments, en vrac, furent fourrés dans la boîte métallique, qu'elle rangea dans l'armoire.

Cet épisode marqua un moment décisif dans mes
relations avec les Babin : ignorant alors qu'en sorcellerie,
il n'est pas de parole innocente, je croyais ne leur avoir
posé qu'une question de routine; mais eux n'avaient
jamais imaginé pouvoir être des informateurs, parce que
rien n'est plus étranger à la sorcellerie qu'une relation
d'information. Le seul fait que j'aie pu oser une semblable question et que j'aie prie l'initiative d'ouvrir moi-
même la copule magique, confirma mes interlocuteurs
dans l'idée que j'étais bien la désorceleuse intrépide dont
ils attendaient la venue. Cette parole irréfléchie qui fut la
mienne, ils l'attribuèrent à ma « *force* », qui venait à
point nommé remplacer celle, défaillante, de la défunte
Marie d'Izé. Dès lors, ils ne parlèrent plus de celle-ci que
pour m'identifier à elle, c'est-à-dire pour me demander de
prendre sa place et, si possible, de tenter ce qu'elle n'avait
pas osé : « *rendre le mal pour le mal* » et guérir Jean de
son impuissance.

III. SI VOUS VOUS SENTEZ CAPABLE...

J'ai dit plus haut le malentendu qui m'opposait aux
Babin, malentendu qui tenait, d'une part, à ce que j'étais
pour la première fois affrontée à une situation de ce genre
et, d'autre part, à ce que je me sentais incapable de
répondre à leur demande. Décidée à poursuivre jusqu'à
sa limite la conviction que j'étais bien une ethnographe,

j'exposai ce que je savais alors de l'histoire des Babin au séminaire de mon département, à l'université de Nanterre. J'avais à peine commencé à parler qu'un africaniste m'interrompit par une question pertinente :

« Combien paies-tu tes informateurs?

– Ce sont eux qui veulent me payer[23]. »

Même alors, je ne saisis pas toutes les implications de ce simple fait, pourtant capital : si, ordinairement, l'ethnographe est contraint de payer ses informateurs, c'est qu'il se sait demandeur de ce dont l'indigène n'a nul besoin; si donc l'on souhaitait me payer, dans le Bocage, c'est qu'on inversait les positions : que, comme tout ethnographe, je puisse être demandeuse d'information, cela n'avait de sens que pour moi; les ensorcelés, pour leur part, ne pouvaient entendre cette demande d'information qu'à travers ce dont eux-mêmes étaient demandeurs et pour quoi il leur était nécessaire de me rémunérer : à savoir, que je tienne le discours de la sorcellerie depuis la place de la désorceleuse. Relisant aujourd'hui les notes que je pris au cours de cet entretien, je suis encore stupéfaite de n'avoir pu ni voulu entendre ce

23. Ma réponse provoqua chez mon collègue une indignation profonde qu'il manifesta ensuite hors de ma présence, dans des conversations de couloir : si les indigènes la paient, on ne peut évidemment plus dire qu'elle est ethnographe et il est scandaleux que le Centre national de la recherche scientifique accepte de cautionner une semblable aventure, etc. D'une façon plus générale, mon entreprise suscita trois sortes de jugements : 1) ce qu'elle fait, ce n'est pas de la science; 2) cette femme est folle, psychotique ou, en tout cas, gravement névrosée; 3) d'autres collègues, plus humains, attendirent simplement qu'ayant essuyé des revers spectaculaires sur le terrain, je ne rentre à Paris me réfugier dans la tiédeur de la communauté scientifique, ayant pris la mesure de l'impossibilité de toute démarche de subjectivation pour une ethnographe. Si, pourtant, je continuai à travailler de la même manière sur le terrain, c'est que je ne voyais pas comment m'y prendre autrement. Mais les objections de mes collègues m'intimidèrent longtemps et c'est pourquoi je tardai tant à entreprendre la rédaction de ce livre.

qui s'y exprimait pourtant de la façon la moins équivoque.

Quelques jours après, j'avais de nouveau rendez-vous
avec les Babin. Je relus mes notes et j'y réfléchis pendant
les quatre-vingts kilomètres qui me séparaient d'eux,
mais c'est au moment même où j'arrêtai ma voiture dans
leur cour que la logique de la situation m'apparut avec
netteté : cette fois, ils allaient me demander de les
désorceler; d'une certaine façon, ils m'avaient déjà « *tout
dit* » et mon refus de me faire payer, lors de notre
entretien précédent, équivalait à un refus de tenir la
position où ils m'avaient mise. Consciente de leur désarroi, je décidai, sans trop savoir ce que cela pouvait
signifier, de les suivre où qu'ils me mènent.

Jean quitta son tracteur et me conduisit dans la ferme,
où Joséphine lavait la vaisselle. Pendant que nous
buvions un café, Jean se plaignit d'avoir toujours sommeil, mal à la tête et que ses « *forces* » s'en allaient de
plus en plus. Il me montra les remèdes que lui avait
prescrits le docteur Davoine – c'étaient, en effet, des
fortifiants – comme si je devais savoir en quoi ils étaient
insuffisants. Bêtement, je lui conseillai de prendre rendez-
vous avec le médecin, comme cela avait d'ailleurs été
convenu entre Jean et lui quelques semaines plus tôt; il
me demanda de le faire à sa place, prétextant qu'il
craignait un refus et puis que sa secrétaire, « *elle avait un
kilo de plâtre su' la goule* » (comme madame Marie
d'Alençon). Préférant le voir assumer seul sa relation
avec le docteur Davoine, je me contentai de lui inscrire le
numéro de téléphone de l'hôpital. La conversation traîna
ainsi une bonne demi-heure : ils attendaient que je me
décide à parler. Puisque je ne le faisais pas, Joséphine prit
hardiment l'initiative :

« *Alors, qu'est-ce que vous en pensez? Vous pouvez le
guérir?* »

Je répondis que j'avais été guérie moi-même par les

mots et tentai d'expliquer, dans les termes de la sorcellerie, en quoi consistait une cure par la parole. Joséphine
en retint seulement que j'avais été moi-même ensorcelée
puis tirée d'affaire : « *Les autres voulaient vous avoir,
quoi!* » Pensant à ma répugnance à me faire payer d'eux
– car, à ce moment-là encore, je n'en pouvais accepter la
perspective – je déclarai que ma propre guérison avait
signifié pour moi l'ouverture d'une dette, mon thérapeute
m'ayant dit : « *Tu guériras quelqu'un comme je t'ai
guérie.* » Eux, naturellement, ne l'entendaient pas de
cette oreille : ils étaient manifestement fascinés par le fait
que j'aie pu me sortir des griffes d'un sorcier, jugeaient
absolument naturel que je doive une guérison à mon
thérapeute, mais, pour ce qui les concernait, ils *devaient*
me payer. A la fin de l'entretien, ayant prévu ma
répugnance à recevoir de l'argent, Jean dit à sa femme :
« *Fine, va chercher la volaille* » et elle m'apporta un
énorme coq, plumé et ligoté[24]. Je l'acceptai en demandant qu'il n'y en ait pas d'autre pour l'instant, sous le
prétexte futile que ce n'était « pas bon » pour la thérapie
de Jean. Ce faisant, je savais pertinemment choquer leurs
convictions, mais je ne pouvais encore me résoudre à
accepter une rémunération. De cette timidité, je puis dire
aujourd'hui qu'en un sens, elle était tout à fait fondée : si

---

24. Offrir un coq à sa désorceleuse, ce n'est évidemment pas rien pour
qui lui demande de lever son impuissance sexuelle. Mon recul devant la
demande des Babin – malgré mon intention explicite de la soutenir –
apparaît dans l'anecdote suivante. Rentrant chez moi, le soir, je montrai
le coq à mon jeune fils en déclarant : « Un ensorcelé m'a donné une
poule. » Il releva immédiatement le lapsus en riant. Quand, le lendemain,
nous mangeâmes ce que j'appelai prudemment la « volaille », il me
rappela une fois de plus qu'il s'agissait d'un coq. J'étais, cette fois, plus
excusable ou plus sournoise, puisque Jean Babin lui-même avait parlé
d'une « *volaille* ». Mais le fait qu'il soit éventuellement pris dans les effets
de la parole du sorcier de sa femme – qui avait prévu la possibilité qu'elle
épouse un « *bibouc, ni bique, ni bouc, ni homme ni femme* » – ne
m'autorisait certainement pas à reprendre à mon compte cette confusion
sur le sexe de l'animal que Jean m'avait offert.

je leur proposais de procéder par la parole, c'est-à-dire
par une sorte quelconque de psychothérapie – dont, à
l'époque, je ne savais d'ailleurs pas grand-chose –, c'est
bien parce que je ne me reconnaissais d'aucune tradition
magique. Il en ira tout autrement quelques mois plus tard
quand, devenue l'assistante de ma désorceleuse, je pourrai me réclamer de son enseignement et de sa pratique et
lui acheminer les patients en quête de désorcelage : leurs
cadeaux en argent ou en nature ne me feront désormais
plus problème, même si c'est à une désorceleuse qu'ils
croient les donner.

Revenons au début de l'entretien. Selon Joséphine, il
fallait comprendre la mort de madame Marie d'Izé
comme une défaite et c'est pourquoi les Babin s'adressaient à moi désormais : « *La femme d'Izé*, dit-elle, *l'a
trouvé plus fort qu'elle, qui y a fait son affaire* [qui l'a tuée
magiquement. Les désorceleurs], *c'est toujours comme ça
qu'y meurent.* [Bien sûr, chacun sait que] *madame Marie,
l'a eu un cancer, mais l'a dû trouver plus fort...* » La
dimension proprement médicale du mal qui emporta la
désorceleuse n'est ici nullement occultée, on le voit ; mais
elle occupe, dans l'interprétation, la place d'une cause
seconde. Puisqu'il s'agit des sorts, la cause première de
toute mort, même naturelle, ne saurait être trouvée que
dans le désir d'un sorcier, désir nécessairement « *plus
fort* » que celui de la défunte.

« Et madame Auguste, n'avez-vous pas été la voir ? »
demandai-je, cherchant pour les Babin une issue convenable, mais qui m'éviterait d'avoir à m'engager plus
avant.

« *Ah*, dit Jean avec admiration, *c'est une puissante
femme, celle-là ! Grande, et forte, et qui n'aurait pas peur
d'un fermier !* » C'est donc une femme assez robuste pour
se battre avec un homme, s'il le faut, et son exceptionnelle vigueur est interprétée comme le signe qu'elle est
d'avance qualifiée pour appartenir à la catégorie des

détenteurs de force magique[25]. Ce pour quoi, sans doute, madame Marie l'a choisie comme son assistante et lui a « *passé le secret avant que de s'mouri* ». Autrefois chauffeur, femme de main et confidente de la « *femme d'Izé* », madame Auguste est à présent désorceleuse à part entière et elle a le bon goût de s'en étonner : « *C'est drôle*, dit-elle fréquemment, *mais ça* [la force magique] *me travaille autant qu'elle* [autant que madame Marie.]. *Je m'y attendais pas.* » La surprise manifestée par madame Auguste devant cette force anonyme qui désormais l'habite et la « *travaille* » atteste aux yeux de ses patients qu'elle n'est pas une usurpatrice. Joséphine la tient d'ailleurs pour une magicienne efficace, puisqu'un de ses beaux-frères, « *qu' l'avait été bein pris* », se fait actuellement désorceler par elle.

Les Babin n'ont pourtant pas eu recours à elle, sans pouvoir me dire exactement pourquoi. Je puis toutefois formuler quelques hypothèses sur les raisons de ce refus :

a) Avant qu'il ne soit ensorcelé, Jean était un homme d'une vigueur exceptionnelle : « *Chez les marchands de grains*, dit son frère Louis, *il montait des sacs de cent kilos et il n'était jamais fatigué. Maintenant, il n'en monterait pas même un seul.* » De même, il avait la réputation d'être le plus fort dans les occasions où les garçons du bourg rivalisent de vigueur, lors des moissons ou de la récolte des foins. Mais quand, trois semaines avant sa noce, Ribault lui jeta un sort, sa vigueur, sa force de caractère et sa puissance sexuelle s'en allèrent d'un

---

25. Quelle que soit l'apparence physique d'un désorceleur, elle est immanquablement interprétée comme le signe visible de ce qu'il dispose de la force magique : a) soit, comme ce fut le cas de madame Marie d'Izé, sa fragilité apparente contraste avec sa force magique réelle et l'absence de force physique signifie alors la présence de force magique; b) soit la carrure et la robustesse de la désorceleuse redoublent la certitude où est le patient de sa force magique. ..

coup. Depuis lors, il se définit obstinément comme un être fondamentalement faible.

Si l'on examine son cheminement de désorceleur en désorceleur, on peut noter qu'il est incapable de demander la guérison de sa faiblesse à une forte femme : la seule en qui il ait eu foi, madame Marie, avait une apparence particulièrement fragile. Ce ne fut le cas ni de Marie d'Alençon, qui ne le guérit pas de son eczéma et qu'il refusa d'engager ensuite comme désorceleuse, ni de madame Auguste[26]. La difficulté, pour Jean Babin, de prendre femme ou de consommer son mariage ne semble donc pas pouvoir être résolue par une désorceleuse qui cumulerait les attributs suivants : force physique / force de caractère / force magique; pour des raisons qui relèvent de son organisation psychique particulière, il faut que l'un au moins de ces attributs soit disjoint des autres.

b) La « *femme d'Izé* », la seule désorceleuse à qui il ait osé demander fermement de le désorceler, avait refusé d'opérer, lui garantissant seulement le maintien de son union pour autant qu'il conserverait la copule. Ce faisant, elle avait tenté d'isoler l'impuissance sexuelle de l'ensemble des symptômes – pertes de bêtes, accidents, etc. – mais elle avait été démentie par la réalité : certes, les Babin étaient encore mariés bien qu'ils n'aient pu consommer leur mariage, mais ils ne pouvaient rester indéfiniment passifs devant l'accumulation paroxystique des autres symptômes. C'est pourquoi les Babin s'étaient finalement adressés au curé de Torcé, celui qui « y croyait ». Mais, ce faisant, ils changeaient de désorceleur et pouvaient se demander si la copule conservait encore son efficacité.

c) Le curé de Torcé fut aisément vainqueur des sorciers

---

26. On se souvient qu'avant même l'apparition de son impuissance sexuelle – le symptôme central que Jean me demande à présent de lever –, l'eczéma purulent qui le conduisit chez madame Marie avait quelque rapport avec l'impossibilité, pour lui, de prendre femme.

secondaires des Babin, les Chicot – avec l'aide, il est vrai, de cet étranger qui vint faire des prédictions mortelles au café de Torcé – mais il se déclara finalement impuissant devant l'impuissance de Jean. D'une certaine manière, ce prêtre réussit pourtant là où la « *femme d'Izé* » avait échoué : en levant tous les symptômes sauf l'impuissance sexuelle, il maintenait celle-ci dans un isolement relatif et les Babin semblent alors s'être contentés pendant quelques mois de la garantie que constituait la copule[27].

d) Malheureusement, madame Marie mourut en 1969. Jamais les Babin ne relièrent explicitement à sa mort les événements qui suivirent, mais je puis noter qu'alors, Jean se sentit à nouveau dominé par le terrible regard de Ribault, son sorcier principal et le responsable, selon lui, de son impuissance sexuelle; et qu'au lieu d'aller consulter la grande madame Auguste, qui lui faisait peur, ou tout autre désorceleur, Jean se jeta dans la crise d'ivrognerie qui le conduisit à l'hôpital psychiatrique.

Somme toute, les Babin me rencontrèrent au moment même où ils auraient dû s'adresser à madame Auguste et, dès le premier regard, ils m'identifièrent à son opposé structural, représenté pour eux par la défunte madame Marie. Comme celle-ci, au dire de Joséphine, j'étais « *p'tite, maig' et puis, on a bein vu qu' ça vous travaille, c' qu'on vous a dit. Ça fait qu' les aut'* [les sorciers des

---

27. Selon moi, on s'en souvient, le missionnaire venant prêcher le Carême à Torcé était parvenu à guérir l'eczéma qui empêchait Jean d'épouser, en jouant sur les éléments suivants : a) étant lui-même un homme, et un homme marqué du signe de l'abstinence sexuelle, il était autorisé à énoncer la volonté divine, selon laquelle un fermier robuste doit prendre femme; b) il avait interprété et soigné le symptôme de Jean hors de tout contexte de sorcellerie et en utilisant des pratiques magico-religieuses. Son refus de percevoir aucun salaire pour cette guérison attestait clairement qu'il entendait se poser comme l'opérateur de la volonté divine et non comme un sujet engageant quelque désir personnel dans cette affaire.

Babin, mais, aussi bien, ceux de mes autres interlocuteurs, dont Joséphine me signifiait clairement qu'en
aucun cas, ils ne sauraient être des informateurs], *ça fait
qu' les aut', à présent, y vous travaillent* ». Elle savait déjà
que j'entendais des récits de sorcellerie et n'imaginait pas
qu'ils puissent ne produire aucun effet sur moi; j'avouai
en rêver la nuit et souffrir parfois d'insomnies. Fine
considéra son époux et déclara sur un ton senten-
cieux :

« *C'est ça, elle lutte, comme madame Marie! Ça
paraît fragile, mais c'est dur, ces p'tites femmes-là!* »

Les Babin m'interrogèrent alors sur ma vie et mes
occupations : comme madame Marie, j'avais deux
enfants; comme elle, je n'aimais pas l'argent; comme elle,
j'étais courageuse, « *à êt' tout l' temps sur les routes, toute
seule* », particularité à laquelle Jean fut sensible, lui qui
ne conduisait plus depuis longtemps sans nécessité absolue, par crainte des accidents provoqués par le regard de
Ribault; les Babin notèrent enfin que, tout comme
madame Marie, j'avais les « *mains qui tremblent* », signe
certain que les sorciers de mes interlocuteurs me « *travaillaient* ».

Joséphine tenait d'ailleurs la preuve que j'étais bien
celle-là qu'ils disaient : après notre précédente rencontre,
Jean, allant faire des emplettes à Torcé, y avait rencontré
son sorcier. Pour la première fois depuis des mois,
Ribault avait évité le regard de sa victime, événement
considérable qui fut immédiatement porté au crédit de
ma « *force* » : « *L'aut' ne se sentait pas assez fort pour
jouer des tours* », dit Jean. Joséphine enchaîna, réitérant
sa demande à mon égard : « *Si vous vous sentez capab'
d'empêcher l'aut' d'lui faire des tours... de reprend' force
sur toi* », dit-elle en nous dévisageant sucessivement. Elle
me prévint immédiatement que Ribault ne manquerait
pas de m'attaquer « *dès qu'y s'ra capab' de lui reprendre
sa force* », cette force d'emprunt qui, passant de moi à

son époux, s'était victorieusement opposée à celle du sorcier.

Nous fûmes interrompus par l'arrivée du vétérinaire, qui souhaitait examiner une bête malade. Dès qu'il eut frappé à la porte, Joséphine m'emmena vivement dans une resserre : j'étais décidément passée du côté du savoir magique, lequel étant hors la loi ne doit jamais rencontrer le savoir positif. Profitant de ce que son époux était provisoirement retenu à l'étable, Fine m'entreprit énergiquement : « *Si vous pouviez le guérir!* » implorait-elle. A dire vrai, elle me demandait cette fois de comprendre que Jean était si « *faible* » qu'il était même incapable de vouloir sa guérison et que j'avais à la vouloir pour lui (ou contre lui). « *Vous savez*, me rappela-t-elle, *mon beau-frère Louis a voulu voir le docteur...* » pour le convaincre d'opérer Jean des « *reins* » à son insu. Sachant cependant que ni une cure magique, ni une cure par la parole ne sauraient être entreprises sans que ne s'y engage formellement le principal intéressé, je précisai que lui seul pouvait me demander de le guérir. Celui-ci, qui venait nous chercher dans la resserre, entendit mes paroles. Fine le considéra d'un œil critique et quitta les lieux avec ostentation : « *Alors, j'm'en vas à mes affaires, j'vas vous laisser!* »

Une fois seul en ma présence, Jean parut littéralement interdit. Je tentai de lui dire comment je concevais ce désorcelage par les mots et il en approuva le principe du bout des lèvres : « *J'veux bein, moi... J'veux bein commencer, mais y a l'traitement du docteur...* » Qu'il puisse ainsi invoquer le savoir médical quelques minutes après que son épouse m'eut traitée comme une magicienne me parut assez significatif de son recul : Jean ne souhaitait pas engager en son nom propre quelque cure que ce soit : à tout prendre, les fortifiants du médecin lui paraissaient moins inquiétants – bien que probablement inefficients – parce qu'il lui suffisait de les consommer passivement. Le

psychiatre s'était contenté de poser des questions techniques sur sa pratique sexuelle; comme à l'accoutumée,
Joséphine avait répondu à la place de son époux :
« *C'était fait avant qu'd'êt prêt* », avait-elle expliqué,
signifiant ainsi que Jean souffrait d'éjaculation précoce. A
cette déclaration, le médecin avait répondu par la confec-
tion d'une ordonnance.

Pour ma part, je n'étais, je crois, animée d'aucun désir
de faire des miracles : ni par les mots, ni par un
quelconque rituel de désorcelage; j'avais accepté l'idée de
soutenir la demande des Babin parce qu'elle m'avait paru
s'adresser à moi de façon si urgente et si désespérée qu'il
eût été inhumain de m'y dérober. Quand, pourtant, il me
parut évident que Jean ne voulait en aucun cas s'y
engager personnellement, je jugeai convenable d'ajourner
mon offre d'entreprendre une cure, proposant qu'il me
rappelle, s'il le souhaitait, quand il en aurait fini avec le
docteur Davoine et je partis sans fixer de nouveau
rendez-vous. C'est alors qu'il m'offrit cette « *volaille* »
dont l'appellation resta, pendant quelques jours, porteuse
de l'ambiguïté de Jean relativement à son trouble mais,
aussi bien, de la mienne quant à la place que j'entendais
tenir dans cette affaire.

Pendant cette période de janvier-février 1970, je les
rencontrai encore quelques fois, ainsi que le ménage de
Louis et Marthe Babin, pour leur faire préciser certains
détails de leur histoire. Ma présence et mes questions leur
parurent justifiées par mon statut de désorceleuse citadine : « *Bien sûr,* dit Jean, *les tours qu'on vous jouait à la
ville, c'était pas pareil. Alors, si vous voulez comprend' les
tours qu'on me joue...* » La précarité de la situation était
toutefois évidente pour nous tous parce que Jean Babin
ne paraissait nullement décidé à entreprendre quelque
cure que ce soit, ni par les mots, comme je le lui avais
proposé, ni par aucun des procédés magiques qui avaient
cours dans le Bocage. Que j'aie pu « *prendre sur moi* »

son histoire semble l'avoir momentanément conforté, comme en témoigne l'épisode de la rencontre avec son sorcier et le calme qui régna dans sa ferme au cours de ces semaines; qu'il m'ait à la fois désignée comme désorce-leuse et opposée à la figure de la « *femme d'Alençon* », éloignait, dans une certaine mesure, l'urgence qu'il y avait pour lui à « *faire quelque chose* » pour sauver son ménage; que je lui aie ouvert la possibilité de faire appel à moi lui évitait d'avoir à consulter la grande madame Auguste. Mais en même temps, s'il ne me demandait rien d'autre que de lui tenir lieu de garantie formelle, nous n'avions plus guère de raisons de continuer ainsi à interroger son histoire, la parole appelant l'engagement immédiat tant du désorceleur que du consultant. C'est pourquoi j'estimais déjà n'avoir plus à revenir à La Croix, quand il conclut un entretien sur cette phrase : « *On vous écrira si y a d'l'anormal.* »

CHAPITRE XI

N'y pas trop croire

Seize mois plus tard, en juin 1971, je retournai voir les Babin, soupçonnant qu'ils n'avaient toujours pas rencontré le magicien qui pourrait les tirer d'affaire. Mon cheminement à travers la sorcellerie avait pris une direction plus franche depuis qu'un vieil ensorcelé, le père Séquard, avait fait pour moi fonction d'annonciateur et m'avait conduite chez sa désorceleuse, madame Flora. L'un et l'autre considéraient que le seul fait d'entendre les récits que me faisaient les ensorcelés me mettait en danger : les sorciers de mes interlocuteurs n'avaient pu manquer, une fois ou l'autre, de se retourner contre moi. En un sens, leur interprétation était tout à fait pertinente : les discours des ensorcelés m'atteignaient au plus profond et j'étais prise dans une oscillation perpétuelle entre la fascination, qui me poussait à en entendre toujours plus, et la peur qui me paralysait parfois pendant de longues semaines.

Pourtant, quand, après une période de crainte et d'incertitude, j'entrepris une cure de désorcelage avec madame Flora, je fus immédiatement soulagée. Mon trajet antérieur d'ensorcelés en ensorcelés, elle l'interpréta d'emblée comme une entreprise simplement suicidaire : je m'étais, en effet, laissée « *prendre* » au discours de la sorcellerie sans me pourvoir d'aucune garantie symboli-

que. (L'idéologie positiviste, qui avait si efficacement
prémuni mes collègues contre cette possibilité, ne m'était
d'aucun secours parce qu'elle évitait soigneusement de
prendre en considération le pouvoir réel du discours de la
sorcellerie, à moins qu'elle ne se contente d'invoquer,
pour l'expliquer, un simple effet de suggestion.) Que ce
discours puisse provoquer chez moi un effet de panique
parut absolument naturel à madame Flora, qui proposa
non seulement de me désorceler, mais de m'aider dans
mon travail. Naturellement, elle évita soigneusement de
me communiquer ses « *secrets* », de même que je m'in-
terdis de les lui demander; mais, au cours des mois, elle
me fit assister de plus en plus fréquemment à ses consultations, m'y faisant jouer un rôle non négligeable. Elle
était, par ailleurs, favorable à l'idée de me voir publier un
livre, probablement parce qu'elle pensait y trouver les
secrets de ses concurrents et nombre de ces récits de
sorcellerie dont elle était si friande.

Qu'elle puisse ainsi garantir tout ensemble mon état
d'ensorcelée, ma position d'assistante en désenvoûtement
et mon projet d'écrire sur les sorts me permettait enfin de
me présenter dans le Bocage d'une façon telle que je
puisse moi-même m'y reconnaître. La manière si bril-
lante dont elle menait ses cures – y compris la mienne
propre – provoquait mon admiration, si bien qu'il me
parut naturel d'aller parler d'elle aux Babin : cette fois, je
ne leur proposerais pas une hypothétique cure par les
mots car je pouvais me réclamer d'une tradition magique;
de plus, pour mon confort, je pouvais leur avancer le
nom d'une désorceleuse inconnue d'eux et dont la passion qu'elle engageait dans son travail montrait assez
qu'elle était « *plus forte* » que moi.

Je dois préciser ici que ma décision de revoir les Babin
et de leur proposer les services de madame Flora était
fondée sur la certitude qu'ils souhaitaient vivement être
désorcelés et que, s'ils n'avaient pu l'être jusqu'ici, cela

tenait seulement aux circonstances : Jean n'avait rencontré que deux désorceleuses dont l'apparence fragile – du moins, à ses yeux – pût lui convenir. La « *femme d'Izé* » s'était récusée sous le prétexte que Jean était « *trop pris* » et je n'avais pu comprendre, dans le récit qu'il me fit, ce qui avait pu justifier cette opinion : il était certes sévèrement ensorcelé, mais me semblait toutefois moins menacé que d'autres patients de madame Marie, les Brodin de La Bouronnière, par exemple. D'autre part, à présent que j'avais rencontré plusieurs désorceleurs et longuement participé au travail de madame Flora, je réalisais mieux en quoi j'avais pu décevoir les Babin : 1) même quand une cure de désorcelage passe exclusivement par les mots – comme c'était le cas chez madame Flora –, cela n'est jamais dit expressément; 2) de toute manière, ces mots sont prononcés dans des situations fortement ritualisées; 3) enfin, même s'il est essentiel que l'ensorcelé assume sa demande de cure et son souhait que meure son sorcier, le désorceleur « *prend tout sur lui* », y compris le non-dit de son patient qu'il exprime à sa place avec une violence dont j'aurais certainement été incapable.

C'est pourquoi il m'avait semblé qu'en ne donnant aucune suite à ma proposition de le désorceler par les mots, Jean Babin avait fait preuve d'une élémentaire sagesse. Cette autocritique laissait cependant intacte chez moi la conviction qu'il cherchait réellement à rencontrer le magicien qui le tirerait d'affaire. Quand j'allai lui parler de madame Flora, je ne me doutais guère du refus qu'il allait m'opposer, non plus que de la façon dont Joséphine décida d'entreprendre seule la cure que je proposais. J'appris alors que, pour des raisons tenant à la préhistoire de ce sort jeté sur sa puissance sexuelle, Jean était dans une situation inextricable relativement à la sorcellerie, situation que son épouse résumait dans l'expression : « *Ce qu'il a, c'est qu'il n'y croit pas trop...* », aux sorts. C'est à tenter de comprendre comment elle peut le dire et comment il peut le vivre – ou en mourir – qu'est consacré ce chapitre.

I. SI ELLE PEUT TRAVAILLER
SUR PHOTO...

Je trouvai les Babin à La Croix, attablés avec leurs voisins venus les aider à rentrer les foins. Leur accueil fut extrêmement chaleureux, mais un orage menaçant les contraignait à finir leur travail sur-le-champ, pour éviter que la récolte ne soit perdue. Ils m'offrirent donc de revenir le lendemain[1].

Quand j'arrivai, Jean était absent, ce qui déplut à Joséphine : « *Il le savait, pourtant, il le savait, qu'vous v'niez!* » Je n'y prêtai pas garde, pensant qu'il était retenu un peu plus longtemps que prévu par l'une de ces péripéties qui surviennent quotidiennement dans le travail d'un fermier. Joséphine reprit immédiatement la conversation au point où nous l'avions laissée seize mois plus tôt :

« *Ça va,* commença-t-elle, *mais le patron* [Jean], *c'est toujours pareil : je n'ai pas de relations avec mon mari.*

– Et pour les bêtes, ça va bien?

– *Enfin, ça va bein... C'est-à-dire qu'on a perdu quatre veaux depuis l'début d'l'année!* » Ces pertes n'étaient pas

---

1. Cette fois, je ne prenais pas de notes – je n'en pris d'ailleurs jamais avec quiconque au cours d'un entretien, hormis lors de ma première rencontre avec les Babin. Lorsque je les retrouvai, en juin 1971, je travaillais parfois avec l'aide d'un magnétophone destiné, en principe, à me garantir contre ma propre amnésie. Mais on verra plus loin combien cette garantie était illusoire, puisque je fus, par exemple, incapable de noter ensuite une partie de cet entretien enregistré, celle, précisément, que je ne voulais pas entendre. La présence du magnétophone explique, néanmoins, que le dialogue soit ici plus vivant.

très conséquentes, vu la dimension de leur élevage, et il
semblait qu'elle les trouvât naturelles, puisqu'elle me
décrivit avec une grande précision le déroulement de ces
vêlages manqués. Pourtant, elle conclut inopinément :
« *C'est normal si on veut, mais enfin...* »

Puisque les Chicot, ses sorciers secondaires, avaient
déjà été vaincus, je la questionnai sur son sorcier principal :

« Et votre voisin? » [Ribault]. J'appris ainsi qu'ils
avaient enfin réussi à s'en protéger de façon efficace :

« *Bein on n'le voit point. Mon mari l'avait envoyé
promener l'année dernière, vers le mois de juin-juillet*
[1970], *enfin, j'peux pas dire l'heure* [le moment exact où
Jean l'envoya promener]. *Il* [Ribault] *vint pour y dire
bonjour* [à Jean qui, cette fois, eut le courage de refuser sa
main tendue et de lui déclarer fermement :] – *Quand
t'auras les mains propres, qu'y dit, je te serrerai la main,
mais pas avant.* [Notons l'ambiguïté de cette formulation,
qui peut se justifier par un conflit antérieur entre les deux
fermiers, aussi bien que par une accusation de sorcellerie.] *Moi, j'étais pas là,* précisa Joséphine, *mais enfin, j'le
sais, le gars Jean l'a envoyé promener. Bein depuis
c'temps-là, il* [Ribault] *le laisse tranquille.* » Soutenant la
déclaration de guerre que son époux faisait à leur sorcier,
Joséphine alla le défier silencieusement du regard. Depuis
lors, Ribault ne parlait plus aux Babin, il évitait leur
regard et ne leur tendait plus la main. De ce fait, leurs
bêtes se portaient bien – si l'on exceptait ces vêlages
éventuellement douteux – et les Babin pourraient être dits
prospérer, sinon qu'ils n'avaient toujours pas consommé
leur mariage.

J'annonçai l'objet de ma visite : « Je suis venue vous
voir parce que j'ai connu une... Depuis que je vous ai vus,
j'ai connu beaucoup de monde qui lève les sorts...

– *Ah oui, ah oui?* fit Joséphine, l'œil soudain allumé.

– J'ai surtout connu une femme dans la Manche, à Taron, une tireuse de cartes qui s'occupe des sorts.

– *Ah oui?*

– Maintenant, ça fait plus d'un an que je vais chez elle. C'est que j'étais prise moi-même, à force de... m'occuper de ces affaires-là : j'avais que des maladies, des accidents d'auto. Et un jour, c'est un cultivateur qui m'a dit : *Mais vous n'pouvez pas continuer comme ça! A force d'entendre des histoires comme ça...*

– *Eh oui*, compléta Joséphine, *y a quelqu'un* [un sorcier] *qui vous est tombé dessus!*

– Lui [le père Séquard], il a perdu soixante-dix porcs gras. [Il était donc bien placé pour être mon annonciateur.]

– *Eh oui!* approuva Joséphine.

– Alors il est allé la voir pour lui dire de me tirer d'affaire. Il m'a dit : *Je vais prendre rendez-vous pour vous parce qu'elle est secrète, la mère* [Flora]; *faut y aller avec quelqu'un qu'elle connaît, sinon elle vous reçoit pas, elle dit :* " *Je ne le fais pas.* " [je ne désorcèle pas.]

– *Bein dame!*

– La femme de Taron, elle m'a déprise en trois-quatre mois. [C'était l'avis de Madame Flora qui, cependant, omit de m'expliquer pourquoi le désorcelage continuait de m'être nécessaire, à raison d'une séance par mois.]

– *Ah oui!* s'exclama Joséphine, manifestement impressionnée.

– En même temps, elle s'est prise d'amitié pour moi, ce que je fais l'intérêt et elle me laisse assister à ce qu'elle fait, des fois...

– *Vous travaillez avec elle, quoi!*

– Il y a quinze jours, j'ai pensé à vous, je lui ai dit : " Voilà, j'ai connu un ménage, l'an dernier, qui n'a jamais pu consommer son mariage. " Elle m'a dit : " Est-ce qu'ils ont eu aussi des pertes? – Oui. – Alors ça, qu'elle m'a dit, je sais ce que c'est, je sais le faire " [je sais désorceler, dans un cas de ce genre]. Elle m'a raconté cinq ou six histoires où elle a réussi, des cas comme vous. Depuis que je vais chez elle, je n'en ai pas vu qui ne pouvaient consommer leur mariage, mais je l'ai vue tirer d'affaire des gens qui avaient des pertes, des maladies...

– *Oui, oui...*

– C'est seulement ces jours-ci que j'ai pensé à lui parler de vous. Parce que, comme j'avais pas eu de nouvelles, je m'étais dit que... peut-être que...

– *Mais non, mais non* », dit Joséphine qui entendait bien que je faisais allusion au traitement de fortifiants entrepris par le Dr Davoine. « *Ah ça non! Le docteur, jamais j'y retournerai. Jamais!* »

À dire vrai, je ne fus nullement surprise par la décision de Joséphine, non plus que par l'explosion de colère qui suivit. En 1970, en effet, quelques jours après ma première rencontre avec les Babin, le Dr Davoine m'avait questionnée à leur sujet, me demandant combien de temps ces paysans muets avaient accepté de me parler. Ma réponse – « trois heures » – l'avait un instant frappé de stupéfaction. Ayant réfléchi, il me dit alors : « Je sais pourquoi : c'est parce que vous ne les avez pas arrêtés. » Stupéfaite à mon tour, j'avais demandé au nom de quoi j'aurais dû les faire taire : « Au nom de la réalité », me fut-il répondu. Ce médecin, par ailleurs si sensible – mais il semble que nul n'échappe au discours psychiatrique, lequel énonce que toute idée fausse peut engendrer un délire –, ce médecin avait alors profité de la première visite des Babin pour combattre leurs convictions :

« *Il a dit qu'il fallait être malade mental pour croire dans les sorts* », m'avait alors rapporté Joséphine avec indignation. (Rappelons que sa plainte était justifiée en ceci que jamais les Babin n'auraient parlé de sorcellerie à l'hôpital si on ne les y avait expressément conviés à le faire.) « *On y était allés ensemble, le gars Jean et moi. À un moment, il m'a dit d'aller à côté, et puis il est venu me*

parler. [Il convient, en effet, de toujours séparer l'inducteur et l'induit dans un cas de « délire collectif ».] *Il a
dit que son frère* [Louis Babin, le frère de Jean et l'allié
de Joséphine mais aussi bien, aux yeux du psychiatre, le
co-inducteur de ce délire collectif], *il m'a dit que son frère
s'occupe de ses affaires* [qu'il cesse d'intervenir auprès du
médecin pour faire opérer Jean à son insu] *et qu'il fallait
être arriéré mental ou malade mental pour croire dans les
sorts. Ah, j'étais pas contente ! »* « *A moi aussi*, dit Jean,
il m'a dit de laisser tomber ces idées [2]. » A la suite de
quoi, quand je rencontrai ce médecin, j'évitai toute
allusion aux Babin et n'évoquai plus mon travail qu'en
termes imprécis. Mais revenons à cet entretien de juin
1971 avec Joséphine :

« *Jamais j'y retournerai, chez le docteur !* s'exclama-
t-elle. *Parce que, y m'a dit, tout ça* [les sorts], *dans
l'temps les gens étaient tellement arriérés, qu'y dit. Mais
maintenant, il n'faut point croire là-dedans.* » Elle
conserve encore le souvenir de l'humiliation qu'il lui
infligea : « *Y nous met réellement comme des idiots !
alors, qu'y m'disait, elle va vous guérir, Mme Favret !* » Il ne cessait de moquer ses convictions du haut
de son savoir : « *Nous autres, médecins, y dit, on est plus
forts, la science est plus forte !* » Elle n'en fut pas autrement impressionnée, mais ne lui pardonna point sa
morgue : « *Ah, il nous a fait un baratin, ah ! Ça n'y fait
rein du tout, parce que je ne suis pas près de r'tourner
l'voir ! Y n'a pas besoin d'mett* [de dire] *que j'suis
complètement arriérée ! Eh bein, dites donc, il est en train
d'nous mett'... Vous n'pouvez pas vous imaginer ! Je
disais qu'ça v'nait sûrement d'un sort. Mais vous allez
pas croire dans ça, qu'y m'dit ! Il est arrivé un accident* [la
chute d'un madrier sur Jean, trois semaines avant sa

2. Sur la notion psychiatrique de « délire collectif », *cf.* Annexe IV,
« L'aune de vérité », pp. 400-418.

noce], *mais ça n'a rien à voir! Les paysans sont tellement
arriérés, qu'y disait... Dans l'temps, c'était bon* [de se
référer aux sorts pour y trouver l'explication du malheur
biologique], *dans l'temps, c'était bon, mais à présent, faut
plus y croire! Et vot' beau-frère* [Louis Babin], *qu'est-ce
qu'y s'occupe, qu'y m'dit? Faut vous tirer ça d'l'idée* [les
sorts], *c'est pas vrai, ça n'peut pas exister. Nous, l'
science, elle est tellement moderne, elle est capable pour
toutes les maladies* [3]! *C'est quelque chose* [que de tenir
un discours aussi arrogant, remarqua-t-elle], *c'est quelque
chose : avec les pertes* [qu'on a eues] *et tout ça! Je
voudrais bein l'voir, vot' beau-frère, qu'y m'disait, j'aurais
à y causer! Bein, j'crois que Louis, il y serait allé, il y
aurai cassé la goule! »*, conclut-elle en riant.

La raison profonde de son ressentiment à l'égard du
médecin, elle me la dira un peu plus tard, devant son
époux : le Dr Davoine tenta de les convaincre de ce que
la responsabilité de l'impuissance de Jean incombait,
selon lui, non pas à un sort, mais à Joséphine : *« Il a dit
qu'ça venait d'moi parce que, y dit, Jean est normal. Il a
dit qu'c'est d'ma faute. Ah, c'est pas fin, j'vous assure,
c'est pas fin!* sanglotait-elle.

– Pourquoi disait-il que ça venait de vous?

– *Il m'a dit que si c'était comme ça* [si Jean était
impuissant], *c'était d'ma faute parce que... j'sais pas,
j'étais pas assez amoureuse!*

– Qu'est-ce qu'il en sait, lui? » m'étonnai-je, car la
vérité me paraissait plutôt se trouver du côté opposé :
d'après ce que je savais de la vie sexuelle des Babin, Jean
était perpétuellement effrayé à l'idée que son épouse ne
tente d'éveiller son désir et il prenait soin, chaque soir,
d'attendre qu'elle fût endormie pour la rejoindre dans le

---

3. A travers le langage que Joséphine prête au docteur Davoine on ne
peut manquer d'entendre l'argumentation du docteur Wahl sur les
« délires archaïques » : *cf.* Annexe IV, « L'aune de vérité ».

lit conjugal. Jean, qui parlait si peu, saisit au vol cette occasion de manifester sa présence :

« *Il était pas dans le lit, bein dame! C'est ça que je lui ai dit. Je-le-lui-ai-dit!* » répéta-t-il en martelant la table de son poing.

Mais revenons à ce moment de l'entretien où Joséphine et moi attendions la venue de Jean. Puisque le retour à la médecine était désormais exclu, j'interrogeai sur les désorceleurs :

« Et autrement, vous avez été voir quelqu'un? [un désorceleur].

– *Ah bein, c'est-à-dire que pour madame Auguste, on n'y est jamais allés, parce que mon mari n'a pas confiance là-dedans, puisque...* »

Les notes que je pris en 1971 d'après la bande magnétique que j'avais enregistrée au cours de cet entretien portent alors cette mention étonnante, significative de la surdité qui m'affecta si fréquemment au cours de mon travail : « *Suit une histoire inaudible, dont le sens est qu'un désorceleur – non pas madame Auguste, mais un autre – avait accusé Jean Babin d'être le sorcier d'un de ses voisins :* « *Y en avait qu'étaient embêtés* [ensorcelés], *là, dans notre région... et qu'ont dit qu'c'était mon mari...* »

Naturellement, le discours de Joséphine était ambigu, comme toujours quand il est question de sorcellerie : ainsi, elle disait « *embêté* » pour ensorcelé, « *le faire* » pour jeter des sorts, etc. Mais, en juin 1971, je saisissais parfaitement ce genre d'allusions et j'utilisais sans difficulté ce langage : on aura noté, par exemple, que j'avais parlé d'aller voir « *quelqu'un* » plutôt que de parler explicitement d'un désorceleur. D'autre part, il me paraît invraisemblable aujourd'hui que seul ce passage ait été inaudible : quand, plus tard, j'y entendis le ronronnement de la machine à laver des Babin, cela ne m'empêcha pas de comprendre leurs paroles. Au pire, Joséphine

m'avait alors parlé avec un débit précipité, parce qu'elle
voulait m'avoir tout dit avant l'arrivée de Jean, mais à
cela aussi, j'étais habituée. L'hypothèse la plus probable
est donc que je ne voulais pas entendre le récit de cet
épisode capital – sur lequel je ne posai d'ailleurs pas la
moindre question – parce que de le prendre en considération m'aurait conduite à réviser la version que j
m'étais alors constituée de l'histoire des Babin : si l'origine première des troubles dont ils avaient souffert était
cette accusation de sorcellerie, que pouvaient-ils espérer
d'un désorceleur et que m'avaient-ils demandé exactement, l'année précédente ? Avaient-ils parlé de cette
accusation à la « *femme d'Alençon* », ou seulement d'un
eczéma, puis d'un sort ? La « *femme d'Izé* » s'était-elle
désistée parce qu'ils la lui avaient dite ou parce qu'elle
sentait qu'ils ne disaient pas tout ? Pourquoi ne m'en
avaient-ils pas dit un mot ? Accepteraient-ils d'en parler à
madame Flora ?

Ma confusion s'expliquait partiellement par le fait que
Joséphine ne situait nullement cet épisode capital dans la
chronologie de son histoire, si bien que je pus croire un
instant que l'accusation était venue de la grande madame
Auguste. Jean l'avait toujours jugée redoutable, mais je
dois reconnaître que je partageais son opinion. En janvier-février 1970, en effet, j'avais ardemment souhaité
faire sa connaissance pour qu'elle me racontât la vie de
son initiatrice, madame Marie, dont les Babin m'avaient
dressé un tableau si frappant, et aussi dans l'espoir de la
suivre lors de ses équipées nocturnes. Les Babin avaient
jugé ce souhait tout à fait naturel : de la connaître
m'aiderait à comprendre les subtilités des sorciers ruraux
et d'être ainsi plus efficace pour désorceler Jean. D'ailleurs, leur beau-frère, alors client de madame Auguste,
avait déjà demandé à me rencontrer et il lui serait aisé de
faire office d'intermédiaire. Une première fois, il fut
arrêté par le verglas, alors qu'il allait à Izé pour lui parler

de moi. Puis les Babin ne me parlèrent plus jamais d'elle[4]. Je vécus néanmoins ces journées d'attente dans l'impatience – enfin, je touchais au but – mais aussi dans la frayeur : cette forte femme qui portait un nom d'homme et soulevait un fermier à bout de bras me donnait des cauchemars. De même, mon projet de la faire parler de madame Marie n'était pas sans me causer quelque effroi : après tout, les Babin m'avaient fermement identifiée à elle, mais elle était morte et chacun pensait qu'un sorcier lui avait « *fait son affaire* ». Je n'étais nullement impressionnée par la force supposée des sorciers, mais j'avais déjà vérifié, en quelques occasions dramatiques, combien grande était la force de ce discours de la sorcellerie. Il était clair pour moi que je ne pouvais à la fois admettre d'y être « *prise* » et ne courir aucun risque. En juin 1971, en tout cas, j'avais déjà largement fait l'expérience de mon incapacité à éviter toujours les conséquences de mon engagement dans ce discours.

De là, cette question stupide que je posai à Joséphine et qui eut pour effet d'interrompre son récit sur l'épisode de l'accusation initiale dont Jean avait été l'objet, pour lui substituer une longue plainte sur l'inefficacité des désorceleurs consultés :

« C'était madame Auguste qui avait dit ça? [que Jean était le sorcier de ses voisins].

– *Oh non, non, non, non, non! Il* [Jean] *y avait été dans l'temps* [chez madame Auguste]... *Enfin, de c'temps, c'était pas madame Auguste, c'était madame Marie et elle avait dit : Vous savez, y en a beaucoup sur lui* [de sorciers], *j'n'y peux rein. Ça fait quatre-cinq* [désorceleurs] *qu'il va voir, et ça n'y fait rein. L'avait été voir une*

---

4. Joséphine m'apprit en juin 1971 qu'en fait madame Auguste avait refusé de me connaître par crainte d'être dénoncée à la gendarmerie : « *Elle a dit à mon beau-frère : oh, j'ai été attrapée* [une fois déjà], *je ne veux voir personne parce que tout d'un coup, hein, on est arrêtés.* »

*femme en Alençon qui d'vait l'guéri' et elle l'a point
guéri! Alors, je ne sais que lui dire* [à Jean]. *Il dit :
" Comment qu'ça s'fait? Les autres, elle les guérit et moi,
ça n'me fait rein. Pour d'autres, ça réussit* [le désorcelage]
*et pour moi, ça n'réussit pas. " Alors, dame, il perd
confiance!* »

Si donc Jean « *n'y croyait pas trop* », aux sorts, c'est
qu'il avait expérimenté, en diverses occasions de son
existence, que la compétence des désorceleurs avait des
limites : 1) L'un d'eux l'avait accusé à tort d'avoir
ensorcelé son voisin. (Pour éviter toute confusion, je
précise d'emblée que ce voisin n'est pas encore apparu
dans mon récit.) 2) Aucun désorceleur, jusqu'ici, n'avait
été capable de lever les sorts dont il était lui-même
victime.

Me représentant alors la situation du point de vue d'un
ensorcelé, je pensais que le scepticisme de Jean n'était pas
également fondé dans les deux cas, et qu'il ne pouvait
manquer de le savoir. Il ne devait pas, en effet, s'étonner
outre mesure de ce que ses thérapeutes aient échoué s'il
leur avait donné la même version de son histoire qu'à
moi-même – version qui omettait soigneusement toute
référence au fait qu'il avait été, un jour, sorcier pour
quelqu'un, même et surtout si l'accusation était injuste –,
s'il s'était présenté comme un ensorcelé ordinaire (pour
autant que de tels êtres puissent exister), ou s'il n'avait
pas « *tout dit* » à ses désorceleurs successifs. On aura
compris, j'espère, que j'ai engagé tant d'énergie à entrer
dans les détails infinis de cette histoire parce qu'elle met
en évidence une situation typique : celle où l'ensorcelé se
dit tel à la suite d'une accusation de sorcellerie. Si l'on
considère, en effet, que pour tout ensorcelé il existe un
sorcier innocent dont la survie dépend de son aptitude à
répondre à cette accusation, la trajectoire hésitante des
Babin illustre quelques-unes des difficultés de cette situa-

tion : ils ne peuvent, semble-t-il, demander l'aide d'un
désorceleur qu'à la condition de contrevenir à un précepte essentiel de la cure, qui est de « *tout dire* » à son
thérapeute.

Joséphine considérait que, si son époux ne guérissait
pas, « *c'est peut-être qu'il a le sang puissant : ça le
travaille, ah oui, ça le travaille!* ». Elle énonçait là, ce me
semble, la dramatique ambiguïté dans laquelle son époux
se débattait depuis si longtemps : Jean était grand, rou-
geaud et bien bâti; mais, en même temps, il se sentait
fondamentalement « *faible* ». Son « *sang* » parut assez
« *fort* » à un guérisseur pour que celui-ci lui ait proposé
de l'initier à ses secrets; mais Jean refusa vivement
d'avoir accès à la « *force* », fût-ce « *pour le bien* ». Un
voisin dit Jean sorcier, mais lui-même se prétendit ensorcelé, affirmant obstinément au cours des ans qu'il n'était
pas celui qu'on croyait : malgré les étiquettes dont on
l'affublait et ce que sa forte constitution pouvait donner à
penser, il affirmait n'être « *pas maître* » de lui, irresponsable comme un ivrogne ou comme un ensorcelé. Pourtant, il avait beau dire et faire, son « *sang puissant* » –
comme une force anonyme, comme un « *ça* » venu on
ne sait d'où – « *son sang puissant le travaille* » et tient
régulièrement en échec la « *force* » des désenvoûteurs.

Quand Jean finalement apparut, Joséphine m'avait
déjà longuement questionnée sur la manière dont travaillait madame Flora. Elle souhaitait vivement aller la
consulter, mais craignait la résistance de son époux :
« *C'est qu'il n'y croit pas trop, il n'a pas confiance
là-dedans* », ne cessait-elle de répéter. Pour moi, déso-
rientée par ce que je venais d'apprendre – à peu près
certaine, d'ailleurs, que le retard de Jean marquait la
crainte qu'il avait de moi, ou du désorcelage –, j'aurais
préféré ajourner cette conversation et prendre le temps de
réfléchir. Aussi parlai-je avec lui indéfiniment de ques-

tions futiles, prolongeant autant qu'il était possible ce
moment d'échange « phatique », pour parler comme
Malinowski. Voyant pourtant que Joséphine rongeait son
frein et préférant parler moi-même de madame Flora,
j'entrai à regret dans le vif du sujet. Fine, trouvant que je
n'allais pas assez vite et que je ne soulignais pas les points
essentiels – ceux qui pouvaient emporter l'adhésion de
son époux –, ne cessait de m'interrompre. Ainsi, elle
insista triomphalement sur l'épisode de mon ensorcellement :

« *Et elle* [madame Flora] *a dit qu'y en avait un*
[sorcier] *qui vous était tombé su'l'dos!* »

Jean sursauta et me fit préciser le moment exact de ce
diagnostic. Ma réponse, absolument conforme à la vérité
historique – « l'an dernier, à Pâques » –, alluma son
regard, jusque-là plus fuyant que jamais et, comme
toujours, protégé par des verres fumés. Si c'était le cas, en
effet, j'étais alors confirmée dans la place où il m'avait
mise autrefois, d'avoir à « *tout prendre sur moi* », car
c'était à cette époque que devait prendre effet la prédiction de la « *femme d'Alençon* » : « *Si vous ne faites rien,
vous resterez que six ans mariés.* » Il était de fait qu'après
m'avoir rencontrée en 1970, non seulement il était resté
marié, mais il avait trouvé le courage de se prémunir
contre le contact de Ribault.

J'expliquai longuement la manière dont procédait
madame Flora, le prix et le rythme des séances. Jean me
coupa la parole pour me demander, sur un ton d'excitation extrême : « *Et par photo, elle ne peut pas lire sur
photo?* »

Je répondis que je ne l'avais jamais vue procéder ainsi
et qu'il y avait peu de chances pour qu'elle le fasse : je
savais, en effet, combien madame Flora tenait à ce que
ses clients s'engagent corps et âme dans leur cure. Ce fut,
pour Jean, une immense déception. Il commença alors à

m'opposer une série d'arguments spécieux, qui devait aboutir à son refus[5] :

« *C'est pas là, Taron!* grommela-t-il.

– Non, c'est pas là, mais il y a des gens qui lui viennent de cent kilomètres, tentai-je d'argumenter.

– *Je ne dis pas le contraire*, répliqua Jean dépité. *J'ai bein été jusqu'en Alençon et ça n'y a rein fait* [je n'en ai pas été guéri pour autant]. *A Taron, tous les trois jours!*

– *Mais non*, s'exclama Joséphine, *trois fois à neuf jours d'intervalle pour commencer, et puis une fois par mois jusqu'à tant que tu guéris!*

– *Ça suffit!*, coupa Jean en frappant sur la table.

– Vous en avez assez de tout ça? lui demandai-je, soulagée qu'il ose refuser si vite. Mais il se crut obligé de m'opposer d'autres raisons :

– *Bein d'abord, faut y passer la journée* [ce qui bien sûr était faux]. *Si elle veut ma photo* [sans que j'aie à me déplacer], *elle a qu'à essayer, j'veux bein.* »

Joséphine proposa d'y aller un dimanche, pour voir. Jean se mit franchement en colère :

« *Oui, mais l'dimanche, c'est pareil!* [Tu sais bien que je fais les foins tous les jours de la semaine, par ce temps pourri, et qu'ensuite, ce seront les moissons.] *Moi, je n'irai pas à Taron, et puis c'est tout! Tu peux y aller si tu veux mais moi, je n'y vais pas.* » Puis il me questionna une fois encore :

« *Vous pouvez lui demander si ça peut se faire sur photo?*

---

5. On peut comparer les arguments que m'opposa Jean Babin à ceux de Louise Régnier, quand je lui proposai de me fixer un rendez-vous pour que nous puissions parler, son époux, elle et moi, de leur histoire. On comprendra plus loin que, n'était la pression exercée par son épouse, il y aurait longtemps que Jean Babin, comme Louise Régnier, se serait enfermé dans ce que j'ai nommé l'enclos de l'indicible. *Cf.* chap. VI, pp. 137-162.

– Certes, mais je ne crois pas qu'elle le fasse...

– *Si elle peut travailler sur photo?* » répéta-t-il sans
tenir compte de ma réponse. Je me souviens alors l'avoir
vue examiner une photographie dans un cas particulièrement épineux où, le père de l'ensorcelé étant son seul
persécuteur objectif et un persécuteur enragé, elle n'avait
pu détourner l'accusation du cercle familial, comme elle
le faisait toujours :

« Ce que j'ai vu, c'est que si le sorcier est dans la
famille, elle demande une photo. Mais celui qui a
quelque chose [l'ensorcelé], il doit y aller, lui », à la
consultation. Cette réponse était exacte, mais particulièrement malheureuse : elle pouvait signifier, en effet,
qu'aux yeux si exercés de ma voyante, seul un sorcier,
c'est-à-dire un être qui masquait sa véritable nature,
pouvait apparaître sur une photographie, laquelle, pour
ainsi dire, parlait pour lui. Jean se ressouvint alors de
l'injuste accusation dont il avait été l'objet :

« *Oui, mais y a des fois où on peut bein croire qu'c'est
quelqu'un et c'est pas lui* », dit-il. Son scepticisme balaya
tous nos arguments : « *Pour moi, j'irai pas là-bas. Si elle
veut ma photo* [c'est bon, car on ne saurait exiger d'une
photo de « *tout dire* ». Sinon,] *j'irai pas encore me casser
la goule!* [dans un accident de voiture, comme cela m'est
arrivé si souvent]. *J'aimerais mieux retourner à l'hôpital,
avec les fous*, remarqua-t-il en riant, *à ne rien foutre toute
la journée* [soigneusement abrité par les hauts murs de
l'hôpital et mon statut de malade passif]. *J'en ai assez
d'aller chez Jacques et chez Jules et va-z-y!* [chez tous ces
désorceleurs, si forts pour lever les sorts des autres et si
incapables pour ce qui est de moi], cria-t-il. *Qu'elle y va
un coup si elle veut* [Joséphine, qui croit en eux], *je m'en
fous, moi!*

– *Tu as peur d'aller en auto*, lui fit remarquer son
épouse sur un ton conciliant. *Bein, la dame* [Madame

Favret], *elle peut venir nous chercher...* [elle qui ne craint pas de conduire].

– *J'en ai marre, de ce machin-là!* hurla Jean. *Pars si tu veux, moi j'y vas pas!* » Aux arguments irréfutables de son épouse, il ne pouvait, en effet, opposer que la violence ou le rappel de son état de malade nerveux : « *J'vas en avoir bein pour l'après-midi!* maugréa-t-il.

– *C'est les nerfs,* m'expliqua Fine. *C'est ses nerfs qui vont le travailler* », parce que la perspective d'un désorcelage l'inquiétait. De voir ainsi sa fragilité reconnue pacifia Jean instantanément : il me parla longuement de sujets sans importance sur un ton chaleureux et amical, puis nous quitta en précisant que je pouvais prendre rendez-vous avec madame Flora pour son épouse. Pour sa part, il n'y serait présent que sous la forme de sa photographie de mariage.

II. L'ENSORCELÉ SORCIER

Je ne m'étendrai pas sur ce que fut le désorcelage de Joséphine Babin, parce que je souhaite en traiter longuement dans le second volume. Il nous suffit de savoir que, malgré sa durée, il fut, comme les précédents, inefficace sur l'essentiel : les Babin n'en purent pas plus consommer leur mariage. Je voudrais ici en évoquer un seul aspect : le fait que Joséphine ne dit mot à madame Flora de l'injuste accusation dont son époux avait été l'objet antérieurement, mais que, par contre, elle m'en parla fréquemment à dater de ce jour de juin 1971 où j'allai la revoir.

Si elle put le faire, ce fut, je crois, parce qu'elle m'avait définitivement déchue de la place de désorceleuse : même si mes relations avec madame Flora pouvaient lui donner à penser que je deviendrais un jour magicienne, jamais plus elle ne me considéra comme chargée de son destin.

Certes, elle commença de me payer, me faisant divers cadeaux – des viandes ou de l'argent –, mais ils étaient destinés, en principe, à rembourser mes frais d'essence. A présent, nous étions toutes deux clientes de madame Flora, et d'assister à mes consultations lui permit de mesurer ma fragilité. Ainsi naquit rapidement entre nous une amitié et une complicité de femmes, qui utilisaient le temps du trajet – de Torcé à Taron et retour, à chaque fois deux heures – pour parler de nos vies et commenter nos consultations respectives.

Elle aborda pour la seconde fois le récit de cette accusation de sorcellerie un jour qu'elle évoquait l'ivrognerie de son époux : Jean avait été l'enfant préféré de son père – lui-même un ivrogne invétéré –, qui, dès l'enfance, l'avait emmené boire avec lui dans les cafés du canton; mais Joséphine considérait que son époux n'était réellement devenu ivrogne qu'à l'âge de vingt-huit ans, après qu'un voisin, Nouet de La Grimetière, l'eut accusé d'être son sorcier.

Ce récit, qu'elle me fit ensuite à plusieurs reprises sans jamais en changer un mot, était tout à fait bref : selon Joséphine, les Nouet avaient déjà perdu beaucoup de bêtes quand, en 1959, la « *patronne* » de la ferme tomba malade. Un désorceleur, consulté, leur indiqua la méthode suivante pour reconnaître leur sorcier : « *Le premier qui vous demandera un service, c'est lui qui vous le fait* » (qui vous ensorcelle). Notons que, comme toujours quand c'est l'accusé qui parle du désorceleur de son accusateur, le procédé invoqué est nécessairement rudimentaire, sinon stupide. Le lendemain, le vélomoteur de Jean se trouvant en panne à l'entrée du chemin de La Grimetière, celui-ci voulut leur emprunter un outil. Les Nouet refusèrent d'abord de lui adresser la parole puis, à sa stupéfaction, ils se mirent à l'accuser avec véhémence : « *C'est donc toi, la saloperie! C'est donc toi qui nous le fais!* » Jean tenta sans succès de s'expliquer, puis rentra

chez lui complètement abasourdi. « *C'est pour ça,*
conclut Joséphine : *de ce temps, y n'veut point trop y
croire.* »

A dater de ce jour, Jean prétendit donc ne pas croire
aux sorts et, moins encore, à la compétence des désorceleurs. On peut noter pourtant qu'il se mit alors à s'enivrer
systématiquement avec son père et que chacun, chez les
Babin – hormis la mère, dont je parlerai dans un instant –, chacun interpréta cette ivrognerie comme l'effet
d'un sort parce qu'elle était à ce point désespérée et
inattendue pour qui connaissait Jean. Son épouse me dit
explicitement qu'à son avis, les Nouet avaient demandé à
leur désorceleur de « *travailler* » Jean de cette manière –
en le rendant ivrogne – et elle ne doutait pas qu'il y ait
réussi.

Pas plus que son fils, on s'en souvient, la mère Babin
ne croyait aux sorts. On peut à présent se demander si ce
n'était pas pour le laver de cette accusation : car, si les
sorts n'existaient pas, Jean ne saurait être un sorcier.
Mais on se souvient aussi qu'elle semblait parfois y croire
quand même – comme tout un chacun –, disant, par
exemple, que Ribault n'était pas le sorcier de Jean parce
qu'il n'en était « *pas capable* », ce qui sous-entendait que
d'autres, à son sens, en étaient capables. Il me paraît
qu'en énonçant ainsi : « Le sorcier de Jean, ce n'est pas
Ribault, c'est un autre », elle se référait peut-être à cet
épisode initial d'accusation que, contrairement aux autres
membres de la famille, elle ne parvenait pas à disjoindre
dans son interprétation des malheurs ultérieurs de son
fils. (Ici encore, je ne puis faire que des suppositions, car
la violence passée des relations de Jean avec sa mère
m'interdisait bien évidemment d'aller lui demander son
avis sur cette affaire.)

On voit mieux, à présent, en quoi l'histoire des Babin
est exemplaire : elle illustre, en effet, la situation typique

dans laquelle un ensorcelé, « *pris* » dans la répétition du malheur biologique à la suite d'une accusation de sorcellerie, se trouve alors affronté à l'impossibilité d'en faire état devant un quelconque désorceleur. Cette impossibilité me paraît propre au discours même de la sorcellerie : jamais, en effet, je n'ai entendu un ensorcelé se plaindre à un désorceleur d'avoir été préalablement accusé d'être un sorcier; aucune des nombreuses histoires qu'on m'a racontées ne comporte d'ailleurs cette situation qui, cependant, ne saurait être exceptionnelle, puisque, chaque fois qu'un individu peut se dire ensorcelé, il faut qu'il désigne un sorcier : il y a donc exactement autant de sorciers que d'ensorcelés. La question est alors de savoir comment les nombreux accusés parviennent à s'arranger d'une semblable imputation, puisqu'ils se savent au moins innocents de posséder des « *livres* » et de s'en être servis pour poser des charmes.

Selon mon expérience, trois voies sont ouvertes aux sorciers présumés :

1. Soit l'accusation les atteint de plein fouet : certes, ils savent pertinemment qu'elle est matériellement fausse, mais ils sont à ce point convaincus de l'efficacité magique du désorceleur qu'ils se conduisent désormais comme des condamnés à mort. Certains, comme la mère Chicot, qu'avaient accusée les Régnier, meurent rapidement d'un mal inexplicable; d'autres, comme Tripier, le sorcier de Manceau, ou Filoche, celui des Letort, font faillite ou quittent le pays.

Ceux-là, il m'a été, bien sûr, impossible de les interroger : car les survivants n'avaient quelque chance de pouvoir subsister qu'à la condition de taire soigneusement le passé. Même en comptant pour rien – et ce n'était pas rien – le fait que je n'aie pu connaître leur existence que par leurs accusateurs, on ne voit pas ce qu'ils auraient pu dire, ni à qui. Car ils ne pouvaient prétendre à la fois que l'accusation était injuste et que le rituel du désorceleur ait pu les atteindre si profondément.

2. A l'inverse, il peut arriver qu'un sorcier présumé réponde à l'accusation par l'ironie et le sarcasme : je ne suis pas coupable d'être ton sorcier, affirment-ils en substance, pour la raison simple que les sorts n'ont aucune existence objective et qu'il faut être arriéré ou fou pour y croire; celui qui t'a convaincu de ce que j'étais ton sorcier n'est lui-même qu'un charlatan, etc. Si, comme cela se produit, ils sont réellement capables de tenir cette position, le désorceleur est mis en échec : il a beau transpercer des cœurs de bœuf, faire sauter du sel dans une poêle rougie au feu, « *l'autre* » ne « *s'en sent* » pas « *passer* ».

J'ai connu quelques personnages de cette sorte, mais j'ai été souvent frappée par le fait que la conversation débouchait très vite sur une impasse, pour peu qu'apparaisse une faille dans leur scepticisme, lequel faisait alors figure de système de défense. (Je dois d'ailleurs remarquer qu'ils ont pu tenir sérieusement cette position lors des premiers mois de mon séjour dans le Bocage, quand mon incapacité à manier le langage de la sorcellerie pouvait leur donner à penser que j'étais moi-même sceptique. Plus tard, ils n'ont jamais manqué de s'enferrer dans des contradictions telles qu'ils craignaient rapidement que je ne les considère moi-même comme sorciers.) L'un, par exemple, commençait par affirmer en riant que ces accusations, comme les sorts en général, c'étaient des « *conneries des arriérés* »; mais il ne tardait pas à se vanter de ce qu'ayant le « *sang fort* », il avait mis le désorceleur en échec. Tel autre, s'avançant un peu moins – il ne riait ni ne se vantait –, invoquait comme preuve de son innocence le fait que le rituel ne l'ait nullement atteint, tandis que perdurait le malheur de ses victimes supposées. Cela pouvait certes signifier que les sorts étaient pure imagination mais, aussi bien, que mon

interlocuteur était plus « *fort* » que le désorceleur destiné
à le combattre. Si grande est la prégnance d'une accusation de sorcellerie qu'ils ne voyaient plus, dès lors,
comment y échapper au regard de qui, comme moi, avait
quotidiennement affaire à des magiciens et des ensorcelés.
Car tout ce que pouvait prouver leur comportement,
c'était qu'effectivement l'imputation n'avait pas eu pour
conséquence de les précipiter dans la répétition du malheur biologique.

   3. D'autres enfin, comme Jean Babin, déclarent tout
haut n'y pas croire, mais leur comportement ne cesse
ensuite de démentir leurs paroles : qu'on les accuse, et ils
sont pris dans la répétition. Ils sont alors engagés, parfois
pour de longues années, dans un processus de réinterpré-
tation de leur histoire, jusqu'à ce qu'ils aient réussi à la
présenter comme celle d'un ensorcelé ordinaire : il faut,
pour cela, qu'ils suppriment toute allusion à l'épisode de
leur accusation passée et qu'ils trouvent un désorceleur
capable de s'en convaincre et d'authentifier cette histoire
remaniée.

   Quand je rencontrai les Babin, ils abordaient précisément l'avant-dernière étape de ce remaniement : le récit
qu'ils me firent comportait, en effet, de nombreuses
allusions à cette accusation passée – allusions que je fus
bien évidemment incapable de saisir avant que Joséphine
ne m'ait dit le fin mot de l'histoire, mais qui n'avaient
sans doute pas échappé à leurs précédents désorceleurs et,
en particulier, à la « *femme d'Izé* ».

   Tout d'abord, on peut remarquer que l'apparition de la
« *femme d'Alençon* » dans la vie des Babin fut étroitement liée à cette accusation initiale puisque l'eczéma
purulent, qui empêcha Jean de se marier avant l'âge de
trente-trois ans, se développa dès 1959, peu après que
Nouet eut traité Jean de sorcier. Les Babin ne disent pas
comment Jean se présenta chez Marie d'Alençon :

comme un malade souffrant seulement d'un eczéma et qui demanderait à une guérisseuse de supprimer son symptôme ou comme un ensorcelé ordinaire qui engagerait une désorceleuse. Ce qui paraît certain, c'est que la « *femme d'Alençon* » traita sans succès l'eczéma par une thérapeutique traditionnelle et qu'elle fit allusion à un sort, puisqu'elle recommanda au malade de revenir la voir si jamais il se mariait ou qu'il « *prenait à son compte* » : « *elle savait*, dit Joséphine, *que le sort reprendrait* ». (C'est pourquoi, sans doute, le missionnaire venu prêcher le carême à Torcé réussit à guérir Jean, ne prenant en considération que son seul symptôme corporel, l'eczéma, s'autorisant de ce qu'il avait été médecin et de ce que Dieu voulait le mariage des fermiers robustes, et se gardant de toute référence aux sorts.)

D'autre part, il est frappant de noter que Joséphine – pour autant, du moins, qu'elle ne s'adresse pas à une désorceleuse – puisse dire *à la fois* que le désorceleur de Nouet a jeté un sort à son époux (sort qui le rendit eczémateux et ivrogne) *et* que les sorciers de Jean se nomment Ribault et Chicot. Comment le premier fut éliminé de l'interprétation au profit des seconds, c'est ce qu'il nous faut tenter de comprendre à présent.

Jean se présentant comme un ensorcelé ordinaire dont les malheurs auraient débuté au moment de sa noce, le premier désorceleur venu lui aura posé la question suivante : puisque le mal dont tu souffres, c'est de n'avoir pas pu consommer ton mariage, à qui donc le choix de ton épouse a-t-il pu déplaire ? Ribault était alors un sorcier tout désigné parce qu'il tenta d'imposer à Babin sa servante avec une réelle insistance et qu'il marqua nettement le mécontentement que lui causait le refus du jeune homme.

La nomination de Chicot, par contre, est l'aboutissement d'un processus infiniment plus complexe. On se souvient qu'en 1970, les Babin m'avaient dit l'avoir

identifié comme sorcier en raison du dépit que lui causa
l'établissement de son neveu. Jean, se présentant aussi
comme ensorcelé depuis qu'il avait « *pris à son
compte* », la question du devin aurait alors été : à qui
donc ton installation a-t-elle pu déplaire? Chicot put
alors être désigné comme sorcier, sans que les Babin aient
besoin d'invoquer les événements de 1959. Bien que le
préjudice causé à l'« *homme de la tante* » soit léger – ne
plus se fournir en fleurs et en produits de la ferme – le
désorceleur aura été convaincu de sa culpabilité par la
multiplication paroxystique des « *beurrées* » après le
passage de l'un ou de l'autre Chicot. En 1971, il m'apparut pourtant que, si les Babin furent à ce point
acharnés à désigner Chicot comme leur sorcier, ce fut en
raison du lien étroit qu'il avait autrefois entretenu avec
La Grimetière : il en avait, en effet, été le fermier juste
avant que Nouet ne s'y installe. Jamais, sans doute, Babin
n'avait fait part de ses raisons à un désorceleur, puisqu'il
devait faire le silence sur l'accusation dont il avait été
l'objet, mais elles n'en étaient pas moins présentes à son
esprit, comme le montre cette déclaration que me fit alors
Joséphine :

« *Si ça se trouve,* dit-elle, *c'est lui* [Chicot] *qui le leur
faisait* [qui ensorcelait les Nouet, parce qu'il était jaloux
de les voir s'installer dans une ferme qu'il avait dû
quitter], *et c'est sur Jean que c'est tombé.* » [Ce qui est
ainsi « *tombé* » sur son époux, ce sont à la fois l'imputation de sorcellerie et le sort que, nécessairement, lui jeta
le désorceleur de son accusateur.]

L'emploi de l'expression « *si ça se trouve* » requiert ici
quelques commentaires : 1) Elle ne saurait être entendue
comme la marque d'une quelconque incertitude puisque,
dans nos conversations ultérieures, Joséphine considéra
comme une évidence l'idée que Chicot ait été coupable
depuis 1959; elle avait d'ailleurs pu dire, de la même
manière, qu'elle se « *doutait sur Ribault* » alors qu'elle

était bien assurée qu'il était le responsable de l'impuissance de son époux. 2) L'emploi de cette expression est, bien plutôt, la marque de ce qu'il s'agit là d'une opinion personnelle qui n'a jamais été soumise à l'interprétation d'un désorceleur. Si cela avait été le cas, en effet, Joséphine n'eût pas manqué de s'abriter derrière l'autorité du devin, énonçant, par exemple : « La femme d'Izé a dit que... »

Bien qu'ils n'aient pu le garantir par la parole d'un désenvoûteur, le raisonnement des Babin me paraît alors avoir été le suivant : puisque le sorcier des Nouet n'est pas Jean – car celui-ci sait pertinemment qu'il ne possède pas de « *livres* » et que, jamais, il n'a été poser de charmes dans le domaine de quiconque –, ce ne peut donc être que l'« *homme de la tante* » Chicot, car il avait des raisons évidentes d'en vouloir à ses successeurs de La Grimetière.

Je vais à présent tenter de formuler la série de déplacements grâce auxquels le nom du désorceleur des Nouet fut progressivement occulté dans l'histoire des Babin, au profit de celui de Chicot. Je m'aiderai, à cet effet, des schémas que j'avais introduits au chapitre VI pour figurer le déroulement d'une crise de sorcellerie du point de vue de l'ensorcelé, schémas qui reposent sur une distinction provisoire entre la force magique – dont disposent exclusivement les sorciers et les désorceleurs – et la force vitale qui caractérise tout individu, quel qu'il soit [6].

1. Selon les Babin (car c'est évidemment leur point de vue qui est formulé ici), en 1959, l'oncle Chicot ensorcelle son successeur à La Grimetière, Nouet. Celui-ci est donc dépourvu de force magique, il est faible (–) et il souffre d'une déperdition continue de force vitale : ses bêtes meurent, son épouse tombe malade; ou, pour exprimer la situation dans les termes que j'ai introduits

6. *Cf.* pp. 126-127.

au chapitre VIII, son *ensemble* est affecté de malheurs
divers, du fait d'un sorcier surpuissant (+), l'oncle Chicot.

Ensorcelé (1)   Sorcier (1)
  (−)   (+)
Nouet   Chicot

2. Nouet, pour sa part, ignore qui lui « *rattire* » ainsi
sa force vitale. Aussi s'adresse-t-il à un désorceleur qui lui
fournit une méthode pour identifier son sorcier. Malheureusement le magicien est incompétent et son procédé
conduit Nouet à désigner Jean au lieu de Chicot. Celui-ci
n'en reste pas moins un sorcier, encore que les Babin
soient les seuls à pouvoir le dire, plusieurs années après,
au vu des événements.

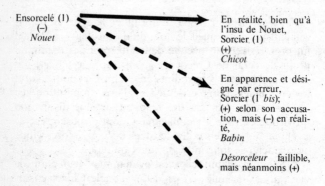

Ensorcelé (1)   En réalité, bien qu'à
  (−)   l'insu de Nouet,
Nouet   Sorcier (1)
                                 (+)
                                 Chicot

                                 En apparence et dési-
                                 gné par erreur,
                                 Sorcier (1 *bis*);
                                 (+) selon son accusa-
                                 tion, mais (−) en réali-
                                 té,
                                 Babin

                                 Désorceleur faillible,
                                 mais néanmoins (+)

Selon Babin, l'erreur consiste en ce qu'on ait pu le
créditer de force magique, ou d'un signe positif, alors
qu'il en est totalement dépourvu (malgré son apparence
robuste) et qu'il conviendrait donc de l'affecter d'un
signe (−).

3. Le désorceleur engage donc un combat magique avec

le sorcier supposé. Jean, étant naturellement faible, il est
aisément vaincu. Mais, contrairement à ce que le désorceleur a pu penser, aucun retournement ne s'est opéré
d'un sorcier en ensorcelé, puisque celui qui a été atteint
était un innocent et que le véritable coupable, Chicot, a
conservé intacte sa force magique. (Babin ne saurait, en
effet, en avoir perdu dans l'opération, puisqu'il n'en avait
déjà pas.) Le rituel du désorceleur produit, par contre, un
autre genre de retournement : celui d'un individu quelconque – n'ayant aucune sorte de relation avec les sorts
ni avec la force magique – en ensorcelé. Car le rituel du
désorceleur, mauvais devin mais néanmoins magicien
efficace, a pour effet de « *rattirer* » la force vitale de
Babin, faisant de lui un ivrogne et un eczémateux.
L'histoire ne dit pas si Nouet, le faible initial, a retrouvé
sa force vitale à l'issue de l'opération; ce qui est sûr, c'est
que Babin en a perdu.

Ensorcelé (2) ──────────────────▶ Sorcier (2)
    (–)   (+)
  Babin   le désorceleur
                                                    incompétent
                                                  mais efficace

4. Le sorcier initial, Chicot, n'a donc pas perdu sa force
magique et, comme tout sorcier, il est contraint de
l'utiliser sans relâche [7]. Babin est alors, pour son oncle,
une victime toute désignée : Chicot avait déjà réussi à
l'atteindre en 1959 par le truchement d'un devin incompétent; quand Jean « *prend à son compte* » la ferme

---

7. C'est là une présupposition essentielle du système, sur laquelle je
reviendrai plus loin : le sorcier est contraint d'exercer continuellement sa
force magique – on dit qu'il est « *forcé de jouer un tour chaque jour* » –
sous peine de voir cette force se retourner contre lui et le détruire. Si l'on
peut dire que le sorcier possède ses victimes, il n'en est pas moins,
lui-même, possédé par sa « *force* ».

paternelle en 1963, le sorcier prend prétexte de ce que l'établissement de son neveu le prive d'avantages matériels pour l'ensorceler – mais directement cette fois :

Ensorcelé (1) ⟶ Sorcier récidiviste (1)
(–) (+)
Babin Chicot

5. Babin ne peut alors faire appel à un désorceleur qu'à la condition de taire le passé et de faire commencer sa carrière d'ensorcelé au moment où il a « *pris à son compte* ». Mais, parce que tout interrogatoire un peu serré aboutit soit à l'évocation de cette accusation initiale, soit au silence des Babin, les désorceleurs professionnels – la « *femme d'Izé* », en tout cas – se désistent. Il est d'ailleurs frappant que les Babin n'aient pu être débarrassés de Chicot que par des désorceleurs bénévoles : un prêtre, puis un étranger de passage. Le premier leur donna des protections magiques, tandis que le second tua le sorcier d'une prédiction.

Ensorcelé (2) ⟶ Sorcier (2)
(–) (+)
Chicot Le curé de Torcé

⟶ Sorcier (2 *bis*)
(+)
L'étranger

Quant à moi, si les Babin me parlèrent des Chicot, bien qu'ils n'aient plus besoin de l'intervention de quiconque pour les combattre, ce fut, je crois, pour deux raisons : 1) En 1970, ils étaient encore sous le coup de la fascination qu'avait suscitée en eux la mort récente de l'« *homme de la tante* ». 2) M'en faisant le récit, ils me désignaient la place où ils entendaient que je me tienne; celle d'une désorceleuse occasionnelle, tout comme cet étranger qui « *était p'têt quelqu'un comme vous, qui s'rait v'nu pour étudier les sorts* », qui accomplit en trois phrases sa mission de justicier puis disparut définitivement de Torcé. J'en veux pour preuve le fait que Joséphine, jamais, ne souffla mot des Chicot à madame Flora – désorceleuse professionnelle –, se présentant alors comme la victime du seul Ribault. Ainsi disparut le dernier lien qui unissait les événements de 1959 avec ceux de 1963-1964.

Les Babin savaient à présent raconter leur histoire comme celle d'ensorcelés ordinaires : dans la version que Joséphine servit à madame Flora, ses malheurs avaient débuté trois semaines avant son mariage; Jean avait alors reçu un madrier sur la tête et il était devenu impuissant, du fait de Ribault; au même moment, le fils Filoche l'avait mise en garde de ne pas épouser un « *bibouc* ».

Jean, pourtant, ne fut pas guéri de son impuissance parce que jamais il ne put se présenter en personne chez madame Flora. L'échec de cette désorceleuse tient, je crois, à une limite essentielle de la cure magique et, sans doute aussi, de toute cure : nul, en effet, ne saurait guérir quelqu'un pour qui le maintien de son symptôme central est une question de vie ou de mort. Car il me paraît que l'impuissance sexuelle de Babin est pour lui la seule méthode qu'il ait trouvée pour s'affirmer comme un sujet autonome, face à la coalition familiale qui a décidé de son destin en ses lieu et place.

« *C'était depuis toujours entendu que Jean aurait La Croix* », dit, en effet, Joséphine; quand il y fut établi, son frère aîné – qui pèse d'un grand poids dans toute cette affaire – le maria avec la sœur jumelle de sa propre épouse, sous le prétexte que Jean avait déjà trente-trois ans et qu'il fallait une femme pour l'aider à exploiter son domaine. Tout cela était d'ailleurs parfaitement sensé, n'eût été que Jean ne désirait pas être fermier, non plus qu'épouser sa belle-sœur [8]. En ne consommant pas ce mariage – ce que nul ne saurait décider ou faire pour lui –, Jean, ce me semble, tente de faire échec, et de façon décisive, à ce destin où il a été engagé contre son gré. Le fait qu'il n'ait jamais tenté de réussir l'acte sexuel, hormis au début de ses noces et après le passage de la « *femme d'Izé* », le fait aussi qu'il menace de se tuer chaque fois que son épouse lui demande de coopérer avec elle à la cure de madame Flora, montrent bien qu'il tient à conserver ce symptôme, que ce soit pour les raisons vitales que j'ai dites ou pour d'autres qu'il pourrait dire, s'il acceptait de parler.

Je voudrais, pour finir, faire une remarque de pure logique : il est très probable que la plupart de ceux qui sont accusés d'être sorciers parviennent, un jour ou l'autre, à transformer leur histoire en celle d'un ensorcelé ordinaire. Si l'on considère, en effet, 1) que les accusés sont innocents et 2) qu'il est si difficile d'échapper au discours de la sorcellerie – les sceptiques ne parvenant à maintenir leurs certitudes que pour autant que la répétition du malheur les épargne –, on est conduit à supposer qu'une proportion non négligeable des ensorcelés est constituée par d'anciens sorciers présumés. Cet épisode initial appartient cependant à un passé forclos dont nul – hormis celui qui les accusa –, jamais, ne saura rien. Pas même, cela va sans dire, une ethnographe.

Pour que soit possible la transformation de l'énoncé « tu es mon sorcier » en « je suis ensorcelé par Untel », il faut que l'épisode de l'accusation initiale et celui de l'ensorcellement final soient définitivement disjoints.

8. Jean, qui était intelligent et doué pour l'étude, aurait voulu poursuivre l'école au-delà du certificat d'études primaires et devenir infirmier, mais sa famille s'y opposa. D'autre part, bien qu'il ait pour son épouse de l'estime et de la tendresse, il ne semble pas l'avoir jamais désirée, pour autant que ces choses puissent se savoir.

Trois conditions, au moins, doivent alors être remplies :

a) Celui que l'ensorcelé accuse ne doit entretenir aucun lien avec celui qui autrefois l'a accusé.

b) L'ensorcelé doit assumer la responsabilité de contrevenir au précepte de « *tout dire* » à son désorceleur. (Selon l'expérience que j'en ai, n'importe quel ensorcelé se trouve d'ailleurs, un jour ou l'autre, devant cette nécessité. Car le seul moyen de ne pas s'aliéner dans le désir du désorceleur est de prendre enfin le courage de mettre tel ou tel secteur de sa vie à l'abri de l'interprétation.)

c) Sans pouvoir en parler à quiconque, l'ensorcelé doit pouvoir s'arranger de cette contradiction fondamentale du système : un désorceleur a pu commettre, un jour, une erreur judiciaire à mon détriment; néanmoins, un autre désorceleur dira vrai quand il accusera tel ou tel d'être mon sorcier. Autrement dit : s'il est vrai que je puisse être ensorcelé – pris dans la répétition du malheur – du fait d'un autre, il ne saurait être vrai que quiconque puisse me mettre à la place de cet autre.

Cette accusation ne peut être dite et le discours de la sorcellerie ne peut faire effet qu'à la condition de laisser chacun s'en débrouiller en silence : sans quoi la nomination d'aucun sorcier n'aurait plus la moindre efficace parce qu'il serait clair que le « sorcier » n'intervient qu'à titre de support logique, dans un système permettant de penser et de manier – souvent avec succès – la répétition du malheur biologique. Il n'en faut pas conclure, ce me semble, que ce discours soit plus faux ou illusoire qu'un autre; mais, bien plutôt, que, comme tout discours, il trouve à la fois la condition et la limite de son efficacité dans l'occultation d'une certaine part du réel.

CHAPITRE XII

En attendant la suite

Après avoir parcouru un certain chemin à travers ces récits parfois enchevêtrés, il est temps de poser quelques réflexions qui puissent faire office de pierres d'attente jusqu'à la parution du second volume. Il serait quelque peu abusif, en effet, de risquer des affirmations générales sur la sorcellerie bocagère avant d'avoir montré comment les désorceleurs opèrent dans leurs cures; avant, aussi, d'avoir tenté d'identifier ce qui s'y résout, et à quel prix, du malheur des ensorcelés. Il ne serait pas moins prématuré de prendre position sur les questions épistémologiques que soulève ma démarche, puisque l'on ne peut dire encore où, exactement, elle conduit.

Je puis toutefois frayer la voie à une possible théorisation en proposant, dans ce chapitre final, une construction de l'ensemble conceptuel qui sous-tend, à mon sens, la représentation bocagère de la sorcellerie; celle, du moins, des ensorcelés.

Les amateurs d'histoires de sorciers ne manqueront pas d'être déçus par la sécheresse de cet exposé; mieux vaut pour eux s'en éviter la lecture. Les thèmes de la lutte à mort, de l'effraction et de la perte sont au centre de ce texte comme, antérieurement, des récits; mais ils s'y expriment sur le ton, apparemment plus dégagé, de la logique.

En deux occasions, au cours de cet ouvrage, j'ai tenté
de figurer le déroulement d'une crise de sorcellerie,
considéré du point de vue de la victime[1]. A cet effet, j'ai
posé une distinction provisoire entre la force magique,
dont disposent seulement les sorciers et les désorceleurs,
et la force vitale, dont quiconque est pourvu.

Une crise de sorcellerie consisterait en ceci : un sorcier
entreprend d'attirer à lui, par des moyens magiques, la
force vitale d'un individu quelconque, c'est-à-dire d'un
individu totalement dépourvu de moyens magiques de
défendre sa force vitale. Quand un ensorcelé est ainsi
investi, il ne lui reste pas d'autre issue que de faire appel
à un justicier magique, le désorceleur. Celui-ci doit être
tel qu'il puisse opposer à l'agresseur une force magique
plus intense et qu'il puisse ainsi le contraindre à restituer
à son client la quantité de force vitale dérobée. Faute de
quoi l'ensorcelé, perdant progressivement sa force vitale,
serait inévitablement conduit à la ruine ou à la mort. On
se souvient d'autre part que la défaite du sorcier se
marque, pour lui comme pour quiconque, par la perte
d'une certaine quantité de force vitale, perte éventuellement totale et qui équivaut à la mort.

D'introduire ainsi deux catégories de forces m'avait
permis de poser que ce qui circule, dans une crise de
sorcellerie, c'est de la force vitale; tandis que ce qui la fait
circuler, c'est de la force magique.

En désignant comme magique la force du sorcier ou du
désorceleur, je me conformais d'ailleurs à un usage
courant dans les sciences humaines : ethnographes et
folkloristes invoquent cette notion chaque fois qu'ils
entendent caractériser une force qui serait distincte de
celles qui opèrent dans la nature ou dans le champ de la
physique, des forces empiriquement repérables et mesu-

1. *Cf.* pp. 126-127 et 320-329.

rables. Mais ce n'est là, on en conviendra, qu'une définition négative et qui renvoie l'indigène à son altérité,
épargnant ainsi à l'ethnographe tout questionnement sur
la nature et le mode d'action de cette force « magique » :
qu'il existe une telle force, c'est un Zandé qui le dit,
commente en substance l'ethnographe; c'est seulement un
Zandé qui parle, mais vous et moi sommes bien d'accord
sur le fait que cette notion est fondamentalement ab-
surde.

L'objet de mon livre est, tout au contraire, de prendre
la force magique au sérieux, sans qu'il me suffise de la
désigner comme une erreur de logique ou comme la
croyance de l'autre. Si donc j'ai fait usage de cette
expression jusqu'ici, c'était de façon provisoire et pour
marquer la · place de ce qu'il fallait élucider. J'en ai
d'ailleurs, comme tout un chacun, donné une définition
négative qui tienne compte des particularités de la pensée
bocagère : dire qu'il existe des êtres pourvus de force
magique, c'est leur supposer la capacité d'accroître leur
potentiel de force vitale sans passer par le travail, par le
vol, ni par aucune des médiations juridico-économiques
ordinaires. Mais je n'en ai pas été plus éclairée pour
autant. Au surplus, il me paraît qu'il est temps de me
demander pourquoi les Bocains n'éprouvent nul besoin
de distinguer deux genres de forces et n'utilisent qu'un
seul terme – celui de « *force* » – pour désigner ce qui fait
circuler et ce qui circule, dans une crise de sorcellerie.
Peut-être, tout de même, est-il possible de parvenir à un
exposé de leur système de représentations qui fasse droit à
leur choix lexical.

Les pages qui suivent sont consacrées à une tentative de
cet ordre. D'une certaine manière, il s'agit là d'un
exercice spéculatif : on y verra les notions indigènes
progressivement remplacées par d'autres, qui m'ont paru
plus aptes au maniement logique; on voudra bien se
souvenir, en lisant cet essai, de tel ou tel épisode rapporté

dans les récits que j'ai faits, épisode à l'occasion duquel ces notions ont été élaborées.

Cette tentative pour construire l'ensemble conceptuel qui sous-tend la représentation que les ensorcelés se font de ce dans quoi ils sont pris, je ne pouvais éviter de la risquer à un moment ou à un autre. Je n'éprouve, au demeurant, aucun mépris pour la spéculation, à la condition, du moins, qu'elle ose se donner pour telle. La construction que j'ai tentée n'est d'ailleurs pas la seule possible, mais seulement la meilleure que j'aie pu trouver; celle, en tout cas, qui témoigne de l'état présent de ma réflexion[2].

I. CONCEPTS ET PRÉSUPPOSÉS

1. L'ensorcelé et son domaine

Ce que vise un sorcier, c'est le chef d'une exploitation (qu'elle soit ou non agricole), qui est aussi le chef d'une famille. C'est toujours lui qu'on dit ensorcelé, même s'il ne souffre de rien, tandis que son épouse ou ses lapins pâtissent manifestement de la violence du sorcier.

Celui-ci pratique la politique de l'escalade, graduant ses méfaits en fonction de deux critères :

– la distance qu'entretient l'élément visé avec le chef d'exploitation ou de famille : telle agression touche l'ensorcelé plus ou moins au vif;

2. Les rédactions successives de ce chapitre ont grandement bénéficié des conversations que j'ai eues avec François Flahault – dont l'imagination théorique et la rigueur critique ont d'ailleurs constamment stimulé ma réflexion depuis deux ans –, Radmilla Zygouris, Dominique Iogna-Prat, Anne Levallois, Jean-Max Gaudillière, Françoise Davoine, Patrick et Dominique Guyomard, Elise et Claude Poyart, Albert et Isaac Turkieh, Michel Crozon et Marc Keller. Les nommant ainsi, je n'entends pas pourtant leur faire signer aucune des propositions que j'avance ici, tant il est clair que la responsabilité m'en incombe.

– la résistance de chaque élément à l'agression magique : il est plus difficile de poser des charmes quand tout
est clanché et quand une batterie de contre-charmes a été
disposée par avance.

Cette politique de l'escalade suppose que l'attaque de
sorcellerie s'inscrive dans une durée assez longue, celle
qui convient à une guerre d'usure. Seule la répétition des
atteintes autorise l'ensorcelé à se dire tel.

Quel que soit l'élément attaqué, il ne l'est jamais pour
lui-même, mais en fonction de sa relation au chef d'exploitation ou de famille, parce que ce sont *ses* cultures,
ses vaches, *ses* lapins, *ses* volailles, *ses* enfants, *sa* femme,
etc. Convenons de nommer ces éléments les *possessions*
de l'ensorcelé et leur ensemble (dans lequel est incluse la
personne même de l'intéressé), son *domaine*.

Même si la possession visée est un être humain
(l'épouse, les enfants), l'attaque vise le seul possesseur.
Celui-ci est affecté par ce qui advient à n'importe quel
élément de son domaine : son être est solidaire de
l'ensemble. A terme, c'est le corps de l'ensorcelé qu'il
s'agit, pour le sorcier, d'atteindre. Mais, dès le début de la
guerre, l'ensorcelé se définit d'une manière absolument
différente de ce que Descartes, par exemple, entendrait
par sujet : un « je pense » qui serait idéalement distinct
de tous les attributs du « je ». Le « je » de l'ensorcelé,
c'est l'ensemble constitué par lui-même et ses possessions, c'est-à-dire l'ensemble qui est socialement rattaché
à son nom propre. Dans un tel ensemble, on ne saurait
distinguer corps et biens parce que les biens font corps
avec celui dont ils portent la marque du nom. Ce pour
quoi je désigne cet ensemble indifféremment comme
domaine ou comme *corps* de l'ensorcelé.

2. *Potentiel bio-économique de l'ensorcelé*

L'ensorcelé et/ou chacune de ses possessions est atteint dans sa « *force* », c'est-à-dire dans sa capacité de :
– survie (maladies et mort des bêtes et des gens);
– reproduction (stérilité des bêtes et des gens);
– production (épuisement de la force de travail, détérioration des moyens de production, tarissement des vaches, stérilité des terres, contrainte à des dépenses improductives).

Ces trois dimensions ne sont pas distinguées dans le parler local. Le sort jeté est dit plus « *dur* » ou plus « *fort* » s'il atteint la capacité de survie plutôt que les deux autres genres de capacités; moins « *dur* » s'il n'atteint que la capacité de production. Dans tous les cas, l'ensorcelé considère qu'à terme, c'est sa capacité de survie qui est en question : ce pour quoi il n'y a pas lieu de distinguer ces trois dimensions.

Cette capacité de survie, de reproduction et de production, je l'ai désignée précédemment par l'expression de force vitale bien que les Bocains se contentent de la dénommer « *force* », sans plus de précision. Quelle que soit la façon dont on l'appelle, elle peut être définie comme un capital ou un potentiel bio-économique propre à tout possesseur de domaine.

3. *Les deux présuppositions du système*

Bien que la forme de cet exposé soit nécessairement abstraite, le lecteur n'aura eu, jusqu'ici, aucun mal à se remémorer telle ou telle parole de mes interlocuteurs susceptible de lui donner chair. Il me faut, à présent, rompre avec le discours effectif des ensorcelés pour énoncer deux présupposés sans lesquels le système (ou le discours) tout entier serait inintelligible :

1. Il n'existe pas d'espace vital vacant, pas de nouvelles frontières à conquérir, pas de terres vierges à investir : tout l'espace vital est cadastré, c'est-à-dire marqué au nom d'un possesseur.

2. Quelle que soit la situation envisagée, il convient de distinguer un point de vue dynamique (la « *force* ») et un point de vue topologique (le champ d'investissement de cette force).

– Topologique : tout chef de famille est pourvu d'un domaine marqué à son nom, domaine dont le périmètre doit dire tout ce qu'il est pour un autre.

– Dynamique : ce domaine est investi par la force de son possesseur.

Pour représenter les différentes situations que comporte une guerre de sorcellerie, j'ai élaboré quelques schémas, qui doivent être lus recto verso.

Le recto correspond au point de vue topologique ou à la dimension du visible : pour une situation donnée, on peut y lire les variations objectivement repérables du domaine (du corps, etc.) de chacun des protagonistes.

Le verso correspond au point de vue dynamique ou à la dimension de l'invisible, montrant quelles conditions sont présupposées par l'ensorcelé pour que ces variations visibles prennent sens.

4. Suffisance ou excès de force par rapport à l'espace

D'un point de vue topologique, il existe donc un espace vital, saturé de domaines marqués au nom de leurs possesseurs.

D'un point de vue dynamique, deux situations peuvent se rencontrer :

SCHÉMA 1

Domaine de l'individu quelconque

On peut voir au verso que toute la force du possesseur d'un tel domaine s'investit exclusivement dans les limites du périmètre marqué à son nom; la force du possesseur recouvre exactement les limites de son domaine.

a) *Cas de l'individu quelconque* (*cf.* schéma 1)

On ne saurait parler de magie tant que la force (le potentiel bio-économique) d'un individu s'investit intégralement dans le périmètre du domaine marqué à son nom : qu'il travaille, échange, produise ou se reproduise, toutes ces activités s'inscrivent dans le registre des médiations symboliques ordinaires, c'est-à-dire qu'elles sont strictement contenues, pour tout individu quelconque, dans la limite de son nom. On peut dire aussi que, dans ce cas, la force, le nom et le périmètre du domaine se recouvrent exactement.

Les échanges qu'instituent entre eux des possesseurs quelconques maintiennent cette force (ce potentiel bio-économique) à un niveau constant : elle ne court aucun risque de s'épuiser tant que le domaine est enclos de façon suffisante pour résister aux agressions ordinaires; c'est-à-dire aussi longtemps que le système des noms suffit à régler les relations sociales.

b) *Cas des possesseurs de force magique* (*cf.* schéma 2)

Leur force est telle qu'elle excède le périmètre marqué à leur nom, ou qu'elle le déborde.

Qu'il existe des êtres qui, comme les sorciers, sont capables d'accroître le potentiel bio-économique de leur domaine sans passer par les médiations symboliques ordinaires – c'est-à-dire sans que leur activité soit contenue par le système des noms –, c'est ce qu'affirment les ensorcelés. A les entendre, il est toutefois impossible de repérer la force du sorcier comme telle : aucun ensorcelé n'a jamais vu un sorcier poser un charme, puisque le sorcier travaille sous couvert de la nuit ou de l'invisibilité; nul ensorcelé n'a jamais lu un livre de sorcellerie, source supposée du pouvoir des sorciers, puisque cette lecture ferait de lui un sorcier, non la victime qu'il prétend être.

C'est pourquoi les ensorcelés se contentent de déduire après coup l'existence de cette force dont nul n'a de connaissance directe, en s'aidant de l'interprétation : ma force diminue-t-elle après le passage du sorcier? reste-t-elle constante quand il est au loin? etc.

Même les signes externes ou objectifs de cette force – par exemple, les yeux exorbités, « *brouillés* » ou « *vitrés* » – sont le produit d'une interprétation après coup : de ce que la force vitale de l'ensorcelé diminue après le passage du sorcier, le premier conclut que les yeux du second signifient la toute-puissance. (De mes yeux d'ethnographe, on a dit les choses les plus contradictoires, y lisant la peur ou la force selon la place où l'on me mettait.)

La force du désorceleur ne peut pas non plus se repérer directement : contrairement au sorcier qu'on n'a jamais vu poser des charmes, ses clients voient le désorceleur pratiquer des rituels. Mais ceux-ci agissent à distance (car le sorcier n'est pas présent en personne, mais seulement un objet qui le représente) et métaphoriquement $\left(\dfrac{\text{un cœur de bœuf}}{\text{un sorcier}}\right.$ est transpercé). Assiste-t-on à une pantomime ou à un combat? Quelque force est-elle mise en œuvre ou ne s'agit-il que d'une représentation? On ne peut répondre à ces questions qu'après coup, en examinant ce qui advient aux partenaires de la crise et en déduisant, de ces effets visibles, la présence ou l'absence de cette force excédentaire invisible que, par commodité, j'avais désignée comme magique :

– le sorcier (et le désorceleur aussi bien) se comporte-t-il comme s'il était agi par une force étrangère et qui le domine? peut-on observer une déperdition de sa force?

– l'ensorcelé se comporte-t-il comme s'il était sous la protection d'un écran? récupère-t-il sa force?

SCHÉMA 2
Domaine d'un sorcier

*Domaine
visible*

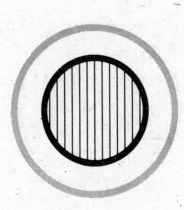

On peut voir au verso qu'il y a un excédent de force qui ne trouve pas à s'investir dans le domaine marqué au nom de son possesseur et qui déborde son périmètre.

Force
invisible

Force investie
dans le domaine

Excédent à investir

A entendre les ensorcelés, la force du sorcier est d'une grandeur inconnue, mais incommensurablement supérieure à la leur propre : que le sorcier paraisse et il fait peser sur la frontière de leur « enclos » une intensité pour laquelle cette frontière n'était nullement prévue; alors s'ouvre une brèche par laquelle la force de l'ensorcelé va commencer à s'échapper.

De même, lorsque les ensorcelés évoquent la force du sorcier, c'est pour dire qu'avant d'en être victimes ils n'y croyaient pas, leur esprit positif répugnant à admettre l'existence d'une force non matérielle chez l'un de leurs semblables; ou encore, c'est pour regretter de n'en avoir rien su ni rien voulu savoir : c'est pourquoi il a été si facile au sorcier de les « *prendre* ». Cette force surnaturelle est dite plus ou moins grande selon les sorciers, mais on n'en peut juger qu'en lui opposant celle – bénéfique, mais d'une grandeur tout aussi inconnue – de divers désorceleurs : lequel maîtrisera l'autre? qui est plus fort que qui?

Dans le discours local, le sorcier est, fondamentalement, un être « *jaloux* »; utilisant ma propre terminologie, je dirais qu'il est jaloux parce que son domaine est perpétuellement insuffisant à utiliser la totalité de sa force. Tout l'espace social étant cadastré ou approprié, le sorcier est alors contraint d'investir les lieux marqués aux noms d'autres individus et d'en marquer des parcelles de son nom propre, c'est-à-dire d'en attirer dans son propre domaine.

Ce qui est « magique », chez le sorcier, c'est donc ce fondamental débordement, cet excès de la force par rapport au nom (ou au territoire) : le sorcier est un être tel qu'il manque perpétuellement d'espace vital où investir sa force. On peut dire aussi qu'une force est « magique » en ce qu'elle ne peut être contenue dans le système des noms; de ce seul fait, elle produit ses effets sans passer par les médiations symboliques ordinaires.

Les Bocains disent ordinairement que le sorcier « *a* » de la force; mais ils disent, aussi bien, qu'il est « *forcé de jouer un tour chaque jour* ». Si le sorcier « *a* » de la force, il n'est donc pas moins évident que la force « *a* » le sorcier, qu'elle le possède et le contraint à un travail incessant comparable à celui de l'esclave : assurément, il a de la force, mais elle n'en finira jamais de l'avoir, lui. Il serait donc plus correct de dire que cette force excédentaire et nécessairement illimitée passe par le corps / le nom / le domaine du sorcier. (Il en va d'ailleurs de même pour le désorceleur, qui ne manque jamais de se plaindre de cette force qui le travaille et l'aliène, proposant à tout initiant un peu crédible de l'en débarrasser une bonne fois pour toutes et de la prendre sur lui.)

On peut déduire de cela que le sorcier représente le *manque d'espace vital*, du fait du caractère excédentaire de sa force. Ce manque n'est évidemment pas une réalité empirique : car, comme tout un chacun, le sorcier dispose d'un certain domaine dont le périmètre pourrait être accru en passant par les médiations juridico-économiques ordinaires. C'est, bien plutôt, une propriété ontologique : quelle que soit la quantité d'espace dont le sorcier dispose, il lui en faudrait toujours plus pour y investir sa force excédentaire; celui dont il dispose à un moment quelconque de son existence ne vaut rien, en regard de celui qui lui manque et qu'il sait exister chez les autres. Ce pour quoi j'affecte le domaine (ou le corps) du sorcier d'un signe négatif.

Dans les schémas qui suivent, les signes (+) et (−) vont donc signifier la suffisance ou l'insuffisance d'un domaine, relativement à la force qui est à investir. S'ils sont inscrits au verso, c'est qu'il ne s'agit pas là d'une donnée visible, objectivement repérable, mais d'une présupposition de l'ensorcelé (*cf.* schéma 3).

Les représentations des deux domaines (celui du sorcier et celui de l'individu quelconque) sont strictement complémentaires : il n'y a de manque pour l'un qu'au regard de la suffisance de l'autre, et réciproquement.

Précisons que la force du sorcier ne vise à rien d'autre qu'à capter celle de l'ensorcelé, à élargir son domaine au détriment de ceux d'autrui, sans avoir à se soumettre aux médiations symboliques ordinaires (travail, échanges, vol, etc.).

Autrui, en l'occurrence, ce ne peuvent être que des individus quelconques, non pas des sorciers ou des désorceleurs. Car, d'une part, les sorciers ne s'attaquent jamais entre eux mais sont complices, « *se communiquent* » et « *font masse* » : c'est là une règle absolue. D'autre part, quand le sorcier se défend de l'attaque du désorceleur, c'est parce que celui-ci est venu interposer sa force entre celle de l'agresseur et celle de la victime, empêchant ainsi le premier de s'y brancher. Hors de cette situation, le fait que le désorceleur dispose, lui aussi, d'un excédent de force n'intéresse pas le sorcier.

Notons d'ailleurs que, dans ces luttes entre « magiciens », aucun des protagonistes n'a, en principe, le temps d'entamer une guerre d'usure portant sur l'ensemble de leurs possessions. Tout se joue en un duel unique ou en un nombre limité de coups dont l'enjeu est la mort de l'autre, c'est-à-dire l'annulation de son potentiel bio-économique. Bien sûr, on ne tue pas à chaque combat, mais on a fait sentir à l'autre le vent du boulet. Autant dire que les duels entre « magiciens », visant l'annulation du potentiel bio-économique de l'adversaire, n'engagent pas un genre de force particulier, celui que j'avais nommé « magique ». C'est si vrai que l'ensorcelé repère l'annulation de la force « magique » de son sorcier aux signes visibles indiquant les avatars du potentiel bio-économique des deux magiciens si le sorcier et le désorceleur soutiennent ou non le choc, c'est-à-dire si leur domaine s'accroît ou diminue, si leur corps porte la marque des coups, etc.

Toute atteinte à la force « magique », que ce soit celle du sorcier ou du désorceleur, se traduit donc par un effet unique : les avatars du domaine où cette force est investie. Le reste n'est que déduction.

Supposons donc qu'il n'existe qu'une seule force, susceptible de circuler entre deux pôles, positif et négatif : le sorcier, qui manque d'espace où l'investir, entreprend de conquérir le domaine de qui en a suffisamment, l'individu quelconque. Les Bocains disent que le sorcier « *rattire la force* » de sa victime; du même coup, il « *rattire* » des parcelles de son domaine (le sorcier s'enrichit, sa santé prospère, ses vaches produisent toujours plus; tandis que l'ensorcelé s'appauvrit, qu'il dépérit, etc.).

Dans un tel système, la vie est conçue comme une poche pleine qui pourrait se vider, ou comme un champ clos qui pourrait s'ouvrir; la mort, conçue comme le résultat final d'une attraction par le vide, constitue le principe actif qui, seul, fait circuler la force. Pour des paysans que l'on dit stupides, l'invention d'un tel système suppose un certain talent philosophique.

II. L'ATTAQUE DE SORCELLERIE
ET SA PARADE

Les schémas 4 et 5 montrent ce que sont une attaque de sorcellerie et ses effets sur chacun des protagonistes.

La force « magique » du sorcier – c'est-à-dire la capacité qu'a sa négativité d'attirer la positivité de ses victimes – est d'autant plus grande que :

– le sorcier n'est pas identifié : tant qu'il n'est pas contenu dans le système des noms, il peut opérer à son aise parce que « *personne ne se doute sur lui* »;

– aucune force « magique » (c'est-à-dire marquée du signe moins) ne vient se placer sur le parcours de la

SCHÉMA 3
Situation normale :
domaine d'un individu quelconque et d'un sorcier

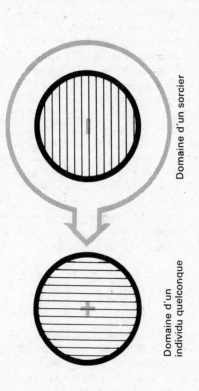

Domaine d'un
individu quelconque

Domaine d'un sorcier

Soit un individu quelconque; la force dont il dispose, il l'investit intégralement dans son domaine (verso), lequel est enclos de façon à résister aux agressions ordinaires. Si ce domaine s'accroît ou diminue, c'est seulement en fonction de contraintes biologiques ou socio-économiques, ce qui revient à dire que la force du possesseur n'excède jamais le périmètre défini par son nom; ou que ce périmètre est suffisant (+).

On suppose par ailleurs qu'il existe quelque part un sorcier, manquant d'espace vital (–) où investir sa force excédentaire, avide de conquérir les domaines d'autrui.

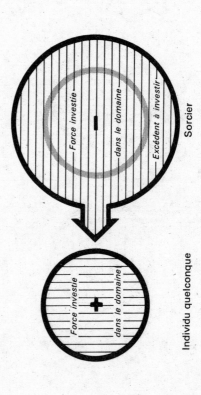

Forces
invisibles

Force investie — dans le domaine — Excédent à investir

Sorcier

Force investie dans le domaine

Individu quelconque

SCHÉMA 4
Une attaque de sorcellerie

Domaines
visibles

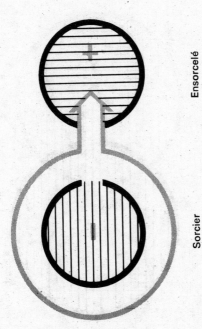

Sorcier   Ensorcelé

Ce n'est rien d'autre que le branchement de la négativité (ou de l'avidité) du sorcier sur la positivité (ou sur la fragile suffisance) d'un individu quelconque. Le domaine de l'ensorcelé (recto) est alors investi par le sorcier; on peut dire aussi que la force excédentaire du sorcier vient investir celle de sa victime et la « *rattirer* » (verso). A la manière d'un vampire, le sorcier fait intrusion dans le « corps » de sa victime et en aspire la vitalité.

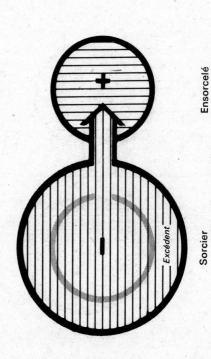

Forces invisibles

Ensorcelé

Sorcier

Excédent

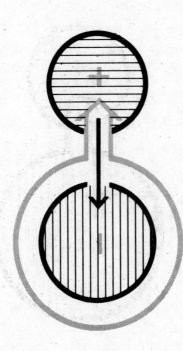

SCHÉMA 5
Effets de l'attaque

Domaines
visibles

Une parcelle du domaine de l'ensorcelé
est rattirée dans celui du sorcier

L'effet visible de cette attaque, figuré au recto, c'est, pour l'ensorcelé, une diminution de son domaine. Il déclare, par exemple, qu'il a des « pertes » de bétail, que ses vaches « ne *retiennent pas* » leurs veaux quand elles sont « *pleines* », que son enfant « *n'a de force à rien* », etc. Rappelons ici que seule la répétition des attaques ou des « *pertes* » en tous genres autorise un ensorcelé à se dire tel. Corrélativement, le domaine du sorcier s'accroît de la parcelle qu'il a prélevée à sa victime.

La condition invisible de cette attaque, figurée au verso, c'est qu'il doit exister quelque part un être (on ne peut encore savoir lequel) qui dispose d'une énergie excédentaire.

Les flèches du schéma indiquent la circulation des parcelles du domaine (point de vue topologique, au recto) ou des quantités d'énergie (point de vue dynamique, au verso). La quantité (de force, de territoire) prélevée sur l'ensorcelé vient alors pourvoir le sorcier de quelque positivité.

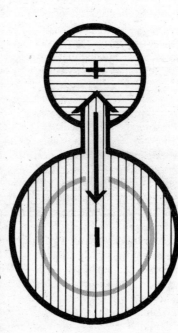

Forces invisibles

Le sorcier rattire une quantité de force de l'ensorcelé

sienne et y faire obstacle : elle passe alors librement du sorcier à sa victime.

Cette force du sorcier oscille entre l'extrême puissance (s'il s'agit, par exemple, d'un sorcier qui « *n'a jamais trouvé son maître* ») et l'extrême impuissance (lorsque le sorcier a été maîtrisé par un désorceleur plus fort que lui). Le second état est comparable à celui de l'ensorcelé : le sorcier est menacé de perdre la totalité de son potentiel bio-économique, c'est-à-dire qu'il est menacé de ruine ou de mort aussi longtemps que le désorceleur fait peser sur lui sa force.

Il y a donc une force excédentaire qui circule et qui cherche à s'investir dans les possessions d'autrui. Ontologiquement, un sorcier est un être dont l'énergie n'a pas de domaine propre (puisque toujours elle l'excède); ce pourquoi son ensemble est marqué du signe (–). L'espace (+) dont il dispose à un moment quelconque de son existence est un espace d'emprunt : si le domaine du sorcier subsiste, c'est parce que son possesseur s'active perpétuellement à combler ce manque fondamental en prélevant des quantités finies de territoire (+) chez autrui. Aussi ne doit-on jamais perdre de vue que son ensemble, son corps ou son domaine comporte toujours un certain nombre d'éléments marqués du signe (+). (Voir le schéma 6.)

A ce moment de la crise, apparaît le désorceleur, qui va permettre la nomination du sorcier et entreprendre de le combattre. Comme tout individu, le désorceleur est possesseur d'un domaine marqué à son nom et susceptible de variations en fonction de la conjoncture biologique et juridico-économique. Mais son statut ontologique, les ensorcelés le définissent par deux caractéristiques :
1. Contrairement au sorcier et tout comme l'individu quelconque, le désorceleur n'est pas « *jaloux* », il n'est nullement avide de s'emparer des possessions d'autrui; ce dont il dispose lui paraît toujours suffisant et s'il veut, par exemple, s'enrichir, il passe par les médiations symboli-

ques ordinaires (travail, échanges, etc.). En principe, il a
toujours un métier (fermier, hongreur, coiffeur, etc.) et
une assise sociale indépendants de son office de désorceleur, qu'il exerce par surcroît. Puisque l'espace vital dont
il dispose lui suffit, on peut donc marquer son domaine
d'un signe positif.

2. Pourtant, tout comme le sorcier, il est pourvu d'une
force excédentaire qui produit ses effets sans passer par
les médiations symboliques ordinaires, force qu'il lui faut
investir dans des domaines marqués au nom d'un
autre.

Son choix éthique consiste en ceci qu'au lieu d'investir
les domaines d'individus quelconques, il investit ceux des
voleurs de domaines, c'est-à-dire des sorciers; mais parce
que son propre domaine lui suffit, la mise en jeu de sa
force n'entraîne aucun accroissement de ses possessions.
Autrement dit, le désorceleur est tel que :

– son propre domaine lui suffit; on peut donc affecter
celui-ci d'un signe positif;

– mais il se considère comme manquant des parcelles
des domaines de ses patients qui leur ont été dérobées par
le sorcier; on peut aussi affecter son domaine d'un signe
négatif.

Cette conception suppose que le désorceleur *fasse corps*
avec ses patients et c'est pourquoi je représenterai comme
une unité le couple constitué par l'ensorcelé et son
magicien; on peut dire aussi que l'ensorcelé est un être
menacé du fait qu'il n'a pas d'excédent de force en
propre; mais, qu'il fasse appel à un désorceleur et l'excédent de force de celui-ci vient faire corps avec lui.

Le désorceleur est donc possesseur d'un domaine
pourvu des deux signes, positif et négatif. (On voudra
bien prendre garde que c'est *l'ensemble* du désorceleur
qui est ainsi marqué des deux signes et non, comme
c'était le cas pour le sorcier, l'ensemble qui serait marqué
d'un signe et ses éléments, de l'autre.) Parce qu'il dispose

SCHÉMA 6
Ensemble sorcier

Domaine visible

L'ensemble, fondamentalement déficient en territoire, est marqué du signe (–); tandis que quelques éléments, prélevés sur autrui, sont marqués du signe (+).

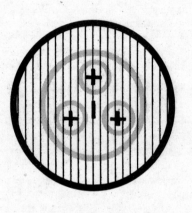

du plus et du moins, le désorceleur peut faire office de *transformateur logique* : le sorcier était venu brancher sa négativité sur la positivité de l'ensorcelé; en opposant son (–) au (–) du sorcier, le désorceleur coupe le circuit mortifère. Parce qu'il ne manque pas pour lui-même d'espace vital, ou parce que son ensemble est marqué du signe (+), son (–) n'est utilisable que contre un être pourvu, lui aussi, d'un signe (–).

On dit, en effet, dans le Bocage, qu'un désorceleur n'attaque jamais ni les individus quelconques, ni les ensorcelés, ni les autres désorceleurs, ni les sorciers pour autant qu'ils ne nuisent pas à ses patients. (C'est là, du moins, la théorie officielle des ensorcelés; en fait, tout désorcelage implique, de la part du patient, une certaine inquiétude quant à l'usage que le désorceleur peut faire de sa négativité, ou de sa force excédentaire à son endroit, dans tel ou tel instant critique de la cure : et si l'opération de transformation ne réussissait pas? On se souvient, d'autre part, qu'il arrive aux désorceleurs de traiter leurs concurrents de sorciers, sans apercevoir qu'en monopolisant ainsi la fonction de transformation logique, en l'attribuant à leur seule personne, en se présentant comme l'unique sauveur, ils ruinent, à terme, la confiance de l'ensorcelé dans l'institution qu'ils représentent.)

La preuve que le désorceleur est désintéressé, non jaloux, etc., on peut la trouver dans le fait qu'il ne prélève pas de possessions pour lui-même quand il est vainqueur du sorcier : il contraint celui-ci à rendre à sa victime les biens qui lui avaient été ravis et lui en fait perdre une quantité supplémentaire pour le punir de ses mauvaises intentions, mais cette part va se perdre dans les sables sans aucun profit pour personne (je reviendrai sur ce point un peu plus loin).

Dans une crise de sorcellerie, le désorceleur a pour fonction unique d'isoler l'ensorcelé du sorcier, c'est-à-dire d'empêcher la négativité de celui-ci de faire irruption dans l'« enclos » de sa victime.

Pour que cette interposition réussisse, il faut que se vérifie la supériorité de la négativité du désorceleur sur celle du sorcier. (Il arrive évidemment que l'opération échoue : si le désorceleur n'en meurt pas sur le coup – mais c'est un cas d'école – il déclare forfait, prétendant qu'il « *n'est pas fort assez* », auquel cas le sorcier cesse de l'attaquer.) (Voir les schémas 7 et 8.)

Première conséquence d'un désenvoûtement réussi : l'ensorcelé récupère son domaine initial tandis que le sorcier voit le sien diminuer, celui du désorceleur restant constant. (En fait, sous le choc de sa collision avec le sorcier, le désorceleur vacille et connaît une déperdition momentanée qui n'est pas figurée dans le schéma parce qu'elle ne dure qu'un instant. L'important est que, finalement, le désorceleur soit le maître.)

On notera que le sorcier perd deux fractions de son domaine : l'une représente la part qu'il avait prélevée sur l'ensorcelé; la seconde figure la punition que lui inflige le désorceleur pour ses intentions non réalisées. Cette part ne profite à personne, mais sort du circuit.

Prenons quelques exemples : 1) Le sorcier a tari deux vaches de sa victime; il avait l'intention d'en tarir trois. Après le passage du désorceleur, trois de ses vaches tarissent, tandis que les deux vaches de l'ensorcelé recommencent à produire. 2) Le sorcier a provoqué l'appauvrissement de sa victime mais il visait sa ruine; après le passage du désorceleur, l'ensorcelé rétablit sa position, tandis que le sorcier est ruiné. 3) Le sorcier a rendu malade sa victime, mais il visait sa mort; après le passage du désorceleur, l'ensorcelé retrouve la santé, tandis que le sorcier meurt ou est gravement atteint.

Quand le sorcier est contraint de vendre à bas prix certains de ses biens à la suite du désorcelage, il est clair que la situation profite à quelqu'un; mais ce bénéfice est

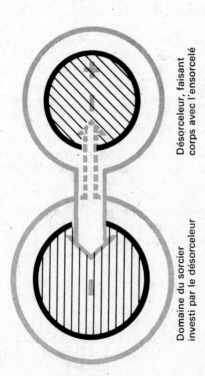

SCHÉMA 7

Interposition réussie d'un isolant

Domaines visibles

Domaine du sorcier
investi par le désorceleur

Désorceleur, faisant
corps avec l'ensorcelé

Au recto figurent : le domaine de l'ensorcelé, précédemment amputé d'une parcelle par l'attaque du sorcier, et celui du désorceleur, faisant corps avec celui de l'ensorcelé; et le domaine du sorcier, gonflé de la parcelle qu'il avait prélevée à l'ensorcelé, mais à présent investi par le désorceleur.

Au verso, l'on peut voir : le domaine du désorceleur affecté des deux signes, positif et négatif; en pointillé, la force excédentaire du sorcier, toujours branchée sur le domaine de l'ensorcelé; en plein, la force excédentaire du désorceleur, qui investit celle du sorcier.

On notera que la situation du schéma 7 est exactement celle du schéma 4, mais avec un retournement : le voleur est maintenant volé.

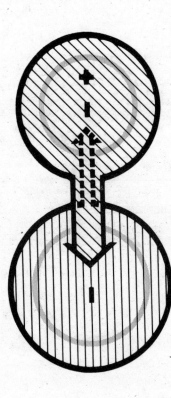

Forces invisibles

Force du sorcier, investie par celle du désorceleur

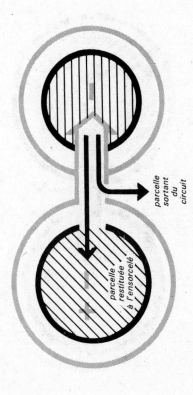

SCHÉMA 8
Effet du désorcelage

Domaines
visibles

parcelle
sortant
du
circuit

parcelle
restituée
à l'ensorcelé

Le désorceleur diminue le domaine du sorcier de deux parts

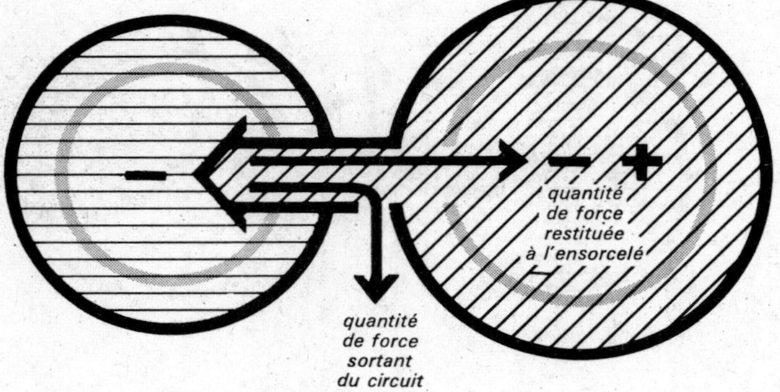

Forces
invisibles

quantité
de force
restituée
à l'ensorcelé

quantité
de force
sortant
du circuit

Force du sorcier, diminuée de deux parts

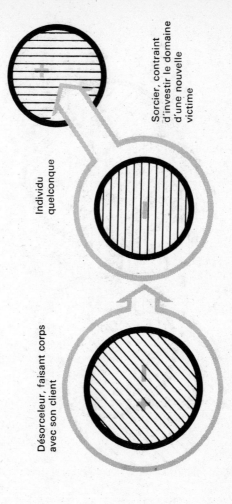

SCHÉMA 9

Le sorcier, contraint d'investir un nouveau domaine

Domaines
visibles

Désorceleur, faisant corps
avec son client

Individu
quelconque

Sorcier, contraint
d'investir le domaine
d'une nouvelle
victime

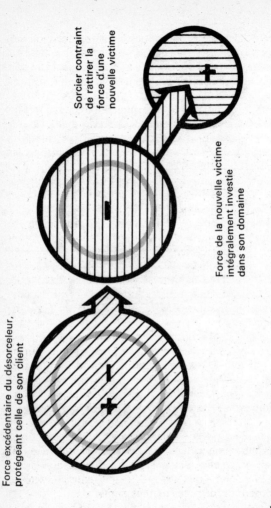

Force excédentaire du désorceleur, protégeant celle de son client

Sorcier contraint de rattirer la force d'une nouvelle victime

Force de la nouvelle victime intégralement investie dans son domaine

Forces invisibles

interprété dans les termes des échanges économico-juridiques ordinaires : l'acheteur ignore qu'il a affaire à un sorcier. C'est en ce sens que j'ai pu dire que cette part prélevée au sorcier ne profite à personne et sort du circuit.

Si elle revenait au désorceleur, il ne pourrait plus prétendre au signe (+) car alors il serait manquant de possessions pour lui-même et, tout comme un sorcier, il trouverait profit à investir son excédent de force chez autrui. Or, en vertu du principe énoncé plus haut, il est exclu que deux sorciers s'attaquent mutuellement. Ce schéma illustre donc ce qui fait la différence entre un désorceleur et un sorcier. (Voir le schéma 9.)

Seconde conséquence de la victoire du désorceleur sur le sorcier : celui-ci, mis dans l'impossibilité de se brancher sur les possessions de l'ensorcelé et visiblement appauvri par sa défaite (il a, en effet, moins d'éléments (+) dans son ensemble qu'avant l'agression), doit, de toute urgence, attaquer ailleurs une autre victime pour refaire le plein de possessions. Il en est, pour l'instant, doublement manquant.

Il lui faut donc constituer au plus vite un nouveau champ de bataille avec un individu quelconque, qui ne puisse lui opposer aucune négativité. Si sa victime fait appel à un désorceleur, on se retrouve dans la situation déjà décrite. On voudra bien se souvenir de ce que j'ai dit plus haut sur l'issue de ces combats : il arrive fréquemment que le désorceleur soit vaincu et c'est pourquoi il y a quelque sens pour le sorcier à attaquer d'autres victimes s'il a été lui-même vaincu lors d'un précédent combat : il peut espérer, en effet, que sa nouvelle victime, ne sachant rien de sa défaite – tant ces choses sont tenues secrètes –, lui opposera un désorceleur plus faible.

Pour le sorcier comme pour le désorceleur, il y a donc de l'excédent de force non investi dans le domaine propre. L'excédent du sorcier est contraint de s'investir dans les domaines d'individus quelconques : il est, dit-on, « *forcé de jouer un tour chaque jour* ». L'excédent de force dont dispose le désorceleur, par contre, semble se soutenir de lui-même. Il faudrait donc, à présent, chercher à comprendre quels repères symboliques lui permettent de manier cet excédent de force non investi.

ANNEXES

ANNEXE I

L'EXPLORATEUR DES TÉNÈBRES

Ce texte avait paru dans *Critique*, avril 1972, n° 299, sous le titre « Sorciers et paysans », à propos d'un reportage télévisé : « Sorciers du Berry », in *Objectifs*, magazine d' « Information première », préparé par Pierre Dumayet et Jean Cazeneuve; enquête de Patrick Pesnot et François-Louis Ribadeau. Projection du 6 août 1971.

Le film s'ouvre sur une suite d'images fantastiques : diables grimaçants, chouettes clouées sur des portes, chauves-souris. Répétition de bruits inquiétants, hurlements. Il faut bien vite mettre en scène pour le spectateur le dictionnaire de la peur et de la crédulité paysannes. Celles-ci sont par avance cantonnées loin du spectateur par la présentation d'un paysage archaïque : bocage secret, maisons anciennes, chevaux se mirant dans des mares, fumier épars. Les signes de la modernité sont soigneusement gommés de l'image : pas de formica ni de matière plastique en Berry. Seulement la primitivité et le vent hurlant de la peur.

Aussi, lorsque apparaissent les paysans, leur poste est-il déjà fixé : ils sont autres que les cinéastes, autres que le spectateur. La sorcellerie, on y croit *encore*, mais ailleurs, en Bas-Berry. En cela, ce film relève de la tradition ethnographique, qui donne à voir un autre objectivé, cantonné dans un ailleurs. Louons simplement l'équipe d' « Information première » d'avoir avoué, comme jamais un ethnographe ne le ferait, son incapacité à faire parler des paysans obstinément muets.

En cela, finalement, consiste cette émission : un reporter, héros du discours positiviste, s'en va demander à des paysans ensorcelés et à leurs désenvoûteurs s'ils croient à la sorcellerie, pour le bénéfice d'un spectateur présumé incrédule. Les paysans ne s'y trompent pas une minute, qui répondent par le silence ou le sous-entendu : peut-on parler de sorcellerie à un interlocuteur qui refuse de se reconnaître *quelque part* impliqué dans la croyance? Dès lors, l'entretien se déroule comme un long malentendu : ou bien le paysan déclare n'*y* pas croire, et le cinéaste le prend en flagrant délit de mensonge, le désignant au spectateur comme un enfant doublement fautif : crédule et menteur. Ou bien le paysan avoue *y* croire un peu *quand même*, et il amorce un discours vite réprimé par un rire nerveux ou un silence définitif. Lorsque c'est le châtelain qui parle, le contenu du discours ne change pas (j'ai été ensorcelé, etc.) mais seulement la façon de l'énoncer : sur le ton amusé d'un adulte qui s'entendrait parler comme un enfant. C'est que le reporter, le châtelain et nous, spectateurs, faisons partie de l'élite. N'était le contenu du discours qui renvoie *quand même* à l'infantile présent en chacun...

L'iconographie fantastique qui ponctue les interviews supplée ainsi au silence des paysans. Puisqu'ils ne veulent pas parler, les images parleront : celles de Dürer, par exemple, parce qu'il faut bien qu'il y ait de la culture quelque part. Les visages des paysans, dans leur mutisme ou leur gêne, sont pourtant assez éloquents : ce film eût été authentique si son réalisateur avait eu le courage de soutenir la gageure de cette parole qui se refuse, ne se donne que pour se reprendre aussitôt, et sans cesse se retire. Ainsi dans cette séquence : une fermière qui a demandé au journaliste de revenir la voir parce qu'elle avait à lui parler le rencontre et ne dit mot. Il ne comprend pas que tout est dit, et la questionne, absurdement.

ANNEXE II

LE MÉTIER D'IGNORANT

Pour éviter l'ennui d'un débat purement académique, j'avance d'emblée, sans les justifier plus, les deux propositions qui sous-tendent mon argument :

1. Bien que j'aie lu très attentivement les considérations des théoriciens, je ne vois pas où ils pourraient trouver de quoi fonder leur prétention à constituer le folklore en un champ scientifique distinct de l'ethnographie : ni leur méthode, ni leur objet – qu'on choisisse de le désigner comme « mœurs et coutumes », « traditions populaires » ou « étude de la mentalité populaire dans une nation civilisée », etc. – ne présentent de différence significative avec ce que nous connaissons sous le nom d'ethnographie.

2. Il ne suffit pas, d'autre part, de prétendre à la scientificité pour y atteindre. Que Van Gennep, pour prendre l'exemple le plus notable, ait usé une vie entière à y tendre et dans des conditions héroïques – privé qu'il était du soutien d'une institution scientifique où pontifiaient cependant tant de « demi-savants [1] » – suscite l'admiration pour une si belle obstination, mais n'emporte pas l'adhésion de qui se donne la peine d'examiner son œuvre. Ce disant, je n'ai garde d'oublier que les « rites de passage » sont une belle trouvaille scientifique, mais qui ne saurait suffire à tout [2].

Je considérerai d'abord les indications fournies par le *Manuel*

---

1. Outre son œuvre scientifique, Van Gennep est l'auteur d'un savoureux pamphlet contre les mœurs académiques : *Les Demi-Savants*, Paris, Mercure de France, 1911.

2. *Les rites de passage, étude systématique des cérémonies de la porte et du seuil, de l'hospitalité, de l'adoption, de la grossesse et de l'accouchement, de la naissance, de l'enfance, de la puberté, de l'initiation, de l'ordination, du couronnement, des fiançailles et du mariage, des funérailles et des saisons, etc.*, Paris, Emile Nourry, 1909.

de folklore français contemporain pour recueillir et interpréter les faits relevant du champ magico-religieux et montrerai que, quelles que soient, en général, les prétentions de Van Gennep à l'objectivité, il n'a aucune chance de les soutenir dans ce cas particulier, parce qu'il est pris dans la même conjoncture idéologique que ses prédécesseurs [3]. On verra qu'il a été cependant plus près que quiconque de comprendre ce que c'est que de croire. J'utiliserai, d'autre part, ses descriptions des folklores régionaux pour montrer que ses questions, ses catégories de classement et la conception qu'il se fait des priorités de recherche rendent tout à fait improbable qu'il puisse appréhender ce qui se joue dans une crise de sorcellerie.

Selon Van Gennep (*Manuel...*, I, p. 73), le domaine « des croyances et des sentiments », dont relève éminemment la sorcellerie, est la « partie la plus délicate du folklore » : sans doute parce que les « faits » qui la constituent ne sont que du discours et qu'on ne peut espérer se raccrocher aux rassurants objets matériels. Dès lors qu'on ne peut que parler – et non plus, par exemple, collectionner ou cartographier – les deux interlocuteurs sont pris dans les pièges du bilinguisme. Car, selon Van Gennep, le paysan parle la langue des primitifs ou pense avec la mentalité pré-logique; tandis que le folkloriste utilise la langue des civilisés : « La mentalité populaire n'évolue pas dans le même plan que la mentalité scientifique parce qu'elle utilise en majeure partie le raisonnement analogique et le raisonnement par participation qui sont à la base des symboles, des croyances et des rites, comme l'a bien montré Lucien Lévy-Brühl » (*Manuel...*, I, p. 15). Dès lors que les partenaires de l'enquête folklorique se parlent et ne font que se parler, deux éléments viennent brouiller la communication. D'une part, le peuple est fruste, « il est d'autant plus difficile d'obtenir des renseignements précis que les personnes qu'on étudie sont elles-mêmes frustes » (*Manuel...*, I, p. 73). D'autre part, le savant est encombré par sa science : « mais ici, il faut aussi une grande prudence, parce que les " civilisés " que nous sommes éprouvent beaucoup de difficultés à penser d'une manière participationniste ou associationniste, à se mettre, comme on dit, dans la peau d'autrui, à éliminer ce qu'ils savent, à se rendre de nouveau ignorants, tout au moins dans certains domaines » (*Manuel...*, I, p. 100). Notons que les guillemets qui encadrent le mot *civilisés* ne sont là que pour atténuer la brutalité du jugement implicite contenu

3. *Manuel de folklore français contemporain*, Paris, Picard, 1938-1958, 9 volumes.

dans cet énoncé : si nous sommes civilisés, c'est que les autres, les paysans, le peuple, sont des sauvages ou des primitifs; d'ailleurs, ils sont ignorants et, s'ils pensent, c'est sur le mode de la pensée pré-logique.

En 1880, Paul Sébillot, l'auteur d'un monumental *Folklore de la France*, qui n'avait pas à sa disposition les théories si commodes de Lévy-Brühl, exprimait sans façons les préjugés de l'élite savante concernant la paysannerie : « D'une manière générale, on peut dire que les paysans français appartiennent à une couche de civilisation inférieure, au moins par certains côtés, à celle des habitants des villes qui ont quelque teinture des lettres. Si l'on admet que ces derniers soient des hommes du XIX⁰ siècle, bien des paysans sont de deux ou trois siècles en arrière; parfois même leur culture est celle du Moyen Age [4]. » Il conseillait tout bonnement aux folkloristes de pratiquer le double jeu pour extraire des paysans la si précieuse matière folklorique : « Il n'est pas aussi facile qu'on se l'imagine de recueillir la littérature populaire, écrivait-il dans son *Questionnaire* [5]; pour y réussir, il faut du tact, de la patience, et une certaine dose d'entregent. Si, en effet, on n'a pas su se faire bien voir des personnes que l'on interroge, si on leur laisse soupçonner [la vérité, à savoir] que leurs croyances et leurs légendes vous paraissent ridicules, on n'obtient rien, ou bien les gens s'amusent à forger des histoires ou à dire des choses qui sont à côté de ce qui existe réellement [6]. »

Ce qui subsiste, de Sébillot à Van Gennep, sans avoir fait l'objet d'une critique, c'est la définition de l'ethnographie française comme *folklore* (science du « peuple ») et le stéréotype du

---

4. Paul Sébillot, « Instructions et questionnaires : sur l'art de recueillir », in *Annuaire de la Société des traditions populaires*, t. II, 1887. L'anachronisme paysan est le cliché favori des élites savantes, bien assurées de tenir le sens de l'histoire. Sur ce point, *cf.* pp. 13-16 et chap. IV.

5. Paul Sébillot, « Essai de questionnaire pour aider à recueillir les traditions, les coutumes et les légendes », in *Revue de linguistique*, t. XIII, 1880.

6. Autre version, dans les « Instructions et Questionnaires » (*op. cit.*) : Si l'on a « été aimable avec les paysans, pas fier, comme ils disent, il arrive un moment où ils ne sont plus gênés, et où l'on peut, sans trop en avoir l'air, obtenir de précieux renseignements. Mais il est nécessaire de s'observer et, quelle que soit la chose qu'on entende, de ne pas protester contre son absurdité, de ne pas sourire de sa naïveté : il faut, en un mot, paraître à ce point de vue être dans le même courant qu'eux, s'amuser de leur comique grossier, s'intéresser à leurs légendes (ce qui n'est pas très difficile, plusieurs étant charmantes), et accepter leurs croyances et leurs superstitions sans les discuter ».

peuple-enfant et ignorant [7]. Les théories de Lévy-Brühl y ont
ajouté l'idée que le peuple ne pense pas, mais imagine, ressent et
participe : seul le savant peut être vraiment dit penser. Ainsi :
pour interpréter, nous dit Van Gennep, il faut veiller à se
maintenir « dans l'atmosphère spécifiquement folklorique »,
c'est-à-dire populaire ou non scientifique. En savant qu'il est, il a
quelque difficulté à définir cette atmosphère, « beaucoup plus
ressentie et imaginée que logiquement pensée et construite »
(*Manuel...*, I, p. 105).

Pour nous faire comprendre comment pensent les ignorants,
Van Gennep introduit alors la notion du « Monde comme si » :
« Les hommes, dit-il, sont tous, sauf quand il s'agit des sciences
proprement dites, dans l'état mental et affectif des enfants qui
écoutent les contes de Perrault ou qui assistent à une représentation de Guignol; ils font *comme s'ils* croyaient vraiment à la
réalité des personnages, aux possibilités des métamorphoses,
bien qu'ils sachent que dans la vie courante il n'y a ni fées ni
Guignol tapant sans risque sur le commissaire » (*id.* p. 106; c'est
moi qui souligne le « comme si »). Qu'on me permette de
reprendre dans mes propres termes l'énoncé de Van Gennep [8] :
je sais bien, dit l'enfant, que Guignol ne peut taper sans risque
sur le commissaire, *mais quand même*, si cela était possible,
quelle belle revanche ce serait sur l'autorité; ou encore : *je sais
bien* que les fées n'existent pas, *mais quand même*, si l'une
d'elles pouvait me métamorphoser, etc.

Van Gennep est tout à fait fondé à souligner que seul l'énoncé
scientifique ne laisse pas de place au *mais quand même* –
c'est-à-dire au surgissement d'un désir impossible – le *je sais
bien* occupant tout le terrain. Mais il s'engage dans d'inextrica-
bles confusions en opposant, comme il le fait, le savant à
l'ignorant. Qu'on se souvienne, par exemple, du texte cité plus
haut dans lequel il disait la difficulté pour des « civilisés » à
penser sur le mode pré-logique, « à éliminer ce qu'ils savent, à se
rendre de nouveau ignorants ». Car l'enfant n'ignore pas que les
fées sont des êtres mythiques : c'est même de ce qu'il le sait qu'il
tire plaisir à se faire dire des contes dans lesquels les humains
peuvent se métamorphoser, ou l'autorité être bafouée sans risque.

La notion même du « Monde comme si », que Van Gennep
propose comme la clé qui doit nous ouvrir toutes les portes de la
mentalité populaire, souffre éminemment de cette confusion. En
l'espace de quelques lignes (*ibid.*, pp. 105-106), elle prend trois

7. Sur ce point, *cf.* Michel de Certeau, Dominique Julia, Jacques
Revel : « La beauté du mort : le concept de culture populaire », in
Politique aujourd'hui, décembre 1970.
8. *Cf.* p. 72.

significations différentes, la « logique et les sentiments du peuple » étant indifféremment posés comme ceux pour qui le monde méta-physique ou mythique est :

a) comme s'il était connu : « Le mieux est de recourir ici à la théorie philosophique de Vaininger du Monde comme si (*die Welt als ob*), qui correspond pratiquement à la formule des mathématiques : supposons le problème résolu. L'astrologie, la divination sous ses diverses formes, l'occultisme, la magie, la médecine, la mythologie, la littérature populaire partent du principe que, telles et telles choses étant *connues*, le reste s'ensuit et est *connu* aussi »;

b) comme s'il était réel : « On suppose que les choses se sont passées, ou se passent, de telle et telle manière, et on agit en conséquence; au lieu que la méthode scientifique ne permet pas de telles extrapolations [...] Cette conception du Monde comme si, ou du Make Believe, du " Faire comme si c'était *réel* et arrivé ", a pour le folkloriste l'avantage, etc. »;

c) comme si on y croyait : « Le folklore tout entier baigne dans le Monde comme si. La plupart des hommes, si on les pousse méthodiquement par des questions précises, ne se montrent pas absolument *persuadés* de l'existence d'un Dieu justicier, ou de l'intervention dans nos affaires de la Providence [...] ou de la réalité matérielle des miracles. Mais ils agissent comme s'ils *y croyaient.* » (C'est toujours moi qui souligne.)

Il me semble que Van Gennep se serait épargné bien des difficultés en affirmant que le monde méta-physique est simplement posé comme s'il était *quand même possible.* Il aurait pu ainsi tirer profit de l'analogie qu'il fait de la mentalité populaire avec le raisonnement mathématique, lequel consiste à tirer des conséquences d'une hypothèse sur la vérité de laquelle on suspend provisoirement le jugement; de ses considérations sur les enfants qui savent bien, mais quand même; et de l'extension de la mentalité pré-logique – c'est-à-dire de l'affirmation du *mais quand même* – à tout être qui ne serait pas dans le moment du *je sais bien*, ou de l'énonciation scientifique.

Au lieu de quoi, il oppose absolument primitif et civilisé, populaire et savant, enfant et adulte – toutes ces oppositions étant équivalentes – comme s'il s'agissait là de positions définitivement acquises pour chacun : un enfant sommeille en chacun de nous, dit-il en substance, mais c'est l'adulte qui parle dans le discours du folkloriste. Ou, pour dire les choses autrement, Van Gennep conçoit la mentalité logique (le *je sais bien*) et la mentalité pré-logique (le *mais quand même*) comme caractéristiques de deux catégories distinctes d'êtres humains, et non comme des positions d'énonciation susceptibles d'être occupées à des moments divers par tout être parlant, qu'il soit ou non primitif [9]. Pour cette raison, Van Gennep ne peut résoudre le mystère de leur communication et conseille au savant, s'il veut avoir accès à la matière folklorique, de faire l'âne, ou l'enfant; c'est à quoi revient, en effet, le précepte de s'imprégner de l' « atmosphère spécifiquement folklorique ». Aussi ne s'étonnera-t-on pas qu'il puisse être entendu comme un appel à la condescendance : « Si le folkloriste s'est pénétré de cette conception [du Monde comme si], déclare sans rire Nicole Belmont, il se trouvera au niveau de la logique et des sentiments populaires [10]. » Les folkloristes du XIXᵉ siècle, qui déjà se penchaient sur les paysans, avaient au moins l'excuse que c'étaient leurs domestiques, leurs fermiers ou leurs ouailles.

On se souvient que, dans son *Manuel* (IV, p. 557), Van Gennep introduit ainsi le sujet « Magie et Sorcellerie » : « A serrer les faits de près, il faudrait placer ici le folklore français presque entier, puisque les actes et les concepts dits populaires se distinguent précisément des actes et des concepts dits scientifiques par une application erronée de la loi de causalité. L'ampleur de cette erreur magique a varié au cours des âges, etc. » Cette réduction de la sorcellerie à une erreur de logique va tout à fait contre un principe énoncé par le même Van Gennep :

---

9. Ce n'est pas qu'il ne donne parfois des indications tout à fait explicites en sens contraire, mais il n'en fait aucun profit. Ainsi : « Dans le folklore surtout, dit-il, il faut prendre garde à ne pas supposer des échelles de valeurs, ni que le participationnisme soit antérieur à la logique. En réalité, on a toujours et partout pensé de deux manières, et on continue à les utiliser tantôt à certains moments ou dans certaines circonstances, tantôt dans d'autres. Les deux modes de raisonner et de conclure, et, par suite, les deux modes d'action, sont des éléments également constitutifs de toute l'espèce humaine » (*Manuel...*, I, p. 97). Van Gennep ne paraît pas sensible à l'impossibilité d'affirmer ensemble : 1) que la mentalité pré-logique ne renvoie à aucune catégorie sociale particulière, et 2) qu'elle renvoie au « populaire » (p. ex. dans « la mentalité populaire n'évolue pas sur le même plan que la mentalité scientifique »), alors que la mentalité logique renvoie aux « civilisés » (« nous civilisés, etc. »). Notons au passage qu'il en va des théories de Lévy-Brühl comme des fées de Perrault : les unes et les autres sont trop commodes pour être vraies, mais aussi bien, pour être répudiées. Lévy-Brühl a eu beau répéter qu'il fallait pourtant y consentir, les folkloristes ne peuvent se résoudre à en faire le deuil : je sais bien que ce n'est pas vrai, déclare en substance Van Gennep, mais quand même, c'est bien commode.

10. Nicole Belmont, *Van Gennep, le créateur de l'ethnographie française*, Paris, Payot, 1974, p. 114.

éviter avant tout d'interpréter les faits folkloriques dans les termes de la logique scientifique (par exemple, *Manuel...*, I, p. 106). C'est même pour éviter cette réduction qu'a été si laborieusement fondée la notion du « Monde comme si ».

Or, quand on lit, dans l'œuvre de Van Gennep, les chapitres de ses monographies régionales consacrées à la sorcellerie, on s'inquiète de ce que ses informateurs soient presque toujours des instituteurs, car on peut soupçonner – même et surtout s'ils sont d'origine paysanne – qu'ils ont un vieux compte à régler avec l'irrationnel. On trouve d'ailleurs dans le *Manuel* (I, pp. 69-70) cette curieuse indication : « Les curés, les maîtres et maîtresses d'école ainsi que les directeurs ou directrices et professeurs des écoles normales primaires peuvent être d'excellents témoins... surtout en ce qui concerne les domaines *secrets* de la médecine populaire et de la sorcellerie. » Puisque ces domaines sont secrets et donc normalement interdits à cet étranger qu'est le folkloriste, Van Gennep propose de contourner la difficulté : le folkloriste enverra un questionnaire à l'instituteur – dont on suppose qu'il est intégré à la vie locale – et celui-ci interrogera ses élèves et leurs familles, puis adressera son rapport au folkloriste. Cette enquête par correspondance provoque parfois, mais rarement, des « refus imbéciles » d'informateurs qui écrivent au folkloriste : « Nous prenez-vous pour des sauvages? Ici, on est des civilisés [11]. » Il est étonnant que Van Gennep, ayant fait l'expérience de l'inutilité de cette procédure pour ce qui est de la sorcellerie – l'enquête, quand elle réussit, c'est « par chance », avoue-t-il dans *Le Folklore du Dauphiné* –, continue néanmoins de proposer ses questionnaires aux instituteurs de toutes les provinces où il choisit de travailler et en recommande l'emploi à ses collègues [12].

Il me semble que Van Gennep persiste dans des pratiques à ce point absurdes pour les raisons suivantes : d'une part, comme tant d'intellectuels de son temps, il est convaincu de ce que l'école laïque est l'école du peuple; par conséquent, il ne saurait

---

11. *Le Folklore du Dauphiné (Isère). Etude descriptive et comparée de psychologie populaire*, Paris, G. P. Maisonneuve, 1932-1933, 2 vol.

12. Confiante dans les conseils de Van Gennep, j'ai interrogé quelques instituteurs et enseignants du Bocage, y compris un ancien directeur d'école normale. Jamais je n'ai rencontré de si médiocres informateurs : la plupart connaissaient des histoires de sorciers, mais il s'agissait de désorceleurs excentriques dont ils avaient appris les exploits par la presse et les commentaires que faisait de celle-ci le bavardage local; un petit nombre se souvenait d'en avoir entendu parler au cours d'une enfance paysanne, mais le furieux désir d'annuler ce passé pré-logique ordonnait le récit.

y avoir de distance entre l'instituteur et le milieu où il travaille. D'autre part, comme tous les folkloristes, il est obsédé par le sentiment de l'urgence : après tant d'autres depuis un siècle, il répète qu'il faut recueillir ce qui reste des traditions populaires avant qu'elles n'aient tout à fait disparu [13].

C'est pourquoi Van Gennep entreprend ces grandes enquêtes extensives de folklores régionaux destinées à pointer, commune par commune, l'existence et la forme de « faits folkloriques » déjà identifiés par ses prédécesseurs [14]. Or, on connaît les inconvénients de l'enquête extensive :

a) L'extension se fait toujours au détriment du sens, ce qui est particulièrement préjudiciable lorsqu'il s'agit d'ensembles symboliques complexes, comme c'est le cas pour la sorcellerie. A quoi vise, par exemple, l'information selon laquelle « à Miribel-les-Echelles, les vaches qui ne donnent pas de lait étaient ensorcelées; le lait sortait du pis en se coagulant immédiatement; impossible d'avoir de la crème et du beurre; ou bien, inversement, impossible de faire des fromages. Ce même lait sorti de la maison ensorcelée se conduisait normalement chez les voisins ou autres. A Vaujany, les sorciers étaient des personnes au regard étrange qui prédisaient l'avenir, faisaient retrouver les objets perdus. Il fallait faire ce qu'ils voulaient, leur être très soumis, sinon ils attiraient des maléfices sur la maison, etc. [15] »? Autant de communes, autant d'informateurs, autant de fragments d'un ensemble symbolique présenté comme disjoint.

b) L'exhaustivité du pointage dépend de la qualité des informateurs et de la capacité du phénomène étudié à passer dans le langage : on ne voit pas comment des instituteurs pourraient forcer la barrière du secret protégeant la sorcellerie, ni dans la commune où ils vivent, sous peine de créer un scandale mémorable, ni dans la totalité des communes d'une région. D'autre part, s'il est clair que le pointage ne sera pas exhaustif, à quoi bon l'entreprendre et aboutir à des énoncés du genre : « A X, on

---

13. Pourtant, rien n'est plus étranger à la démarche scientifique que la précipitation, qui donne régulièrement la priorité à la quantité plutôt qu'à la pertinence des faits recueillis.

14. *En Savoie,* t. I : *Du berceau à la tombe,* Chambéry, Dardel, 1916; *Le Folklore du Dauphiné,* 1932-1933 (*op. cit.*); *Le Folklore de la Bourgogne (Côte-d'Or) avec une discussion théorique sur le prétendu culte des sources,* Cap, Louis Jean, 1934; *Le Folklore de la Flandre et du Hainaut français (département du Nord),* Paris, G. P. Maisonneuve, 1935, 2 vol.; *Le Folklore des Hautes-Alpes,* Paris, G. P. Maisonneuve, 1946,1948, 2 vol.; *Le Folklore de l'Auvergne et du Velay,* Paris, G. P. Maisonneuve, 1942.

15. *Le Folklore du Dauphiné, op. cit.,* p. 474.

pratique le rituel A »; « à Y, on ne pratique plus le rituel B »; « à Z, on croit encore dans l'efficacité de C »?

c) Comme on a pu s'en rendre compte par ce qui précède, les « faits folkloriques » eux-mêmes sont réduits à des noms sans corps, à des entrées de fichiers : qu'ils occupent chacun sa place dans une classification ne garantit pas que celle-ci renvoie à l'ensemble empirique qu'elle est censée ordonner. Pour ce qui est de la sorcellerie, en particulier, Van Gennep se contente de systématiser les trouvailles de ses prédécesseurs, sans jamais questionner leur relation à l'ensemble empirique étudié. Même lorsqu'il connaît particulièrement bien la région dont il parle – ce qui est le cas, notamment, pour le Dauphiné – il utilise les mêmes questionnaires, qui produisent les mêmes résultats : la liste monotone des agents, des objets, des rituels et des historiettes de sorcellerie. Que ces dernières soient caractéristiques d'un certain discours et d'un seul; qu'elles ne puissent en aucun cas être dénommées *légendes*; que les objets et les rituels aient un intérêt secondaire par rapport aux agents de la sorcellerie; que ceux-ci ne puissent faire l'objet de questions distinctes puisque ce qui opère, dans la sorcellerie, c'est la relation réciproque des agents et elle seule; ces principes échappent totalement à Van Gennep dont le seul souci est de pointer, commune par commune, si tel agent, tel objet, tel rituel ou telle historiette se rencontrent encore. Il est vrai que, pour apercevoir ces principes, il aurait fallu prendre le temps d'une enquête intensive.

Voici, par exemple, les questions qu'il pose à ses informateurs sur la sorcellerie en Savoie [16] :

« A qui attribue-t-on la maladie (hommes et animaux)? Sorciers. Hommes ou femmes qui ont le mauvais regard, le coup d'œil. Rencontres dangereuses.

– Emploi de certains animaux en médecine et en sorcellerie (marmotte, ours, vipère, crapaud, taupe, sauterelle, œil d'écrevisse, pigeon, etc.).

– Comment faire « sécher » un homme ou un animal?

– Qui peut barrer le feu; l'inondation (formules, prières)?

– Comment arrêter ou détourner les orages; la foudre (cloches, saints, formules à réciter); annuler les sorts?

– Moyens pour donner ou couper l'amour; se faire aimer; avoir des enfants. »

16. *Manuel...*, III, pp. 32-38 : « Questionnaires sur les mœurs et coutumes de Savoie. Barrer ce qui ne se fait pas. [...] Questionnaire n° 3 » (sur la maladie). Van Gennep était satisfait de ces questionnaires savoyards, dont il aimait à affirmer qu'ils « rendaient bien », au point qu'il s'est contenté de les adapter pour les autres régions.

On aura remarqué que le désorceleur est absent de ce questionnaire, qui met plutôt l'accent sur les formules et les rituels, sans se soucier de qui les prononce ou les accomplit. Ce qui intéresse Van Gennep, c'est ce qui est le plus aisément objectivable : des croyances (« à qui attribue-t-on la maladie ? ») ou des pratiques. Mais, en les isolant ainsi hors du contexte d'un discours et d'une situation d'énonciation, il en annule définitivement le sens et les réduit à n'être plus, en effet, que des *erreurs de logique* [17].

17. Ces considérations, que j'ai centrées sur l'œuvre de Van Gennep, valent pour l'ensemble de la littérature folkloristique, à l'exception toutefois de l'œuvre de Marcelle Bouteiller dont je parlerai dans le second volume.

ANNEXE III

ROBERT BRAULT,
« PROPHÈTE » D'ARON

Pour ne pas surcharger mon exposé, j'ai préféré présenter en annexe les éléments dont je dispose sur le « *mage* » d'Aron (Mayenne).

Quand j'étais sur le terrain, Brault vivait clandestinement, caché dans la ferme d'un de ses disciples. On disait qu'il était recherché par les gendarmes, bien que la justice n'ait pas réussi à l'inculper de quelque délit que ce soit. Au début de mon séjour, le médecin-chef de l'hôpital psychiatrique, souhaitant faciliter mes recherches, en parla au procureur de la République; celui-ci aurait obligeamment proposé que l'on arrêtât le « *prophète* » afin que je puisse l'interroger à l'occasion d'une expertise psychiatrique (pour laquelle, au demeurant, je n'avais pas de compétence). Peut-être n'était-ce là que propos d'hommes courtois et désireux de rendre service; je ne puis dire si le « *mage* » aurait effectivement été arrêté au cas où j'aurais accepté cette proposition. Pour moi, cette conversation marqua la fin de mes relations avec les autorités. Deux mois plus tard, j'avais passé la ligne : les paysans me cachaient si survenaient prêtre, médecin ou vétérinaire pendant qu'ils me parlaient de sorcellerie.

Sachant Brault aux abois, j'ai évité de travailler sur son territoire, négligeant même de suivre les pistes qui m'auraient permis de le rencontrer. Le personnage et ses disciples constituaient un passionnant sujet d'étude, mais il me paraissait évident que les gendarmes et la justice seraient sur mes talons et que, quelles que soient mes intentions, je ne pourrais éviter de contribuer à son arrestation.

De toute manière, le « *mage* » aurait eu quelques raisons de se méfier de moi, ayant eu à pâtir d'une précédente enquêtrice : une étudiante en psychologie de la région, préparant une thèse

sur le « portrait du sorcier [1] », avait prématurément fait part de
ses découvertes et du même coup, semble-t-il, de ses *a priori* de
notable éclairée aux membres du Rotary Club local (à moins que
ce ne soit son concurrent, le Lyon's Club). A la suite de quoi,
elle avait reçu des menaces de mort.

Bien qu'au cours de cette enquête je n'aie jamais craint la
violence physique, je savais qu'il me fallait respecter une règle
du jeu qui consistait, dans ce cas précis, à ne pas chercher à
rencontrer le « *prophète* », ni à faire parler ses proches, avant
que les inévitables malentendus de lui à moi ne soient levés : au
minimum, qu'il puisse être assuré que je ne lui ferais courir
aucun risque légal puisque sa situation était extrêmement précaire; mais aussi, que je n'utiliserais pas mes informations pour
le dénoncer à l'opinion ou le ridiculiser. Lorsqu'il mourut en
1971, je n'avais pas encore réussi à trouver le joint.

Les notes qui suivent sont donc fondées sur une documenta-
tion de presse. C'est dire qu'elles sont sujettes à caution. Elles
permettront toutefois de prendre vue sur le développement d'un
culte sauvage dans une région où l'innovation religieuse pourrait
paraître particulièrement improbable. (Au cours de mon travail,
j'ai eu des relations très étroites avec un autre groupe religieux,
fondé sur l'assurance que l'Apocalypse était imminente. Ses
membres étaient tous des agriculteurs, eux aussi ensorcelés. Mais
je ne puis en parler aujourd'hui sans qu'ils ne soient tout à fait
reconnaissables par leur entourage, lequel ne manquerait pas
d'utiliser mes révélations pour monter un scandale comparable à
celui dont j'ai parlé au chapitre IV de la deuxième partie. C'est
pourquoi je préfère m'en abstenir dans ce livre.)

Robert Brault (1915-1971) débuta dans la vie professionnelle à
Nantes, comme ouvrier métallurgiste. Lorsque mourut son père,
qui avait été chauffeur de taxi, puis meunier à Aron, il revint au
pays lui succéder. Il semble que la minoterie ait été rapidement
en faillite et que Brault ait occupé quelque temps un emploi de
garde-barrière. En 1948, sa femme mourut dans des circonstances étranges, tuée d'un coup de revolver tiré par un ami;
l'enquête de police conclut toutefois à un accident.

Brault devint alors guérisseur de bêtes et désenvoûteur, utilisant de grandes quantités de sel bénit et une équipe de rabatteurs
qui le renseignaient sur la situation des étables de la région.

---

1. Autant dire le portrait de *L'Homme invisible*, puisque le sorcier est
un être imaginaire, dépourvu de réalité sinon dans le discours. On peut se
demander de quoi étaient faites les rêveries du professeur Lagache, qui lui
avait assigné ce sujet de recherche.

Quand il se mit à guérir les femmes de la stérilité, on dit aussi qu'il engagea une équipe de forts jeunes gens, utilisés comme étalons. Il semble qu'il ait appartenu à la catégorie des désorceleurs excentriques : en tout cas, je n'ai jamais rien entendu dire de lui qui me permette de le désigner autrement.

En 1962, après une crise religieuse à l'occasion de laquelle il s'instruisit dans les différentes traditions religieuses, il déclara qu'il avait reçu de Dieu, depuis douze ans déjà (soit, peu après la mort de sa femme), un commandement secret et il entreprit de prêcher aux ensorcelés qui venaient le consulter la doctrine qu'il avait élaborée.

Cette doctrine, dont il précise qu'elle ne constitue pas une nouvelle religion, mais une épuration ou une réforme du catholicisme, comporte quatre points principaux :

a) Le temps des grands malheurs est proche; seuls ceux qui ont foi en Brault seront épargnés. Sur ce fond d'Apocalypse, il énonce une série de prophéties, dont la forme est généralement assez vague : « *d'ici peu, il y aura de grandes déceptions pour ceux qui ne croient pas* »; « *il y aura bientôt de grands événements* » (*Le Courrier de la Mayenne*, 26 décembre 1964). Il s'agit toujours d'un futur proche et catastrophique, mais dont les modalités sont indéterminées. Il arrive pourtant qu'il se risque à donner des précisions, s'il est pressé par un journaliste ou par l'urgence d'emporter la conviction de ses disciples : « *Ce n'est plus une question de jours, mais d'heures* » (*Mayenne-Républicain*, 21 février 1965); « *Le Christ reviendra sur terre cette année* »; « *en 1964, vous verrez le Fils de l'Homme* » (*Le Courrier...*, 23 janvier 1965); « *avant la fin de l'année, il y aura un grand tremblement de terre, seuls ceux qui croient en moi seront épargnés* » (*Le Courrier...*, 22 janvier 1965); [en 1964], « *d'épaisses ténèbres nous recouvriront du mercredi saint au dimanche de Pâques* » (*Le Courrier...*, 23 janvier 1965). (Lorsqu'on fait remarquer aux disciples de Brault qu'aucune de ces prédictions ne s'est réalisée, ils répondent, comme le font ordinairement les adeptes des mouvements apocalyptiques : « *Cela s'est réalisé ailleurs, et pour d'autres; bientôt, ce sera pour nous.* » Cf. *Le Courrier...*, 23 janvier 1965.)

b) Le démon est à l'origine du mal et de la maladie; mais la purification personnelle (« *quand l'âme est pure, on ne peut être malade* ») et le pouvoir qu'a reçu le prophète de lutter contre les puissances diaboliques rendent superflue l'intervention du médecin [2].

---

2. *Le Monde*, 21-22 février 1965. *Le Courrier de la Mayenne* consacra un article (« Un adepte est mort », 17 avril 1965) au fait qu'un disciple de

c) Les prêtres catholiques ne peuvent remettre les péchés, étant eux-mêmes pêcheurs (fainéants, poltrons, ignorants et jouisseurs); mieux valent la pénitence personnelle, le jeûne (Brault affirme jeûner cinquante jours d'affilée), la privation de viande et de graisses d'origine animale et la mortification.

d) Contrairement à ce qu'affirme l'Eglise catholique, le mariage n'est pas indissoluble, car c'est une institution humaine.

Ses préceptes sur la conduite de la vie sont d'une élémentaire simplicité : « *Suivre la Bible et surtout l'Evangile; blanchir l'Âme; dire non au chemin du péché; aller dans la direction de la perfection* » (*Le Monde*, 21-22 février 1965). Mais ses adeptes semblent avoir été d'abord fascinés par le mépris que professait le « *mage* » pour le travail et pour les biens matériels, y compris pour le patrimoine foncier; ensuite, par l'engagement de vouer son existence à secourir les gens dans le malheur, à commencer par les « *frères* » de la secte. Dans une région où le souverain bien est pensé sous la seule forme de l'accroissement du patrimoine et où l'indifférence aux non-parents est une vertu cardinale, ces préceptes devaient mobiliser ceux des déviants locaux qui, ailleurs, auraient été des militants chrétiens d'avant-garde.

C'est ainsi que Brault recruta rapidement une centaine d'adeptes, souvent parmi les jeunes agriculteurs et les chrétiens d'élite : « Hier sains d'esprit et souvent les meilleurs éléments de la communauté, s'inquiète *Le Courrier*, le 2 janvier 1965, aujourd'hui complètement envoûtés, ils parlent comme s'ils avaient complètement perdu la raison. » Le même journal affirme, le 23 janvier : « Les lettres que nous recevons montrent que la superstition en Mayenne actuellement n'est pas à l'état de demi-léthargie et qu'elle s'empare même des jeunes. La secte, née à Aron, fondée sur la croyance aux sortilèges, lui donne un regain inattendu et dangereux, au point de bouleverser complètement la vie et les habitudes de certaines familles paysannes. Utilisant même le désintéressement de certains jeunes de la campagne, elle provoque maintenant la faillite de plusieurs exploitations agricoles dont les chefs, mués en missionnaires et en apôtres avec toute leur famille, battent désormais la campagne en quête de misères et de souffrances à soulager, ne se rendant aucunement compte que les premiers malheureux à

Brault était mort sans assistance médicale, suggérant que cela pourrait constituer un motif d'inculpation. Lorsque le « *prophète* » mourut dans les mêmes conditions, en 1971, le fermier chez qui il était réfugié fut inculpé de non-assistance à personne en péril et incarcéré à la prison de Laval.

secourir, ce sont leurs enfants, la première misère à laquelle ils auront à faire face, c'est la leur propre. » Enfin, le curé d'Aron note l'inquiétude des prêtres de son diocèse, « de voir parfois des paroissiens, qu'ils comptaient jusqu'à présent parmi les meilleurs, se détourner de la voie droite », c'est-à-dire préférer les enseignements de Brault aux leurs propres (*Le Courrier...*, 2 janvier).

Lorsqu'ils entraient dans la secte, les disciples y recevaient des dénominations nouvelles : certains étaient des « *Parfaits* », d'autres, des « *Apôtres* », et le plus grand nombre, des « *Frères* » (*Le Courrier...*, 23 janvier). C'était là une innovation radicale par rapport aux dénominations traditionnelles du Bocage, lesquelles marquent, pour un individu, sa position de fils ou de père, et son appartenance à une terre : « *le gars Pierre du Plessis* », « *le père Vaujois des Gaudinières* ». (Quant à Brault, il se disait « *Prophète* », « *Réformateur* », « *Envoyé spécial du Très-Haut* », etc.)

Les disciples se distinguaient du reste de la population par leur apparence physique : pieds nus dans des sandales, portant les cheveux longs (en 1964, ce n'était pas une mince provocation), ainsi que le collier ou la barbe, pour « *combattre l'orgueil* » et montrer qu'ils ne s'inquiétaient pas de l'opinion d'autrui (*Le Monde*, 21-22 février 1965). Ils pratiquaient, en outre, des jeûnes fréquents et avaient adopté un régime strictement végétarien – sûr moyen de se distancer d'une population pour qui l'abondance de nourriture carnée signifie non seulement le bien-être ou le bien-vivre, mais aussi la condition principale de la santé mentale [3]. Un lecteur écrit au *Courrier*, le 23 janvier : « Le régime du Carême pour eux a été : 4 biscottes, du bouillon et des fruits pour toute la journée, et c'est tout. Jamais de viande ni de beurre. » Grâce à ce régime, dit le rédacteur (6 mars), « les santés tombent à zéro » et il note, le 9 octobre, « les déchéances physiques et morales provoquées par la doctrine néfaste de Brault ».

Comme toutes les sectes, celle-ci substituait aux solidarités traditionnelles (entre parents, entre voisins, etc.) des solidarités nouvelles : fréquenter exclusivement les « *frères* » ou les gens qui venaient demander secours, le plus souvent des ensorcelés

---

3. Ainsi a-t-on pu expliquer, dans le bourg où je résidais, que, malgré toute ma science, j'ai pu être « *prise* » dans les sorts, en invoquant le fait que, consommant peu de viande, j'avais les nerfs particulièrement fragiles (« *et ça ne mange pas de viande, et ça a le sang faible, etc.* »). Pour la même raison, certains ont cru que j'avais été initiée par le « *mage* » d'Aron.

dans le malheur; et aux occupations traditionnelles (travailler la terre pour accroître le patrimoine, remplir ses obligations de paroissien avec l'ensemble des habitants du bourg), des occupations nouvelles : guérir, désorceler, rendre service, d'une part – participer à la vie cultuelle de la secte et non plus à celle de la paroisse, d'autre part. Car Brault célébrait messes et vêpres, prêchait et donnait les sacrements dans un bâtiment qu'il avait fait restaurer près de son moulin, et qui tenait lieu de chapelle [4]. « Ces cultivateurs, qui n'ont plus de cultivateurs que le nom, note *Le Courrier* le 9 juillet 1966, s'intéressent avant tout aux cérémonies du moulin d'Aron qui interviennent tout au long de la semaine : " baptême " ou " confirmation " d'un enfant de la secte, cérémonies et rites. Les animaux, eux, se débrouillent comme ils peuvent pendant ce temps » [5]; « les adeptes sont tenus d'aller au moins deux fois par semaine à la " Messe " célébrée par B[rault]... quelle messe? » demande un lecteur scandalisé, lequel ajoute que certains enfants « ne vont plus au catéchisme, et même à l'école, parce qu'ils assistent à des chapelets qui se prolongent très tard dans la nuit ». « On jeûne et on porte le deuil en toutes circonstances », note le rédacteur du *Courrier* [6].

Le ciment idéologico-affectif de la secte était constitué par la parole de Brault, qu'il disait directement inspirée de Dieu et du Christ. Tout comme ses disciples, le « *prophète* » guérissait et désorcelait, mais, aux grands jours de la secte, son activité principale était de parler : prêchant ses disciples, les bras

4. « Tout le monde se réunit dans une pièce baptisée chapelle, meublée d'une longue table, de deux bancs, de tabourets. Au-dessus d'une commode trône une Pietà, style chromo. Au tableau noir, un commentaire des paroles de Jésus concernant l'amour du prochain. » (*Le Monde*, 21-22 février 1965). « C'est une pièce basse et propre. Aux murs, quelques images pieuses et un tableau noir où une main appliquée a recopié un passage des Evangiles; une table de bois brut, des tabourets et un encensoir complètent le mobilier » (*Paris-Jour*, 16 février 1965).
5. *Le Courrier de la Mayenne* n'hésite pas à les traiter de « déserteurs de leurs fermes » (21 août 1966), ce qui n'est pas une petite insulte, dans une région où les moments forts de la vie publique sont constitués par la célébration des souvenirs héroïques des deux guerres mondiales.
6. *Le Courrier de la Mayenne*, des 2 et 23 janvier 1965. Quand le « *prophète* » mourut, en 1971, je fus le témoin du dialogue suivant entre deux villageoises, qui évoquaient les célèbres « *vêpres* » : « *Il y avait plus de monde aux vêpres du prophète qu'à celles du curé*, reconnut l'une. – *Les vêpres du curé? N'y en avait plus depuis bien longtemps* », soupira l'autre. Michel Legris, du *Monde (art. cit.)*, a bien saisi cette relation entre la prolifération des cultes sauvages dans l'Ouest et la désacralisation de l'Eglise post-conciliaire.

étendus, à la chapelle ou sur les routes (se taisant dès qu'approchait un curieux); les conseillant sur la conduite de leur vie, dans d'innombrables entretiens privés. Le contenu de son enseignement était secret au point que certains disciples préférèrent payer une amende de cinq cents francs plutôt que de le révéler au juge d'instruction [7].

Malgré la rusticité de sa théologie et, ce me semble, parce qu'il prenait si décidément le contre-pied des valeurs locales, Brault eut une influence considérable sur ses disciples, que l'on vit défier avec une tranquille assurance leur famille, l'opinion du bourg, l'Eglise et la Justice. Témoin cet enfant qui, interrogé sur le dogme catholique, déclara au prêtre, sans la moindre forfanterie : « *J'en sais bien plus long que vous* » (*Le Courrier...* du 23 janvier 1965).

Les prédications du « *prophète* » eurent un écho assez profond dans la population pour que le clergé s'en émeuve : en 1964-1965, on entendit les prêtres de la région d'Aron réfuter en chaire les thèses de Brault, références doctrinales à l'appui. Le curé d'Aron (qui m'a dit considérer Brault comme un être authentiquement préoccupé des choses de la religion) publia dans son bulletin paroissial une intéressante mise en garde : reconnaissant l'efficacité possible des guérisseurs, il leur déniait le droit d'informer les consciences sur la conduite de la vie, « *car ce droit n'appartient qu'à Dieu* » – c'est-à-dire à son délégué, le prêtre. La ligne de son argument était la suivante : de même que le Christ a prouvé qu'il était Dieu, de même, tout prophète doit prouver sa mission. « Quand le Christ est venu prêcher son Evangile, il a surpris les Juifs. Certains se sont scandalisés, mais le Christ a prouvé qu'il était Dieu par l'accomplissement des prophéties dans sa personne, par des miracles nombreux racontés dans l'Evangile – guérison des malades, résurrection des morts, par sa propre résurrection. [Ordinairement, les prêtres locaux minimisent l'importance des miracles accomplis par le Christ, pour n'avoir pas à tirer conséquence de ceux que prétendent accomplir les guérisseurs. Mais, ici, le curé d'Aron, invoquant la résurrection des morts et celle du Christ, est bien assuré qu'aucun guérisseur n'y pourra satisfaire; encore que Brault, on le verra plus loin, semble y avoir prétendu.] Quelqu'un peut-il, sans prouver sa mission ou sans délégation spéciale [par exemple, en ayant été ordonné prêtre], enseigner la religion? [Notons que ce qui est d'abord en question, pour le

7. Celui-ci crut devoir utiliser exceptionnellement contre les disciples un certain article 109 du Code de procédure pénale – alors en désuétude – qui lui permettait de leur infliger une forte amende s'ils persistaient à se taire.

curé d'Aron, c'est le monopole de l'enseignement religieux, exactement comme au temps des premières hérésies.] Peut-il enseigner ce qui lui plaît dans la religion, ou encore faire un amalgame de toutes les religions dont il a pris connaissance par ses lectures? Je ne le crois pas. » [La doctrine du « *prophète* » est, en effet, un amalgame de traditions diverses; mais on pourrait rappeler que le catholicisme ne s'est pas constitué en un seul jour, ni sur aucun sol.]

« Cela existait déjà du temps de saint Paul, qui écrivait dans sa deuxième épître à Thimothée, 4, 3-4 : " Un temps viendra où les hommes ne supporteront plus la saine doctrine, mais au contraire, au gré de leurs passions et l'oreille les démangeant, ils se donneront des maîtres en quantité et détourneront l'oreille de la vérité pour se tourner vers des fables... " [Citant ce texte, le curé atteint d'un seul coup deux objectifs : 1) il se fonde sur un texte sacré dont Brault lui-même reconnaît la vérité, pour désigner la doctrine de celui-ci comme une « *fable* » et ses disciples comme des gens légers, conduits par leurs passions; 2) il récuse la prétention de Brault à introduire une quelconque innovation religieuse puisque sa venue a, de tout temps, été prédite dans les textes sacrés.]

« Cela existe encore aujourd'hui, et il ne serait pas difficile de le prouver. Il suffirait d'écouter le témoignage de chrétiens dignes de foi, le témoignage de prêtres responsables devant Dieu et devant leur évêque de l'évangélisation de leur paroisse », etc. [Cela sous-entend que les paroles de Brault n'ont pas le moindre poids, parce qu'il n'est responsable devant aucune hiérarchie.] De là, l'admonestation finale du curé : « Quelle que soit la sainteté réelle ou supposée de la personne qui prend des initiatives dans le domaine religieux, il y a là, ce me semble, un abus flagrant et il n'est pas trop tard, j'espère, pour dire à ceux qui ont fait fausse route : réfléchissez, priez, consultez et revenez au bercail pour qu'il n'y ait qu'un seul troupeau et qu'un seul Pasteur [8]. » Mais il est peu probable que les disciples du « *prophète* », ces déviants, aient été tentés par la perspective de rejoindre le « *troupeau* ».

Peu après, *Le Courrier de la Mayenne*, gazette catholique conservatrice, qui cependant se considère comme un « hebdomadaire d'information », entreprit une « campagne de désintoxication » contre ce moderne poison qu'était là « religion nouvelle » prêchée par le meunier d'Aron. *Le Courrier* lui consacra une longue série d'articles, qui eurent un double effet :

---

8. Cité par *Le Courrier de la Mayenne* du 2 janvier 1965.

a) ils aidèrent à la constitution d'un mouvement d'opinion hostile au « *prophète* », mouvement qui culmina dans les manifestations de février 1965; et *b*) ils servirent de base documentaire à l'ensemble de la presse lorsque le scandale éclata. (L'hebdomadaire reconnaît explicitement avoir joué ce rôle puisque, après les premiers incidents, on peut y lire, le 20 février : « Dès que des faits suffisamment graves ont été portés à sa connaissance, *Le Courrier de la Mayenne* a été le seul journal à mener sans relâche cette campagne de désintoxication dans chacun de ses numéros depuis le 17 décembre [1964]. On doit lui rendre cette justice que, si les milieux parisiens ont été eux-mêmes alertés (Europe n° 1, *France-Soir, Paris-Jour*...) et si nous sommes à la veille de voir arrêter cette tragi-comédie, votre journal y est pour quelque chose! »)

Il vaut la peine de s'attarder un instant sur ce genre de littérature pour saisir sur le vif le rôle de la presse lorsqu'il s'agit, non seulement de désigner une croyance comme hétérodoxe et contraire à la conception d'une « foi éclairée »[9], mais encore d'en rabattre le sens (qui est celui d'une possible subversion de l'ordre religieux) : par exemple, en réduisant cette croyance à une complicité sado-masochiste entre dupes et charlatans.

Notons, pour commencer, que les expressions méprisantes pour désigner la doctrine du « *prophète* » ne semblent jamais manquer aux rédacteurs du *Courrier* : le plus souvent ils la qualifient comme un « mal »[10]; mais ils évoquent aussi les « rites bizarres et mystérieux » de l' « obscure religion que l'on sait »; ou encore, « cette funeste doctrine à base de fatalisme » (lequel, on le verra, est un substantiel motif de réprobation), « ce dangereux baratinage », « ce bourrage de crâne », « ces sornettes ». Brault est défini comme le « faux » ou le « fameux prophète », « ce triste sire » exclusivement animé par l'appât du gain, dont les enseignements provoquent des effets catastrophiques. Ce qui peut aussi se dire : les « désastreux résultats de cette soi-disant doctrine », ou les « conséquences dangereuses de certaines croyances superstitieuses »[11].

---

9. Au reste un thème fréquent des prédications post-conciliaires dans les paroisses du Bocage.

10. *Le Courrier de la Mayenne* des 2 et 9 janvier, 20 février, 6 mars et 2 octobre 1965.

11. *Le Courrier de la Mayenne* des 26 décembre 1964, 9 janvier, 13 et 20 février, 6 mars, 2 et 9 octobre 1965. De même, *Ouest-France* définit Brault comme une « personne sans scrupule » (11 février 1965), dirigeant en « grand potentat » une « secte d'illuminés » (23-24 octobre) – l'illuminisme étant ici opposé aux Lumières comme l'excès à la juste mesure; le rédacteur parle aussi de la « lamentable mystification d'Aron »

L'essentiel de l'argumentation du *Courrier* tient dans le passage suivant, du 20 février 1965, significativement intitulé : « Ce que le public sain d'esprit ne comprend pas », et que je me permets de commenter à mesure que je le cite : « Il est, en effet, difficile de comprendre comment, en ce trois quarts de XXᵉ siècle [on aura reconnu là le thème du scandaleux anachronisme de la sorcellerie et du prophétisme], un homme au passé qui pose des interrogations [le rédacteur évoque ici les circonstances étranges dans lesquelles Mme Brault trouva la mort] peut se livrer à des manœuvres d'abêtissement auprès de personnes appartenant à des familles très honorables [car certains disciples de Brault viennent de familles de paysans aisés, et non de ces familles d'ivrognes et de va-nu-pieds dont on se plaît à dire qu'elles seules sont assez arriérées pour croire dans les sorts], abêtissement dont ont à souffrir de nombreux enfants, auxquels on refuse un morceau de viande [thème des enfants martyrs] parce que M. Brault l'interdit [thème de l'empire absolu du « *prophète* » sur ses disciples]. Comment, toujours, cet abêtissement fait commettre à des personnes jusque-là sensées les pires erreurs, les plus incompréhensibles bêtises qui les mènent à la faillite et à la ruine [thème, essentiel, de la dilapidation du patrimoine]. [...] S'ils sont fous, ces hommes [car il faut être fou pour y croire], qu'on les enferme, leur " pape " en tête; si ce sont des escrocs [car il faut être pervers pour y faire croire], qu'on les arrête » [thème de l'appel à la Loi].

Voyons comment quelques-uns de ces thèmes sont développés dans *Le Courrier* :

a) L'empire absolu du « prophète » sur ses disciples :

L'un des premiers articles se contente d'évoquer « ce quelque chose de vague qui planait sur eux [les disciples] comme une menace ou une emprise » (26 décembre 1964); mais l'influence de Brault est rapidement assimilée à « une entreprise de séduction psychologique et morale » (2 janvier 1965), puis au « plus

(22 février), ou de la « lamentable aventure provoquée par des individus répréhensibles, et vécue par des pauvres gens faciles à abuser » (11 février). Pour sa part, *Mayenne-Républicain*, hebdomadaire libéral, donne un compte rendu prudent et modéré de l'affaire, le 21 février : tout comme les autres, ce journal emploie des termes méprisants (« charlatanisme », « crédulité », « abus d'influence et de confiance », « fumistes », le « caractère lamentable de certains faits », etc.), mais il ne précise jamais à qui ces termes s'adressent, ou bien il les réfère à des rumeurs incontrôlables.

dangereux des envoûtements » : « Ceux qui sont envoûtés par
Brault sont fichus, écrit le parent d'un adepte de la secte. Jamais
plus ils ne travailleront; ils sont réduits d'abord à un état
physique lamentable, annihilés, plus incapables que des enfants,
désormais, pour subvenir à eux-mêmes. [...] Il n'y a que de
l'envoûtement [...] le plus dangereux des envoûtements »
(6 mars). L'idée que les disciples soient ainsi privés de leur
autonomie avait, au reste, été introduite quelques semaines plus
tôt (le 2 janvier) par le rédacteur du *Courrier* : « Leur liberté
annihilée, leurs faits et gestes ne dépendent plus que des
" idées " de B[rault] leur grand chef » [12] ! Puis, une fois que le
scandale a éclaté et que la justice enquête, on suggère à celle-ci
quelques pistes intéressantes en évoquant l'hypnose ou la drogue : un paysan, dit-on, « qui a échappé de peu à l'envoûtement
de Brault, seul danger réel, a raconté que celui-ci voulait
toujours qu'il le regarde dans les yeux pendant qu'il parlait...
pour mieux l'envoûter. Beaucoup affirment que les adeptes de
Brault consomment des boissons spéciales qui les troublent
mentalement et expliquent leur exaltation » (17 avril); « quelques-uns se demandent si une prise de sang faite au bon moment
ne révélera pas un jour que l'envoûtement de certains se
prolonge grâce à l'absorption d'une drogue » (15 mai).

b) Le fatalisme des disciples :

Le 2 janvier 1965, le rédacteur du *Courrier* relate une
« conversation véridique » entre un paysan, adepte du « *prophète* », et son créancier. Celui-ci demande :
« *Qui te donnera l'argent, que tu espères toujours pour
demain?*
– *Dieu.*
– *Mais si tu t'occupes toujours des autres* [allusion à la
solidarité des disciples et à leur vœu de secourir les ensorcelés] *et
pas de la terre, qui fera ton travail?*
– *Dieu y pourvoira* [...]. *Nous ne sommes pas sur terre pour
gagner de l'argent.* »
Le disciple justifiant alors son attitude par le fait que, de toute
façon, il est inutile de prévoir le remboursement de ses échéances

---

12. De même, le rédacteur du *Courrier* dira de Brault, le 9 juillet 1965 :
« on ne fait rien sans ordre », pas même les semailles. *Ouest-France*, de
son côté, maniant lourdement la métaphore, évoque « le chef de la secte
aronaise [...] telle une pieuvre étendant ses tentacules, [...] de par sa
redoutable ascendance sur ses victimes », etc. (12 février).

puisqu'un tremblement de terre interviendra avant la fin de
l'année, le rédacteur conclut :

« Alors, pas besoin de travailler! évidemment. Que font ces
pauvres gens des adages que voici : " Aide-toi et le ciel t'ai-
dera " et " Charité bien ordonnée commence par soi-
même "? »

Dans le même esprit, le rédacteur du *Courrier* rappelle aux
disciples, le 30 janvier, « que si les oiseaux du ciel ne se
préoccupent pas du lendemain, ils se donnent tout de même la
peine de ramasser leur nourriture »; et il rappelle encore une fois
ce mot de la sagesse des nations, ici promu en norme morale
inconditionnellement valable : « Charité bien ordonnée commence par soi-même. » Puisque, aussi bien, à tout prophétisme,
vrai ou faux, on ne saurait opposer que la sagesse des nations.

c) Les enfants, martyrs des convictions de leurs parents :

Sur ce point, en tout cas, les rédacteurs du *Courrier* sont
assurés de faire l'unanimité contre la secte : dans un pays
d'élevage, comme l'est le Bocage, le végétarisme est inévitablement considéré comme un attentat contre la vie. Quand les
parents croient, les enfants trinquent : « Mais quand on pense à
tous ces innocents qui ne mangent que de la margarine, se
privant de viande, de lait et de beurre à cause de lui [Brault], ça
fait pitié! » (30 janvier 1965); « et leurs pauvres enfants, parfois
privés du minimum nécessaire – on pourrait citer des cas –,
subissent les conséquences de ces dérèglements » (2 janvier);
pendant plusieurs mois, le journal n'omet jamais d'évoquer la
« privation d'aliments dont les plus faibles paient la note »
(20 février), les « enfants mal nourris », les « mauvais traitements supportés par les enfants du point de vue alimentaire »
(21 août) – lesquels consistent simplement, rappelons-le, dans
l'observance d'un régime végétarien [13].

_____

13. *Ouest-France* affirme le 11 février 1965 : « Les enfants des
" pratiquants ", privés de l'alimentation nécessaire, sont souvent dans un
état physique pitoyable »; le 15 février, le même journal soutient de sa
sympathie les parents d'un ménage de disciples, venus enlever par la force
« ces égarés et leurs trois enfants affaiblis par le manque de nourriture
suffisante, puisque la viande et le beurre leur sont interdits ». De même,
France-Soir (16 février) rapporte : « Il est courant de voir des familles se
nourrir toute la journée uniquement avec du chou rouge et des carottes
râpées, m'a dit l'institutrice. Des enfants seraient ainsi atteints de rachi-
tisme. »

d) *La rupture des solidarités traditionnelles et, en particulier, des liens familiaux et des liens de voisinage* :

D'une part, la foi des adeptes les sépare de leur famille : « Une mère a été mise à la porte par sa fille, adhérente à la secte. Un fils, déjà adulte, venu voir ses parents dont il ne partage pas la superstition, a été également mis à la porte par ceux-là qui, de plus, ont lavé le seuil de leur porte à l'eau de Javel » (23 janvier 1965). Ce que le rédacteur ne dit pas, c'est que cette mère et ce fils étaient probablement peu disposés à laisser leurs parents, adeptes du « *prophète* », mettre en question le patrimoine familial; et que les discussions devaient s'apparenter aux violents conflits d'héritage que connaissent les familles du Bocage, plutôt qu'à de tranquilles débats entre penseurs d'opinions différentes. D'autre part, les accusations de sorcellerie et l'adhésion aux préceptes du « *mage* » provoquent la désunion dans les unités de sociabilité naturelle : « Les familles atteintes, note le rédacteur le 2 janvier, sont souvent divisées. Elles s'isolent moralement, étant poussées à se méfier de tout, même parfois de leurs voisins. [...] De leur côté, les voisins se sentent rapidement gênés et inquiets par les allures mystérieuses, les absences prolongées et la physionomie peu rassurante d'un ancien camarade qui s'est laissé pousser cheveux, barbe et favoris, marchant désormais pieds nus dans des sandales et tenant des propos incohérents. On le reconnaît à peine! » (Soulignons la dernière phrase : s'enrôler sous la bannière du « *prophète* », c'est devenir méconnaissable pour les siens.)

e) *La dilapidation du patrimoine* :

« Ce fatalisme qui abdique devant tout effort » (29 janvier 1966) a pour conséquence obligée la dilapidation du patrimoine. Que certains disciples de Brault aient été rapidement ruinés par la mise en pratique de ses principes ne paraît pas douteux : la majorité des fermes du Bocage sont normalement dans une situation financière très précaire et il n'est possible au fermier de faire face aux dépenses d'exploitation qu'en s'endettant perpétuellement [14]. Or *Le Courrier* se vante de ce que « la publicité

14. *Cf.*, par exemple, Armand Frémond, *L'Elevage en Normandie*, Caen, Association des Publications de la F.L.S.H. de Caen, 2 vol., 1967. (En particulier, vol. 1, 2ᵉ partie : « Le Bocage normand : une tradition d'incertitude ».) René Musset, *Le Bas-Maine*, Paris, Colin, 1917, reste une lecture essentielle.

[par lui] donnée à ces désertions de l'habitat et de la ferme [ait...] eu ceci d'excellent qu'elle a attiré l'attention des fournisseurs, des cautionneurs, des organismes de crédit et des propriétaires, qui ont réagi » (21 août 1965). De toute manière, ces petites exploitations bocagères, dont la principale ressource est l'élevage des vaches laitières, des bœufs et des porcs de boucherie, ne sauraient subsister sans un travail régulier : la traite deux fois par jour à heure fixe, le nettoyage des porcheries, la nourriture du bétail, etc. Les cultures demandent des soins moins constants; encore faut-il que les travaux soient effectués à temps. Aussi *Le Courrier* présente-t-il un sombre tableau des effets économiques de cette « nouvelle religion » : « C'est ainsi que la ruine et la misère frappent à la porte des adeptes de B[rault], que déjà bêtes et terres sont laissées à l'abandon dans plusieurs des multiples fermes des quelque quarante communes touchées, dit-on, par ce mal [...) la ferme ne fait plus d'affaires, les dettes s'accumulent » (2 janvier). Les adeptes ont beau être solidaires les uns des autres, ils deviennent rapidement incapables de reconstituer les cheptels saisis par les créanciers [15]. D'autre part, malgré leur volonté de se dégager des liens familiaux, les disciples ne peuvent éviter que leurs parents, qui s'étaient fréquemment portés garants pour des emprunts contractés avant leur adhésion à la secte, ne soient étroitement concernés par la perspective de la faillite de leurs enfants : il est des liens sociaux qui ne s'évanouissent pas au seul énoncé d'un principe religieux.

Les manifestations contre la secte doivent être comprises dans ce contexte, comme une réaction des familles contre la dissidence (le terme est employé par *Ouest-France*, le 15 février

15. L'affaire Mottais (ou Mottier, selon les versions) est caractéristique de la tension qui régnait alors dans le Bocage; le 27 septembre 1965, les quarante bêtes de ce cultivateur, disciple de Brault, sont saisies et vendues pour rembourser ses créanciers. Les « frères » de la secte parviennent seulement à racheter six ou sept vaches, deux chevaux et quelques veaux (*Le Courrier de la Mayenne* du 30 octobre). Mais l'événement donne lieu à des manifestations : deux mille personnes sont venues assister à la saisie; quelques jours plus tard, un commando qui cherche à accumuler des preuves de l'action de Brault vient au moulin photographier les bêtes qui ont été rachetées et qui sont là en transit. Ces curieux sont accueillis par un coup de revolver et le photographe préfère vider les lieux. Celui qui semble l'avoir engagé – et qui est, depuis plusieurs mois, l'organisateur des manifestations contre le « *prophète* » – est cité devant le tribunal de Laval. Il invoquera pour sa défense le fait que, parent d'un « *Apôtre* », il souffre de la désunion de sa famille, de la misère de ses neveux, etc. Il sera condamné à cinq cents francs d'amende. (*Cf. Le Courrier de la Mayenne* des 2 et 9 octobre 1965, et du 29 janvier 1966.)

1965) de ceux de leurs membres qui entendent suivre le « *prophète* ». « Certaines familles, écrit ce journal le 11 février, qui déplorent l'enrôlement des plus naïfs des leurs et leurs tristes conséquences (faillites, altération de la santé morale et physique, etc.), se sont justement émues de ce navrant état de choses. Considérant qu'il n'a que trop duré et que leurs espoirs de le voir enfin cesser demeurent vains, elles se sont décidées à passer à l'action. » *Le Courrier*, de son côté, passe en revue tous les signes de cette dissidence, à commencer par les plus extérieurs : « Les habitants, et en tout premier lieu les familles qui comptent des adeptes en leur sein, sont exaspérés de voir tous ces anciens voisins, parents et amis se rendre le dimanche matin à la " messe ", puis le tantôt aux " vêpres " avec leurs cheveux hirsutes, leur barbe souvent mal entretenue, dans la cour de B[rault]. Ils ont honte de ce qui s'y passe, honte de ce que l'on raconte, honte de voir leurs semblables se conduire en diminués mentaux... laissant aller à vau-l'eau leurs affaires professionnelles, refusant de la viande à leurs enfants, salant à droite et à gauche bêtes et gens, etc. » (13 février; le sel est employé contre les sorciers).

« L'offensive d'assainissement » (comme dit *Le Courrier, id.*) ainsi menée par les familles contre leurs enfants dévoyés prend, au début, l'apparence d'une brimade contre les signes extérieurs d'appartenance à la secte : les 5 et 7 février, des manifestants se saisissent des adeptes à la sortie du culte et tondent ceux qui, « complètement envoûtés » (*Le Courrier..., ibid.*), refusent d'aller chez le coiffeur [16].

Mais on en arrive bientôt à des opérations plus violentes, qui provoquent l'intervention de la gendarmerie : le 14 février, cinq cents personnes, environ, viennent assiéger Brault et ses disciples à la sortie des « *vêpres* », arrachant les clôtures, dressant des barricades, renversant les voitures, lapidant et insultant les sectateurs, blessant le « *prophète* » d'une pierre au visage. Celui-ci, suprêmement serein, reçoit les envoyés de la presse nationale, qui se sont déplacés pour l'occasion, les impressionnant par la dignité de son maintien. Au reporter de *Paris-Jour*,

---

16. Notons le plaisir que prend *Le Courrier de la Mayenne* à décrire la tonte des disciples : les manifestants « ramenèrent au bourg, comme un trophée, cheveux et poils de barbe dans une poche de plastique »; Un disciple « arrivant en retard pour la cérémonie [il s'agit des « *vêpres* »] fut pris à partie par les manifestants qui lui tailladèrent la barbe qu'il avait d'un beau roux, avec des ciseaux qui tirèrent sur la " broussaille " plutôt qu'ils ne la coupèrent. Cette seconde opération assez cuisante servira-t-elle de leçon ? » (13 février 1965).

qui lui demande son sentiment sur la haine qui se manifeste ainsi contre lui, Brault répond par une parole du Christ : « *Qui que vous soyez, vos paroles ne font qu'effleurer mes oreilles* » (16 février). Quand Michel Legris, du *Monde*, lui demande s'il ne craint pas de périr d'un coup de fusil, le « *prophète* » a ce seul commentaire : [dans ce cas,] « *ma mission physique s'arrêtera là* » (21-22 février). De toute manière, il déclare refuser de porter plainte, car il entend rester fidèle aux principes de la non-violence (*Ouest-France*, 15 février).

Le dimanche suivant, 21 février, les manifestants reviennent, mais le prophète est absent. Il n'y a là que sa fille Sylvie, et les gendarmes (*Ouest-France*, 22 février). Le 28 février, il gèle, et les manifestants ne sont plus que trois cents. Ils tentent d'abord d'enfumer Brault, puis pénètrent par effraction dans la chapelle, réputée être un lieu d'orgies. Déception : ils n'y trouvent que des inscriptions évangéliques, et une bibliothèque, « funeste nourriture des adeptes » (*Courrier* du 6 mars; on aura noté la métaphore : ces végétariens au sang faible, qui ne consomment pas de viande, sont empoisonnés par l'absorption de « funestes » ouvrages). Brault a disparu, sur le conseil, semble-t-il, des autorités (*Ouest-France*, 6 septembre 1974).

Le Courrier de la Mayenne, catalyseur du mouvement d'opinion contre le « *prophète* », condamne la violence après chaque manifestation, mais du bout des lèvres. Ainsi peut-on lire le 9 octobre 1965 : « On peut déplorer, évidemment, ces réactions, car la violence n'arrange rien. Il ne faut pas oublier, cependant, qu'elles sont provoquées périodiquement par l'exaspération d'une population qui constate que, malgré les divisions engendrées jusque dans les familles, divisions allant parfois jusqu'à la haine, malgré les ruines matérielles, les déchéances physiques et morales provoquées par la doctrine néfaste de Brault et de ses adeptes, ceux-ci continuent à exercer librement leur activité. Il

---

« Mille paysans ont attaqué les adeptes (barbus) du sorcier pour les raser, au moulin d'Aron (Mayenne)... Ils voulaient les dépouiller de leur pouvoir magique », titre *France-Soir* le 16 février, se conformant à la grande tradition de la presse nationale. (*Cf.* IIe partie, chap. IV, « Qu'il faut, au moins, un crédule ».) Les adeptes sont décrits comme de ridicules homosexuels, et leur tonte comme une scène de satire paysanne : « Malheur aux barbus dans la Mayenne. Depuis quelques jours, les ennemis d'une nouvelle secte religieuse, créée par un meunier prophète, attaquent systématiquement au rasoir et aux ciseaux les adeptes barbus et chevelus qui viennent prier au moulin d'Aron. Arrivés avec des allures de Beatles, ils en repartent tondus comme des œufs. Hier, une expédition punitive de grande envergure devait avoir lieu à l'heure des vêpres. Près de mille personnes ont assiégé le prophète et ses ouailles efféminées, etc. »

est certes plus facile d'arrêter un contre-manifestant exaspéré [il est sous-entendu que les vrais manifestants, les vrais provocateurs, ce sont les membres de la secte, ceux qui sont venus les agresser n'étant que des « contre-manifestants »] que de mettre fin au bourrage de crâne! » Et, le 6 mars, *Le Courrier* conseille : « La violence contre les adeptes ne servirait qu'à en faire des martyrs et à apitoyer ceux que leur sensibilité non raisonnée prépare déjà à tomber dans les pièges du triste sire [17]. »

Dès les premières manifestations, la justice a ouvert une information qui, malgré des méthodes drastiques – rafle des adeptes présents à la chapelle le 9 mai, amende de cinq cents francs à ceux qui refusent de parler –, ne produit aucun aveu utilisable contre le « *prophète* » et ses disciples, mais seulement un volumineux dossier de « *on-dit* », c'est-à-dire d'affirmations dont jamais l'énonciateur n'entend assumer la responsabilité [18].

Il semble que le « *prophète* » se soit alors réfugié quelques mois hors du Bocage – ses disciples poursuivant leurs réunions au moulin en présence de sa fille –, puis qu'il soit revenu vivre clandestinement parmi les siens jusqu'à sa mort. Celle-ci ne manqua pas d'être saluée avec l'ironie qui convient sur la presse locale. Citons *Ouest-France*, le 23 juin 1971 : « Les gendarmes de Mayenne effectuaient une descente à la Haute-Courie, une ferme de Châtillon-sur-Colmont. Dans une chambre de la ferme, ils faisaient une macabre découverte : le corps de Robert Brault, décédé depuis une quinzaine de jours, était exposé sur un lit funèbre. Ses fidèles, selon la prophétie qu'il avait faite, attendaient sa résurrection! Réfugié dans cette ferme depuis plus d'un mois, celui qui se prenait pour le Christ était mort d'un cancer à

17. *Cf.* aussi *Le Courrier de la Mayenne* des 13 et 20 février. *Ouest-France* considère ces manifestations comme un « mouvement de mécontentement populaire » (11 février), une « réaction populaire » (15 février), et même, une « réaction populaire de masse » (23-24 octobre). Les lecteurs habituels du journal ont dû s'étonner de ce que, pour une fois, ces termes du langage militant soient employés sans guillemets, et avec une connotation favorable.

18. *Cf. Le Courrier de la Mayenne* du 15 mai, *Mayenne-Républicain* du 21 février, *Ouest-France* du 12 février, qui appelle l' « action judiciaire tant souhaitée », et blâme la discrétion des disciples du « *prophète* » : « Par leur mutisme, ces personnes, victimes pour la plupart d'agissements qui semblent s'apparenter à l'envoûtement, ralentissent et retardent l'issue désirée avec une compréhensible impatience par tous les braves gens qui plaignent les adeptes trop influençables, marchant sous le joug de la " nouvelle religion ". » *Cf.* aussi *Ouest-France* des 13-14 février et 23-24 octobre, et *Le Monde* des 21-22 février 1965.

la gorge, sans avoir reçu le moindre soin [19]. » On sent s'épanouir dans ce texte la satisfaction d'une opinion conservatrice réalisant que le scandale fondateur de sa propre foi (celui de la résurrection d'un homme qui affirmait être Dieu) appartient à un passé enfin révolu, c'est-à-dire mythique et sans conséquence.

Note bibliographique

Le Courrier de la Mayenne ouvrit les hostilités contre Brault par deux articles de fond : « Minotier, soigneur, prophète, où va l'homme, où vont ses adeptes? » (26 décembre 1964), et « Magie et sorcellerie : d'incroyables prétentions » (2 janvier 1965); suivis de quatre « Courriers des lecteurs » donnant sur le « *mage* » des informations venant de divers mécontents (le plus souvent, des parents de ses adeptes inquiets des risques que cette nouvelle doctrine fait peser sur le patrimoine familial), les 9, 16, 23 et 30 janvier. Après quoi, le journal évoquera le « *mage* » à l'occasion de plusieurs scandales locaux, en 1965 : « Aron : le charivari est déclenché », le 13 février; « Grande première chez le " Prophète " d'Aron : quand cette tragi-comédie finira-t-elle? » le 20 février; « Brault démystifié : cinq cents paysans qui ne craignent plus ces sornettes assiègent le Moulin-Normand », même date; « Les voies du " Prophète " : une expérience tragiquement vécue », le 6 mars; « Incidents à Aron », le 27 mars; « Un adepte est mort », le 17 avril; « Au moulin d'Aron », le 15 mai; « Que devient Brault? », le 21 août; « A Chailland, vente par saisie chez un cultivateur adepte d'Aron », le 2 octobre; « Actes de violence à Aron », le 9 octobre; « Aron, une rectification », le 16 octobre; « Brault cité en correctionnelle », le 30 octobre; enfin, un dernier article, sur un ton désabusé, « La secte d'Aron continue ses ravages », le 9 juillet 1966 – avant que la mort du « *mage* » ne vienne clore le débat : « La sorcellerie en deuil : le cadavre du " Prophète " d'Aron retrouvé chez un adepte », le 26 juin 1971.

Dans la presse locale, on pourra lire aussi : « Pour faire cesser un scandale qui n'a que trop duré : un mouvement de mécontentement populaire se dessine du côté d'Aron », *Ouest-France*, éd. Mayenne, 11 février 1965; « Les ramifications de l'affaire d'Aron sont innombrables et inquiétantes à la fois :

19. *Ouest-France*, 6 septembre 1974 : « Retro... Satanas. » *Cf.* aussi *Ouest-France*, 24 et 25 juin 1971, et *Le Courrier de la Mayenne*, 26 juin 1971, qui enterre en Brault, avec un bel optimisme, le « dernier des sorciers mayennais ».

des sanctions pénales infligées à des témoins récalcitrants », *id.*, 12 février; « Une visite au " Prophète " d'Aron, où l'effervescence continue, de même que les coupes de cheveux longs », *id.*, 13-14 février; « Le " Prophète " du Moulin-Normand copieusement conspué par plusieurs centaines de personnes est blessé au visage par une pierre », *id.*, 15 février; « L'affaire d'Aron », in *Mayenne-Républicain*, 21 février; « Crépuscule de la sombre histoire d'Aron : le " Prophète " a disparu, ses disciples sont dispersés », in *Ouest-France*, 22 février; « Inculpé d'exercice illégal de la médecine, le " Prophète " d'Aron n'a pas comparu », *id.*, 23-24 octobre. Sur sa mort, *cf.* « Après avoir disparu pendant plusieurs années, Robert Brault, le " Prophète " d'Aron est découvert mort chez l'un de ses adeptes à Châtillon-sur-Colmont », in *Ouest-France*, éd. Mayenne, 24 juin 1971; « La mort du " Prophète " remontait à treize jours », *id.*, 25 juin, Jacques Hardouin, « Retro... Satanas », *ibid.*, 6 septembre 1974.

Dans la presse nationale, *cf. Paris-Jour*, 15 février 1965, « Les sorciers sont parmi nous » et 16 février, Ph. Javron, « Les gendarmes ont dû protéger le " Prophète " contre les " antimages " »; *France-Soir*, 16 février, Ph. Leroux, « Mille paysans ont attaqué les adeptes (barbus) du sorcier pour les raser, au moulin d'Aron (Mayenne) »; *L'Humanité*, 19 février, Cl. Picanti, « C'est la faute du " Malin " si la viande est maudite et l'engrais diabolique, m'a dit le sorcier de Mayenne »; *Le Monde*, 21-22 février, Michel Legris, « Un " prophète " dans la Mayenne : les paysans du Maine en proie au mysticisme ».

ANNEXE IV

L'AUNE DE VÉRITÉ

> Le psychiatre « *a dit qu'il fallait être malade mental pour croire dans les sorts. Parce que dans l' temps, y dit, les gens étaient tellement arriérés! Mais maintenant, y n' faut point croire là-dedans. Nous autres, médecins, y dit, on est plus forts, la médecine est plus forte. Nous, la science, elle est tellement moderne et elle est capable pour toutes les maladies...* »
>
> JOSÉPHINE BABIN

J'ai montré à plusieurs reprises dans ce livre qu'il n'existait pas de discours scientifique sur la sorcellerie, mais seulement une idéologie savante qui prenait avantage de la sorcellerie pour cantonner un paysan imaginaire dans la place du crédule. Le discours psychiatrique ne fait nullement exception à cet égard. Si je l'évoque ici pourtant, ce n'est pas pour répéter une fois encore la même démonstration, mais parce que, relativement aux autres, ce discours présente deux particularités importantes :

1. Parce qu'il a pris naissance sur le solide terrain de la science médicale, il peut prétendre se dispenser tout à fait de faire la preuve de sa scientificité : ce pourquoi, sans doute, on trouvera, dans les écrits où il s'exprime, le plus grand nombre d'affirmations infondées, le statut académique de celui qui parle tenant lieu de garantie scientifique[1].

2. La production théorique en psychiatrie, dès lors qu'elle porte sur la sorcellerie, peut paraître singulièrement déficiente à des chercheurs formés dans d'autres disciplines. Elle n'en a

---

1. Plus un texte psychiatrique est idéologique, et plus il installe d'emblée une infranchissable distance entre, d'une part, le corps médical et le savoir dont il s'autorise (« je m'en voudrais de revenir sur ce que des maîtres comme X et Y ont avancé », « qu'on se permette de citer les admirables travaux du professeur X, de nos collègues Y et Z et de tant

pas moins une importance considérable, du fait que son application conduit à fonder des décisions de justice : le psychiatre est fréquemment appelé à juger de l'état mental d'un ensorcelé, et il le fait en s'aidant des références savantes que lui propose sa discipline. Je donnerai des exemples précis de la manière dont le codage du comportement d'un « *malade* » – codage autorisé par la théorie et reproduit dans une expertise médico-légale ou un dossier d'hôpital – entraîne des conséquences notables dans l'existence de l'intéressé.

Les écrits sur la sorcellerie constituent un genre tout à fait mineur dans la littérature psychiatrique française : jusqu'en 1970, date à laquelle l'école de Limoges commença ses publications, ne se sont intéressés à la sorcellerie que des auteurs trop nonchalants pour se colleter avec les problèmes centraux de leur discipline, ou bien des missionnaires de la santé mentale, uniformément assimilée au bon usage des Lumières[2].

Tous s'accordent à penser qu'un patient parlant de sorcellerie ne saurait être que délirant, c'est-à-dire fou. Car se dire ensorcelé, c'est affirmer qu'on est agi par la volonté d'un autre – le sorcier – dont le contact produit des effets ravageants sur le corps et les biens de sa victime. Ce que dit, aussi bien, le psychotique.

De ce que certains ensorcelés sont, par ailleurs, effectivement délirants, le psychiatre conclut uniment que la croyance dans les sorts est une forme de délire. On comprendra mieux les raisons de cet amalgame si l'on s'avise que la littérature psychiatrique définit les délires comme relevant de la seule dimension de l'erreur. Ainsi, l'on peut en trouver la définition suivante dans l'édition la plus récente du *Manuel alphabétique de psychiatrie*,

d'autres », « le Professeur X et nous-même », « mon vieux camarade Y soutient que », « nous, psychiatres » etc.) et, d'autre part, l'humble cohorte des malades (« ces dégénérés », « faibles d'esprit », « débiles », « un sujet fruste », « il était à demi imbécile et portait d'innombrables stigmates de dégénérescence [qu'il est, bien sûr, inutile d'énumérer, puisqu'on est entre gens qui savent ce que c'est qu'un imbécile et un dégénéré], « cette arriérée mentale et sociale », « malgré leur prétendue religiosité, ces non-évolués, ces attardés ne comprendront jamais que », « un brave recteur m'a confié », « sa femme, une brave ménagère », « une solide gaillarde, excitée, protestataire et menaçante », etc.).

2. On trouvera dans cette annexe une bibliographie des écrits psychiatriques relatifs à la sorcellerie. Quiconque prend la peine de consulter les textes auxquels elle renvoie peut s'aviser que les citations que j'en fais ne sont nullement tendancieuses et que, si la pensée psychiatrique, relativement à la sorcellerie, peut apparaître comme la caricature d'une démarche scientifique, ce n'est pas de mon fait.

à l'article « Délire » : « Chaque fois qu'il y a erreur dans les
perceptions ou déviation dans le jugement, l'esprit peut émettre
des idées fausses. L'idée fausse devient idée délirante quand elle
est en opposition avec la réalité ou choque l'évidence. Une idée
délirante qui se maintient et se poursuit constitue le délire. C'est
donc la pensée déréelle, ou " déréistique " (v. ce mot), qui
caractérise essentiellement, sur le plan intellectuel, le délire. » A
l'article « Déréelle, Déréistique (Pensée) », on trouve ceci :
« Construction en désaccord manifeste avec la réalité » – les
illustrations qui en sont proposées étant la pensée schizophréni-
que, le rêve, la rêverie et l'état passionnel[3]. La notion de délire
présuppose donc qu'il existe une réalité sur les propriétés de
laquelle l'accord soit possible. Cette réalité paraît d'ailleurs si
peu problématique que sa reconnaissance ressort de l'évidence.
Le médecin psychiatre est alors implicitement défini comme
celui à qui sa science confère le pouvoir de tenir l'aune à laquelle
se mesure le degré de vérité, de réalité, d'évidence ou de raison
(tous ces termes étant équivalents) des conceptions de ses
contemporains. Le délirant est celui qui soutient fermement un
propos que le médecin déclare être faux.

1. *Délires archaïques et mentalité prélogique*

Au XIXᵉ siècle, ce qu'on nomme aujourd'hui délire de sorcellerie entrait dans le tableau clinique d'une entité nosographique
introduite par Esquirol et désignée par les termes de démonomanie ou démonopathie[4]. Cette catégorie est aujourd'hui considérée comme désuète, mais il n'est pas indifférent pour notre
propos de noter qu'elle engage exactement la même conception
du délire comme erreur de jugement – et de la paysannerie
comme canton de la crédulité – que la notion moderne de délire

---

3. Antoine Porot, *Manuel alphabétique de psychiatrie clinique et
thérapeutique*, 4ᵉ édition remaniée et mise à jour, Paris, 1969, P.U.F.
(1ʳᵉ édition, 1952). Qu'il y ait intérêt à établir une relation entre le dire
psychotique et celui de l'ensorcelé n'est pas ici en cause; le lecteur
intéressé à la question de la psychose aura senti, à me lire, qu'elle est
constamment présente dans ce livre, bien que de façon généralement
implicite. Les réflexions présentes sur l'interprétation psychiatrique de la
sorcellerie prétendent simplement mesurer l'impasse où mène le postulat
initial selon lequel la matrice de tout délire serait une erreur de jugement
– impasse que tant de doctes présentent comme la seule issue concceva-
ble.
4. Esquirol, *De la démonomanie*, Paris, 1911; *Des maladies mentales*,
t. I, pp. 482 *sqq.*, Paris, Baillière, 1838.

de sorcellerie[5]. Les conclusions d'Esquirol sont, à cet égard,
significatives : [... La démonomanie, dans laquelle sont donc
inclus les dires des ensorcelés] « reconnaît, pour cause éloignée,
l'ignorance, les préjugés, la faiblesse et la pusillanimité de l'esprit
humain [...] L'inquiétude, la crainte et l'effroi la provoquent [...]
Le délire, les actions et les déterminations des démoniaques
[parmi lesquels les ensorcelés] ont pour principes de fausses idées
sur la religion et une horrible dépravation des mœurs [...] Cette
maladie est devenue plus rare depuis que l'enseignement religieux, une éducation meilleure et une instruction plus générali-
sée ont éclairé plus uniformément toutes les classes de la
société[6]. » « Depuis longtemps, dit-il ailleurs, la démonomanie
n'attaque plus que quelques esprits faibles et crédules [...]
Quelques phénomènes mal observés fortifient la croyance de ces
gens simples, timides et crédules, et la sorcellerie conserve
encore quelques débris obscurs et dédaignés de son ancienne
puissance. » Quant à Logre, il ne craint pas d'affirmer : « Dans
presque tous les cas, il s'agit de débiles ruraux, de paysans
illettrés ou à peine lettrés, et pour la plupart bretons. » Prétendre qu'on est manipulé par des diables ou par des sorciers est
manifestement moins honorable, parce que moins moderne, que
de se dire manipulé par des ondes ou par des circuits électriques : dans le second cas, notons-le, les auteurs ne parlent jamais
de crédulité ou d'ignorance, mais seulement de délire.

Les recherches modernes sur le délire de sorcellerie prennent
pour point de départ un article du docteur Wahl, en 1923, qui
introduit dans la littérature psychiatrique le terme de « délires
archaïques », lequel devait être ensuite régulièrement invoqué
chaque fois qu'il était question de sorcellerie dans le discours
d'un malade[7]. Si, en général, le délire est une idée fausse, le
délire archaïque est une idée fausse anachronique : « Nous
appellerons délires archaïques ceux qui, autrefois très communs,
ont tendance de nos jours à devenir plus rares et même à
disparaître complètement. » Les fous archaïques (c'est-à-dire
ceux qui énoncent des opinions aujourd'hui répudiées par les
autorités médicales) sont décrits comme des individus dégénérés,

5. Le *Dictionnaire alphabétique de psychiatrie* [*op. cit.,* article « Démonomanie (archaïque), démonopathie »] remarque : « Ces groupements
archaïques [de délires unifiés sous le terme de démonomanie] n'ont guère
qu'un intérêt historique et leur dénomination même n'est plus utilisée
pour décrire les interventions infernales qui animent toujours les délires et
les explications superstitieuses de nombreux primitifs. »

6. Esquirol, *Des maladies mentales*, p. 516.

7. Dr Wahl, « Les délires archaïques », in *Annales médico-psychologiques*, mars 1923.

alcooliques et qui puisent les thèmes de leur délire dans le fonds délirant commun du milieu où ils vivent : soit, dans ce qu'un ethnographe nommerait leur culture traditionnelle[8].

La description que fait Wahl de ces milieux arriérés, bien que pompeusement baptisée *circumfusa* de la folie, reproduit exactement les lieux communs que j'ai déjà évoqués à propos des discours non savants sur la sorcellerie[9]. Citons Wahl : « [Dans ces régions archaïques], l'évolution continuelle de la civilisation semble s'être complètement arrêtée depuis une époque difficile à apprécier, mais en tout cas fort longue »; « Vous pensez bien que dans un tel milieu [où les maisons sont des « taudis » et des « masures », où tout est « vétuste », placé « sans aucun ordre » et « malpropre » ou « fangeux »], sorte de témoin du Moyen Age, les idées modernes ne pénètrent pas. » « Le misonéisme invétéré de ces milieux ruraux[10] » fait que, pour eux, le « monde moderne est inexistant » : « Que leur font la science moderne, la culture moderne, la vie moderne! » Ces « intelligences inférieures, ou non encore développées normalement, sont incapables de comprendre l'explication scientifique moderne des phénomènes physiques, chimiques, biologiques ou sociaux » : « Dans les campagnes arriérées dont nous parlons ici [...] on en est encore aux vieilles idées sur la sorcellerie, les mauvais sorts, la magie, le Diable, Dieu ou la Vierge. » « La vie intellectuelle est surtout de caractère religieux et mystique »; c'est pourquoi, « si la folie se déclare », elle prendra les « formes mystiques du délire, qui sont les plus fréquentes du délire archaïque ». Naturellement, Wahl se défend de rabaisser les « mystiques transcendentaux vrais », ces « hautes intelligences », ces « hautes figures de l'humanité » : il n'en a qu'à ce mysticisme paysan « de très médiocre origine et de plus basse valeur morale », celui des « faibles d'esprit », celui qui est toujours « pathologique, en ce sens qu'il est la traduction de pensées d'ordre inférieur produites par un cerveau anormal ».

8. Lorsque Wahl publie son étude, la théorie de la folie comme dégénérescence de l'individu a pourtant été critiquée depuis dix ans. La référence à l'alcoolisme est obligatoire pour qui cherche à identifier une cause organique de la folie.

9. *Cf.* pp. 13-16 et chap. IV.

10. Dans la terminologie psychiatrique, le misonéisme est défini comme « hostilité à l'égard de tout ce qui est nouveau. Tendance d'esprit fréquente chez les gens âgés, très attachés au passé et souvent réfractaires à l'évolution des esprits et des mœurs » (Antoine Porot, *op. cit.*) L'utilisation de la terminologie psychiatrique pour la description de groupes sociaux est une marque idéologique caractéristique, que nous retrouverons fréquemment.

Cette aptitude à « croire sans contrôle », c'est déjà de la pathologie, en ce sens que tous ceux qui la manifestent sont des « prédisposés » qui se tiennent aux frontières de la folie (ils sont dits « subnormaux »). Par contre, relèvent explicitement de la folie ceux qui prétendent fonder une religion (« théomégaloma-nes »), atteindre à la sainteté, prophétiser, être possédés du démon ou ensorcelés – cette dernière catégorie étant dénommée « folie par croyance aux sorts et aux sorciers ». Il faut donc être fou pour croire aux sorts ou pour prétendre innover en matière religieuse, car ce sont là des préoccupations anachroniques. Entendons : anachroniques par rapport à celles du médecin, qui tient l'aune avec laquelle mesurer le temps ou le sens de l'histoire.

On notera ici combien sont peu innocentes les considérations tant ressassées sur l'anachronisme paysan : pour peu qu'elles trouvent un lieu protégé où s'épanouir tranquillement – par exemple derrière les hautes murailles d'une pseudo-science médicale –, elles conduisent à légitimer le diagnostic de folie et la décision d'internement. Les sorts, faut-il être arriéré pour y croire, dit-on dans le Bocage; faut-il être fou pour être arriéré, enchaîne le discours psychiatrique.

En 1934, les docteurs Lévy-Valensi et Delay exposent un cas de délire archaïque à propos duquel ils invoquent la notion, si commode, de mentalité prélogique[11]. L'importation de ce concept ethnographique – pourtant si problématique que son inventeur lui-même l'a expressément répudié – vient compléter ce qui manquait à la notion de délire archaïque : les délirants – et, singulièrement, ceux qui parlent de sorcellerie ou d'envoûtement – ne sont pas seulement des êtres anachroniques : ils ont une mentalité radicalement différente de la nôtre, à laquelle, par chance, les travaux de Lévy-Brühl nous donnent accès.

Le travail de Lévy-Valensi et Delay consiste simplement à faire l'amalgame entre la description d'un cas clinique et les deux expressions de délire archaïque et de mentalité prélogique.

11. Docteurs Lévy-Valensi et Delay, « Délire archaïque : astrologie, envoûtement... magnétisme », in *Annales médico-psychologiques*, juillet 1934. *Cf.* aussi J. Lévy-Valensi, « Mentalité primitive et psychopathologie », in *Annales médico-psychologiques*, mai 1934. L'auteur y confronte, d'une part, les thèses de Lévy-Brühl sur la mentalité primitive et, d'autre part, celles des théoriciens de la psychiatrie pour qui la psychose serait une régression ou une dégénérescence – c'est-à-dire le retour à un état primitif de l'humanité. Il y conclut à une analogie certaine des deux mentalités – primitive, psychotique – mais non à leur identité; l'une « rappelle » l'autre.

Il s'agit d'une femme qui dit avoir été envoûtée par un magnétiseur hindou à qui elle aurait confié sa photographie : les
auteurs désignent son délire comme « archaïque » parce que
cette histoire leur en rappelle d'autres, dans un lointain passé
européen[12]. « Tel est ce délire, concluent-ils, qui vraiment
mérite, dans son ensemble, d'être appelé archaïque. Croyance
aux esprits. Rêves révélateurs. Résurrection des morts, hallucinations, logolâtrie, on retrouve là tous les caractères de la
mentalité primitive. [Cette femme] présente toutes les incarna-
tions des superstitions à travers le temps, de l'astrologie à
l'envoûtement médiéval et au magnétisme mesmérien. [...]
Même imperméabilité à l'expérience sensible, même foi aveugle
et exclusive dans la seule expérience mystique entraînant,
comme chez les primitifs, une logique spéciale, la Prélogique de
Lévy-Brühl régie par la loi de participation. »

L'on se doute que la fortune de la notion de mentalité
prélogique, invoquée pour rendre compte des conceptions des
ensorcelés (ou de leur « délire »), ne tient pas à la rigueur avec
laquelle elle a été introduite, mais à sa seule commodité
idéologique. Ce pourquoi, sans doute, elle a si longtemps résisté
à la à la critique : jusqu'aux travaux de l'école de Limoges, en
1970, les auteurs s'y réfèrent constamment, avec le sentiment
que cette notion explique les mécanismes d'une pensée paysanne
dont – comme toutes les élites savantes – ils entendent se
distancier.

Ainsi, en 1964, Jean Morel, dans sa thèse sur *La Sorcellerie et
ses incidences psychiatriques dans le département de l'Orne*[13],
écrit-il au chapitre III (« Explication des causes de cette croyance ») : « Nous avons donc vu qu'une forte proportion de la
population rurale de l'Orne croit encore en la sorcellerie. [...] Les
explications qu'ils se fournissent des principaux événements de
leur vie sont-elles tellement différentes de celles données par
certains peuples primitifs? » L'auteur cite alors Lévy-Brühl, et
sa description du comportement magique des Papous de Kawai :
« Or nos ruraux ornais sont-ils si éloignés du comportement

12. L'exposé de ce délire est amené par une appréciation tranchante :
« C'est une débile qui a toujours été crédule, suggestible, superstitieuse. »
Seul le premier de ces qualificatifs a une place précise dans la terminologie psychiatrique, notons-le, mais son emploi ne vient là que pour lester
les termes non savants d'une connotation pathologique.
13. Thèse pour le doctorat en médecine, Faculté de médecine de Paris.
Cf. aussi G. Jacquel et J. Morel, « Sorcellerie et troubles mentaux : étude
faite dans le département de l'Orne », in *L'Encéphale*, janvier-février
1965. Cet article reprend sous une forme condensée l'essentiel de la thèse
de Morel.

primitif?... Chez ces ruraux d'intelligence souvent médiocre, à
mode de vie ancestral, à mentalité primitive, les idées superstitieuses prennent une force d'attraction tout à fait intense, etc. [14] »

2. La sorcellerie comme délire collectif

Les auteurs classiques français avaient élaboré, à la fin du
siècle dernier, la notion de folie à deux ou folie communiquée.
De Legrand du Saulle (1872) et Lasègue et Falret (1877) à de
Clérambault, dont les publications sur ce sujet s'échelonnent de
1902 à 1924, ils se sont interrogés sur le fait que certains délires,
loin d'interrompre la communication du malade avec son entourage, se font parfaitement comprendre et même partager. Quels
délires se prêtent ainsi à la communication, quelles catégories de
malades parviennent à faire partager leur conviction et à quelles
catégories d'interlocuteurs; quelles sont, enfin, les caractéristiques des systèmes de communication institués par ces délires :
ces questions furent débattues avec une fraîcheur d'esprit tout à
fait inhabituelle, qui ne peut manquer de frapper le lecteur qui
les découvre un demi-siècle plus tard [15].

14. Notons, que pour Morel, la croyance dans les sorts doit être
distinguée, du moins en principe, du délire de sorcellerie. Mais on verra
plus loin qu'il n'utilise guère cette distinction dans sa pratique. Sur
l'application du concept de mentalité primitive à ceux qui croient dans la
magie, il faut citer aussi la thèse de Mme Michelin-Germain (*A propos de
quelques cas de délires démonopathiques dans le Morbihan*, Faculté de
médecine de Paris, 1964), mais surtout le Dr H. Aubin (*L'Homme et la
Magie*, Paris, 1952, Desclée de Brouwer, Bibliothèque neuropsychiatrique
de langue française). A en juger par le nombre de citations dont il est
l'objet, cet auteur semble jouir d'une honorable réputation dans les
milieux psychiatriques, mais les nuances de son libéralisme de médecin
colonial sont inapparentes à qui n'a pas été nourri dans les brutalités du
sérail. Son propos paraît se résumer à l'affirmation selon laquelle la
mentalité primitive et celle de nos paysans ou indigènes, cela se ressemble
trait pour trait : de penser à l'une fait penser à l'autre et pourtant, dit
l'auteur, ce n'est pas tout à fait la même chose; mais il ne sait trop
pourquoi.
15. *Cf.* Legrand du Saulle, *Du délire des persécutions*, Paris, Plon, 1871,
pp. 218-278; Ch. Lasègue et J. J. Falret, « La folie à deux ou folie
communiquée », in *Annales médico-psychologiques*, novembre 1877;
E. Régis, *La Folie à deux ou folie simultanée*, Paris, 1880; M. Baillarger,
Recherches sur les maladies mentales, Paris, Masson, 1890; Marandon de
Montyel, « Des conditions de la contagion mentale morbide », in *Annales
médico-psychologiques*, mars-avril et mai-juin 1894; G. de Clérambault,
Œuvre psychiatrique, t. I : « *Délires collectifs et associations d'aliénés*,
Paris, P.U.F., 1942.

Les inventeurs de la notion de folie communiquée établissaient une distinction tranchée entre l'émetteur du délire (l' « *inducteur* » de Lasègue et Falret) et son récepteur (l' « *induit* ») : le premier seul devait être considéré comme un malade mental, le second n'étant que le récepteur passif d'un délire émis par un autre. La thérapeutique proposée pour ces délires à plusieurs consistait simplement à isoler l'émetteur des récepteurs, c'est-à-dire à rompre le système de communication institué par le délirant.

L'échec assez fréquent de cette thérapeutique fit soupçonner que les récepteurs n'étaient pas aussi passifs qu'on pouvait le penser, et qu'ils utilisaient le circuit pour y faire passer leurs propres messages délirants. Il n'y avait donc pas, à proprement parler, d'auteur ou d'émetteur du délire à plusieurs, distinct de ses récepteurs. Tous les partenaires d'un délire collectif paraissant, dès lors, relever peu ou prou de la psychose, la discussion était ramenée à celle de ses mécanismes générateurs[16].

La rigueur intellectuelle avec laquelle avaient été menés les débats sur la folie communiquée devait ultérieurement servir de caution scientifique à une interprétation purement idéologique de la sorcellerie comme délire à plusieurs, ou comme psychose collective : puisque le délire est une erreur de jugement, toute affirmation fausse – c'est-à-dire non cautionnée par le savoir médical – peut être désignée comme délire; et toute affirmation fausse soutenue par un groupe social particulier – par exemple, la sorcellerie, par la paysannerie – devient une psychose collective.

Ce tour de bonneteau fut prestement exécuté par le professeur Heuyer et ses élèves[17] : « La notion de psychose, rappelle-t-il,

16. C'est le titre de la dernière publication de Clérambault sur ce sujet : « La question des délires collectifs est étroitement liée à celles des mécanismes générateurs des psychoses. » Les grandes vacances sont terminées : on s'est amusé pendant quelques années à démonter des systèmes de communication, il va falloir s'occuper à nouveau de l'être de la maladie.

17. *Cf.* C. Heuyer, Dupouy, Montassut, Ajurriaguerra, « Un cas de délire à cinq », in *Annales médico-psychologiques*, février 1935; Heuyer, « Contact avec les guérisseurs », in *La Vie médicale*, numéro spécial, Noël 1954; Heuyer, « Les psychoses collectives », in *Revue du Praticien*, 21 mai 1955; Heuyer, « Les psychoses collectives : rôle de l'instigateur et des circonstances », in *Congrès des médecins aliénistes et neurologistes de France*, Nice, 1955; M. Letailleur, J. Demay et J. Morin, « Délire collectif de sorcellerie », in *Congrès des médecins aliénistes et neurologistes de France*, Nice, 1955.

comporte un état de pathologie mentale. C'est un trouble mental, un délire, c'est-à-dire une idée fausse dont le malade ou le groupe a la conviction... Pour nous, psychiatres, le critère d'une psychose individuelle ou d'une psychose collective est le même. Il ne peut être que social [...] Il consiste en l'impossibilité provoquée par les éléments affectifs, instinctifs ou passionnels de la psychose [collective] à s'intégrer dans l'organisation rationnelle d'une société. Cette incapacité [...] représente la nature pathologique d'une psychose collective. Ce sont plus que des " conduites effervescentes ". Ce sont des conduites collectives insociables et invivables. » C'est, bien sûr, le psychiatre qui, dans cette perspective, tient l'aune de la rationalité, du sociable et du vivable.

L'histoire de la psychiatrie dira peut-être comment il convient d'évaluer l'impact de l'œuvre d'Heuyer. L'hypothèse qui vient à l'esprit d'un profane est qu'elle présente sous une forme extrême, mais couverte par l'autorité d'un Maître, les préjugés du plus grand nombre. Ce pourquoi, sans doute, ses affirmations ont été si rarement contredites. Je n'en ai trouvé qu'une seule critique, d'ailleurs fort civile : « ... pourtant la confusion sémantique sur le terme de " délire " ou de " psychose " se retrouve même sous des signatures aussi autorisées que celle du professeur Heuyer dans un article récent, etc. [18]. »

Heuyer s'appuie, d'une part, sur les recherches de ses prédécesseurs sur la folie à deux – « nous sommes sur un terrain solide, déjà exploré par Baillarger, Régis, de Clérambault » – et, d'autre part, sur le fait qu'il a produit, en 1935, un cas de folie à cinq : car cinq, c'est plus que deux; cinq, c'est déjà une société [19]. Il s'agit d'une famille parisienne qui se dit envoûtée par un prêtre, lequel serait aidé de plusieurs auxiliaires. Sans vouloir chicaner l'éminent professeur sur la question de savoir combien de délirants sont exigibles pour qu'une psychose puisse être dite collective, je fais tout de même remarquer que, dans le cas qu'il expose, il n'y a pas cinq mais quatre délirants. La cinquième, une jeune paysanne venue d'une région où l'on avait l'expérience des sorts, n'a fait qu'interpréter en termes de sorcellerie ce que la famille de son amant citadin exprimait en

18. J. Alliez, M. Dongier, R. Pujol, « Quelques observations sur les délires à deux », in *Congrès des médecins aliénistes et neurologistes de France*, Nice, 1955.

19. Heuyer, Dupouy, Montassut, Ajurriaguerra, *op. cit.*.

termes délirants[20]. Mais puisqu'il est notoirement faux qu'on puisse être victime d'un sorcier, Heuyer traite cette paysanne comme les autres délirants, s'étonnant simplement de ce que sa « conviction délirante persiste malgré l'isolement » : si elle avait été le sujet induit d'une folie communiquée, l'isolement aurait dû l'amener à corriger son délire. Cette thérapeutique de l'isolement semble d'ailleurs avoir profité à ses quatre partenaires, si l'on en croit le bulletin de victoire que publie leur énergique médecin : « Il a suffi de maintenir nos malades quelques jours en observation à l'Infirmerie Spéciale, puis de les interner, pour les rappeler brusquement et un peu rudement à la réalité et pour réduire leurs convictions passagères. »

Si Heuyer est intéressé à cette opération de transformation de la folie à deux en psychose collective, c'est qu'ainsi la psychiatrie se donne vocation à traiter la pathologie sociale qui entre désormais dans le champ thérapeutique au même titre que la pathologie individuelle : « La psychiatrie, dit-il, forte des connaissances acquises dans le passé [par exemple, à propos du délire à deux], enrichie des données nouvelles [sur le délire à plus de deux], a dans son domaine l'observation, l'application et le traitement des psychoses collectives. Celles-ci sont vieilles comme le monde, elles restent, à notre époque, fréquentes et dangereuses pour la santé mentale des collectivités. »

On ne s'étonnera donc pas que tout ce qui paraît faux à Heuyer tombe sous le coup d'un diagnostic de psychose collective, ni que les agents inducteurs du délire – désignés comme des « meneurs » par ce médecin qui semble chercher son inspiration terminologique dans les salles de police – soient dénoncés et combattus : « Guérisseurs, hypnotiseurs, magnétiseurs, occultistes, spirites, radiesthésistes, astrologues, auxquels se joignent les psychanalystes psychothérapeutes travaillant sans contrôle médical, tous attirant les malades et les malheureux par des affirmations sans contrôle ni preuves, sont des animateurs de petites chapelles qui constituent autant de centres de psychoses collec-

20. « C'est une solide paysanne égarée à Paris, où elle était bonne à tout faire. Puérile et suggestive, elle est d'une famille qui croit aux envoûtements. Nous avons vu sa sœur aînée, qui habite encore la campagne et qui a la même conviction. [...] Depuis longtemps, elle croit aux pratiques de sorcellerie : " Dans mon pays ", dit-elle, etc. » Les symptômes invoqués par les auteurs pour justifier le diagnostic de délire sont extrêmement légers : elle a des cauchemars; elle attribue une maladie de son fils à l'examen d'une photographie de l'enfant par un forain, auxiliaire du sorcier principal; elle entend une voix qui lui dit : « Tu peux y aller, tu ne l'auras pas, ta place. »

tives[21]. » Enfin, il entre dans les attributions ordinaires de la psychiatrie de contrôler les informations transmises par les *media* : puisqu'une psychose collective, c'est la rencontre d'une idée fausse, de la peur et d'un public, il est convenable que se constitue un Comité des sciences de la radiodiffusion où militent les missionnaires de la Santé mentale. « Ce n'est que par accident que le barrage établi laisse passer des informations tendancieuses ou dangereuses pour l'équilibre mental des auditeurs », note son chien de garde.

En 1955, trois chercheurs faisant référence aux travaux d'Heuyer présentèrent un cas de « délire collectif de sorcellerie » au congrès des médecins aliénistes et neurologistes de Nice, qui avait mis à l'ordre du jour la notion de délire à plusieurs[22]. Quand on lit cette observation, surtout si l'on a quelque expérience de la sorcellerie dans le Bocage, on ne peut manquer d'être frappé par la légèreté avec laquelle les auteurs posent un diagnostic de délire : pour autant qu'on puisse juger de cette histoire à partir de ce qu'en livrent les médecins, aucun de ses protagonistes ne délire, mais chacun est pris dans les sorts à sa manière. L'examen de ces textes nous fournit une occasion de situer l'un par rapport à l'autre le discours de la psychiatrie et celui de la sorcellerie.

Il s'agit d'un artisan normand de 47 ans qui a tenté de dénouer la crise de sorcellerie dans laquelle lui et sa famille étaient pris depuis six ans, en tirant trois coups de revolver sur l'un de ses sorciers. A la suite de quoi, il a été inculpé de tentative de meurtre, interrogé par un médecin pour expertise mentale et interné à l'hôpital psychiatrique d'Evreux avec le diagnostic de délire de persécution à thème de sorcellerie.

Le drame s'est noué à propos de l'achat d'une propriété : un concurrent malheureux l'aurait menacé, après l'adjudication, de lui faire savoir « ce que c'est que le *Grand Albert* » (un grimoire

---

21. Autre version du même couplet dans « Contact avec les guérisseurs », *op. cit* : « Guérisseurs [etc. La liste des charlatans est la même dans les deux versions], tous, ignorant les maladies qu'ils prétendent guérir, incapables de les reconnaître, ne sachant rien des symptômes, des causes, de l'évolution, prétentieux et sans vergogne, exploitent ou veulent exploiter les malades, qu'ils attirent par des affirmations sans contrôle ni preuves. » Comment s'en étonner, puisque « le guérisseur est par définition un individu sans connaissances scientifiques qui a la prétention de guérir par routine des maladies qu'il ne connaît pas ». Par définition.

22. Letailleur, Demay, Morin, « Délire collectif de sorcellerie », *op. cit.*.

magique fréquemment invoqué en Normandie). Six mois plus tard, la femme de l'artisan ressent des troubles divers : céphalées, troubles de la vue, impression qu'on lui enfonce des aiguilles dans la tête; elle reste longtemps prostrée, se plaignant et ne mangeant plus. « Les médecins consultés n'ayant découvert aucun signe objectif expliquant cette symptomatologie et leurs traitements restant sans effet », le ménage fait appel aux désenvoûteurs. L'un d'eux questionne : « *Quelqu'un vous en veut-il?* » L'artisan se souvient alors de la menace de son concurrent évincé et y trouve l'explication des troubles de son épouse, comme des autres membres de la famille.

En effet, la fille de l'artisan a été, elle aussi, victime de céphalées et de prostration, trois mois après le début des troubles de sa mère. (Mais elle était enceinte et guérit le jour de sa noce, menant le bal avec entrain.) L'artisan lui-même a commencé de ressentir des douleurs quelques mois plus tard : sensations de brûlure, de broiement, d'étouffement, de striction de la gorge. Enfin, les deux garçonnets ont été atteints, bien qu'à un moindre degré : céphalées fugaces, malaises mineurs; comme toute leur famille, ils ont entendu les meubles se déplacer la nuit et ont pu vérifier le matin qu'ils avaient changé de place.

Pour se défendre, le ménage fait appel à divers désorceleurs et radiesthésistes, mais aussi à la gendarmerie, qui se récuse. Ils tentent alors d'offrir la maison et une somme d'argent à leurs sorciers, pour éviter que les deux femmes ne meurent de cet ensorcellement. Le gendre, qui a pris parti pour la famille de sa femme et ne craint pas les sorciers, va se battre avec eux, mais il récolte une amende pour coups et blessures et ne réussit pas à faire cesser les symptômes. Pratiquement ruinés et profondément déprimés, les persécutés quittent la région et vont s'installer dans l'Aisne. Après quelques mois de répit, cependant, les malheurs reprennent. L'artisan écrit alors des lettres de menaces à ses sorciers [23], puis, devant son insuccès, il revient au pays, déterminé à abattre l'un d'entre eux. L'ayant grièvement blessé, il s'estime désormais désorcelé. Sa femme se pend peu après son incarcération.

Le seul élément qui me paraisse atypique dans cette histoire est l'épisode de menace du sorcier : « *Tu apprendras ce que c'est que le* Grand Albert. » Je n'ai jamais entendu parler d'un sorcier assez naïf pour se démasquer si ouvertement; ce qui, assurément, n'exclut pas qu'il puisse s'en rencontrer parfois. Pour le reste, ce scénario est typique d'un désenvoûtement manqué : les symptômes sont analogues à ceux que l'on rencontre dans toutes les

---

23. Ceux-ci sont au nombre de trois : le concurrent évincé, son épouse et l'oncle de celle-ci.

affaires de sorcellerie[24]; mais rien ne permet de déceler la raison pour laquelle les désorceleurs n'ont pu remplir leur office. On comprend aisément, par contre, que les victimes aient eu alors recours à la loi, puis à l'affrontement direct, comme seule issue possible de la crise.

Pour les auteurs de cette communication, l'état pathologique de l'artisan et de son entourage ne fait cependant aucun doute : l'inculpé est décrit comme « un brave Normand, au passé irréprochable, lucide et conscient, bien orienté et mnésique, d'un niveau intellectuel moyen, qui exposait, avec une conviction absolue et inébranlable, un délire de persécution parfaitement systématisé, évoluant depuis six ans ». S'il ne se disait ensorcelé, les médecins le considéreraient donc comme absolument sain d'esprit, puisqu'il ne présente aucun autre signe clinique. Croire possible la réalisation d'une menace d'ensorcellement leur suffit pour diagnostiquer un délire, d'autant que les intéressés déclarent n'avoir jamais vérifié si leur sorcier possédait effectivement le livre incriminé. (Notons que jamais un ensorcelé ne prendrait le risque d'aller perquisitionner chez son sorcier – fût-ce pour convaincre un psychiatre – pour la raison simple qu'une fois le persécuteur nommé, il faut éviter tout contact physique avec lui.) Enfin, parce que le « délirant » est en mesure de communiquer son histoire dans toute sa complexité, son délire est dit « parfaitement systématisé ». De même, ses parents sont désignés comme délirants et, aussi bien, ses amis et ceux des villageois qui accusent le même sorcier et son épouse de pratiquer des maléfices à leur détriment. Aucun des protagonistes de l'affaire n'échappe au diagnostic de délire archaïque ou collectif, pas même la sorcière : « En réalité, affirment les médecins bien assurés d'en tenir l'aune, celle-ci est une maladie mentale; le confrère qui l'a soignée à l'occasion de l'accès d'excitation déclenché par l'agression dont a été victime son oncle nous a indiqué qu'elle présentait depuis longtemps un délire d'influence rapporté également à la sorcellerie avec rites conjuratoires. Son étrangeté, son attitude bizarre [qui l'avaient fait désigner comme sorcière par le village et par ses voisins, la famille de l'artisan], son activité inadaptée, ont été attribuées à une possession et à des pouvoirs diaboliques [notons que le médecin n'a probablement jamais entendu quiconque, pas même la sorcière, parler de possession et de diabolisme : ce sont là des éléments qu'il a dû emprunter aux ouvrages de psychiatrie, lesquels classent les délires de sorcellerie avec les délires démo-

24. Excepté ceux de la fille, qui semblent pouvoir s'expliquer autrement.

nopathiques], alors qu'elle cherchait, elle aussi, à se débarrasser des maléfices. » Entendons que cette sorcière se disait elle-même ensorcelée – depuis quand et par qui, on ne sait – et que, comme rien ne ressemble plus à un rituel de désenvoûtement qu'un rituel d'envoûtement, ses voisins l'ont accusée d'être à l'origine de leurs malheurs. Le médecin traduit librement que son comportement est « inadapté » (aux fins rationnelles qu'est censé poursuivre tout être sain d'esprit?) et qu'elle présente un « délire d'influence »; les « rites conjuratoires » prennent ici une connotation pathologique, ainsi que la crise compréhensible – devenue « accès d'agitation » – qui l'a conduite chez le médecin après l'agression dont son oncle a été la victime. Quoi qu'elle puisse dire, le discours médical en fait une « malade mentale ».

De même, le comportement de l'artisan et de sa famille tombe sous le coup de la terminologie psychiatrique et se voit ainsi irrémédiablement désigné comme pathologique : « En somme, à partir d'une banale question d'intérêt, s'est développé un délire collectif de persécution, par des moyens relevant de la sorcellerie. Le délire s'est étendu du couple C. au reste de la famille, à celui qui devait devenir le gendre, puis aux amis et à une partie des gens du village qui ont pris fait et cause pour les persécutés. Chacun a réagi à sa façon : la mère, par un état dépressif ayant abouti au suicide, le père par des manifestations hypocondriaques, cénestopathiques et paranoïaques, la fille, d'intelligence médiocre, par une symptomatologie hystérique, le gendre de fonds mental assez pauvre par une subexcitation permanente et un état passionnel qui l'ont poussé à la violence, les enfants par des réactions mineures. Tous partagent les mêmes convictions délirantes aussi inébranlables huit ans après le début, et près de deux ans après le drame qu'elles ont provoqué. » Les auteurs sont bien assurés de se trouver là en présence d'une psychose collective, telle qu'elle a été définie par Heuyer : la rencontre d'une idée fausse, de la peur et d'un public. Ils concluent à la nécessité de lutter contre les « préjugés surannés » et l'anachronisme paysan, considérant que c'est la « meilleure prophylaxie des psychoses collectives ».

L'exemple que je viens de développer pourrait sembler simplement comique s'il indiquait la pratique exceptionnelle d'un psychiatre isolé[25]. Il suffit pourtant de consulter les expertises

25. Encore que ce comique n'apparaisse pas à ceux qui citent cette communication. *Cf.*, par exemple, Alain Péron, *Sorcellerie et Psychopathologie, à propos d'une étude ethnographique et psychiatrique pratiquée dans le département de la Haute-Vienne*, thèse de médecine, université de Bordeaux, 1970, VIe partie, p. 26.

médico-légales et les dossiers d'hôpital pour réaliser que la croyance dans les sorts est communément considérée comme relevant de la pathologie, du délire ou de la psychose collective. En voici deux exemples, tirés de la thèse de Jean Morel sur *La Sorcellerie et ses incidences psychiatriques dans le département de l'Orne*[26].

Observation n° 1. Il s'agit d'un cantonnier de 48 ans qui a poignardé son sorcier. L'expert déclare : « En somme, la seule anomalie mentale relevée chez D. [le cantonnier], mais elle est de taille, réside en ceci, à savoir sa persuasion formelle que B., par un pouvoir magique, par la sorcellerie, l'avait transformé en véritable automate... » L'inculpé raconte son histoire – absolument classique – et l'expert conclut : « Ce récit de D. est bien caractéristique d'un état délirant. A coup sûr, D., homme pacifique et jouissant de la considération générale, est devenu un criminel sous l'influence d'un délire de persécution à base de sorcellerie et limité à un seul objet : les persécutions dont lui et sa femme étaient l'objet de la part de B., sous la domination de qui ils vivaient, ce dernier leur ayant jeté un sort. [...] La croyance aux sorciers est encore fort répandue dans notre région. Le dossier d'instruction mentionne les dépositions de plusieurs personnes qui partagent pleinement les convictions délirantes de D. [...] Il s'agit, en l'occurrence, d'un délire de persécution non hallucinatoire, variété de paranoïa, à base d'interprétations et d'illusions. D., malgré son attitude calme, sa conversation normale sur tout autre sujet que ses ennuis avec B., n'en est pas moins un aliéné, un délirant, qui sous l'influence de son délire est devenu un assassin. »

Le cantonnier fut déclaré irresponsable de son crime et interné deux ans à l'hôpital psychiatrique d'Alençon, malgré quoi il « conservait toute sa croyance aux manœuvres magiques d'envoûtement ». Il exigea une contre-expertise médicale et obtint sa sortie, mais mourut d'un accident de la circulation après quelques semaines de liberté.

Observation n° 6. Un paysan a tué son sorcier d'un coup de fusil. « Le dossier, dit l'expert, contient d'excellents renseignements sur H., considéré comme un homme doux et bon travailleur, n'ayant pas la réputation d'un buveur, mais convaincu d'être la victime des sorts qui lui étaient " jetés " par son voisin L... Le récit très détaillé que m'a fait H. de ses malheurs, les preuves, selon lui, des manœuvres de sorcellerie dont il se croit victime, ne permettent aucun doute sur l'état pathologique de

---

26. *Op. cit.* Sur les huit observations fournies par Morel, une seule, la cinquième, paraît justifier un diagnostic de délire à deux.

ses facultés mentales. Il s'agit sans aucun doute d'un homme atteint d'un délire de persécution. » Sa femme, considérée comme l'inductrice du délire, « partage pleinement les convictions délirantes de son époux. Cette inculpée comme son mari présente un délire de persécution ayant pour thème la sorcellerie... C'est une forme assez souvent observée de délire à deux. C'est une paranoïaque délirante, avec appoint éthylique, persécutée, présentant des interprétations multiples sur un thème de sorcellerie ». Après deux années d'internement, le couple est libéré, mais il est ruiné.

3. La sorcellerie comme contre-délire

En 1955, Alliez, Dongier et Pujol avaient émis une protestation isolée contre l'équivalence, si communément admise dans les milieux psychiatriques, entre la croyance dans les sorts et le délire à plusieurs[27]. En 1970, les chercheurs de l'école de Limoges reprennent l'examen de cette question dans une perspective autrement plus large, qui les conduit à reconnaître quelque fonctionnalité à la sorcellerie[28].

Ils se réfèrent, à cet effet, aux travaux de Lévi-Strauss sur la fonction thérapeutique du sorcier et à ceux de la psychiatrie transculturelle américaine : références qui ont au moins l'avantage de reconnaître quelque autonomie au champ symbolique – lequel n'est plus identifié à celui du rationnel – et quelque droit à la différence pour une paysannerie qui n'est plus pensée comme le canton de l'anachronisme.

A franchement parler, trois de leurs postulats sociologiques me paraissent illusoires : 1) que la paysannerie constitue une société ou un groupe social fondamentalement autre; 2) que cette société, ou cette culture paysanne, soit « en équilibre »; 3) que la sorcellerie soit une croyance normale et uniformément reconnue de cette société paysanne. Pressés qu'ils sont de dégager une normalité autre à laquelle ils voudraient donner droit de cité, il me semble qu'ils méconnaissent l'ambiguïté

---

27. *Op. cit.*
28. Alain Péron, *Sorcellerie et Psychopathologie, op. cit.*; J.-M. Léger, R. Léger et A. Péron, « Aspects actuels de la sorcellerie en Limousin, ses relations avec la médecine, son importance en psychopathologie », in *Revue de médecine de Limoges*, 1971, 2, n° 3. J.-M. Léger, A. Péron, J.-N. Vallat, « Aspects actuels de la sorcellerie dans ses rapports avec la psychiatrie (peut-on parler de délire de sorcellerie?) », in *Annales médico-psychologiques* 1971, 2, n° 4; « Forum : le médecin, le malade et le sorcier », in *Concours médical*, 29 janvier 1971.

profonde des paysans à l'égard de la sorcellerie. Car si la paysannerie n'était prise (ou aliénée) dans la culture nationale, si elle constituait une société équilibrée, autonome et assumant pleinement sa différence, on n'aurait pas besoin des travaux du professeur Léger pour le savoir : la presse relaterait quotidiennement les efforts du pouvoir jacobin pour réduire cette dissidence.

Quoi qu'il en soit, ces références ont fait saisir à Péron, élève du professeur Léger, la nécessité de sortir de l'hôpital pour évaluer l'importance de la sorcellerie dans la société locale. En cela, sa démarche rompt de façon décisive avec la pratique médicale : Morel, par exemple, s'était cru suffisamment renseigné sur l'aspect sociologique de la sorcellerie en interrogeant les statistiques[29] et les malades de l'hôpital, éventuellement leurs familles; mais, ne pouvant se déprendre de l'idée que tout hospitalisé est un « malade », il avait conclu que, si la famille partageait les convictions du malade, c'est qu'on était en présence d'un délire familial. Au lieu de quoi, Péron entreprend une enquête ethnographique qui lui fait entendre, sur la sorcellerie, de tout autres discours que ceux qui lui parviennent à l'hôpital.

Les résultats de ces travaux me paraissent pouvoir être résumés ainsi :

1. Il n'y a pas de sens à parler de « délire collectif de sorcellerie » quand un malade ne fait qu'utiliser le langage du groupe social auquel il appartient. Or le contenu des croyances exprimées par les malades de Péron ne diffère en rien de celui recueilli lors de son enquête ethnographique; les entretiens qu'il a eus avec les familles des ensorcelés hospitalisés à la suite d'un acte médico-légal (agression, etc.) lui ont permis de constater que « les croyances n'avaient pas forcément un caractère plus délirant chez les personnes hospitalisées ». Entre les paysans et le corps médical, il y a la distance d'un système de normes à un autre, mais non celle de la raison au délire : « Ou bien nous ne pouvons plus parler de délire, ou bien c'est tout le groupe [paysan] qui est délirant. » Bien sûr, les idées de sorcellerie sont des « idées fausses en opposition avec la réalité et choquant l'évidence » : c'est la définition que Porot donne du délire. Mais peut-on dire qu'il y a délire aussi longtemps que le sujet est parfaitement adapté à son groupe familial et social, ou simplement qu'il se réfère à un autre système symbolique que le

---

29. La comptabilisation correcte des « délires de sorcellerie » exigerait, en effet, que les malades veuillent bien les livrer et que le médecin veuille bien les entendre; ce pour quoi je m'étonne des félicitations que Péron fait à Morel de sa statistique.

médecin? (Le lecteur aura senti que Péron déplace, de façon décisive, le critère du délire : ce n'est plus la vérité ou l'erreur qui est en question, mais la possibilité de communiquer.)

2. Quand une cure de désenvoûtement réussit, le psychiatre n'en entend pas parler : elle ne produit pas de délire, mais rétablit un circuit de communication. Ne parviennent à l'hôpital que les ratés de la sorcellerie :

a) Les malades fonctionnels adressés au psychiatre par le médecin généraliste qui ne trouve pas de cause objective à leurs symptômes. Bien qu'ils soient convaincus d'être ensorcelés, ces malades n'en disent généralement rien, ni au psychiatre, ni au généraliste.

b) Des malades présentant des troubles thymiques : état dépressif avec manifestations anxieuses, asthénie, tristesse, conduites suicidaires. Ou bien, au contraire, état d'exaspération avec irritabilité.

c) Des malades présentant des troubles psycho-sensoriels (hallucinations visuelles ou auditives), des troubles cénesthésiques, le sentiment d'être agis par une influence extérieure. Mais aucun de ces troubles ne peut être assimilé à un délire (Péron parle d'illusions, de pseudo-hallucinations des hystériques, d'une exacerbation de la suggestibilité, etc.).

L'origine des troubles de ces trois catégories de malades reste généralement inconnue du médecin, puisque les ensorcelés ne s'avouent pas tels.

d) Des malades arrivés à l'hôpital par voie médico-légale, à l'occasion d'actes agressifs (rixe, meurtre ou tentative de meurtre sur le sorcier), ou parce que les autorités locales (mairie, gendarmerie) sont excédées par l'invocation qu'ils font de la loi pour les débarrasser de leur sorcier. Dans ce cas, ils ne peuvent éviter d'en parler au médecin. Mais celui-ci devrait s'interroger sur le processus qui les a conduits là, plutôt que sur la question de savoir s'ils sont ou non délirants (ils ne le sont qu'exceptionnellement).

3. Parmi les ensorcelés qui parviennent à l'hôpital, certains délirent effectivement, mais ce n'est pas la sorcellerie qui les fait délirer : « il n'y a de délire de sorcellerie que quand celle-ci ne joue plus son rôle », qui est de rétablir une communication menacée par les troubles de l'ensorcelé.

Comme quoi le psychiatre n'est pas plus sourd qu'un autre, dès lors qu'il accepte de lâcher l'aune de vérité.

REPÈRES CHRONOLOGIQUES
POUR L'HISTOIRE DES BABIN

1. Pré-histoire des sorts (1928-1960)

1928
– Naissance de Louis Babin à La Croix en Torcé;
– de Marthe et Joséphine Letort à Chammes.

1931
– Naissance de Jean Babin à La Croix en Torcé;
– études jusqu'au certificat d'études primaires;
– Jean est le fils préféré de son père;
– qui l'emmène très jeune boire avec lui dans les cafés, lui faisant ainsi partager son ivrognerie,
– et lui destine la succession de sa ferme.

1952
– Jean fait son service militaire en Alençon, comme infirmier.

1955
– Louis Babin, 27 ans, épouse son amie d'enfance, Marthe Letort;
– le ménage s'installe à La Roë parce que le père Babin exerce encore sur sa ferme de Torcé;
– Louis affirmera ensuite qu'alors Jean était sexuellement normal.

1958
– Louis est ensorcelé par un voisin. Des « *fromages* », il en trouvera jusqu'en 1968, mais la « *petite mère de Torcé* » le tirera d'affaire à chaque fois.

1959
- Jean, 28 ans, est accusé d'être sorcier par son voisin, Nouet de La Grimetière.
- Il nie, prétend ne pas croire aux sorts (« *depuis*, dira Joséphine, *il n'y croit pas trop* »),
- mais peu après, il devient décidément alcoolique,
- et se met à souffrir d'un eczéma purulent.
- Il va consulter une guérisseuse d'Alençon, madame Marie, qui le soigne pendant un mois avec dévouement, lui faisant prendre des bains de sel. Le traitement échoue à le guérir. Mais elle lui fait une recommandation : « *Si tu prends à ton compte, reviens me voir avant neuf mois écoulés.* » Ce disant, elle semble déjà penser que Jean est ensorcelé, mais celui-ci « *n'y croit pas trop* ».
- (En 1969, sa femme et son frère déclareront à l'hôpital psychiatrique que Jean est malade depuis dix ans : de l'alcoolisme, pour lequel il est hospitalisé, ou des effets somatopsychiques de cette accusation de sorcellerie?)

1960
- Un prêtre venu en mission à Torcé souhaite que Jean se marie et réussit à le guérir de son eczéma par des prières et du levain.

2. Les sorts (1961-1963)

1961
- Pendant la maladie du père Babin, Ribault, son voisin, entend faire épouser à Jean sa servante et maîtresse.
- Devant le refus de Jean, il énonce cette prédiction : « *Dans quatre ou cinq ans d'ici, ce sera triste.* » Trois ans suffiront pour que la prédiction se réalise.

1962
- Mort du père Babin.
- La tante Chicot, qui autrefois habitait La Grimetière, une ferme voisine, vient travailler en journée à La Croix, jusqu'au mariage de Jean.

Toussaint 1963
- Jean « *prend à son compte* » la ferme de son père défunt, y vivant avec sa mère.

3. *Début des malheurs (1964)*

1964

– Dès janvier, avortement épizootique, pertes de bêtes (veaux, 15 lapines).
– En mars, trois semaines avant sa noce, Jean reçoit un madrier sur la tête, tombe dans le coma et considère après coup qu'ainsi se matérialise le sort jeté par Ribault :
– Jean était extrêmement fort, il devient faible;
– il était sexuellement puissant (on lui prêtait une maîtresse au bourg), il devient impuissant;
– enfin, il souffre des reins.
– Au même moment, sa fiancée, Joséphine Letort, se fait prédire par le fils du sorcier de ses parents, Gabriel Filoche de Chammes, qu'elle épousera un « *bibouc* », c'est-à-dire, selon ses termes, un être qui ne serait « *ni bique, ni bouc, ni homme ni femme, qui ne peut faire l'amour* ».
– En avril, Jean Babin, 33 ans, épouse Joséphine Letort, 36 ans, la jumelle de sa belle-sœur Marthe.
– C'est un mariage de convenance entre un vieux garçon et une vieille fille.
– Jean ne parvient pas à consommer son mariage, semblant souffrir d'éjaculation précoce : « *C'était fait avant qu' d'êt' prêt* », dit Joséphine.
– Jean va consulter le docteur Naveau, psychiatre à Placé, qui avait déjà soigné sa mère et ses tantes, se plaignant de troubles nerveux et de son impuissance sexuelle.
– Le médecin ne parvient pas à le guérir et le renvoie avec des paroles lénifiantes : « Ça reviendra. »
– Devant l'insuccès du médecin, la mère Babin va consulter un guérisseur de Laval qui fait office d'annonciateur, déclarant, après avoir examiné une photographie de Jean : « *C'est un tour qui y a été joué.* »
– En janvier 1970, Jean considère que son mariage a provoqué la haine de deux sorciers :
a) Ribault, dont il n'a pas voulu épouser la servante-maîtresse;
b) l' « *homme de la tante* » Chicot, que son mariage prive d'avantages matériels.
L'impuissance sexuelle est le seul fait du premier; les autres malheurs des bêtes et des gens sont dus à l'un ou à l'autre.
À l'hôpital psychiatrique, Jean se dira ensorcelé depuis six ans : soit, depuis 1964.

4. *Tentatives de désorcelage (1964-1969)*

1964-1965
- Jean va consulter un guérisseur de Laval, mais celui-ci semble
avoir plaisanté son impuissance.
- Jean se souvient alors (1965?) de la recommandation de
madame Marie d'Alençon, en 1959. Il la fait venir à La Croix,
mais recule devant le coût élevé du désorcelage et l'apparence
inquiétante de la désorceleuse. Bien qu'elle ait confirmé le
diagnostic du guérisseur de Laval (« *Les sorts, y en a dans
toutes les directions* », assure-t-elle), il refuse de la laisser
opérer. Elle prédit alors : « *Si vous ne faites rien, vous resterez
que six ans mariés.* » Soit, jusqu'en 1970.
- Jean se remet à boire,
- et chasse sa mère, réalisant ainsi une prédiction de Ribault :
« *Quand la mère sera partie, la ferme sera triste.* »
- Les malheurs continuent : pertes de bêtes, tarissement et
avortement des vaches, « *beurrées* », accidents de voiture,
pannes de matériel agricole et, bien sûr, l'impuissance sexuelle.
- Les Babin consultent alors divers désorceleurs qui confirment
le diagnostic initial mais ne parviennent pas à lever les
sorts;
  a) d'abord, la « *petite mère de Torcé* », réputée « *pour le
  bien* »;
  b) puis, quatre désorceleurs « *pour le mal* », trois hommes et
  une femme. Celle-ci assure à Joséphine que Jean est « *pris à
  mort* » et que les malheurs dureront « *jusqu'à ce que votre
  mari se tue* ». De fait, Jean est parfois tenté de se pendre au
  grenier ou de se tirer un coup de fusil.
- Il fait aussi venir le curé de Torcé qui bénit la ferme, les bêtes
et les gens, mais ne croit pas aux sorts et moque les pratiques
superstitieuses de Joséphine : « *C'est-y qu'elle la boit, son eau
bénite?* » dit-il devant ses paroissiens. Parce qu'il n'y croit
pas, ses bénédictions restent sans effet.
- Les Babin demandent alors l'intervention de madame Marie,
la désorceleuse d'Izé qui avait autrefois sauvé la famille de
Joséphine : Cette désenvoûteuse « *pour le mal* » déclare, en
franchissant le seuil de La Croix : « *C'est trop dur, il* [Jean]
est trop pris. Y en a plus d'un [sorcier]. *Y a trop d'embrouille
là-dedans.* » Elle déclare donc forfait mais donne aux Babin
des protections magiques et un fétiche que je désigne par le
terme de *copule* : « *Gardez-le toujours*, recommande-t-elle,
sans quoi vous ne seriez plus ensemble. »
- Les malheurs continuent :

En 1968, cent « *beurrées* » provoquées par l' « *homme de la tante* ».
- Cette année-là, un nouveau curé « *qui y croit* » arrive à Torcé en septembre.
- En novembre, il vient à La Croix poser des protections, réussit à vaincre les Chicot (aidé, il est vrai, par la prédiction mortelle d'un étranger) mais déclare forfait devant l'impuissance de Jean : « *Contre ça, je ne suis pas fort assez* », reconnaît-il.
- en 1969, mort de madame Marie d'Izé, qui « *a trouvé son maître* ». Elle est remplacée par la grande madame Auguste, qui effraie les Babin.
- En mai de la même année, tarissement de deux vaches par Ribault;
- les Babin font dire des messes, mais elles n'ont pas d'effet repérable.
- Jean ne peut soutenir le regard de Ribault et se remet à boire et à provoquer des rixes dans les cafés de la région.
- Le 25 novembre, crise de nerfs (pour ne citer que les malheurs datés).
- Le 18 décembre, entrée de Jean à l'hôpital psychiatrique pour une cure de désintoxication alcoolique plus ou moins imposée par son médecin traitant à la suite d'une rixe. Jean, pour sa part, prétend ne se faire hospitaliser que « *pour les nerfs* »; il demande au docteur Davoine un remède contre l'impuissance et en reçoit des fortifiants. Intervention manquée de son frère Louis auprès de la psychologue et du docteur Davoine pour faire opérer Jean des « *reins* » à son insu. Jean quitte l'hôpital, désintoxiqué mais toujours impuissant.

5. *Interventions de l'ethnographe (1970-1973)*

1970
- En janvier et février, j'ai plusieurs entretiens avec les deux ménages Babin : Jean et Joséphine à Torcé, Louis et Marthe à La Roë.
- Dès le premier entretien, Joséphine me demande si je peux « *rendre le mal pour le mal* » à ses sorciers. Trop occupée à noter ses propos, je ne réponds pas. A la fin de la conversation, je refuse de me faire payer.
- Au second entretien, Joséphine me demande si je peux guérir Jean de son impuissance sexuelle. Le désorcelage par les mots, que je leur propose, leur paraît dérisoire. Jean s'esquive,

préférant terminer son traitement de fortifiants avec le docteur Davoine avant de l'entreprendre. Je les reverrai ensuite, mais pour tenter sans succès de rencontrer madame Auguste. Au dernier entretien, Jean me dit en me quittant : « *On vous écrira s'il y a de l'anormal.* »

1971

– Etant devenue l'assistante d'une désorceleuse, madame Flora, je vais proposer aux Babin de tenter de se faire guérir par elle.

– Depuis que je ne les avais vus, ils ont épuisé les recours médicaux : le docteur Davoine, mécontent que j'aie ouvert avec eux une relation si particulière, les a sermonnés à plusieurs reprises au nom de la raison et de la modernité; de plus, il a accusé Joséphine d'être à l'origine de l'impuissance de son époux. Le mépris patent de son propos les a définitivement humiliés.

– Joséphine accepte de rencontrer madame Flora par mon intermédiaire, tandis que Jean refuse absolument d'y venir en personne, préférant déléguer son épouse et sa photographie. Ainsi commence une longue cure de désorcelage, que je suivrai jusqu'à son terme (sans succès) en 1973.

TROISIÈME PARTIE :
TOUT DIRE

Table 427

DU MÊME AUTEUR

Aux Éditions Gallimard

Avec Josée Contreras

CORPS POUR CORPS, Enquête sur la sorcellerie dans le bocage.

pression Brodard et Taupin
a Flèche (Sarthe),
l janvier 1985.
t légal : janvier 1985.
d'imprimeur : 1397-5.

2281-5 / Imprimé en France